紅色的掙扎

毛澤東與共產黨

紅色三部曲 ★2★

葉永烈 著

國共內戰期間的毛澤東

這幢「遵義」洋房，
是當年毛澤東、張聞天、王稼祥「三人核心」合住之處

毛澤東在第一屆全國政協會議上致開幕詞

朱 德

王稼祥

毛澤東專心查看軍事形勢圖

一九四〇年春，聶榮臻、朱德、劉伯承、鄧小平等在晉東南桐峪村

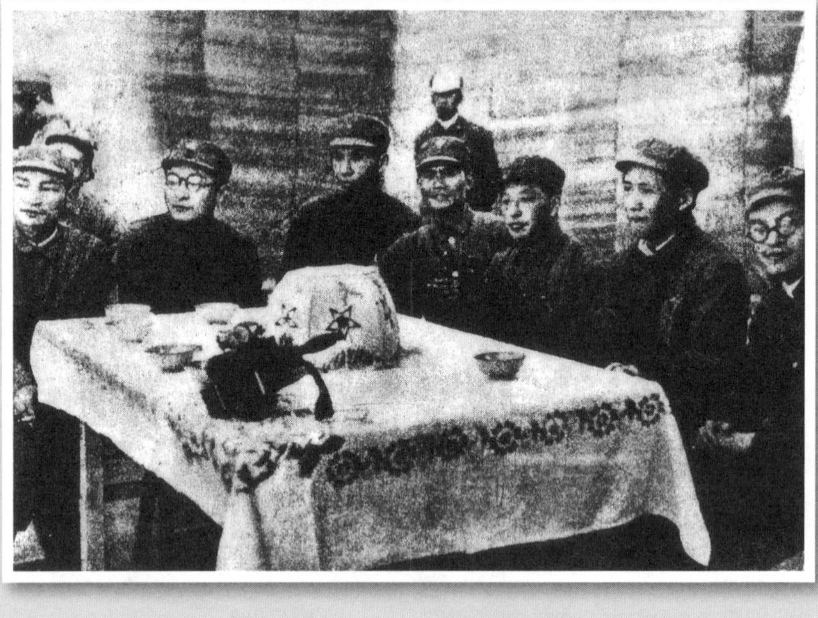

中國共產黨領導人張聞天、毛澤東、陳紹禹、鄧發、劉少奇
王稼祥、陳雲（自右至左）等一九三九年在延安合影

毛澤東於一九二七年九月在湘贛邊界領導了秋收起義
這是部署秋收起義的軍事會議舊址——江西安源張家灣

一九三五年一月中共中央在這裡召開了政治局擴大會議
通稱遵義會議，此為遵義會議會址正門

長征到達陝北後的毛澤東、朱德合影

參加秋收起義部分同志一九三七年在延安合影

毛澤東（左一）在江西瑞金與紅軍戰士合影

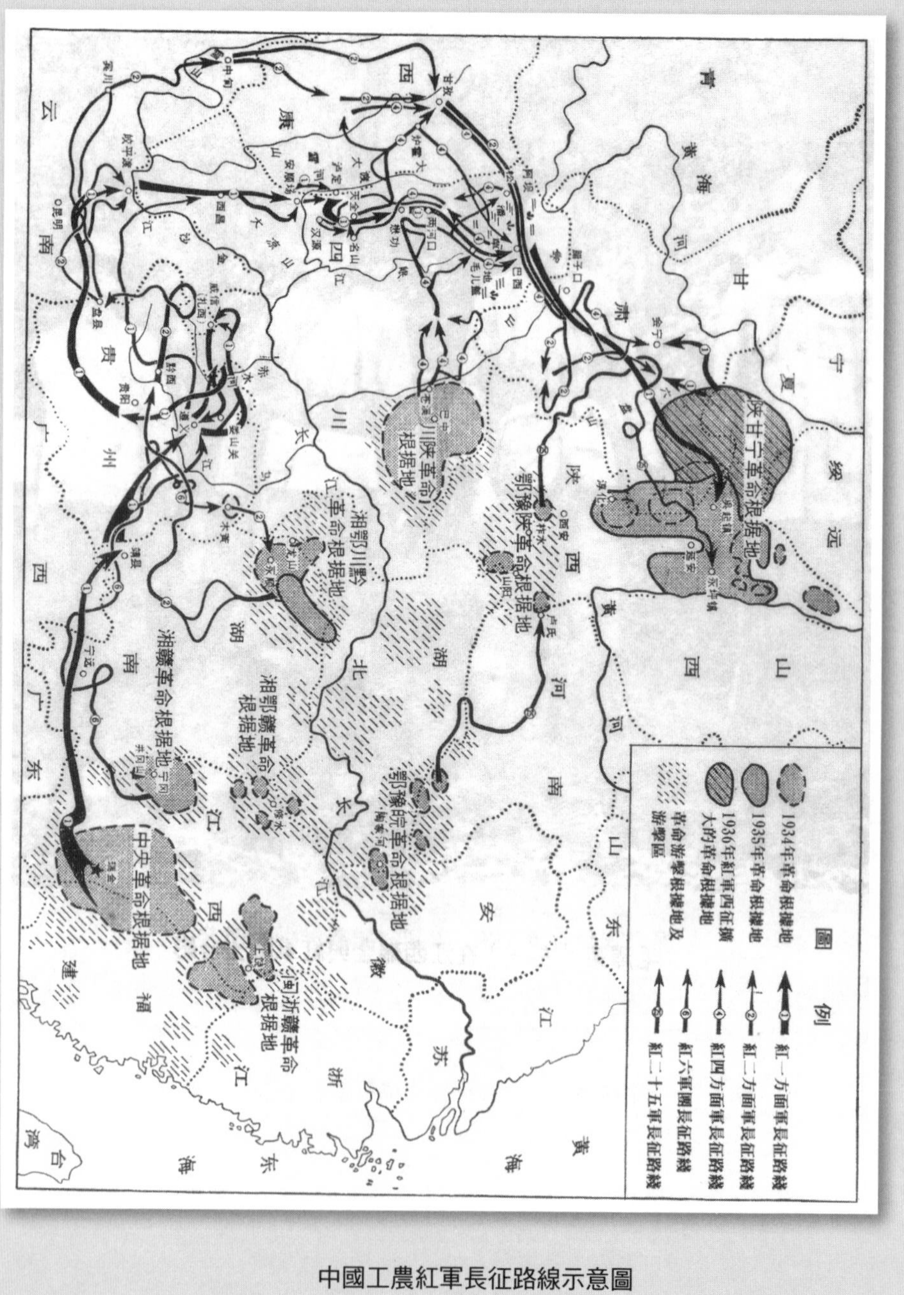

中國工農紅軍長征路線示意圖

兵強馬壯的八路軍騎兵部隊

反「圍剿」中的紅軍隊伍

目錄

紅色的掙扎
毛澤東與共產黨

目錄

目錄

目錄

第一章　毛澤東之前

「赤色人物」從上海湧向武漢

像鐘擺似的，長江輪船從上游到下游，又從下游回到上游，來來回回，終年不息。

忽地，從一九二七年四月十二日那天開始，上海的大批乘客湧向碼頭，往武漢的船票頓時成了搶手貨。船票價格暴漲。十天之後，由上海駛往武漢的幾艘輪船，前後有兩艘掛著米字旗的英國輪船護航，船票價格更是翻了幾個「跟斗」，連統艙票都漲到四十五元一張——比普通職員一個月的薪水還高。

雖說如此，仍有許許多多「生意人」把船票爭購一空，匆匆登上長江輪船，前往武漢。

這些「生意人」，做各式各樣的「生意」，有的「買賣茶葉」，有的「開魚行」，有的據稱「賣水果」，還有的說是「販鹽的」。天曉得，武漢怎麼有這樣多的「生意」可做？

不過，這些「生意人」大都文質彬彬，很多人戴著圓形鏡片眼鏡。剛上船時，他們「黃牛角，水牛角，各歸各」，似乎素不相識。

照例，長江輪船途經南京時，要靠岸上下客。這時，「生意人」們大都躲進客艙，上床悶頭睡覺。從碼頭上來了一批特殊人物，腰間鼓鼓囊囊，那不是錢包，卻是鐵傢伙——手槍。

他們用銳利的目光掃視著旅客們，竭力想從中查出「紅色人物」。可惜，那些「紅色人物」臉不紅、衣不紅，跟普通旅客一模一樣。直到那些特殊人物下了船，直到輪船離開了南京碼頭，「生意人」們才漸漸活躍起來，踱上了甲板，三三兩兩地竊竊私語。也有個別的竟高談政治，說出跟「生意人」身分毫不相干的話來……

這些「生意人」，便是「紅色人物」。據年已九旬的鄭超麟（當時任中共中央宣傳部秘書）回憶，光是跟他坐同一條船前往武漢的共產黨重要人物便有陳紹禹（即王明）、李立三、羅亦農（即羅覺）、王荷波、陸定一……甚至連共產國際代表維經斯基也在這條船上。在此之前，中共中央總書記陳獨秀，已和汪精衛一起秘密乘長江輪船西行，由滬抵漢。

這麼多的中國共產黨人（還包括許多國民黨左派人士），為什麼「定向運動」，紛紛由上海奔赴武漢？那是因為上海刀光劍影，籠罩著一片白色恐怖氣氛……

上海，中國共產黨誕生的搖籃。六年前——一九二一年七月，中共「一大」便在上海舉行。此後，上海成了中共中央的所在地。大批中共高層人物，或明或暗地落腳在這座中國最大的工業城市。

中國共產黨誕生後不久，決定聯合中國國民黨，攜手共同反對軍閥。

中國國民黨也作出了友善的反應。一九二四年一月，在廣州召開的中國國民黨「一大」，孫中山以總理身分擔任主席，提出並確立了「聯俄、聯共、扶助農工」三大政策。從此，國共兩黨結為盟友。眾多的中國共產黨人加入了中國國民黨。李大釗、譚平山等中共黨員當選為國民黨中央委員；毛澤東、瞿秋白、張國燾等當選為國民黨中央候補委員。

一九二五年三月十二日上午九點半，孫中山因肝癌不治，長逝於北京。隨後國民黨內兩雄並立：汪精衛成為國民政府主席，蔣介石擔任國民革命軍總司令。

最初，蔣介石沿著孫中山「三大政策」的軌道運行。一九二五年九月，當蔣介石作為東征軍總指揮率領兵馬從廣州出發，征討軍閥陳炯明時，他的東征軍的總政治部主任便是共產黨人周恩來。蘇聯顧問幫助他制訂了周密的東征作戰計畫……

國共兩黨又攜手北伐。自從一九二六年七月九日國民革命軍從廣州出師北伐，一路勢如破竹。才三個月功夫，便拿下武漢。武漢，辛亥革命的第一槍就在這裡打響。自從國民革命軍占領武漢後，這裡便成了中國革命的中心。隨即，國民政府遷都武漢。

蔣介石卻把他的總司令部遷往南昌，他要國民政府遷往南昌，遭到拒絕。共產黨和國民黨左派在武漢聯合起來，跟在南昌的蔣介石相對抗。

在上海，共產黨有著頗好的基礎。在陳獨秀、周恩來、羅亦農、趙世炎領導下，上海工人舉行第三次武裝起義，在一九二七年三月廿一日經過三十個小時的激戰後，全殲北洋軍閥部隊三千人和警察兩千人，占領了上海，共產黨由此聲勢大振。

蔣介石聞訊急急進軍上海，又迅即占領南京。

蔣介石把共產黨領導下的工人糾察隊視為眼中釘。

四月十二日凌晨一時，上海在沉睡。一隊隊全副武裝、臂纏「工」字符號的人馬，看上去像工人糾察隊，卻突然襲擊了上海閘北、南市、滬西、吳淞、虹口等區的工人糾察隊隊部，拉開了「四・一二」政變的序幕。

世上最危險的事，不是「盲人騎瞎馬，夜半臨深池」，而是原本的朋友突然翻臉，掉轉了槍口對著你。從「四・一二」這天開始，在共產黨人猝不及防的情況下，蔣介石血洗工人糾察隊，血洗中國共產黨。

於是，大批中國共產黨人和國民黨左派人士，湧向碼頭，湧向長江輪船……

「四・一二」的第六天，蔣介石在南京也建立了一個國民政府，跟武漢的國民政府唱起了對臺戲。於是，國民黨一分為二：國民黨右派集結在國民革命軍總司令蔣介石麾下，擁護南京國民政府；國民黨左派集結在國民黨中央主席汪精衛的大旗下，擁戴武漢國民政府。

寧漢分庭抗禮。蔣介石和汪精衛各霸一方，加上北京的張作霖北洋軍閥政府，中國一時間有著三個政府，唱起二〇世紀二〇年代的「三國志」。

面對著這三足鼎立的錯綜複雜的政治局面，共產黨人思忖著該怎麼辦。

陳獨秀的領袖地位動搖了

武漢的氣氛，全然不同於上海。

「赤色人物」們剛剛踏上武漢碼頭，便見到牆頭到處貼著「打倒蔣介石」的標語。街上還貼著各式各樣的聲明、通電，痛罵蔣介石。

中共中央四月二十日的聲明，斥責蔣介石「業已變為國民革命公開的敵人，業已變為帝國主義的工具」。由國民黨左派鄧演達、宋慶齡、何香凝等，和共產黨人惲代英、林伯渠、董必武等聯名發表的《討蔣通電》，咒罵蔣介石為「民眾之蟊賊」。

由毛澤東領導的全國農民協會，也發出《討蔣通電》，振臂高呼：「此賊不除，革命群眾無倖存之理，國民革命亦無成功之望。」在武漢，蔣介石簡直成了過街老鼠，人人喊打。

一時間，報界稱武漢為「赤都武漢」。

從上海白色恐怖中逃奔出來的「赤色人物」，來到「赤都」，頓時揚眉吐氣。

就在「四·一二」後整整半個月——四月廿七日，武昌第一小學變得熱鬧非凡。校長王覺新早早穿上筆挺的西裝，站在校門口迎候貴客。

來的不是小學生，也不是小學教師，卻是一大群「赤色人物」。陳獨秀來了；出席過中共「一大」的毛澤東、董必武、陳潭秋、張國燾來了；蔡和森、瞿秋白、羅章龍、羅亦農、鄧中夏、任弼時、方志敏、項英、楊匏安、王荷波、向警予、惲代英、蔡暢、蘇兆徵……也來了。

忽地，五輛黃包車魚貫而來，車上坐著共產國際的三員「大將」和另外兩個外國人：

首席代表，四十歲的印度人羅易，他在兩個多月前受史達林的指派前來中國。他在共產國際工作多年，擔任頗高的職務——共產國際執行委員會委員、共產國際主席團候補委員。

共產國際代表，四十三歲的俄國人鮑羅廷，前來中國已經四年。他擔任過孫中山的顧問，不論在中國國民黨或中國共產黨內，都享有很高的威信。

共產國際代表，三十三歲的維經斯基，更是一位「中國通」。一九二〇年四月，第一個受俄共（布）和共產國際遠東書記處派遣，前來中國幫助建立中國共產黨的便是他。

在共產國際的三位正式代表之後的那輛黃包車上，坐著一位年方二十有六的俄國小夥子，名叫米夫。雖說年紀輕輕，卻不可等閒視之。

此人在二十四歲時，便出任莫斯科中山大學副校長。這所大學培訓了大批中共幹部，可以說是一所設立在莫斯科的中共黨校。此次，米夫是以「蘇共（布）宣傳家代表團」的身分，於一九二七年初來到中國。先是到上海，然後去廣州，再來到武漢。

在第五輛黃包車上，坐著俄國人羅卓夫斯基，他是赤色職工國際的代表。羅卓夫斯基是老資格的工運領袖。他原是蘇俄工會負責人。一九二一年當赤色職工國際在莫斯科成立時，他便當選為赤色職工國際中央執行委員會總書記。以後，在歷次代表大會上，他一直被選為總書記，直至一九三八年赤色職工國際解散。

如此眾多的共產黨高層人物，彙聚在武漢一所小學裡，幹什麼呢？

哦，主席臺上高懸著留著絡腮鬍子的馬克思和留著小鬍子的列寧的畫像。中共中央總書記陳獨秀是大會的主席，他大聲宣布：「中國共產黨全國第五次代表大會現在開幕！」

六年前，當中共「一大」在上海召開時，極端秘密。那時，全國只有中共黨員五十多人。六年後，中共黨員猛增了一千倍，達五萬七千九百多人。出席中共「五大」的代表有八十多人。雖說規定對外保密——這不過是指不在報上報導。

大會在「赤都」武漢仍是公開舉行。主席臺上，甚至還坐著國民黨的代表徐謙，譚延闓以及孫中山之子孫科，他們是來向中共表示祝賀的。

在陳獨秀致開幕詞之後，共產國際三位代表一一講了話，徐謙代表國民黨中央致賀詞。接著，還有工會、學生會、共青團以至童子軍代表致賀詞。湖北的織布工人、京漢鐵路「二・七」罷工領袖之一項英，領著一隊湖北工會糾察隊入場，向大會表示祝賀。

大會的秘書長，是蔡暢之兄、毛澤東的密友蔡和森。湖北代表團的主席，則是羅章龍。

開幕式十分熱鬧，陳獨秀的臉上一直掛著笑容。可是，那笑容看來有點不自然。

翌日，大會轉入秘密狀態，代表們前往漢口近郊的黃陂會館開會。陳獨秀手中拿著一大疊稿紙，代表中共中央作了長達五小時的政治報告。

從那一天起，直至五月九日大會閉幕，陳獨秀的臉色一直是陰沉的——這位中共的建黨領袖，受到了空前未有的猛烈批評。三十位代表在大會上發言，一致強烈地批判陳獨秀，批判他的政治報告！

六年以來，陳獨秀一直是中共領袖，雖說那稱謂不時變化著：

陳獨秀沒有出席中共「一大」，卻被一致推舉為「中央局書記」，成為中共最早的最高領袖。

在一九二二年的中共「二大」上，中央局改稱「中央執行委員會」，陳獨秀當選為「中央執行委員會委員長」，依然是最高領袖。

在一九二三年的中共「三大」上，陳獨秀連任中央執行委員會委員長。

一九二五年初召開的中共「四大」，改設總書記，還是陳獨秀當選。

這一回，陳獨秀的領袖地位徹底動搖了。代表們對陳獨秀的批評，歸結起來，那就是後來由大會通過的《政治形勢與黨的任務決議案》中一句結論性的話：「我們的黨，只注意了反帝國主義反軍閥鬥爭，而忽略了與資產階級爭取革命領導權的鬥爭。」

陳獨秀的錯誤，被定為「右傾機會主義」——因為他在國共兩黨結成統一戰線時，只求團結，不講鬥爭，對蔣介石一味退讓……

就在陳獨秀的臉越拉越長的時候，一位二十八歲的瘦弱青年，戴著一副黑框眼鏡，成為大會中最活躍的人物。他叫瞿秋白，忙著向代表們分發他在一九二七年二月寫的小冊子，書名頗怪，叫做《第三國際還是第零國際》（後來改名《中國革命中之爭論問題》）。

小冊子批判的是「彭述之主義」。彭述之此人，在中共「四大」上，經陳獨秀一手提拔，當選中共中央宣傳部長。他成了陳獨秀的心腹助手。瞿秋白的小冊子批的是「彭述之主義」，其實矛頭所向，乃陳獨秀也！

寫這本小冊子時，黨內尚未公開批判陳獨秀，礙著總書記的面子，瞿秋白便拿彭述之開刀。那時，瞿秋白稱病，說自己肺病復發，其實他是藏了起來，埋頭寫這本小冊子。如今，他在大會上分發這本小冊子，無疑給了陳獨秀重重一擊。在小冊子裡，他批判了彭述之（也就是陳獨秀）十七條錯誤。他尖銳指出，對於黨的病症，「必須趕快施手術，暴露其病根」。

隨著陳獨秀在共產黨內聲望的急劇下降，瞿秋白的聲望在日益上升。

一天，黃陂會館主席臺上的馬克思、列寧像從正中移到兩側，當中掛起了孫中山像。在一片熱烈的掌聲中，在貼身警衛的簇擁下，一個西裝革履、小分頭油光發亮的人物登上主席臺。此人便是國民黨主席兼武漢國民政府主席汪精衛，特地前來祝賀中共「五大」召開。

陪同汪精衛一起登上主席臺的，不是陳獨秀，卻是穿了一身中山裝的瞿秋白。這一歷史鏡頭似乎表明，瞿秋白即將取代陳獨秀，成為中共領袖。

會場裡還流傳「小道消息」：「莫斯科有個決議，要撤換陳獨秀！」據說，那是「莊文恭的弟弟韓白聘說的，他才從莫斯科回來，知道這個消息。」①

不過，共產國際的代表們再三斟酌，還是建議仍由陳獨秀擔任總書記。這樣，在中共「五大」上，陳獨秀再度當選總書記——他連任了五屆。這大抵是考慮到他畢竟是五四運動的「總司令」，《新青年》雜誌的創辦人，中國共產黨的創建人，擁有很高的社會影響。

中共「五大」選出了三十一人為中央執行委員，十四人為候補中央執行委員。

在中央委員會上，選出九人為中央政治局委員：陳獨秀、蔡和森、周恩來、李立三、李維漢、瞿秋白、譚平山、張國燾、蔡兆徵。在九人之中，又選出三人為中央政治局常委：陳獨秀、李維漢、張國燾。另外，選舉周恩來為中共中央秘書長。瞿秋白沒有進入常委之列！

毛澤東呢？他只是當選為中共中央候補委員，尚未顯山露水……

總書記「不光榮的結束」

中共「五大」之後，形勢越發險峻——「赤都武漢」在日益轉「黑」！中國共產黨正在失去最後的立足點：五月十七日，唐生智手下第十四師師長夏斗寅叛變武漢政府，發表反共通電，說共產黨「藉口總理（指孫中山——引者注）容共，而喧賓奪主，以暴君政治擾亂我兩湖」。顯然，這是一顆信號彈，意味著武漢開始動盪。

緊接著，五月廿一日，唐生智手下第三十五軍第三十三團團長許克祥在長沙叛變，屠殺共產黨員。六月十日，形勢緊急，汪精衛去鄭州和馮玉祥、唐生智舉行秘密反共會談。九天之後，馮玉祥則與蔣介石在徐州秘密會談。幕後的交易表明，汪精衛要和蔣介石攜手反共、反蘇，寧漢合流！

在如此危急的時刻，共產國際駐華首席代表羅易還對汪精衛堅信不疑：「汪精衛是國民黨主要領導人中唯一努力同共產黨保持友好關係的人。」

陳獨秀也把「合作」的希望全部押在汪精衛身上。汪精衛此人，也確實有點迷惑人的「革命」色彩：早年，他曾潛入北京，策劃謀刺清朝攝政王載灃，事洩被捕，為他贏得英雄聲望。接著，他追隨孫中山左右。孫中山病危之際，他代孫中山起草遺囑。在蔣介石「四•一二」反共政變之後，他卻「容共」，讓武漢變成了「赤都」……

可是，汪精衛「變臉」了！他在《武漢分共之經過》中，十分形象地勾畫出他當時的見解：「已經到了爭船的時候了，已經到了爭把舵的時候了。要將國民革命帶往共產主義那條路去的，不能不將國民黨變成共產黨，否則只有消滅國民黨之一法。要將國民革命帶往三民主義那條路去的，不能不將共產黨變做國民黨，否則只有消滅共產黨之法。正如一隻船，有兩個把舵的，有兩個不同的方向。除了趕去一個，更無他法。」

六月十七日，汪精衛的武漢國民黨政府正式通知鮑羅廷，解除他的顧問合同。這是汪精衛決心實行「消滅共產黨之法」邁出的第一步。在這樣的時候，陳獨秀還在念念叨叨：共產黨「必須採取讓步政策，必須糾正過火行為」……

歷史到了急轉彎的時刻，陳獨秀終於被從車子上甩了出去。已經在中央「五大」上受到尖銳批判的陳獨秀，此時更是不孚眾望。他結束了他在中國共產黨內的領袖生涯，「不視事」了！

關於陳獨秀「不視事」的經過，蔡和森的《黨的機會主義》中這樣寫及：

「不知道是七月初幾（和森於七月二日大發舊病，三日由國燾通知說常委決定和森送入醫院養病，癒後即去九江有事），老鮑（指共產國際代表鮑羅廷——引者注）提議獨秀、平山去莫斯科與國際（當時習慣把共產國際簡稱為「國際」。本書後文中還多次用及，不另注——引者注）討論中國革命問題，秋白、和森赴海參崴辦黨校，新指定國燾、太雷、維漢、立三、恩來五人組織政治局兼常委。自此獨秀即不視事。……」

蔡和森是當時的政治局委員，他的《黨的機會主義》是他一九二七年九月廿二日在中共順直省委作的報告（一九二八年七月經整理後，全文發表於《順直通訊》第二期）。他報告中的這段話，是迄今關於陳獨秀「不視事」的最清楚、最詳細、最權威的原始文獻。

令人費解的是：在千鈞一髮的緊要關頭，怎麼忽地派陳獨秀、譚平山去莫斯科「討論中國革命問題」？更奇怪的是，怎麼又把瞿秋白、蔡和森派到蘇聯海參崴去「辦黨校」？莫斯科不是已經有一所培訓中國共產黨人的中山大學嗎？為什麼還要去海參崴再辦一個呢？即使再辦一個，又何必要瞿秋白、蔡和森去辦呢？

共產國際代表鮑羅廷作出如此奇特的決定，其實是為了顧全陳獨秀的面子，讓他體面地下臺。因為陳獨秀畢竟是連任五屆的中共領袖，在社會上有著廣泛的影響，不便直截了當地宣布撤職。至於說派瞿秋白、蔡和森去海參崴「辦黨校」，全然是「虛晃一槍」而已。

誠如蔡和森所言：「鮑之提議改組五人政治局及獨秀、平山赴莫斯科等皆係敷衍國際的；又恐獨秀、平山知道此情，故又提出秋白、和森赴海參崴陪襯。這種用心，至八七會議時才有人說出。」

李立三在一九三〇年二月一日所作的《黨史報告》，同樣道出了鮑羅廷的「秘密」：

「他宣布改造中央也是用手段，找我們五人去，說形勢非常緊迫，要主要負責人走開，陳獨秀、譚平山到莫斯科，和森、秋白到海參崴辦黨報（校），另組織五人的中央，五次大會的中央是這樣不光榮的結束。」

其實，更準確地說，在鮑羅廷的「手段」之下，陳獨秀的總書記之職「不光榮的結束」了。

經中共黨史專家考證，作出這一決定的日子是七月十二日。《中共黨史大事年表》作了如下表述②：「七月十二日，根據共產國際執行委員會的指示，中共中央改組，臨時中央常務委員會成立，陳獨秀停職。」

從此，中共的第一任領袖陳獨秀下臺——雖然當時還只是「停職」，不是撤職。

新的臨時中央常務委員會的五名常委之中，張國燾和李維漢是兩個多月前在中共「五大」上當選的，新增的是張太雷、李立三、周恩來三人。

奇怪的是，五常委之中，依然沒有瞿秋白——雖然他當時大有取陳獨秀而代之的趨勢。五常委沒有明確以誰為首。與陳獨秀同時被停職的，還有他的得力助手彭述之。

中共臨時中央常務委員會誕生的翌日，便發表了與陳獨秀退讓政策明顯不同的《對政局宣言》，揭露了汪精衛武漢國民政府「已在公開準備政變，以反對中國人民極大多數的利益及孫中山先生之根本主義與政策」，宣布「決定撤回參加國民政府的共產黨員」。從此，國共公開決裂。

在中共《對政局宣言》發表的次日，孫中山夫人宋慶齡發表聲明，脫離國民政府，譴責蔣、汪：「他們不再是孫中山的忠實信徒，黨也就不再是革命的黨，而不過是這個或那個軍閥的工具而已。」

當天夜裡，汪精衛下達了「分共」的密令。

第二天——七月十五日，武漢一片腥風血雨。「寧可枉殺千人，不可使一人漏網。」大批的共產黨人倒在血泊之中。「赤都」武漢頓時變成了「白都」！

「四・一二」、「七・一五」，從此被作為不祥的日子，載入中國現代史史冊。

瞿秋白嶄露頭角

「七・一五」之後，中國共產黨完全轉入了秘密地下活動。

陳獨秀拒絕赴蘇。他躲在武昌一個偏僻的工人住宅區裡。和他住在一起的，只有他的私人秘書黃文容。已「不視事」的他，不再參與中共中央的工作。

中共中央臨時常委會在七月十八日作出重要決定：在南昌組織武裝起義！於是，七月二十日，五常委之一的李立三和譚平山、惲代英、鄧中夏、葉挺來到江西九江。廿六日，另一常委周恩來在陳賡陪同下到達九江。緊接著，常委張國燾也來到這裡。這麼一來，五常委之中，三常委前往江西，忙於組織南昌起義。

蔡和森在漢口醫院養病。留在武漢秘密活動的常委是李維漢和張太雷。那時候，李維漢用的是化名羅邁。

行蹤最為奇特的是瞿秋白。七月十二日，他出席了由鮑羅廷主持的那次臨時政治局會議，鮑羅廷所宣布的新的五常委之中沒有他，並聲稱他要去海參崴。當天夜裡，他就從武漢消失了！瞿秋白到哪裡去了呢？在長江輪船上，出現他瘦削的身影。他的身邊，正坐著鮑羅廷！據云，鮑羅廷要去廬山「休養」，瞿秋白和他同往！一路上，他倆用俄語低聲地交談著。

鮑羅廷的心境是複雜的：他作為共產國際代表來華四年，曾在中國共產黨內受到普遍的尊敬；他又曾和孫中山密切合作，出任國民政府顧問，在國民黨內也享有很高聲譽。可是，蔣介石在「四．一二」政變之後發出的通緝令，捉拿兩名「首犯」，一名是陳獨秀，另一名便是他；汪精衛如今也解除了他的顧問合同，並要緝捕他；最令他痛心的是，共產國際鑒於蔣、汪的反叛，中共的危機，把責任歸咎於他。

在這樣三重的壓力之下，他本想卸任回國，無奈他的妻子范婭在北京落到軍閥張作霖手中，被押作人質，又使他無意獨自回去。總算在七月十二日這天，他接到北京來電，說范婭已獲釋，來到蘇聯駐華大使館。這樣，他回國之舉已定。他想在回國之前，找個安靜的地方，跟中共領導人細細商議下一步的工作計畫。於是，他選中了廬山作為「休養」之地。

至於他為什麼撇開新當選的五位中共政治局常委，偏偏只帶瞿秋白一人上山，乃是一個歷史之謎。顯然，熟知中共內情的這位老鮑，已選中瞿秋白接替陳獨秀，在離華之前，要把領導擔子移交給瞿秋白。

山下正風雲變幻。在雲遮霧障的廬山，「老鮑」跟瞿秋白徹夜長談，研究著中共下一步的暴動計畫，中共的新的戰略方針和工作原則。

鮑、瞿密談持續了一個多星期。七月廿一日，他倆從廬山悄然返回武漢。當天，鮑羅廷便宣布：增加一名中共政治局常委。這位新常委就是瞿秋白。

雖說鮑羅廷沒有明確指定六常委中以誰為首，而實際上他安排了新常委瞿秋白主持中共中央工作，可謂「後來居上」。從此，瞿秋白成為中共的第二任領袖，雖然他當時的名義只是中共中央政治局常委……

這位二十八歲的常州人，是中共的後起之秀。他在二十一歲時，也就是一九二〇年時，作為北京《晨報》的記者前往蘇俄，日漸接受紅色影響。他見過列寧。後來，他經同鄉張太雷介紹，於一九二二年加入中國共產黨。

其實他的本名並不叫瞿秋白。在中國共產黨人之中，他的筆名、化名恐怕是最多的一個，多達一百來個！「秋白」原是他的筆名。他有時叫「維它」，用「瞿」的諧音化名「屈維它」，也用過「陶畏巨」、「狄康」、「之夫」、「美夫」、「董龍」、「樊梓生」、「陳笑峰」、「司馬今」、「史鐵兒」、「林復」、「宋陽」、「魏凝」、「范易」、「何苦」等筆名、化名。

他在蘇俄則化名「斯特拉霍夫」。這也難怪，因為他是記者出身，文章滿天飛，又長期在秘密狀態下工作，不能不「打一槍」換一個名字。

如今，他的傳世之名叫「瞿秋白」。這名字很容易使人誤以為他生於秋天，聯想到「月落烏啼霜滿天」。其實他出生於新年之初——一八九九年一月廿九日。

常人頭頂只有一個髮漩，他卻有兩個，正因為這與眾不同之處，剛生下便得了個乳名「阿雙」。父親瞿世瑋喜歡咬文嚼字，給他取名「瞿雙」，以紀念他頭上那兩個髮漩。「雙」是冷僻的漢字，小船之意，與「舸」相對應，「舸」即大船，所謂「百舸爭流」。

他長大了，嫌「雙」字過分冷僻，自己改名「瞿爽」、「瞿霜」，依然是「雙」字音。不過「爽」、「霜」都與秋天緊相連，所謂「秋高氣爽」，所謂「萬類霜天競自由」。他由此衍義，取了筆名「秋白」，亦「霜」的含義。倘若不是這麼細細考證，人們很難知道「秋白」竟出典於他頭髮的雙漩！

瞿秋白聰穎機敏，又擅長文筆。二十一歲至二十四歲在蘇俄採訪，寫下大量報導，寫出《赤都心史》等著作，在中國產生廣泛影響。

一九二三年初他回國之後，很快成了中共一枝筆，成為中共中央三家機關刊物《新青年》、《嚮導》和《前鋒》主要撰稿人。一九二三年他出席中共「三大」，便主持起草了黨綱。一九二四年出席國民黨「一大」，又參與大會宣言的起草。

瞿秋白在中共擔任的職務，逐年上升：剛回國時，擔任由中共主辦的上海大學教務長兼社會學系主任。一九二五年，在中共「四大」當選中央委員。在中共「五大」，進入中共中央政治局。

瞿秋白被選中接替陳獨秀，可能基於這兩點原因：

第一，他堅決執行共產國際路線。他在蘇俄三年，出席過共產國際大會，跟共產國際關係不錯，當時，中國共產黨是共產國際的支部，受共產國際領導。因此，能否成為中共的領袖，在當時首先要得到共產國際的信任和支持。

第二，他寫過反對「彭述之主義」的小冊子，明確表達了反對陳獨秀的立場。共產國際否定了陳獨秀，起用作為陳獨秀的反對派的他，就不奇怪了。

就在七月廿一日鮑羅廷和瞿秋白回到武漢的第三日——廿三日，共產國際派出的新的代表秘密抵達武漢。當天夜裡，新任代表便和瞿秋白為首的中共新政治局常委們通宵長談……緊接著，七月廿七日，原先的共產國際三位代表奉調回去。

鮑羅廷回去後的命運是很不幸的。中國共產黨在大革命中的失敗的責任，歸結到他頭上。史達林拒見他。他被安排在莫斯科外文出版社工作。一九四九年鮑羅廷被捕，據說是有「特務」嫌疑。一九五一年五月廿九日，六十七歲的他，慘死於流放地——西伯利亞伊爾庫茨克。直至史達林死後，一九五六年蘇共才為他恢復了名譽。

羅易回去後，由於參加反對派活動，於一九二九年被共產國際開除。他從蘇聯返回祖國印度。一九五四年一月廿五日病逝。

三人之中唯有維經斯基還算不錯，未遭厄運，一九五三年病逝於莫斯科。

共產國際新代表帶來莫斯科新的指令。他與瞿秋白等中共新政治局常委決定召開緊急會議，在中共貫徹新的指令……

「火爐」裡的緊急會議

八月的武漢三鎮，熱得如同火爐，即使一動不動躺在那裡，全身的皮膚也會像漏了似的，汗水不住地汩汩而出。就連樹上的知了，也懶得叫喚。

在漢口的俄租界，一幢西式公寓的二樓，二十九個中國人卻不顧蒸籠般的悶熱，聚集在一個房間裡，側耳傾聽著一個俄國人的長篇講話。

那個講話的俄國人，皮膚格外白淨，二十九歲。他便是共產國際新派來的代表，他自我介紹說名叫「尼古拉」。據會議的出席者鄭超麟回憶，「在文件中，也就用他名字英文開頭字母N作為他的代稱」。

其實，他的本名叫維薩里昂•羅明納茲，一八九七年出生於俄國高加索格魯吉亞。一九一七年加入俄共（布）。一九二六年，他當選為共產國際主席團成員。奉共產國際緊急指派，他千里迢迢、星夜兼程，趕到「火爐」武漢，接替羅易、鮑羅廷和維經斯基。他的身分是共產國際全權代表。這「全權」兩字，表明他身分非同小可。

羅明納茲的兩側，坐著另兩個外國人，是和他一起抵達武漢的。

他的一側是一個德國小夥子，二十五歲，名叫紐曼。紐曼是德國共產黨黨員，二十三歲出任德共駐共產國際的代表。雖說年紀輕輕，卻有著「暴動專家」之譽。因為他二十來歲時，曾成功地領導過德國工人暴動。據云，派這位「暴動專家」前來中國，是考慮到中共正需要組織南昌暴動、廣州暴動……

羅明納茲的另一側，是一位俄國女人，名叫洛蜀莫娃。她是羅明納茲的助手。

羅明納茲手中拿著厚厚一疊俄文稿，一邊念稿子，一邊不時離開文稿「發揮」幾句。擔任翻譯的文弱青年，穿白色短袖紡綢衫，臉色蒼白，肺病正在折磨著他。他便是瞿秋白。

瞿秋白扮演的不僅僅是翻譯的角色。羅明納茲的報告，長達三萬多字，是瞿秋白參與起草的。這個報告，是「羅明納茲—瞿秋白」的登臺宣言，從此正式取代了「鮑羅廷—陳獨秀」在中共的領導地位。

會議是在極度匆忙、萬分緊急的情況下秘密召開的。最初定於一九二七年七月廿八日召開，可是外省代表們來不及趕到武漢，推遲到八月三日，仍然來不及。可是，再等下去不行了。這樣，當外地代表來了一部分之後，就決定在八月七日開會。會議非常緊湊，從早到晚，開了一天就結束了。

這次會議，由於代表不齊，無法叫「中共中央全會」，也不是「中共中央政治局會議」，於是稱「中共中央緊急會議」。由於是在八月七日這天開的，史稱「八七會議」。

六常委中的一半——張國燾、周恩來、李立三在南昌前線，未出席會議。留在武漢的三常委——瞿秋白、李維漢、張太雷及病中的蔡和森出席了會議。

大會的主席是一位大高個子，三十一歲，湖南口音。他便是常委李維漢（如今中共中央領導人之一李鐵映之父）。當年，他是毛澤東發起的新民學會會員，後來留學法國，在那裡加入「旅歐少年共產黨」（中國社會主義青年團旅歐支部前身）。

一九二二年底他回國，由毛澤東和蔡和森做介紹人，加入中國共產黨。他跟毛澤東、蔡和森很早便認識，他在湖南省立第一師範學校第二部求學時，毛澤東、蔡和森則在第一部讀書。他在一九二三年出任中共湘區委員會（亦即後來的中共湖南省委）書記。在中共「四大」當選中委。在中共「五大」當選政治局委員。

「八七會議」的透明度，要比中共「一大」高得多，因為當年會議的詳盡記錄，現今保存在中央檔案館裡。查閱會議的原始記錄，便能得知會議的真實情況。

會議的出席者共二十一人：

中央委員：羅邁（即李維漢）、瞿秋白、張太雷、鄧中夏、任弼時、蘇兆徵、顧順章、羅亦農、陳喬年、蔡和森。

候補中央委員：李震瀛、陸沉、毛澤東。

監察委員：楊匏安、王荷波。

共青團代表：李子芬、楊善南、陸定一。

湖南代表：彭公達。

河北代表：鄭超麟。

軍委代表：王一飛。

中央秘書：鄧小平。

共產國際代表：羅明納茲、紐曼、洛蜀莫娃。

在原始記錄上，大會主席李維漢的開場白中，這麼說及：

「在未開始報告之先，我以國際名義向大家致一敬禮。此敬禮非平常的敬禮。國際要中國共產黨集此會的原因，是因中國共產黨的指導錯得太遠，不召集此會來糾正，則C・P（共產黨英文開頭字母——引者注）將不成其為C・P了。現在中國共產黨的錯誤已經很深了，非召集此會不可。過去的錯誤是在指導機關，國際對於群眾方面的英勇的行為仍是非常滿意的……」

李維漢開宗明義，指出大會的任務在於糾正「錯得太遠」的中國共產黨的「指導機關」，亦即以陳獨秀為首的前一任領導機關。

已經「不視事」的陳獨秀，仍是名義上的黨的總書記，仍是中央委員、政治局委員，雖在漢口，卻不能出席會議——他知道這次會議是為了糾正他的錯誤而召開的。

羅明納茲的長篇報告，經大會討論，後來稍作修改，以《中共中央執行委員會告全黨黨員書》發出。報告批判了陳獨秀的右傾投降主義，扭轉了中國共產黨的「指導錯誤」，結束了陳獨秀路線。

在會議記錄上寫著，羅明納茲報告結束之後，「休息半小時吃飯」，然後繼續開會，討論報告。令人注意的是，第一個發言者是「東」，亦即毛澤東。原始記錄上，毛澤東的發言約為一千字。

毛澤東的話，保持著他幽默辛辣的風格。他是這樣批判陳獨秀在國共合作上的右傾錯誤的：「當時大家的根本觀念都以為國民黨是人家的，不知他是一架空房子等人去住。其後像新姑娘上花轎一樣勉強搬到此空房子去了，但始終無當此房子主人的決心。我認為這是一大錯誤。」

毛澤東的發言，有一段話極為重要，那便是他的著名的「槍桿子裡出政權」的見解。記錄原文如下：「對軍事方面，從前我們罵孫中山專做軍事運動，我們則恰恰相反，不做軍事運動專做民眾運動，蔣唐（即蔣介石、唐生智——引者注）都是拿槍桿子起（家）的，我們獨不管。現在雖已注意，但仍無堅決的概念。比如秋收暴動非軍事不可，此次會議應重視此問題，新政治局的常委要更加堅強起來注意此問題。」

當時的毛澤東在中共內的地位在第十以外，尚未顯要，然而他的這段話大有「眾人皆醉吾獨醒」的意味，超過了他的同時代人。

其實，毛澤東在一個多月前——七月四日的中共執委會擴大會議上，已經說過類似的意見：「不保存武力，則將來一到事變，我們則無辦法。」他主張「上山」，預料「上山可造成軍事勢力的基礎」。

毛澤東是這麼說的，也是這麼做的，後來他走的便是「槍桿子裡出政權」之路。

瞿秋白取代了陳獨秀

中國在大動盪，中共在大動盪，中共領導層也在大動盪之中。

中共中央政治局在頻繁地改選、換動著：五月九日中共「五大」閉幕時選過一回，選出政治局委員七人，常委三人；才兩個來月，七月十二日，又一次換班、改組，確定新的五常委；這一次，還不到一個月，就再一次換班、改組。

李維漢在開場白中是這麼說的：

「此會為『緊急討論會』。此會雖無權改組中央，但有權可以選舉臨時中央局。」

羅明納茲帶來莫斯科新的指令，認為前任中共領袖陳獨秀犯右傾錯誤，在於知識分子的「動搖性」，因此必須加強中共領導層的工人成分。

李維漢的開場白中，轉達了共產國際全權代表羅明納茲的意思：

「我們可以說上海工人領袖的意識比中央的意識高百倍，他們的理論比中央的理論正確得多。……無論何人都不及由工人出身的人來領導正確。」

這樣，工人出身的工人領袖們，一下子備受重視，被列入中共新領導班子候選名單。內中有：四十二歲的蘇兆徵，他是廣東香山縣湛澳島（今屬珠海市）人，從小在海輪上做工，道地的海員工人出身。一九二一年一月，他領導了香港海員大罷工。三月，創立中華海員聯合總會。一九二五年加入中國共產黨。一九二六年出任中華全國總工會委員長。在中共「五大」，當選中央政治局委員。

另一名受到青睞的是二十三歲的顧順章，江蘇寶山（今屬上海市）人。他原本是南洋兄弟煙草公司的事務員，也算是工人出身。他曾留學德國，回國後加入中國共產黨。在上海工人第三次武裝起義時擔任工人糾察隊總指揮。在中共「五大」當選中央委員。

還有一名受到垂青的是四十七歲的向忠發，湖北漢川人。論出身，此人「根子正」，「標準」的工人。他青年時期先在漢陽兵工廠當學徒，後來做過水手、碼頭工人。一九二二年加入中國共產黨，被派到湖北省工會工作，擔任漢冶萍總工會副委員長。此後歷任武漢工人糾察隊總指揮、武漢工會委員長、中華全國總工會執委會委員。他當選過中共「三大」、「四大」、「五大」代表，並在中共「五大」當選中央委員。

於是，瞿秋白拿出事先擬好的政治局委員候選人名單。他念道：

「正式委員七人——張國燾、瞿秋白、蘇兆徵、李維漢、任弼時、羅亦農、鄧中夏」；「候補委員七人——李立三、周恩來、彭湃、張太雷、顧順章、向忠發、蔡和森。」

大家七嘴八舌地討論著名單。

經過投票選舉，產生的新的政治局委員名單，跟瞿秋白預擬的人選頗多差別。

根據會議記錄，最後的名單連同得票數如下：

正式委員——蘇兆徵（二十票）、向忠發（二十票）、瞿秋白（十九票）、羅亦農（十八票），顧順章（十七票）、王荷波（十七票）、李維漢（十七票）、彭湃（十六票）、任弼時（十四票）；

候補委員——鄧中夏（十三票）、周恩來（十二票）、毛澤東（十二票），彭公達（十一票）、張太雷（十一票）、張國燾（九票）、李立三（七票）。

票數頗為耐人尋味。由於共產國際全權代表強調了工人成分，蘇兆徵、向忠發一下子得了全票③，超過了瞿秋白。

七月十二日產生的五常委中的四位——周恩來、張太雷、張國燾、李立三，票數居末，全成了候補委員！毛澤東得票數與周恩來相同，並列第十一位。

按得票數，中央的新領袖當是蘇兆徵或向忠發。

對此，瞿秋白作了如下說明：

「至於指導（引者注：即領導）成分問題，大家的要求是選出工人來做領導。但有一困難，此會無權改選中央（引者注：指總書記）。還有一層，選出此等人還須得從事調查一下是否他能執行此新政策。」

這樣，在八月九日召開的中央政治局會議上，確定了三常委為中共新領袖。這三常委是瞿秋白、李維漢、蘇兆徵。名義上三人都是常委，實際上以瞿秋白為首。

從五月九日中共「五大」閉幕式到八月九日，正好三個月。從三個月來常委名單的三變，足見中共領導核心的大變動：

五月九日，三常委即陳獨秀、李維漢、張國燾；

七月十二日，五常委即張國燾、周恩來、李立三、李維漢、張太雷（七月廿一日增加瞿秋白）；

八月九日，三常委即瞿秋白、李維漢、蘇兆徵。

在三變中唯一不變的是李維漢，一直擔任常委。

「八七會議」結束了陳獨秀右傾路線，並載入了史冊，正如毛澤東後來所言：「一九二七年八月七日黨中央的緊急會議反對了政治上的右傾機會主義，使黨大進了一步。」④

如今，召開「八七會議」的那幢房子設立為紀念館，坐落在漢口鄱陽街一三九號（即原俄租界三教街四十一號）。那是根據李維漢、鄧小平、陸定一認定後確證的。

不過，一九八三年鄭超麟應邀去武漢，卻認定鄱陽街的一二三號是原會址。那座房子跟一三九號模樣很像。鄭超麟的記憶力向來是很不錯的。只是他的意見未被接受。

在「八七會議」的記錄中，任弼時曾說過一句話：「老頭子可去莫。」「老頭子」就是指陳獨秀，「去莫」即去莫斯科。

「老頭子」陳獨秀後來沒有「去莫」，他和彭述之、鄭超麟等組織了黨內反對派，於

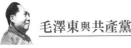

一九三一年五月任「中國共產黨左派反對派」的中央總書記。此後他被中國共產黨開除了黨籍。

中共由右向「左」偏航

矯枉容易過正。瞿秋白取代陳獨秀成為中國共產黨的舵手後，中共開始由右朝「左」偏航。作為三常委之一的李維漢，晚年寫下《回憶與研究》一書，很深刻地道出當年批右出「左」的原因⑤：「由於對國民黨屠殺政策的仇恨，和對陳獨秀投降主義的憤怒而加強起來的革命急性病，使黨內的『左傾情緒』很快地發展起來。」

「除了這種『左傾情緒』外，還有一個認識問題，即所謂『左』比右好。『左』是站著鬥，右是跪著降，當時在黨內（一定範圍內）已經形成了輿論。而『左』傾情緒和『左』傾認識（理智）結合起來，就成為盲動主義發展的動力。……於是，盲動主義代替了投降主義。」

二十八歲的瞿秋白上臺之後，深感共產黨在武漢的基礎太差，便於九月底和鄭超麟一起坐長江輪船，返回上海。瞿秋白隱居在福煦路（今金陵西路、延安中路）民厚南里。從此，中共中央也隨瞿秋白遷回上海。

「四・一二」的陰影，依然濃重地籠罩著上海。處處談「共」色變。密探的眼睛，日夜在那裡「掃描」，巴不得盯住每一個「赤色人物」。

這時全國中共黨員銳減，從中共「五大」時的近六萬人，一下子直線下降到一萬多人。心急如焚的瞿秋白卻這樣深信不疑：「在較短期內，新的革命高漲將取代革命的暫時失敗。」

瞿秋白要在中國點起暴動之火。他的頭腦在膨脹，在發熱，急於求勝的情緒在迅速滋長。一九二七年十一月九日至十日，瞿秋白在上海召集了中央臨時政治局擴大會議，全面貫徹瞿秋白的「左」傾路線。會議作出《中國現狀與共產黨的任務決議案》，強調了「暴動」的重要性：「城市工人暴動的發動是非常之重要；輕視城市工人，僅僅當作一種響應農民的力量，是很錯誤的，黨的責任是努力領導工人日常鬥爭，發展廣大群眾的革命高漲，組織暴動，領導他們武裝暴動，使暴動的城市能成為自發的農民暴動的中心及指導青。城市工人的暴動是革命的勝利在巨大暴動內得以鞏固而發展的先決條件。」

這樣，瞿秋白把全黨的工作中心，轉移到領導工人組織城市暴動上去。

當然，最激烈地主張暴動的，是共產國際新任全權代表羅明納茲。難怪他來華時，帶來了德國的「暴動專家」紐曼。

這次擴大會議，增選了兩名政治局常委，即羅亦農和周恩來，使三常委增至五常委。這樣，周恩來又重新進入了常委之列。

以瞿秋白為首的中共新中央，向各地黨組織發出了一系列要求組織暴動的指令，都一一痛遭失敗：

武漢暴動——原定十一月十三日上午八時武漢三鎮工人總罷工，舉行暴動，進攻友益街，結果因響應者寥寥而作罷。

長沙暴動——十二月十日晚七時，湖南省委組織二百人敢死隊舉行暴動。企圖佔領長沙。敵人連夜調來一個師，一下子就把暴動壓下去了。

廣州暴動——十二月十一日凌晨，在張太雷、葉挺、葉劍英、周文雍、惲代英、聶榮臻領導下，舉行廣州暴動。暴動的翌日，中共中央政治局候補委員張太雷當場犧牲。暴動也迅即失敗。

此外，上海暴動、天津暴動、唐山暴動電都慘遭敗北。

暴動的一次次慘敗，使新上臺的中共領袖瞿秋白威信掃地，陷入了困境。看來，他在領袖的坐椅上席不暇暖，就得另易他人了……

誰將替換瞿秋白呢？

一個出乎意料的機遇，使一個並不具備領袖才華的人物，成了中共正兒八經的總書記！

那是「八七會議」結束不久，共產國際忽地發來通知：蘇聯的十月革命紀念日即將到來。一九二七年的十月革命節非同往常，乃是十年大慶，各國共產黨都派了代表團。這樣，中國共產黨也要派出代表團前往蘇聯慶賀。為了表示對工農幹部的重視，此次所派的是「中國工農代表團」。由誰率領呢？自然應當派工農出身的幹部。

最合適的人選，應是蘇兆徵。他是政治局常委，又是工人出身。不巧，他正生病，不能遠行。於是，選中了向忠發。在「八七會議」上，他跟蘇兆徵一樣，都得了全票。

另外，還指派了李震瀛作為向忠發的副手。李震瀛又名李寶森，天津人，一九二一年加入中共，一直從事工人運動。他在一九二二年領導鄭州鐵路工人大罷工，出任京漢鐵路總工會秘書長。一九二五年在上海領導五卅運動。後來，又成為上海三次工人武裝起義的領導者之一。在中共「五大」上當選為中央候補委員。「八七會議」時，他是與會者之一。⑥

歷史把機遇給了向忠發。他和李震瀛於一九二七年十月來到了莫斯科，這是他頭一回出國，使他有機會直接接觸共產國際的高層領導。這時，共產國際恰巧在物色工人出身的中共高級幹部，以擔任中共的領袖。向忠發的出現——這位四十八歲的老工人，正適合共產國際的需要！

這樣，當向忠發和李震瀛在參加了十月革命十周年慶祝盛典之後，共產國際為了加以培養，又派他們前往德國和比利時，出席了「反對帝國主義大同盟」理事會擴大會議。向忠發在會上作了中國革命和反對帝國主義運動的報告，井與德國共產黨、比利時共產黨領導人舉行了會談。另外，還參加了組建在「反對帝國主義大同盟」領導之下的「反對中國白色委員會」。共產國際的著意培養，使向忠發大長見識。

就在向忠發和李震瀛結束了歐洲之行時，他們又應邀前往莫斯科，出席重要的會議——一九二八年二月九日至廿五日的共產國際執委第九次全會，在那裡舉行。史達林和布哈林出席了會議，著重討論了中國革命問題。

那時，共產國際內部對於中國革命有兩派不同的意見：一派是瞿秋白的「後臺」——羅明納茲，他以為中國革命已經到了「中國共產黨立即行動奪取政權，實現一省數省乃至全國勝利的時候了」！正因為這樣，他主張不斷地在中國組織暴動。瞿秋白忠實地執行了這位共產國際駐華全權代表的指示；另一派則以米夫為首，他激烈地批評羅明納茲關於中國革命性質和中國社會性質的分析。

米夫在《中國革命的爭論問題》⑦一文中，批評羅明納茲：「中國資產階級不算做一種政治力量，這樣他就犯了一個錯誤，輕視中國目前革命鬥爭的一切困難。」羅明納茲反脣相譏，嘲笑米夫「右傾」。

瞿秋白組織的一系列暴動的失敗，特別是廣州暴動的失敗，使羅納茲面臨被「查辦」的危險。雖然他在一九二七年底回到莫斯科，還一再鼓吹他的主張。

不過史達林和共產國際政治書記處第一書記布哈林否定了羅明納茲，批評了他的極「左」主張。史達林、布哈林會見了向忠發、李震瀛，以聯共代表團和中共代表團的名義，聯合起草了《關於中國問題決議案》，由共產國際執委第九次全會通過。這個決議案，否定了羅明納茲對於中國革命的「左」的主張。

這下子，猛然抬高了向忠發的聲望。因為跟史達林、布哈林共同起草關於中國革命的文件，在當時可是一件了不起的事！

羅明納茲從此一蹶不振，不久被調離共產國際，前往高加索。一九三〇年十二月，他在高加索被指控組織「反黨集團」。一九三五年，三十六歲的他自殺身亡，被聯共（布）中央開除出黨。

向忠發當上總書記

上海天蟾舞臺坐落在最繁華的市中心，是個熱鬧的所在。看戲的、演戲的，終日進進出出。一位四十二歲的「老闆」，租下了緊挨天蟾舞臺的兩間房。看來，這位「老闆」手裡有錢——他的「太太」是那樣的年輕，只有二十歲。那年月，「老夫少妻」是有錢的象徵。「老闆」是做湖南土布土紗的生意，掛起「福興字莊」的招牌。

然而，外人莫知，每當夜深人靜，這對「夫妻」卻分床而眠……

這位手頭闊綽的「老闆」，便是熊瑾玎，又名熊楚雄，湖南長沙人，中共地下黨員。一九一八年八月，他在長沙參加了毛澤東創建的新民學會，一九二七年十月加入中共。他以「老闆」身分，在這人頭攢動的地方，為中共建立秘密機關。

那位「太太」，是奉中共組織之命為他做掩護工作的，並非真是他的妻子。「太太」叫朱端綬，也是長沙人。雖說她比「老闆」小二十二歲，入黨卻比他早兩年——一九二五年入黨。這對假夫妻主持的秘密機關，是當年中共最重要的機關。李維漢在《回憶與研究》中，曾這樣憶及：

「開會的地方在上海四馬路（今福州路——引者注）天蟾舞臺後面樓上的兩間房子裡。這個秘密機關是一九二七年冬或一九二八年初建立作為中央常委開會的地方。房子是租賃來的，由熊瑾玎、朱端綬夫婦⑧住守（熊瑾玎任中央會計）。

「那時，開會的同志從天蟾舞臺西側雲南路的一個樓梯上去，就可以直接到開會的房間。房間內朝西的窗下有一張小桌子，開會時，小平就在小桌子上記錄。這個機關從建立起一直到一九三一年冬六屆四中全會以後，都沒有遭到破壞。……一九五二年毛澤東在杭州主持起草憲法時，通知小平和我到他那裡去。路過上海時，小平和我去看過那個老地方，那時房間結構和形式如舊，裡面設了一個衛生站。」

來自莫斯科的秘密文件，通過地下交通線，傳到了上海這個秘密機關。

就在這個時候，中共失去了一位重要的人物——羅亦農。他在「八七會議」上當選中央政治局委員時，得票數僅比瞿秋白少一票。

羅亦農是湖南湘潭縣人。一九二〇年，他才十八歲，便加入中國社會主義青年團，被派往莫斯科東方大學學習。一九二一年轉入中國共產黨。在蘇俄學習了五年，回國，任中共江浙區委書記，並參加領導了上海工人三次武裝起義。此後又擔任中共江西省委書記、湖北省委書記。八七會議之後，在一九二七年十一月，他被增補為中共中央政治局常委。

羅亦農雖說也非常年輕，卻比瞿秋白冷靜。正因為這樣，在「暴動熱」之中，作為中共長江局書記的他卻阻止進行武漢暴動，明確指出：「目前絕非繼續暴動時期。」

據羅亦農之子羅西北⑨告訴筆者，羅亦農是在上海被叛徒何芝華出賣的。當時，蔣介石懸賞五萬大洋，捉拿「匪首」羅亦農。在上海法租界「坐機關」的何芝華看中這筆巨賞，打算用這筆賞金出國，便出賣了羅亦農。這樣，一九二八年四月十五日，羅亦農在上海被捕。六天之後，他就死於刑場，當時他只有二十六歲！

羅亦農本是中共很有作為的年輕領袖，很可惜英年早逝。他的遺孀李文宜後來隨瞿秋白夫人楊之華一起赴蘇。

就在羅亦農就義後一星期——四月廿八日，中共政治局三常委瞿秋白、李維漢、周恩來，以及鄧中夏、項英聚集在上海天蟾舞臺後的小屋裡。他們逐字逐句研讀著由史達林、布哈林、向忠發、李震瀛共同起草的《關於中國問題決議案》。他們立即感到，莫斯科的指令，批評了羅明納茲——瞿秋白的「左」傾盲動主義。

從現存的中共中央第十二次政治局會議記錄（一九二八年四月二十八日）上，可以見到這樣的反響：「國際決議顯然同（十一月）擴大會議決議有幾點不同！」

「國際決議」指出：「中國工農廣大的革命運動之第一個浪潮，……已經過去。」眼下，中共應「準備革命之新的浪潮之高潮」，「黨的工作之中心，是在爭取幾千百萬的工農群眾」。共產國際的決議，明確地反對無準備無組織的城鄉暴動。這就是說，那一系列頭腦發熱的「暴動」計畫，應緊急剎車！瞿秋白意識到自己犯了嚴重錯誤。

中共中央政治局在兩天之後——四月三十日，發布了《中國共產黨中央政治局關於共產國際議決案的通告》，表示：「接受這一議決案之一般方針，並且認為在最短期內，於本黨第六次代表大會之前，必須切實執行這議決案必要的具體步驟。」

以瞿秋白為首的巾央政治局，作了這樣的檢討：「中央政治局認為自己過去的工作，正是一面與機會主義餘毒奮鬥，一面即盡自己的力量指正黨內各地所表現出來的盲動主義。這種盲動主義的傾向，不但表現於無產階級的工商業中心玩弄暴動，而且反映著小資產階級式的農民原始暴動的情緒，如殺燒主義，忽視城市工人階級的傾向等等。」⑩

就在發布通告的當天，瞿秋白從上海消失了。他懷著沉重的心情踏上遠途，前往蘇聯參加中共「六大」的籌備工作。周恩來和鄧穎超，則是五月一日一起離滬赴莫斯科。

此後，在五月上旬、中旬，中共中央許多負責人紛紛經滬前往蘇聯。

五月九日，中共中央在國內指定三人臨時主持留守工作——李維漢、任弼時、羅登賢。

對於中國共產黨來說，「六大」在國外召開，是特殊的例外：「一大」、「二大」、「四大」在上海召開，「三大」在廣州召開，「五大」在武漢召開。「六大」改在莫斯科召開，是由於國內一片白色恐怖。弄得不好，便有可能在開全國代表大會時被一網打盡，於是「六大」不得不在當時的「紅色堡壘」蘇聯召開。一百多名中共代表陸續來到蘇聯。

中共「六大」自一九二八年六月十八日至七月十一日，在莫斯科郊區茲維尼果德鎮銀光別墅（原先的一座貴族莊園），開了差不多一個月。由於制止了「左」傾盲動主義，這時的中共黨員增至四萬多人。

大會之前，六月十二日，史達林接見了中共主要負責人。史達林的談話，為中共「六大」定下了基調，即批判瞿秋白的「左」傾盲動主義——一年前的中共「五大」，則是批判陳獨秀的右傾投降主義。

陳獨秀和瞿秋白都是知識分子，一個右，一個「左」，都被視為知識分子的「動搖性」。共產國際再一次強調，必須由工人成分的人物擔當中共領袖，於是選中了向忠發——這除了向忠發是位老工人之外，還由於他跟共產國際，跟史達林、布哈林有了密切的接觸。向忠發就這樣當選為中共中央總書記。

中共「六大」選出的政治局委員有向忠發、蘇兆徵、項英、周恩來、蔡和森、瞿秋白、張國燾。前五人為常委。這樣，瞿秋白被排除在常委之外。

政治局候補委員為李立三、關向應、羅登賢、彭湃、楊殷、徐錫根、盧福坦。

項英之所以能進入政治局，是因為他當年是織布工人。他原名項德隆，一九二二年加入中共，是京漢鐵路二七大罷工的領導人之一，從事工人運動。他擔任過上海總工會黨團書記、全國總工會副委員長、中共中央職工運動委員會書記。

進入政治局候補委員的羅登賢，也是從事工人運動的，曾參與領導了香港工人大罷工。楊殷則是一九二二年加入中共，領導了粵漢鐵路總工會、廣九鐵路總工會、廣三鐵路總工會。

一九二五年，他參加領導了省港大罷工。

史達林批評說，中共還是瞿秋白、張國燾等幾個「大知識分子」起領導作用，應當更多地選拔工人到中央來。於是，中共「六大」選出的中央委員三十六人，有二十一人是工人。連惲代英、劉少奇這樣的知識分子幹部都未能入選！

共產國際也意識到自身工作中的失誤，因為中共領袖的錯誤，很大程度上是由於共產國際派往中國的代表犯了錯誤，誠如陳獨秀之右傾跟羅易、鮑羅廷的右傾大有關係，而瞿秋白的「左」傾很大程度上是由於羅明納茲的「左」傾。

布哈林這麼指出：「共產國際的代表並不是個個都經過考試的，在指導中國大革命中，他們有這樣那樣的錯誤。共產國際執委會討論了這個問題，認為不派代表比派那些犯錯誤的代表好些。」⑪這樣，共產國際作出了新的決定，即由中國共產黨派兩個代表到莫斯科，經過這兩個代表與中國共產黨發生關係。

經過研究，把瞿秋白、張國燾這兩位「大知識分子」留在莫斯科，作為中共駐共產國際的代表。這樣，已被排除在政治局常委之外的瞿秋白，又完全脫離了國內的領導崗位，從此結束了他在中共黨內的第一把手地位。

除了瞿、張兩人之外，鄧中夏、余飛任中華全國總工會駐赤色職工國際代表；王若飛任中國農會駐農民國際代表；不久，陸定一又出任中國共青團駐少共國際代表。他們在莫斯科組成了中共代表團。

後來，共產國際還是派出代表前來中國。不過，共產國際聲稱，代表不再對中共起領導作用，而是起聯繫人和傳達者的作用。

李立三日漸掌握實權

上海，忽地來了個三十來歲、湖南口音的古董商，租了房子，落腳「做生意」。他自稱名喚「蕭柏山」。不過，這位古董商彷彿是個戲迷，常往天蟾舞臺跑。在中共中央那秘密機關裡，這位「古董商」變得非常忙碌，不斷地向全黨發出指示，大有總書記的派頭。「蕭柏山」，便是李立三。

這是一種頗為奇特的現象：儘管中共「六大」選出了向忠發當總書記，可是，中共的實權卻操縱在李立三手中！李立三既不是政治局常委，也不是政治局委員，而只是政治局候補委員！

李立三成為中共的實際上的領袖，其實就跟向忠發忽然成為中共總書記一樣，只因為那時的中國共產黨非常年輕，沒有成熟的領袖人物。

李立三也有他的機遇：中共「六大」之後的第六天，共產國際「六大」在莫斯科開幕。共產國際的「六大」開了兩個月。周恩來、蘇兆徵、項英三常委留在莫斯科開會。另兩位常委，即向忠發和蔡和森，再加上李立三，先行回國，主持中央工作。

隨後，在一九二九年九月二日，向、蔡、李三人回到了上海。

向忠發此人，理論水準低，工作能力也差，不具備當領袖的才能，僅仗著老工人牌子才被捧上總書記的位子。這樣，他也就成了名義上的總書記。

最初，掌握中共領導實權的是蔡和森，他是政治局常委兼中央宣傳部長。

三十三歲的蔡和森具備領袖之才，本來，他跟羅亦農一樣，很有希望成為中共新一代的領袖。他原名蔡林彬，湖南湘鄉縣（今雙峰縣）人。一九一八年他和毛澤東共同發起新民學會。翌年，他留學法國，猛看猛譯法文版馬克思著作。他很快領悟到馬克思主義的精髓。

一九二〇年九月十六日，他在寫給毛澤東的長信中，清楚地闡述了中國必須建立共產黨：「我以為先要組織黨——共產黨。因為他是革命運動的發動者、宣傳者、先鋒隊、作戰部，以中國現在的情形看來，須先組織他……」他的馬克思主義理論水準高於他的許多同時代人。

蔡和森於一九二一年底加入中共。在中共「二大」至「六大」，均當選中央委員；在「五大」，成為政治局委員；在「六大」，則進入政治局常委。他的一枝筆，寫下大量宣傳馬克思主義的文章。因此，他成為政治局常委時，還兼任中央宣傳部長。

但是蔡和森回到上海才十來天，卻因順直省委的一些問題牽涉到他，要他向中央常委檢查錯誤。加上他的氣喘病發作，他不得不離開中央機關養病。不九，他被指責為「右傾」，撤銷了政治局常委、政治局委員及中央宣傳部長的職務。一九二九年一月，他被調往莫斯科，參加中共駐共產國際代表團的工作。

由於蔡和森犯了「錯誤」，李立三便取而代之。十一月二十日，李立三取代了蔡和森的地位，被補為中共中央政治局委員、常委兼中央宣傳部長。這樣，中共中央政治局五常委便改為向忠發、周恩來、蘇兆徵、李立三、項英。內中蘇兆徵於一九二九年二月才從蘇聯回國，當月就病逝了。

李立三是個趣事頗多的人物。他曾是毛澤東的「半個朋友」。那是一九一五年夏秋之間，正在長沙湖南第一師範學校讀書的毛澤東，化名「二十八畫生」（毛澤東三字繁體漢字正好二十八畫）張貼《徵友啟事》，欲求志同道合之友。第一個回應的是從瀏陽來長沙讀書的羅璈階（後來叫羅章龍），跟毛澤東結交。那時，李立三叫李隆郅，從醴陵來到長沙上中學，認識羅章龍。於是，羅章龍便把李立三介紹給毛澤東。毛澤東後來這樣憶及往事：

「我這時感到心情舒暢，需要結交一些親密的同伴，有一天我就在長沙一家報紙上登了一個廣告，邀請有志於愛國工作的青年和我聯繫。我指明要結交能刻苦耐勞、意志堅定、隨時準備為國捐軀的青年。我從這個廣告得到的回答一共有三個半人。一個回答來自羅章龍，他後來參加了共產黨，接著又轉向了。兩個回答來自後來變成極端反動的青年。『半』個回答來自一個沒有明白表示意見的青年，名叫李立三。李立三聽了我說的話之後，沒有提出任何具體建議就走了。我們的友誼始終沒有發展起來。」⑫

據李立三說，他當時「沒有明白表示意見」，是因為他才十六歲，又剛從小縣城來到長沙，見識少，一下子答不上毛澤東的提問，所以只成了毛澤東的「半個朋友」。

一九一七年，十八歲的李立三中學畢業了，回到故鄉醴陵當了幾個月的小學教師，便投奔護法戰爭時任湘軍總司令的程潛麾下，當了一名小兵。不久，他這個「小知識分子」當上差遣（相當於連隊文書）。一天，他送文書到司令部來，見程司令正在與人下象棋，也就站在一旁看了起來。看著，看著，他忽地漏出一句「應回馬攔卒」。程潛抬頭，見是一名小兵，便問李立三：「看樣子，你會下棋！」於是，程潛與李立三對弈，總司令竟敗在這小兵手下。程潛跟他攀談起來，才知彼此是同鄉，李立三之父李冒珪（字鏡蓉）還是程潛清末同場考中秀才的「同年」。

李立三能詩善文，深得程潛喜歡。一九一九年春，程潛資助李立三進京，進入法文專修館。這年秋天，李立三便到法國留學。一九二一年冬，他從法國回來，在上海加入中國共產黨。

李立三加入中共之後，從事工運工作。一九二二年，他領導安源路礦工人大罷工。一九二三年任中共武漢區委書記。翌年任中共上海區委職委會書記。一九二五年他在上海一家工廠參加選舉，李隆郅三字筆劃太多，工人不易寫，劉少奇建議他改名。正巧迎面站著三個工人，劉少奇說：「就叫李三立吧。」他思索了一下說：「叫李立三吧。」從此他竟以「李立三」這名字傳世。

這年，他任上海總工會委員長，赴蘇出席赤色職工國際大會。一九二七年任中共中央工委書記、全國總工會駐漢辦事處主任，然後又兼任中共湖北區委書記。那時，向忠發是他的部下。後來，他參加了南昌起義，旋即又任中共廣東省委書記。

李立三在蔡和森遭貶之後，當即取而代之。不過，一九二八年十一月上旬，周恩來從蘇聯回到上海，李立三在黨內的威望不及周恩來，中共的領導工作實際上由周恩來主持，十一月九日，中共中央政治局常委會便決定，由周恩來起草新的中央的工作計畫。此後，許多中央通告、文件皆出自周恩來之手，而李立三則成為周恩來的副手，向忠發不過是名義上的領袖。向忠發、周恩來、李立三成了當時中共「三駕馬車」。

「三駕馬車」的局面，持續了一年多。

一九二九年八月下旬，中共失去了兩位重要人物：政治局委員彭湃，政治局候補委員、中央軍事部部長楊殷，因叛徒告密，兩人被捕犧牲。

一九三〇年三月三日的中共中央政治局會議記錄上，出現一行奇特的暗語：

「冠生病入院。決：准假兩月。」

「冠生」何人？是周恩來的化名！周恩來生了什麼病，要入院請病假兩個月？原來，「病」是他去蘇聯的暗語。也就是說，政治局批准周恩來赴蘇兩個月，向共產國際滙報工作。

周恩來一走，李立三便成了中共的主持人。李立三原來是個性情急躁的人。由他掌舵，便一下子把中共推向了「左」的航線。

李立三火爆的脾氣，是頗為「著名」的。一九二一年冬，他和一百多位留法勤工儉學的學生被法國政府遣送回國。輪船在海上悠悠而進。為了打發時光，學生們舉行圍棋賽。四川隊推出了陳毅，湖南隊推出了李立三。李立三急於求勝，給陳毅抓住了弱處，一舉擊敗。李立三一氣，把棋子連同棋盤一起甩進了大海！⑬此事一直在中共黨內傳為笑談，因為當時在場的許多留法學生後來都加入了中國共產黨。

當他跟朋友聚談，別人說及軍閥之腐敗和凶暴，他每每在一側大聲呼喊「打倒」、「推翻」、「殺掉」。他恨不得把舊世界在一個早上全部推翻掉。正因為這樣，他的同志們都熟知他的火爆脾氣，竟為他開過兩次追悼會：一次是在安源，謠傳罷工失敗，李立三去刺殺軍閥趙恆惕未遂而犧牲，他的同志們很快信以為真，周恩來主持了他的追悼會！又一次，他參加南昌起義，傳說他跟敵人拼殺，血染戰場。於是，又為他開追悼會，主持人依然是周恩來！

在批判了陳獨秀的「跪著降」之後，李立三越發激動起來，日漸「左」傾。

一九二八年六月十二日，史達林會見前來莫斯科出席中共「六大」的負責人時，便和李立三有過小小的爭論。

那天，史達林穿了一身軍裝，一雙肥大的皮靴，在莫斯科一間小型會議室裡，會見中共領導向忠發、周恩來、蘇兆徵、蔡和森、項英、瞿秋白、張國燾、李立三。

史達林分析中國形勢時，說：「中國革命形勢現在還是退潮而不是高潮，但正走向高潮。現在處於兩個高潮之間。」

可是，李立三發言時，卻說：「中國還是處於高潮。」

史達林搖頭，拿起一張紙，用紅鉛筆畫了兩個波浪，指著波浪間的低處說：「中國革命正處於這個地方。在低潮時也會有幾個浪花的。別把這浪花當成高潮！」

這一歷史性的小插曲，準確地折射出李立三的「左」的急性病。

那個年月，「左」是流行病。共產國際也「左」，周恩來有時也「左」。不過，周恩來畢竟穩健，經驗遠比李立三豐富，李立三的「左」病常受周恩來約束。誠如李維漢所言：「恩來走後，立三更加獨斷專行，政策越來越『左』。有關中國革命的重大問題的決策，往往由他個人決定，黨的政治生活處於極不正常的狀態。」⑭

周恩來剛走，李立三便發表《準備建立革命政權與無產階級的領導》一文，鼓吹道：鄉村是統治階級的四肢，城市才是它的頭腦與心腹，單只斬斷了它的四肢，而沒有斬斷它的頭腦，炸裂它的心腹，還不能置它於死命。要達到此目的，就要靠工人階級最後的激烈的武裝暴動。

李立三下令迎接「紅五月」，各地中共組織要舉行工人總罷工、總示威。五月一日是國際勞動節，那天，光是上海，便組織了一萬多人湧上南京路遊行，結果使許多人被捕。可是，李立三卻以為「中國革命的高潮已經到來」，再不是史達林紅鉛筆所畫的波谷。他聲稱：「現在的革命好比乾柴，一根火柴就可以點燃，準備武裝暴動的時候到了！」

李立三重蹈瞿秋白的覆轍。他又一次在中國掀起「左」的浪潮。他的登峰造極之作，是那篇《新的革命高潮與一省或數省首先勝利》，由中共中央政治局於一九三〇年六月十一日通過。那篇文件，被稱為「立三路線」的「綱領性文件」。

李立三甚至異想天開，要把蘇聯西伯利亞的十萬華工武裝起來，投入戰鬥！甚至「蒙古在中國暴動勝利時，應在政治上立即發表宣言，與中國蘇維埃政權聯合，承認蒙古是中國蘇維埃聯邦之一，緊接著大批出兵進攻北方」！

李立三這一系列「左」傾暴動計畫，又一次使中共蒙受了慘重損失！

常言道：「吃一塹，長一智。」一犯過「左」傾盲動主義錯誤的瞿秋白，此時的頭腦倒是清醒的。當他在莫斯科讀到李立三的《新的革命高潮與一省或數省首先勝利》，他當即說了一句一針見血的話：「李立三發癡了！」

瞿秋白的復出和再度挨批

莫斯科車站，兩個中國男子匆匆踏上了西去的列車。他倆急於回國，照理說是應當乘東去的列車，但他倆一反往日的路線，取道德國回去。

兩名中國男子，一個叫「斯特拉霍夫」，一個叫「伍豪」，亦即瞿秋白和周恩來。他們心急如焚，要趕回去制止李立三的「左」傾冒險主義。一接到李立三的《新的革命高潮與一省或數省首先勝利》，不光是他倆著急，共產國際執委會也著急了，於是，立即與他倆一起，起草了《共產國際執行委員會關於中國問題的決議》。由於這份決議是在一九三〇年七月廿三日作出的，又稱「七月決議」。

他倆帶著「七月決議」踏上歸程。為了避免萬一的意外使兩人同時被捕，在德國，周恩來先走一步，這樣，他於八月十九日先回到上海。八月廿六日，瞿秋白也來到他闊別兩年多的上海。瞿秋白和周恩來給頭腦正熱的李立三帶來了清涼劑——共產國際執委會的「七月決議」，來了個急剎車，結束了「立三路線」。

緊接著，九月廿四日至廿八日，中共召開六屆三中全會，貫徹共產國際「七月決議」。現存的會議記錄上稱，此會是在「避暑的廬山」上召開的。其實那是隱語。所謂「廬山」，是指上海麥達赫司脫路（今泰興路）的一幢豪華洋樓，真的有點「廬山」氣派。

會議是由瞿秋白主持的。關於這一點，列席會議的聶榮臻（他當時在中共特科工作，負責會場的保衛工作）回憶道：「恩來是這次會議的實際主持人，但他很謙虛，總是把秋白推到前臺，讓他主持會議，做報告，發表結論性意見。因此，三中全會使瞿秋白同志成為黨中央實際上的主要領導人。恩來這種沒有個人私心的謙讓精神，令人欽佩。」⑮

在會上作《中央政治局工作報告》的是「特生」，即向忠發，他承認。中央政治局「犯了『左』的個別冒險傾向的錯誤」。這「個別」兩字，自然是為他自己掩飾。

「少山」傳達了共產國際「七月決議」。「少山」，即周恩來。

「之夫」作了大會結論。「之夫」，亦即瞿秋白，取義於「楊之華之夫」，楊之華是他的妻子。「柏山」承認了「策略上有左傾冒險主義傾向」，「我是應當負更多的責任」。「柏山」，亦即李立三。

會議選舉的政治局委員，保持原有的陣勢，只是補選關向應代替已去世的蘇兆徵。七位政治局委員是向忠發、周恩來、瞿秋白，項英、李立三、關向應、張國燾。

政治局三常委改成了向忠發、周恩來、瞿秋白⑯。也就是原先的「三駕馬車」中的李立三換成了瞿秋白。

瞿秋白復出了，有了錯誤的教訓，又有了兩年的冷靜反思，瞿秋白比過去顯得成熟。不過，大抵由於瞿秋白有過類似於李立三的「左」傾經歷，他對李立三的批評是溫和的，只是說他「犯有『左』的冒險主義傾向的錯誤」，而不是說他犯了路線錯誤。對李立三的處理也是溫和的，只是撤銷他的常委職務，仍保持政治局委員職務。

大會結束不久，共產國際遠東局給中共中央政治局寫信，肯定了中共六屆三中全會：「柏山同志在他的自我批評中顯明的正確地指出了自己的錯誤，它的來源及其對於這些錯誤的責任」。信中還斥責了「共產主義的叛徒」和「黨內的右傾分子」，稱他們「總是竭力的利用政治局和柏山同志的這些錯誤，來進攻黨的整個路線，把黨的路線拿來和國際的路線對立」。

可是，風雲變幻莫測。一九三〇年十月共產國際從莫斯科發出的新的指令，突然升高了批判李立三的調子，等於在政治上宣判李立三「死刑」：

「在中國革命最重要的時機，曾經有兩個在原則上根本不同的政治路線彼此對立著。」

「立三同志的路線，這就是反國際的政治路線。」

「這條路線底結果，就是消極，就是失敗，就是極危險的冒險。」是站在「反馬克思主義、反列寧主義、反共產國際的立場上，產生了他的敵視布爾塞維克主義和敵視共產國際的行為」。

這封題為《給中共中央關於立三路線問題的信》，經過秘密交通線傳遞，中共中央於十一月十六日收到。瞿秋白看了信，全身發涼！他敏感地意識到，這封信將會帶來一場政治風暴，因為在收到信之前，他已風聞，有人在說瞿秋白「庇護」李立三，六屆三中全會是搞「調和」。對李立三批判的升級，意味著他將面臨新的批判……

按照那時的「慣例」：犯了錯誤的中共高級領導人，要前往莫斯科檢查。陳獨秀是如此，只不過他堅決拒絕了；瞿秋白是如此；蔡和森也是如此。如今，輪到了李立三。

在共產國際的「七月決議」中，就已經要求李立三到莫斯科作檢討。瞿秋白以「工作需要」為理由，請共產國際准許李立三「暫不去國際」。

當共產國際「十月來信」一到，李立三再也無法拖延了。那時，他的妻子正臨產。他深知共產國際不會輕饒他，此行不知何日方歸，妻又從事地下工作，將來很難照料孩子。他寫下條子，把未出生的孩子預囑交給一個老工人。就這樣，一九三〇年十二月五日，他懷著沉重的心情踏上遠途。

李立三這一去，在蘇聯竟檢查了十五年！他甚至被押上軍事法庭，投入監獄……

對李立三批判的升級，馬上把回國不久的瞿秋白牽涉進去。

風暴來得那麼的迅猛：就在共產國際「十月來信」送抵上海中共中央秘密機關的翌日——

十一月十七日，一封措辭激烈的信便送達中共中央政治局。此信是由兩人聯名寫的。那是兩個小夥子，連中央委員都不是，卻領導了中共黨內推倒瞿秋白的運動。此後，他倆竟奪得了中共中央的領導權，成為中共新領袖。

這兩名年輕人，一個名喚陳韶玉，另一個叫秦邦憲。後來，他們以他們的化名——王明和博古，載入中國共產黨黨史。

王明、博古跟瞿秋白有過怎樣的矛盾？連中央委員都不是的他們，怎麼能夠一下子攫取中共領導權？這得從頭說起……

米夫和他的得意門生王明

莫斯科沃爾洪卡大街，一座俄羅斯大教堂對面，有一所神秘色彩的院落。門口沒有掛牌，站著警衛，閒人莫入。從不斷進出大門的黃皮膚、黑眼珠的中國青年可以判定，這兒也許是一所華人俄語學校。

這所學校裡，果真開辦俄語班。只是教俄語是為了使學生聽懂俄國教師的講課而已。

這所學校的全稱，叫做「莫斯科中國勞動者中山大學」，簡稱「莫斯科中山大學」。

第一次公開宣布建立這所學校，是一九二五年九月七日，鮑羅廷在國民黨中央第六十六次政治會議上。他說，在莫斯科建立這所學校，是為中國革命培養人才。同年十一月，這所學校便正式開學。

最初，學生是由中共中央和國民黨中央執行委員會共同選派的，所以學生中既有中共黨員，又有國民黨要人子女——既有鄧小平、廖承志、烏蘭夫，也有蔣經國。後來，國共分裂，那裡便成了專門培養中國共產黨幹部的學校。

莫斯科中山大學建立後，任命拉狄克為校長。他是波蘭人，國際共產主義運動的著名人物。副校長非常年輕，才二十四歲，年歲比有的學生還小，他不得不終日板起面孔，力求顯得老成一點。這個小夥子原名亞歷山大羅維奇・弗爾圖斯。一九一七年，他十六歲加入俄共（布），化名米夫，從此就一直用這化名。

莫斯科中山大學校長對於中共的影響，其深刻性不亞於黃埔軍校校長對於國民黨的影響。自從成為莫斯科中山大學副校長，米夫就專心研究中國革命問題。他由此發跡。特別是校長拉狄克後來傾向托洛茨基，史達林在一九二七年五月十三日到中山大學發表講話時，批評了拉狄克。不久，拉狄克被撤職，米夫就任校長。緊接著，在一九二八年三月，米夫擔任共產國際東方部副部長（也有的說是擔任共產國際中國部部長、中國科負責人），從此他主管共產國際中共事務，成了中共的「上司」。

一九二七年初，米夫頭一回訪問中國。他是以率領「宣傳家代表團」的名義前來中國的。從年初至八月回國，他訪問了上海、廣州、武漢，目擊了中共在一九二七年的大動盪，而且出席了中央「五大」。這一段經歷，成為這位「中國專家」的很重要的政治資本。

米夫來華時，配備了四個翻譯，內中的一個，便是他的得意門生王明。

王明此人，五短身材，工於心計，擅長文筆，講起話來卻大舌頭，口齒不清。他姓陳，名紹禹，他的弟弟叫陳紹煒。

王明是安徽六安縣金家寨（今屬金寨縣）人，生於一九〇四年，比米夫小三歲。一九二五年由上海大學去莫斯科中山大學，成為這所大學開張後的第一批學生中的一個，改名「波波維奇」，又叫「馬馬維奇」。很巧，給王明那個班教列寧主義課程的，便是米夫。王明聰穎，也很用功，迅速掌握了俄語，鑽研列寧主義理論，得到了米夫的讚賞。這樣，不到一年，王明就加入了中國共產黨，並擔任中山大學「學生公社」主席。「學生公社」相當於學生會。這是王明政治生涯的起點。

米夫訪華，王明成了他的翻譯，那八個來月朝夕相處，使王明跟米夫變得親密無間。於是，王明成了米夫的心腹。

就在米夫離開中山大學的八個多月中，那裡發生了重大的變化：由於史達林的批評，校長拉狄克下了台，教務長阿古爾被任命為代理校長。他和學校聯共（布）黨支部書記謝德尼可夫相對抗，各拉一批教師、學生，形成「教務派」和「支部派」。不過，大部分中國學生不願參與兩派之爭，形成了校內的第三勢力。

米夫和王明回來之後，把第三勢力拉在自己身邊。隨著米夫聯合「支部派」壓垮「教務派」，米夫也就成了中山大學校長，王明出任支部局宣傳幹事。這樣，米夫掌握了中山大學大權，王明成了中國學生中的領導人物。

恰恰在這個時候，聯共（布）開展反對托洛茨基反對派的鬥爭。本來，這純屬聯共（布）內部事務，跟中國學生關係不大。可是，一件偶然發生的事，一下子使莫斯科中山大學成了「反托運動」的重點：在一九二七年十一月七日十月革命十周年慶典時，中山大學中國學生隊伍參加盛大的遊行。隊伍經過紅場檢閱臺時，學生們高呼「十月革命萬歲」、「史達林萬歲」，可是忽然有中國學生高呼「托洛茨基萬歲」！史達林勃然大怒，指令米夫在中山大學開展「反托」、「肅托」運動。

王明借助這場運動，「肅」掉了自己的敵手（很多人並非是托派）。王明以原有的第三勢力為基礎，日漸形成自己的小宗派。這小宗派自命是真正的布爾什維克，共二十八個，後來被人們稱為「二十八個布爾什維克」。⑰

不過，那時的王明，還只是在中山大學小打小鬧而已。

他頭一回在中共高層「露臉」，那是中共「六大」在莫斯科召開的時候。米夫成為中共「六大」的幕後操縱者。王明作為米夫的翻譯，廣泛接觸了中共高層人物。就連史達林接見中共領導人時，翻譯也由王明擔任。米夫一手扶起了向忠發，讓他擔任中共總書記。不過，當米夫提議王明為中共中央委員時，受到了代表們的抵制——因為王明連代表都不是，況且又未曾在國內做過實際工作，怎麼可以選他作為中央委員呢？

王明終於下決心回國了。那是一九二九年三月，他回到了上海。懷著雄心壯志的他，最初被分配到上海滬西區，為中央秘密黨報做送報員兼採訪員，使他大有懷才不遇之感。四個月後，他擔任中共滬東區委宣傳幹事。又過三個月，調任中共中央機關報《紅旗》任編輯。

地下工作畢竟不像在莫斯科高談闊論，被捕的危險時時在頭頂盤旋著。就在一九三一年一月十二日上午，他在上海英租界被捕。王明十分緊張，當天下午託巡捕送信給中共中央宣傳部秘書潘問友，請求營救。此事完全違反了地下工作的紀律。為此，中共中央立即通知所有被王明知道住址的人員迅速轉移。

此事很快傳到共產國際，米夫委託「赤色救難會」駐滬代表、瑞士人牛蘭出面營救。牛蘭花了一筆錢，總算使王明在二月廿八日獲釋。

出獄後，王明受到了黨內警告處分。他被調往全國總工會宣傳部當《勞動》報編輯。

驚魂甫定之後，王明又開始鑽營。一九三〇年六月，他得以擔任中共中央宣傳部秘書，使他有機會接近中央。當時的中共中央宣傳部部長，由主持中共中央工作的李立三兼任。他在李立三身邊工作，變得消息靈通起來。

這時，莫斯科中山大學的學生不斷派回國內，其中包括「二十八個布爾什維克」中的人物。王明常在他們之中走動，私下議論。王明根本瞧不起向忠發，罵他是傀儡。王明也看不起李立三，說李立三不懂多少馬克思主義。他大有取而代之的口氣，雖說當時他還只是李立三手下的秘書。他伺機而動。

機會終於來了。一九三〇年六月十一日，當中共中央政治局在李立三的主持下，通過那個《新的革命高潮與一省或數省首先勝利》的決議之後，王明很快獲知，共產國際遠東局的代表羅伯特對決議有意見，反對下發這一決議。

李立三大罵羅伯特右傾，以總書記向忠發的名義，於六月二十日向共產國際遠東局發出抗議信。信中說：「我們覺得羅伯特同志有一貫的右傾路線，他在遠東局的工作，的確妨害中國黨領導革命的工作，妨害中國黨與遠東局的關係，我們要求遠東局停止羅伯特的工作。」

王明風聞此事，便找「二十八個布爾什維克」中的博古、王稼祥、何子述「隨便聊聊」。王明漸漸把話題引到李立三和羅伯特產生矛盾之事。他們四人原本就有共同的思想基礎，一拍即合，都認為應當趁機發動對李立三的批判。不過，王明並不以為李立三「左」，卻是以為李立三是「用『左傾』的空談掩蓋著右傾的消極」！

那時，史達林作了《論聯共（布）黨內的右傾》長篇演說，批判布哈林，並要求各國共產黨都開展反右傾。正因為這樣，右傾成了很可怕的罪名，李立三指責羅伯特「右傾」，王明又說李立三「右傾」！

幾天之後——七月九日，中共中央機關舉行政治討論會。博古第一個站出來批評李立三，接著是何子述、王稼祥發言支持博古，是後王明作了長篇發言批判李立三，聲稱李立三犯了「托洛茨基主義、陳獨秀主義和布朗基主義的混合錯誤」。這一突然襲擊，使李立三十分震驚，當場氣呼呼地說道：「我知道你們幾個莫斯科回來的要搞什麼名堂！」

大權畢竟握在李立三手中。沒幾天，總書記向忠發便出面找王明等四人談話，宣布他們四人的發言是反對中央決議和中央領導人的，因而是違反黨紀的。向忠發還宣布，中央決定給四人以紀律處分：給為首的王明留黨察看六個月的處分，給博古、王稼祥、何子述以黨內最後嚴重警告處分。四人同時調離中央機關，王明調往中共江蘇省委另行分配工作，博古調往工會組織，何子述調往天津，王稼祥調往香港當黨報記者。

何子述、王稼祥不得不離開上海。王明仗著有米夫做後臺，不服氣……

六屆三中全會之後，在十月底，「二十八個布爾什維克」中的沈澤民，凱豐、陳昌浩、夏曦從莫斯科回來，向王明透露了來自米夫的重要信息：共產國際要對李立三的錯誤升級為「路線鬥爭」，同時要批判瞿秋白的調和主義。

王明頓時活躍起來。機不可失，時不再來，這正是他奪取中共領導權的大好時機！這時，中共中央尚未收到共產國際的「十月來信」，還不知道一股北方寒流即將突然襲來……

王明成為中共新領袖

歷史經過時間的沉澱，才慢慢變得透明起來。

共產國際在「十月來信」中突然提高了批判李立三的調子，那是因為他們得知，李立三在八月一日、三日，說了一些對共產國際甚為不遜的話：「共產國際不瞭解中國革命的實際情形」，「對共產國際的忠實不等於對中國革命的忠實」，「等占領武漢之後，就可以用另外的方式去和共產國際說話了」……那時，共產國際和中國共產黨是上下級關係，領導和被領導關係，豈容李立三如此「目無領導」，所以一下子把李立三的話說成是那些反對共產國際的「『左』、右叛徒所愛用的」，一下子升高了對李立三批判的調門。

至於此事一下子涉及瞿秋白，也「事出有因」：那是因為瞿秋白在擔任中國共產黨駐共產國際代表團團長時，曾與米夫產生矛盾，在一九三〇年春被撤掉團長之職，並決定派他回國。不料，瞿秋白回國之後，由於周恩來的謙讓，反而使他成為中共領袖，這完全違反了共產國際和米夫本來的意願。用當時共產國際領導庫西寧的話來說，瞿秋白在中國反而得到了「獎賞」！

米夫絕對不允許瞿秋白成為中共負責人，他指責瞿秋白「包庇」李立三，犯了「調和主義」錯誤……看來，瞿秋白的地位已岌岌可危，誰將取而代之？

二十六歲的王明，顯得異常忙碌。他幾度給中共中央寫信，要求堅決為他平反——須知，他如今已成了反對立三路線的「英雄」！他以未來的中共領袖自命，正在忙著起草他上臺後的政治綱領——《為中共更加布爾塞維克化而鬥爭》。

就個人私事而言，王明也忙得夠嗆。他在莫斯科中山大學時苦苦追求的女同學孟慶樹，總算回國，總算也分配在上海工作。不料，她在一九三〇年七月三十日突然被捕，關押在龍華。王明以惆悵之情，寫下一首七絕：

天上當然織女好，
星問難怪牛郎癡。
真情豈受銀河隔，
有限長空無限思。⑱

好不容易，孟慶樹在十一月廿二日出獄。「剛出監獄進洞房」。翌日，她便與王明結婚了。

當然，最使王明興奮的是來自莫斯科的消息，他的「後臺老闆」米夫動身來滬，主持召開中共六屆四中全會，對中共的領導班子進行大調整。

王明「不失時機」地拋出了他趕寫的那本小冊子《為中共更加布爾塞維克化而鬥爭》（初名

《兩條路線》），內中以近三萬字的篇幅批判「維它」，亦即瞿秋白。王明說，是到了「根本改造黨的領導」的時候了。他明確地要瞿秋白下臺：「現有中央政治局領導同志維它等沒有保障執行國際路線的可能。現有領導同志維它等不能解決目前革命緊急任務，不能領導全黨工作……」

日日盼，夜夜盼，王明盼望著主子米夫早日來到上海。米夫卻姍姍來遲，原來他公私兼顧，順道到歐洲整容，使他那鷹鉤鼻得以美化，不那麼討人嫌了。

十二月十日，米夫容光煥發，出現在上海。這是他第二回來到上海。如今，他的身分是共產國際代表。雖然中共「六大」之後，共產國際曾決定，共產國際來華代表只起聯繫人和傳達者的作用，可是米夫卻不然。他仗著自己是共產國際東方部副部長，儼然以上級自居，他要對中共指揮一切！

米夫一到上海，便採取了一系列新的措施：

十二月十四日，在中共中央政治局會議上，傳達了共產國際執委會的指示，提出召開中共六屆四中全會；十二月十六日，根據他的指令，中共中央政治局通過《關於取消陳韶玉、秦邦憲、王稼祥、何子述四同志處分問題的決議》，為王明平反；十二月廿六日，又根據他的指令，任命王明為中共江南省委書記。

這是王明頭一回在中共黨內擔任重要職務。江南省委是在中共六屆三中全會之後設立的，管轄浙江、安徽、江蘇三省，是中共地方組織中最為重要的一個。王明的前任是李維漢——中共「六大」之後，李維漢不再是政治局常委，調任中共江蘇省委書記。後來，中共江南省委成立，李維漢被撤職。

就在任命王明新職的同時，博古被任命為團中央宣傳部長。

米夫簡直成了中共的「太上皇」，他的包辦代替超過了他的任何一位前任：會議還沒有召開，他已事先起草好了《中共（六屆）四中全會決議案》，並以共產國際遠東局的名義，擬好了新的政治局委員、候補委員以及候補中央委員名單，圈出了出席會議的名單。

令人不可思議的是，會議的出席者三十七人中，有十五人不是中央委員（包括王明），而會議卻叫做「四中全會」。會議依然由向忠發代表中央政治局作報告——六屆三中全會的政治局報告也是此人作的。就連半年多以前，中共中央政治局通過李立三起草的《新的革命高潮與一省或數省首先勝利》，也是此人主持的。反正支持李立三「左」傾冒險主義是他，支持瞿秋白是他，此刻倒瞿也是他，半年之中變了三次！憑藉著「工人出身」的金字招牌，他彷彿成了不倒翁。

米夫在會上作結論時，這麼談及向忠發和周恩來：

「忠發、錫根、向應、溫裕成他們是工人同志，他們雖有錯誤，我們現在決不讓他們滾蛋，要在工作中教育他們，看他們是否在工作中糾正自己的錯誤。」

「恩來同志自然應該打他的屁股，但也不是要他滾蛋，而是在工作中糾正他，看他是否在工作中改正他的錯誤。」

這樣，向忠發因是「工人同志」，仍保持了總書記的職務；周恩來在「打他的屁股」之後，也算是留了下來。至於李立三和瞿秋白，那當然毫無疑問要「滾蛋」。

中共的新領袖應該是誰？米夫提出了「改造政治局」的口號。所謂「改造」，那就是要大換班。未來的新領袖，米夫早已圈定——王明！

米夫的「改造」方案，終於在大會上亮相：

「立三、秋白、羅邁三同志退出政治局。

「陳郁、弼時，韶玉、少奇、王克全五同志加入政治局。

「羅邁、賀昌兩同志亦退出中央委員會，而補選了韓麟會、沈先定、徐畏三、王盡仁、黃蘇、陳韶玉、沈澤民、夏曦、曾炳春九同志，內中五個是工人同志，中央政治局十六人中，十人是工人出身。」⑲

也就是說，原先中共的主要領導李立三、瞿秋白、李維漢退出了政治局，李維漢連中央委員都保不住。

米夫擬定的中共中央政治局名單如下：

政治局委員九人——向忠發，項英、徐錫根、張國燾、陳郁、周恩來、盧福坦、任弼時、陳紹禹（王明）。

候補政治局委員七人——羅登賢、關向應、王克全、劉少奇、溫裕成、毛澤東、顧順章。

名單剛一宣布，全場譁然。

此時忽地殺出一彪人馬，堅決反對米夫所擬的名單。反對者不是瞿秋白，卻是羅章龍！羅章龍所代表的不只是他一個人，而是一群人。他們居然當眾念了另一份也是事先擬好的政治局名單，與米夫針鋒相對，分庭抗禮！這樣的對抗局面，使會場變得一片混亂。

為首者羅章龍，頗有資歷：當年，第一個回應「二十八畫生」（毛澤東）的《徵友啟事》的就是他。那時他是長沙長群中學的學生。後來，他參加了新民學會。中學畢業後，進入北京大學，成為五四運動的積極參加者，北京大學馬克思學說研究會成員。一九二〇年，他參加了北京共產主義小組，成為最早的中共黨員之一。不久，他擔任勞動組合書記部北方分部主任。在中共「三大」，當選為中央委員。

羅章龍也激烈地反對李立三「左」傾冒險主義，反對六屆三中全會以後以瞿秋白為首的中央。他曾指責「（六屆）三中全會及其後的補充決議是立三主義的變本加厲」，堅決要求「立即停止中央政治局的職權，由國際代表領導組織臨時中央機關，速即召集緊急會議，正式宣布廢除三中全會的不正確決議及因此而產生的補選」。

羅章龍他們好不容易盼來了共產國際代表米夫，卻想不到米夫並未看中他們，而是選中了王明！這樣，在六屆四中全會上，羅章龍和他的支持者，與米夫、王明發生了正面衝突。

羅章龍一派的韓連會站了起來，提出一張政治局委員候選名單：「徐錫根，何孟雄，羅章龍，顧順章，王克全，韓連會，唐宏經，徐炳根，徐長三。」

羅章龍一派的史文彬站了起來，宣讀一張補充中央委員名單：「劉成章、吳雨銘、李震瀛、袁乃樣、孟憲章。」

顯然，羅章龍要與王明爭奪中共中央的領導權——儘管他們反對李立三、反對瞿秋白是一致的。

兩派的鬥爭白熱化。羅章龍揚言要退出會場，以示抗議米夫操縱會議。共產國際遠東局代表亞伯特高叫：「應當安靜的解決問題，搗亂會場是不許可的。」

解決問題的辦法，當然只有投票表決。

這時，有人提出了一個重要問題：「什麼人有表決權？」照理，中央委員會會議只有中央委員才有表決權。然而，出席會議的許多代表並非中央委員，卻強烈要求擁有表決權。如果不同意這些非中央委員擁有表決權，會議會吵得更厲害。共產國際遠東局代表亞伯特決定：「參加會議的都有表決權。」

這麼一來，那十五個不是中央委員的代表，都擁有表決權。表決的結果，當然是胳膊扭不過大腿，米夫提出的名單得到了多數票。

羅章龍一派失敗了！

王明，在十二天前躍為中共江南省委書記，此時一下子躍為中共中央政治局委員！

中共六屆四中全會開了一天，在吵鬧聲中結束。

羅章龍並不就此罷休，他聯合何孟雄、徐錫根、陳郁，王克全、王鳳飛、史文彬、李震瀛、韓連會、唐宏經、余飛、徐畏三、張金保、袁乃祥等，召開「反對四中全會代表團」會議。會上，通過了羅章龍起草的《力爭緊急會議反對四中全會的報告大綱》，推舉了羅章龍、徐錫根、王克全、何孟雄、王鳳飛成立「臨時中央幹事會」。

後來，羅章龍走上了非法成立「第二中央」、「第二省委」、「第二區委」、「第二工會黨團」之路，進行分裂活動。周恩來出面找他談話，無效。

一九三一年一月廿七日，中共中央政治局通過《關於開除羅章龍中央委員及黨籍的決議案》。此後，羅章龍在西北大學、湖南大學、河南大學任教授。新中國成立後任全國政協委員、中國革命博物館顧問。

六屆四中全會之後，瞿秋白離開了中共中央領導崗位。他在《多餘的話》中，曾以沉重的筆觸，寫下這樣一段悲愴無比的話：「我第二次回國是一九三〇年八月中旬，到一九三一年一月七日，我就離開了中央政治局領導機關。這期間只有半年不到的時間。可是這半年對於我幾乎比五十年還長！人的精力已經像完全用盡了似的，我告了長假休養醫病——事實上從此脫離了政治舞臺。」

一九三一年一月十日，中共中央政治局開會，決定向忠發、周恩來、張國燾三人為常委。此時，張國燾和妻子楊子烈尚在從莫斯科返回上海途中，至一月中旬才到達上海。王明雖未進入常委，但這顆「新星」在米夫支持下已掌握中共中央實權。

論資歷，作為中共「一大」的主持人張國燾，本來不把王明放在眼裡。在莫斯科時，張國燾還曾跟王明鬧過矛盾。此時，張國燾見王明躊躇滿志，便在黨內刊物《實話》第十三期上發表文章，吹噓起王明來：「陳紹禹同志等是堅持執行國際和黨的路線的最好同志。」「我們黨內還存在著許多小資產階級無原則性的派別成見……他們或明或暗的反對所謂的陳紹禹派，這就是借反對所謂陳紹禹派為名，反對黨和國際卻是實。」

字裡行間，透露出當時的「陳紹禹派」（即「王明派」），是何等的得意，何等的不可一世。

「鋒共專家」誘使顧順章叛變

在陳獨秀一九二七年七十二日「不視事」之後，至毛澤東一九四三年三月二十日擔任中共中央政治局主席兼中央書記處書記之前，漫長的十六年間，雖然曾更換過許多中共領袖，但正兒八經有著領袖職務的只有向忠發——他在中共「六大」當選為總書記。

生死考驗是最為嚴峻的。向忠發被捕之後，馬上跪了下來，這才把他的本性暴露無遺……向忠發被捕的起因，是顧順章被捕。也是由於片面強調工人出身，顧順章被選為中共中央政治局候補委員。

關於顧順章，瞿秋白夫人楊之華曾這樣生動地描述過⑳：

「顧順章的特點：

一、人矮、精幹、多計謀，滑頭、勇敢，變戲法的技術很高明（顧順章本名顧鳳鳴，上海吳淞人，入過青幫，過去耍過魔術，在上海多次演出——引者注）。

二、不多說話，他不曾對同志說過自己的履歷和社會關係。

三、平日不看文件，開會不常說話。

四、生活浪漫（顧順章吃喝嫖賭，還抽大煙——引者注）。」

顧順章是一九三一年四月中旬由上海護送張國燾、陳昌浩前往鄂豫皖蘇區後，於四月廿四日在武漢被捕的。

關於顧順章的被捕經過，有著各種各樣的傳說：

據聶榮臻回憶，「四月，顧順章由鄂豫皖返回，路過武漢時，竟登臺表演魔術，被叛徒發現逮捕」。㉑當時，聶榮臻和顧順章同在中共中央特科工作，他的回憶是當時中共方面得到的訊息。不過，顧順章被捕時，聶榮臻不在武漢。顯然，他是間接聽說的。

國民黨中統的當事人是蔡孟堅。蔡孟堅是當時中統武漢特派員，公開的職務是國民黨武漢警備司令部稽查處副處長，二十四歲，江西萍鄉人。他曾說及，「我奉命赴武漢主持鏟共，係在民國十九年秋」㉒。民國十九年，亦即一九三〇年。這位「鏟共專家」，先是化裝成漁人進入中共控制的洪湖地區，拍了許多偵查照片。一九三一年春，他又接連在武漢偵破中共湖北省委和中共長江局機關，逮捕了兩個機關的負責人。中共湖北省委書記被殺害，而中共長江局負責人尤崇新則叛變。

正在這時，顧順章撞在蔡孟堅手裡。這位「鏟共專家」，正忙著搜捕中共長江局的一些成員。他要尤崇新把帽子壓得低低的，在武漢街頭搜尋著。

顧順章行經漢口江漢關附近輪渡碼頭時，遇上一位帽子壓得低低的人物。見到顧順章，那人把帽子摘下來一揮，大喊「抓住他」，「抓住他」。中統特務們當即一擁而上，逮住了顧順章。

蔡孟堅得知抓住的是一條「大魚」，大喜過望，親自勸降顧順章。起初，顧順章沉默以對。當蔡孟堅點明了顧順章的身分——共中央政治局候補委員、特科負責人，而且曉以利害，顧順章開口了。顧順章賣身求榮，道出了中共重要機密：「中央調查科（即中統局前身——引者注）主任徐恩曾的私人秘書錢壯飛，是中共地下黨員！」顧順章此言，使蔡孟堅大驚。

顧順章迅即被用船押往南京。就在顧順章到達南京前十幾小時，錢壯飛截獲電報後，立即跳上開往上海的列車。錢壯飛來到上海，火速向中共中央報告了顧順章叛變的消息。由於顧順章在特科工作，知道許多中共高級領導人的住址。

聶榮臻回憶道：「我得到情報後，急忙趕到恩來同志家裡，不巧，他出去了，我就告訴鄧大姐，顧順章叛變了，你們要趕快搬家。當時情況是非常嚴重的，必須趕在敵人動手之前，採取妥善措施。恩來同志親自領導了這一工作。把中央所有的辦事機關進行了轉移，所有與顧順章熟悉的領導同志都搬了家，所有與顧順章有聯繫的關係都切斷。兩三天裡面，我們緊張極了，夜以繼日地戰鬥，終於把一切該做的工作都做完了。等敵人動手的時候，我們都已轉移，結果，他們一一撲空，什麼也沒有撈著。」㉓

一九九〇年，臺灣傳記文學出版社出版了蔡孟堅所著回憶錄《蔡孟堅傳真集》，內中的「可能改寫中國近代歷史的故事」一章，便是「係作者誘捕中共首腦顧順章案，顧案關係中共命運甚大，設非共諜錢壯飛截留電報，則周恩來及潛伏上海之共黨分子必一網成擒，而予中共以致命之打擊」。

周恩來及時轉移了，瞿秋白及時轉移了。原設在天蟾舞臺旁由熊瑾玎苦心經營了幾年的中共中央秘密機關，也從此再不使用。

遭難的是惲代英。當時，惲代英關押在南京江東門外「中央軍人監獄」㉔，化名「王作林」，未被識破。顧順章告密，說出「王作林」即惲代英。惲代英係黃埔軍校第四期政治教官，黃埔軍校同學錄上登載著他的照片。經查對，「王作林」果真是惲代英。勸降失敗，惲代英被押往刑場，於一九三一年四月廿九日中午槍決，年僅三十六歲！

關於顧順章叛變，還有另一種說法，即他在被捕前已準備叛變。最早見於文獻的，是杜寧在一九三八年十一月廿八日所寫的那篇《叛徒顧順章叛變的經過和教訓》，內中提及中共中央獲知顧順章叛變之後，當即派人查抄顧順章在上海的家：

「在他老婆房間內，被我們抄著了顧順章親手寫給蔣介石的一封未發出的信。內容大概說『如果蔣介石相信他，他可以把共產黨、第三黨、取消派等等的各種組織關係——自中央到支部，一概交給蔣介石……』。因此，他的叛黨動機不在被捕之後，而在被捕之前。但此信尚未寄出，料他經過了一個動搖的時期。」

顧順章叛變之後，急於向國民黨邀功。他無法帶人追捕周恩來、瞿秋白，便設計偵查向忠發。雖說向忠發當時接到中共中央緊急通知，也轉移了住處，但是顧順章仍下工夫追蹤這位總書記。

向忠發的節操還不如一個妓女

向忠發此人，上什麼山唱什麼歌，一會兒聽李立三的，一會兒聽瞿秋白的，後來又聽王明的，連他自己也對總書記職務厭倦了，追求起生活的安樂。他跟妓女楊秀貞姘居。那時，顧順章曾介紹過一個女傭給楊秀貞。雖然向忠發搬家後，那女傭被解雇了，但顧順章找著女傭，從她口中掏線索。女傭說及一重要情況：楊秀貞在一家裁縫店做一件衣服，尚未做好，可能過幾天會來取。顧順章當即許以重賞，要那女傭在裁縫店附近靜候，「守株待兔」。

果真，過了些天，楊秀貞前來取衣。取走後，那女傭在後面跟蹤，跟到了向忠發新的住處。當女傭出現在門口，向忠發知道事情不妙，從後面逃走。向忠發立即轉移了。

楊秀貞也轉移了，和任弼時夫人陳林（亦即陳琮英）住在一起。當時，任弼時已經前往江西中央蘇區（一九三一年三月離滬）。

向忠發從中統特務們的眼皮底下溜走，中統特務們深為遺憾。他們加緊追蹤這條「大魚」。中共中央考慮到向忠發的處境已很危險，決定要他趕緊離開上海，前往江西中央蘇區。臨走前夕，向忠發無論如何要見楊秀貞一面。他說：「不見不走！」畢竟是總書記，總得尊重他的意願。不過，中共中央負責人跟他說定：「見一面馬上就走，不能在外過夜，以免出危險。」

向忠發在一九三一年六月廿一日上午，來到楊秀貞那裡，過了一夜才走。第二天清早，當他來到靜安寺英商「探勒」汽車行叫計程車時，忽地一群人一擁而上，把他逮住，當即用汽車押往善鐘路（今常熟路）捕房。

向忠發被捕，是由於被車行的會計葉榮生認出。葉榮生是「探勒」汽車行會計，過去在上海互濟會聽過向忠發的報告，認得他。他夥同他的姐夫范夢菊，以及范的堂弟范忠一起向國民黨淞滬警備司令部告密。知道向忠發常到「探勒」車行租車，於是，在那裡布下了羅網。

向忠發是個軟骨蟲。被捕後，他就供出了陳琮英和楊秀貞的住址，使她倆馬上被捕。

向忠發又供出了設在戈登路（今江寧路）恆吉里一一四一號的中共秘密機關，使那裡的中共工作人員張紀恩、張越霞㉕被捕。

向忠發帶著特務們去抓周恩來、瞿秋白，撲了個空。周恩來、瞿秋白聞訊已經轉移。特務們審訊陳琮英，向忠發居然出面對質：「你不要編口供了，有什麼就講吧，我們是什麼人，他們都知道！」

楊秀貞並非中共黨員，雖說她知道向忠發的政治身分，受審訊時一開始並不承認向忠發是中共黨員。也是向忠發出面對質。所以，後來周恩來曾這樣說及：「他（指向忠發——引者注）的節操還不如一個妓女！」

向忠發在被捕後的第二天，被引渡到淞滬警備司令部。警備司令熊式輝即電告正在廬山上的蔣介石。由於向忠發已供不出別的中共秘密機關，蔣介石下令就地槍決。

這樣，向忠發在被捕後的第三天——六月廿四日，便被押上刑場。行刑前，他跪在地上，苦苦哀求饒他一命，但無情的子彈還是照樣送他歸西。

那個顧順章因在中共中央特科工作，知道的中共機密比掛著總書記的空銜的向忠發多，被徐恩曾留在中統工作。顧順章不僅使惲代英喪生，而且還在香港抓獲了蔡和森：那是一九三一年六月十日中午，在香港海員的一次會議上，蔡和森剛剛露面，顧順章便和四個便衣特務一起撲上去，抓住了蔡和森。蔡和森在獄中堅不吐實，遭到酷刑毒打。最後，他被用鐵釘釘在牆上，仍不屈不撓，直至刺刀刺進他的胸脯，鮮血噴湧而亡。

顧順章叛變「有功」，卻並未得到重用。在中統頭子徐恩曾看來，他畢竟是從中共叛變而來，所以不委以重任，不賦予重要實權，招致顧順章不滿。顧順章跟軍統頭目戴笠眉來眼去，更使徐恩曾惱怒。這樣，在一九三五年，徐恩曾以「不服從命令，企圖別樹一幟」[26]的理由，下令處死顧順章。

那位「迭破中共巨案」的蔡孟堅，由密捕顧順章起家，升為武漢警察局局長，當時只有二十五歲而已。一九四一年，蔡孟堅出任蘭州市市長。接著，又「主持江西善後救濟與建設」、「出入日本十年」。去臺灣後，因與蔣經國有隙，在「中影任掛名常董」。後來遷居美國，寫出兩卷回憶錄《蔡孟堅傳真集》，內中最為津津樂道的，便是他一手經辦的「顧順章案」。在書中，他仍為當時未能利用顧順章抓捕周恩來扼腕而嘆。

盧福坦想當總書記

王明手中的權力不斷膨脹。總書記向忠發掛名不幹事，直至被捕、叛變。照理，王明取向忠發而代之，早已不成問題。可是，此時王明卻另打主意——溜！他不願待在上海，籌畫著重回莫斯科。那時接二連三的人頭落地，使王明心驚膽戰。在敵人的刺刀下的上海幹秘密工作，畢竟時時刻刻都存在著喪生的危險。

除了顧順章、向忠發落入敵人之手，在中共六屆四中全會結束後的第十天——一月十七日及十八日，國民黨上海市黨部、上海市公安局、英租界閘北捕房突然大規模出動，一下子在上海天津路二七五號中山旅社六號房間、三馬路（今漢口路）東方旅社三十一號房間等處，密捕了共產黨幹部三十多人，內中有十位是中共省、市委書記，包括何孟雄、林育南等，也包括作家李求實、柔石、馮鏗、胡也頻、殷夫等。二月七日，其中的二十四人飲彈於上海龍華刑場！

這次大搜捕，據查是《紅旗日報》交通唐虞（又名王掘夫、唐禹）告密。但當時王克全則說是「中央告密」㉗。此處「中央」即指王明——因為被捕者大多數是反對六屆四中全會、反對王明的人。但究竟是誰，迄今仍未最後查清。

這一系列驚心動魄的事件，使王明喪魂落魄。他和妻子孟慶樹躲進上海郊區的療養院，惶惶不可終日。

向忠發之死，造成中共中央總書記空缺。誰來出任中共中央新的總書記呢？

六屆四中全會確定的三位中共中央政治局常委——向忠發已死，張國燾去鄂豫皖蘇區，留在上海的只有周恩來。

留在上海的中共中央政治局委員，除周恩來外，只有王明和盧福坦。

看來，新的總書記，要在周恩來、王明和盧福坦三人中選擇。

最合適的人選，當然是周恩來。周恩來在黨內具有很高的威信，有很好的馬列主義理論水準，又富有組織才華。可是，他向來謙遜，六屆三中全會本應由他主持，他卻把瞿秋白推了上去。顯然，此時此際，他不會出任總書記，更何況他早已覺察王明咄咄逼人，野心勃勃。

最可能的人選，自然是王明。雖說此時米夫已經返回蘇聯，但米夫扶植王明上臺之意在六屆四中全會上明明白白表露出來。王明本人也早想成為總書記。

不過，當上總書記，就務必留在國內領導中國共產黨。向忠發被捕才兩天就斃命——儘管他跪在地上向敵人求饒，也無濟於事。這不能不使王明顧慮重重。何況他有過被捕的經歷，嘗過鐵牢的滋味。就連營救他出獄的赤色職工國際駐上海代表、瑞士人牛蘭，也在向忠發被捕前一周入獄。這麼一來，周恩來不想當，王明不敢當，剩下的人選便是盧福坦了。

盧福坦此人，實在知名度太差，現今的讀者幾乎很少聽說過這一名字。他當時在中共黨內的知名度也很差，以至在中共「六大」的中央委員名單上，他被寫成「魯福坦」！

此時，盧福坦卻十分「勇敢」，明確表示想當總書記！

盧福坦是何等人物？他是山東淄博市人，工人出身。一九二六年加入中國共產黨，一九二七年擔任中共青島市委書記、山東省委書記。一九二八年，他作為山東省代表，到莫斯科出席中共「六大」，正遇上過分強調工人成分，於是他不僅被選為中央委員，而且成為政治局候補委員，一下子進入中共高層。在中共六屆四中全會上，他成了政治局委員。

王明跟盧福坦沒有很深的關係，他不願讓此人出任總書記。他早已選好了接班人——博古！博古跟他一起在莫斯科中山大學留學，同為「二十八個布爾什維克」中的人物，回國後一起反對過立三路線，一起反對過瞿秋白……博古成了他最親密、最可信任的夥伴。

不過，即便在米夫、王明控制的中共六屆四中全會上，博古也未能得以進入中央委員之列。因博古的黨內地位比盧福坦要低得多。一下子使博古成為總書記，顯然不孚眾望。

王明的最後決策是讓總書記空缺，而指定博古負總的責任。這樣，一旦他有機會從蘇聯回國，便可擔任總書記。

現存於中央檔案館的原始記錄，有關當事人的談話，透露了當年如何「婉拒」了盧福坦想當總書記的要求：

張聞天於一九四三年十二月十六日在自述資料中說，王明、周恩來決定離開上海時，提出新

中央的名單，「當時盧福坦想當總書記，所以我記得當時特別提到無總書記問題。」㉘

周恩來於一九四三年十一月廿七日在政治局會議上談及：「在分配工作時，曾向盧福坦解釋不設總書記。」㉙由王明提出，經共產國際東方部批准，新的中共中央臨時政治局由六人組成，即博古、張聞天、盧福坦、李竹生、康生，陳雲。其中常委三人，即博古、張聞天、盧福坦，由博古總負責。

這麼一來，不是中共中央委員的博古和張聞天，一下子擢為中共中央臨時政治局的常委，而且排名於原政治局委員盧福坦之前！

博古於一九四三年十一月十三日在政治局會議上，這麼談及他成為「總負責」的經過：向忠發被捕後，王明、周恩來、盧福坦、博古「到酒店開會決定不設總書記，當時決定我為書記，我的實權是總書記，但是在中央會議並沒有決定我是總書記。」㉚

就這樣，在那不知名的酒店裡的四人聚會，決定了中國共產黨權力的移交——交給了博古，而不是交給想當總書記的盧福坦。

一九三一年十月十八日，隨著黃浦江上一艘日本輪船汽笛長鳴，徐徐起航，王明和他的妻子孟慶樹，以及吳克堅、盧鏡如，離開了上海。

王明於同年十一月七日——十月革命節那天，趕到莫斯科，出任中國共產黨駐共產國際代表。從此，他在那安全的「紅色保險箱」裡，和米夫一起遙控著中國共產黨。

就在王明離滬後一個月，暮色籠罩著上海灘，華燈初上，從海寧路與山西路交叉口的一家煙紙雜貨店裡，走出兩名男子。他們跳上兩輛人力車，直奔黃浦江畔的十六舖碼頭。其中一個男子，穿對襟嗶嘰中式短上衣、藍色嗶嘰中式褲子，廣東工人模樣，車上放一隻手提箱。另一男子為他送行，送他登上一艘小火輪。

那廣東工人模樣的男子，便是周恩來。他朝廣東汕頭進發，特意打扮成廣東工人。臨行時，鄧穎超在那雜貨舖樓上。只是為了不引人注目，沒有下樓送行。

周恩來奉中共中央之命，前往江西中央蘇區。這使命和中共中央派張國燾前往鄂豫皖蘇區一樣，是為了加強那裡的領導工作。周恩來取道汕頭，沿著一條秘密交通線進入江西。他一上船，一個綽號叫「小廣東」的地下交通員便跟他接上了頭。

死了向忠發，走了王明、張國燾、周恩來，留在上海的中共臨時中央，便由博古總負責，張聞天和盧福坦成為他的副手。

後來，博古於一九三三年一月十九日進入江西中央蘇區，張聞天比他早幾天到達那裡，留在上海的中共臨時中央便由盧福坦任總負責。

盧福坦出任中共臨時中央總負責的時間非常短暫，只有三個多月——因為在一九三三年四月（也有人說是二月，如中統特務莊祖方的回憶），他就落進了國民黨中統特務手中。

當年的中統上海行動區副區長陳蔚如（又名陳俊德），後來在其回憶錄《我的特務生涯》㉛中，這麼寫及盧福坦被捕後的情景：

「中共臨時中央總負責盧福坦於一九三三年四月被密捕後，臨時關押在小東門東方旅館內，這裡環境比較好，不像在上海市警察局裡面那樣陰森、恐怖。根據盧福坦在中共黨內的所史和地位，其意志應該是比較堅定的，可是在勸降特務和他談話之後，他很快表示願意自首，並為中統上海區對中共江蘇省委的連續破壞提供了很多情報，成為可恥的叛徒特務。」

盧福坦這麼快就叛變，連中統特務也感到意外！

由於盧福坦提供了線索，位於上海北四川路天潼路的中共江蘇省委處於中統特務的監視之中。兩個不滿十八歲的中統特務蔣某和吳某在馬路上踢皮球，故意把皮球踢進三樓的房間中，藉口進屋撿皮球，他們偵察了中共江蘇省委機關，緊接著，便來了一個大搜捕……

盧福坦叛變後，居然搖身一變，加入了國民黨中統特務組織，擔任中統徐州特區行動股股長、上海區情報行動股股長。

上海解放後，盧福坦被捕。一九六九年被處決。

二十四歲的博古出任中共中央總負責

博古出任中共中央總負責時，年僅二十四歲，被人笑稱為「中共中央的小夥子」。

連博古本人也覺得自己太年輕，資歷太淺，難孚眾望。王明這麼勸導他：「二十四歲不小了，米夫當莫斯科中山大學副校長還不是二十四歲？」

聽王明這麼一說，博古心定了。

博古是綠豆芽式的青年，高而瘦。頭髮硬，豎立在頭頂，而兩鬢的頭髮卻被剃掉，所以他的「博古式」髮型頗怪，像一頂黑色的法蘭西帽壓在頭頂。近視，戴一副圓鏡片眼鏡。皮膚白皙，文弱書生模樣。不過，博古是一位天生的宣傳鼓動家，聲音響亮，配上大幅度的手勢，他的演講

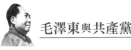

富有煽動力。雖說聽得出南方口音，但他的普通話在那個年代算是不錯的。

博古是個熱情，直率的人，是個頭腦聰穎的人。

博古是個化名，很多人以為取義於「博古通今」，其實真正的含義卻是「上帝」。

博古怎麼會是「上帝」呢？那是他到莫斯科中山大學學習時，按照校方的規定，每個人都要取一個俄文名字。他取名БoryHOB，音譯為「博古諾夫」。回國後，他以「博古」為化名。「Бor」，俄文原意為「上帝」。

他原名秦邦憲，乳名長林，字則民，一九〇七年六月廿四日出生於江蘇無錫城中耆英里（今中市橋巷二十三號）。他的父親秦肇煌是清朝秀才，在宣統年間當過浙江溫州地方審判廳刑事庭長。他是長子。母親朱氏是續弦。他屬「邦」字輩，弟弟叫秦邦禮，妹妹叫秦邦範。

最初，他在無錫的「秦氏公學」就學。十四歲時，進入蘇州省立第二工業專門學校，便開始政治活動。他參加了「錫社」，並成為「錫社」蘇州支部的負責人。十八歲對加入中國國民黨。這年五月，正患肺病的他，參加五卅運動，並加入中國共產主義青年團。這時，他已是政治活動的活躍分子。

這年七月，他負責編輯《無錫評論》。陸定一也是編輯部的成員。

這年九月，博古考入上海大學社會系。這所大學原名「東南高等師範專科學校」，本來很不起眼。一九二二年十月，國民黨元老于右任出任校長，改校名為「上海大學」，國共合作辦校，大批共產黨人在該校執教。

一九二三年四月，中共黨員鄧中夏出任該校校務長，掌握了實權，瞿秋白、惲代英、蕭楚女、張太雷、李達、陳望道、施存統、沈雁冰等中共黨員擔任教員。

這樣，上海大學成了培養共產黨幹部的學校。該校建有中共組織。博古入學不久，便加入了中國共產黨，並結識了許多著名的共產黨人。

翌年十月，十九歲的博古突然被淞滬警察廳逮捕。只是查不到什麼證據，第二天獲釋。不久，中共黨組織決定派他前往莫斯科學習。

於是，博古進入了莫斯科中山大學，成了米夫的學生，成了王明的同學，成了「二十八個布爾什維克」之一。在莫斯科的四年留學生涯，為他後來成為中共中央總負責打下了基礎。

就在這時，一個偶然的機會，一位年輕的中國女性出現在面前。

她原名劉琴仙。參加革命後，她嫌這名字不夠「革命」，取其諧音，改為劉群先，「群眾先鋒」之意。她是博古的同鄉，無錫的女工。她的出身頗苦，從小死了父母，做童工維持生活。她先是織髮網，後來成為紡織工人，投身工人運動，以至成為「群眾先鋒」——女工領袖。於是，她作為中國工會代表之一，前往莫斯科，出席「赤色職工國際大會」。

劉群先不懂俄語，中共黨組織指派了一名留學生充當她的翻譯。這位留學生，正是博古。

異國遇同鄉，他倆用無錫話交談，一下子縮短了彼此的距離，一見如故。就這樣，他們深深相愛了。

一九三〇年五月，博古回國不久，就和劉群先結為伉儷。那時，劉群先在中華全國總工會擔任宣傳幹事。翌年，二十四歲的博古，出於歷史的機緣，他成為中共中央總負責；倘若不是米夫出任共產國際代表，王明不可能上臺；倘若不是博古和王明在莫斯科中山大學有過共同戰鬥的友誼，王明也就不會視他為心腹，不會把奪得的中共中央大權交給這位無錫小夥子。

博古，只在上海大學學習了一年，在莫斯科中山大學學習了四年，沒有多少實際工作的經驗。這樣「嘴上沒毛」的小夥子，出於王明小宗派的需要，才被推上了中共新領袖的地位。

政黨的成熟，首先要有成熟的領袖，中國共產黨才「十歲」，還是一個幼年的黨。

縱觀中國共產黨的「領袖史」，可以看到，自從一九二七年七月十二日陳獨秀「不視事」起，至一九三一年十月十八日博古上臺，頻繁地在更換領袖，簡直像走馬燈一般：陳獨秀，瞿秋白、向忠發、李立三、瞿秋白、王明、博古。在這中間，曾經一度主持過中共中央工作的還有周恩來，蔡和森和李維漢。

另外，曾經角逐中共領袖而未能如願的有羅章龍和盧福坦。

歷史在沉思，歷史在選擇。領袖是政黨的旗幟，領袖是政黨的舵手。列寧曾如此說過：「政黨通常是由最有威信、最有影響，最有經驗，被選出擔任最重要職務而稱為領袖的人們所組成的比較穩定的集團來主持的。」㉜

頻繁更換的中共領袖，缺乏威信、缺乏影響、缺乏經驗，因而也就無法穩定。

一九二七年「四・一二」之後的中國，風急浪高，錯綜複雜，把好中共之舵並非易事。何況，舵手還需聽命於共產國際的指令。

當博古上臺掌舵之時，他的前任已使中共經歷了一右二「左」的曲折：陳獨秀的右傾投降主義，瞿秋白的「左」傾盲動主義，李立三的「左」傾冒險主義。

王明握別博古之際，作過如此囑咐：「萬事都得請示共產國際，決不可擅自行動，更不得聽信他人。」

博古有個綽號曰「黑面木偶」，含義是雙重的：不光是他身材瘦長而動作僵硬的形象如同木偶，還因為他受著坐鎮莫斯科的米夫和王明的「遙控」，幕後牽線。

自身缺乏經驗，又得聽命於「遙控」，博古這位新「舵手」的命運可想而知。

歷史是一面篩子，正在篩選著、篩選著……

注釋

①據鄭超麟的回憶。

②中共中央黨史研究室編《中共黨史大事年表》第二十四頁，人民出版社一九八一年版。

③鄧小平作為中央秘書沒有參加投票，所以實際參加選舉的是二十人。

④《毛澤東選集》第二卷，《戰爭和戰略問題》。

⑤李維漢著《回憶與研究》上冊，中共黨史資料出版社一九八六年版。

⑥後來李震瀛參加羅章龍派，於一九三一年七月被中共中央開除黨籍。此後他在上海被捕，發表聲明不再參加革命活動。獲釋後在天津「敦慶隆綢緞莊」當店員，後來下落不明。

⑦載一九二八年第四期《布爾什維克》雜誌。

⑧後來弄假成真，他倆結為夫婦，歷經風雨而情深意切，直至一九七三年熊瑾玎去世，長達四十五個春秋。

⑨羅西北現為全國政協委員，筆者於一九九一年七月十二日在北京採訪了他。

⑩《布爾什維克》一卷二十四期。

⑪楊雲若、楊奎松著，《共產國際和中國革命》二四三頁，上海人民出版社一九八八年版。

⑫斯諾，《西行漫記》，一二二至一二三頁，三聯書店一九七九年版。

⑬唐純良，《李立三傳》，黑龍江人民出版社，一九八九年版。

⑭李維漢，《回憶與研究》（上），三〇四頁，中共黨史資料出版社一九八六年版。

⑮聶榮臻，《學習恩來的優秀品德，繼承他的遺願》，見《不盡的思念》一書，中央文獻出版社一九八七年版。

⑯眾多的文獻上均這樣記載，但金沖及主編《周恩來傳》稱三常委為向忠發、周恩來、徐錫根。

⑰「二十八個布爾什維克」是一個鬆散的集體，內中有不少人後來對中國革命作出有益的貢獻。他們通常是指：王保禮、王盛榮、王雲程、王稼祥、朱阿根、朱子純（女）、孫濟民、宋潘民、杜作祥（陳昌浩之妻）、陳紹禹（王明）、陳昌浩、陳原道、何克全（凱豐）、何子述、李竹聲、李元杰、沈澤民、汪盛荻、蕭特甫、張琴秋（沈澤民之妻）、張聞天（洛甫）、孟慶樹（王明之妻）、夏曦、秦邦憲（博古）、殷鑒、袁家庸、盛忠亮。據說，還有一個小同學也支持王明，可是觀點常動搖，算是「半個」，故又被人戲稱為「二十八個半布爾什維克」。

⑱周國全、郭德宏、李明三著，《王明評傳》，一一九頁，安徽人民出版社一九八九年版。

⑲《中共中央致共產國際執行委員會電——報告四中全會經過》（一九三一年二月二十二日）。

⑳杜寧（即楊之華），《叛徒顧順章叛變的經過和教訓》，一九三八年十一月二十八日寫於蘇聯。載《黨

的文獻》一九九一年第三期。

㉑《聶榮臻回憶錄》，上冊，一二六頁，戰士出版社一九八三年版。

㉒蔡孟堅，《張岳公是「孰不可忍」的大勇者》，台灣《傳記文學》一九九一年第一期。

㉓《聶榮臻回憶錄》上冊，一二六至一二七頁，戰士出版社一九八三年版。

㉔據《聶榮臻回憶錄》稱是蘇州監獄，《中統內幕》一書稱「上海提籃橋獄中」。以《惲代英》（《中共黨史人物傳》第五卷）一文考證較準確，認為關在南京「中央軍人監獄」。

㉕張越霞後來進入延安，和博古結婚。博古死於空難時，張越霞在一九四六年四月二十日延安《解放日報》發表《懷博古》一文。

㉖張文，《中統頭子徐恩曾》，中國文史出版社一九八九年版。

㉗見《中共中央致共產國際執行委員會電》（一九三一年二月二十二日）。

㉘據中央檔案館一九八三年四月一日覆中共中央黨史資料徵集委員會函，見《中共黨史資料》第六輯，中共中央黨史資料出版社出版。

㉙據中央檔案館一九八三年三月三日覆中共中央黨史資料徵集委員會函，見《中共黨史資料》第六輯，中共中央黨史資料出版社出版。

㉚據中央檔案館一九八三年三月三日覆中共中央黨史資料徵集委員會函，見《中共黨史資料》第六輯，中共中央黨史資料出版社出版。

㉛見「江蘇文史資料選輯第二十三輯」《中統內幕》，江蘇古籍出版社一九八七年版。

㉜列寧，《共產主義運動中的「左派」幼稚病》，《列寧選集》四卷一九八頁。

第二章　井岡風雲

歷史老人並未獨鍾毛澤東

話分兩頭，各表一枝。

那位在「八七會議」上，說了一通槍桿子裡面出政權的醒世名言之後的毛澤東，從此便在中共中央消失了。此後在上海、在莫斯科那一次又一次中共中央會議，在激烈的爭奪中央領導權的鬥爭中，不見毛澤東的身影。

歷數毛澤東在中共早期的黨內地位，可以發覺歷史老人並未獨鍾毛澤東。他時浮時沉，未曾擔任顯要之職（除中共「三大」外）：

一九二一年七月，他出席中央「一大」，是十三名代表之一。在大會上擔任記錄。

一九二二年七月，中共「二大」在上海召開時，他也正在上海，照理他必定出席。可是，他「忘記了開會的地點，又找不到任何同志」①，竟失之交臂。

一九二三年六月中共「三大」在廣州召開時，毛澤東一下子躍居要職。他不僅成為九名中央執行委員會委員之一，而且成為五名中央局成員（相當於後來的政治局委員）中的一個——陳獨秀、毛澤東，羅章龍、蔡和森、譚平山。他又兼任中央執行委員會秘書。在黨內的地位，僅次於陳獨秀。可是，在一九二五年一月的中共「四大」上，毛澤東連中央候補執行委員也未選上——當時的中央執行委員會設委員九人，候補執行委員五人。

一九二七年四月底至五月初，在武漢召開的中共「五大」，設中央委員三十一人，候補委員十四人。毛澤東先是作為候補代表出席大會，只有發言權，沒有選舉權。最後，終於被選入中央候補委員。

毛澤東在一九五六年九月十日，中共「八大」預備會議第二次全體會議上，回憶往事，說過一段頗為風趣的話：「第一次代表大會（指中共「一大」——引者注）我到了。第二次代表大會沒有到。第三次代表大會是在廣州開的，又到了，被選為中央委員。第四次代表大會又沒有到，丟了中央委員。大概我這個人逢雙不吉利。第五次代表大會到了，當候補代表，也很好，被選為候補中央委員。」②

在「八七會議」上，事先擬定的政治局委員、候補委員候選人名單上，並沒有毛澤東。是蔡和森提議，應當補入毛澤東。

經大會表決，毛澤東被選為政治局候補委員。

毛澤東推辭的原因，頗為費解：「我現在擔任土匪工作不能加入。」

毛澤東所說的「擔任土匪工作」，其實是指他正擔負著改造土匪的工作。

會議記錄上有一段討論農民運動的話，毛澤東如此說：「土匪問題是非常大的問題。因此種會黨土匪非常之多，我們應有策略，有些同志以為可以利用他們，這是中山（指孫中山——引者注）的辦法，我們不應如此。只要我們實行土地革命，那一定能領導他們的，我們應（該）當他們是我們自己的弟兄，不應看作客人。」

在「八七會議」之後，毛澤東遠離中央，不再出席中央會議。他在黨內的地位依然浮沉無定。

在一九二八年六月至七月召開的中共「六大」上，毛澤東當選為中央委員，失去了政治局候補委員之職。

在一九三〇年九月的中共六屆三中全會上，毛澤東又成為政治局候補委員，排名於政治局候補委員末位，次於顧順章。此次設政治局委員七人、候補委員七人，因此毛澤東在黨內排名第十四位，可謂「忝居末座」。

在王明上臺的中共六屆四中全會上，毛澤東仍為政治局候補委員，只是跟顧順章換了一下順序，顧順章居末位，他為倒數第二。此次設政治局委員九人、候補委員七人，因此毛澤東在黨內排名第十五位。

然而，當歷史淘汰了王明、博古時，卻選擇了這位在中共中央政治局中近乎末座的毛澤東——此是後話。

「八七會議」之後，毛澤東究竟走過怎樣的道路？

農民運動的「王」差一點被處死

「八七會議」制定了「四省秋暴計畫」，亦即粵、湘、鄂、贛四省秋收暴動計畫。選擇秋收暴動，考慮到那時農民結束農忙，可以離開土地；選擇粵、湘、鄂、贛四省，考慮到中共在這四省的基礎較好。毛擇東奉中共中央之命，前往湖南，發動秋收起義。

毛澤東是農民的兒子，熟悉農村，擅長領導農民運動。瞿秋白便曾這麼稱讚過，中國有兩個「農民運動的王」③，那就是彭湃和毛澤東。

毛澤東說過，中國四萬萬人口之中，農民占了三萬萬兩千萬以上，亦即占百分之八十，所以中國革命一定要依靠農民，發動農民。一九二六年，他在廣州主持了廣州農民運動講習所。

一九二六年底，毛澤東回到故鄉湖南考察農民運動。翌年二月中旬，他在武漢給中共中央寫出了那篇著名的《湖南農民運動考察報告》。此文不僅在中共黨內刊物上刊載，而且在漢口的《中央日報》上連載，甚至共產國際的機關刊物《共產國際》上亦以英文、俄文轉載此文，足見此文在當時影響之廣。

此文被收入《湖南農民運動》一書，在漢口印行。瞿秋白稱毛澤東為中國「農民運動的王」，便出自他為此書所作的序言。瞿秋白寫道：

「『匪徒，惰農，痞子……』這些都是反動紳士謾罵農民協會的稱號。但是真正能解放中國的卻正是這些『匪徒……』。」

「中國革命家都要代表三萬萬九千萬農民④說話做事，到戰線奮鬥，毛澤東不過開始罷了。中國的革命者個個都應該讀一讀毛澤東這本書，和讀彭湃的《海豐農民運動》一樣。」

「八七會議」時，彭湃在南昌起義前線，不久前往故鄉廣東海豐，組織海豐農民暴動。於是，農民運動的兩個「王」一個在湖南，一個在廣東，開足馬力幹了起來。

毛澤東是在八月十二日離開武漢，作為中央特派員，來到長沙。

八月十八日，在長沙市郊沈家大屋，毛澤東出席了中共湖南省委會議，擔任省委委員、常委。會議詳細制定了湖南的秋收暴動計畫。

八月二十日，毛澤東起草了《湖南致中央函》，表達了中共湖南省委的雄心壯志：

「中國客觀上早已到了一九一七年，但以前總以為這是在一九〇五年。這是以前極大的錯誤。工農兵蘇堆埃完全與客觀環境適合，我們此刻應有決心立即在粵湘鄂贛四省建立工農兵政權；此政權既建設，必且迅速的取得全國的勝利。」⑤

這番話表明，毛澤東的頭腦，最初也有點「熱」。他不是神，最初也受著瞿秋白發「熱」的頭腦的影響。他在鬥爭實踐中慢慢變得冷靜起來。何況，連他自己也在「八七會議」上說：「我素以為領袖同志的意見是對的。」⑥當他還不是領袖時，他頗為尊重「領袖同志」。直至他後來覺察「領袖同志」的意見未必對，他獨立自主走自己的路。

毛澤東為了組織秋收暴動，在湖南四處奔走。他從長沙來到了株洲，又從株洲前往安源。安源是煤礦工人集中之處，他要發動工人參加暴動。九月五日，他在安源寫給中共湖南省委的信中說：「約定十一日安源發動，十八日進攻長沙。」⑦這時的他，受「領袖同志」瞿秋白的影響，也想進攻大城市。

就在毛澤東從安源前往銅鼓縣途中，他落入了敵軍手中。這是毛澤東漫長的一生中唯一的一次被捕。他差一點被處死！倘若不是他逃出了險境，中國的現代史和中共黨史就要另寫了！

據考證，毛澤東被捕的地點，是在湖南瀏陽縣和銅鼓縣交界處的張家坊。

後來，毛澤東面對美國記者斯諾，如此饒有興味地敘述他當時的「歷險記」：

「當我正在組織軍隊、奔走於漢陽礦工和農民赤衛隊之間的時候，我被一些同國民黨勾結的民團抓到了。那時候，國民黨的恐怖達到頂點，好幾百共產黨嫌疑分子被槍殺。那些民團奉命把我押到民團總部去處死。但是我從一個同志那裡借了幾十塊錢，打算賄賂押送的人釋放我。普通的士兵都是雇傭兵，我遭到槍決，於他們並沒有特別的好處，他們同意釋放我，可是負責的隊長不允許。於是我決定逃跑。但是直到離民團總部大約二百碼的地方，我才得到了機會。我在那地方掙脫出來，跑到田野裡去。

「我跑到一個高地，下面是一個水塘，周圍長了很高的草，我在那裡躲到太陽落山。士兵們追捕我，還強迫一些農民幫助他們搜尋。有好多次他們走得很近，有一兩次我幾乎可以碰到他們。雖然有五六次我已經放棄希望，覺得我一定會再被抓到，可是我還是沒有被發現。最後，天黑了，他們放棄了搜尋。我馬上翻山越嶺，連夜趕路。我沒有鞋，我的腳損傷得很厲害。路上我遇到一個農民，他同我交了朋友，給我地方住，又領我到了下一鄉。我身邊有七塊錢，買了一雙鞋、一把傘和一些吃的。當我最後安全地走到農民赤衛隊那裡的時候，我的口袋裡只剩下兩個銅板了。」⑧

所幸毛澤東所遇上的是民團，不是國民黨中統特務。這次死裡逃生後，毛澤東在湖南發動了秋收暴動……

秋收暴動總指揮盧德銘捐軀沙場

軍叫工農革命，旗號鐮刀斧頭。
修銅⑨一帶不停留，要向平瀏⑩直進。
地主重重壓迫，農民個個同仇。
秋收時節暮雲愁，霹靂一聲暴動。

毛澤東在一九二七年寫的這首詞《西江月・秋收起義》，勾勒了湖南秋收暴動的情景。對於毛澤東來說，秋收暴動是他第一次實踐他的「槍桿子裡出政權」的理論。

不過，毛澤東自知光是依靠農民的長矛、梭鏢是難以「出政權」的。他在八月十八日的中共湖南省委會議上，便講得很明確：

「秋收暴動的發展，是解決農民的土地問題，這是誰都不能否認，但要發動暴動，單靠農民的力量是不行的，必須有一軍事的幫助。有一兩團兵力，否則終歸於失敗。暴動的發展是要奪取政權，沒有兵力的護衛或去奪取，這是自欺的話。我們黨從前的錯誤，就是忽略了軍事，現在應以百分之六十的精力注意軍事運動，實行在槍桿子上奪取政權，建設政權。」⑪

毛澤東要尋找槍桿子，要尋找「一兩團兵力」，正巧，一支正規軍正駐紮在江西和湖南交界不遠處的修水縣。這支正規軍是一個警衛團，團長居然是中共黨員！正因為這樣，毛澤東穿過湖南和江西的邊界，朝江西進發，才在半途發生那番「歷險記」……

這個團自武漢來，原本是守衛武漢國民政府的警衛團，可謂精兵，隸屬於國民革命軍第二方面軍總指揮部。中共指派了葉挺獨立團的一位團參謀長，出任警衛團團長。這位團參謀長既是黃埔軍校二期畢業生，又是中共黨員，名喚盧德銘。盧德銘成了警衛團團長，便把這個團處於中共領導之下。

中共在南昌發動「八一起義」時，盧德銘奉命率部開赴南昌，參加起義。當他們從武漢東下到達黃石時，得知起義部隊已退出南昌，而九江又被張發奎部隊控制，只得率部來到鄂湘贛三省交界的「三不管」的修水縣暫且棲駐。這支精兵，馬上被正在尋覓「槍桿子」的毛澤東所看中。於是，二十二歲的盧德銘被任命為秋收暴動總指揮，毛澤東則任前敵委員會書記。盧德銘成了毛澤東最初的戰友。

雖說盧德銘才二十二歲，卻有著頗為傳奇的經歷：

這個「四川伢子」，在上中學時就讀《新青年》，思想日趨進步。十九歲那年，他千里迢迢，去報考黃埔軍校。離家時，正值春節，他揮毫寫下一副春聯，貼在家門兩側：

問客何來想是仙風吹到，

留君不住須當明月照歸。

當他不遠千里來到廣州，黃埔軍校招生考試已過。他求見孫中山。孫中山見他小小年紀，革命願望如此強烈，便召見他，當場面試，十分滿意。這樣，孫中山介紹他進入黃埔軍校，成了第二期學生。

在黃埔軍校，盧德銘加入了中國共產黨。畢業後，盧德銘來到中共領導之下的葉挺獨立團，擔任連長。獨立團成了北伐先鋒，一路過關斬將，屢建奇功。盧德銘從連長升為營長，升為團參謀長。進入武漢後，調任警衛團團長。

一九二七年九月九日，作為秋收暴動總指揮，盧德銘在江西修水縣渣津宣布：「現在我們起義了！」他領導的警衛團，成為起義部隊的第一團。

第二團由安源工人和醴陵農民組成。

第三團是由平江、瀏陽農民義勇軍組成。

第四團是經過改編的夏斗寅殘部。

宣布秋收暴動時，毛澤東正在江西銅鼓縣城蕭家祠——第三團團部。

秋收暴動最初的行動計畫是攻取長沙：一團、四團打平江，二團、三團打瀏陽，然後分兩路包抄長沙。一團、四團在朝平江縣城進軍途中，四團突然嘩變，襲擊一團，使進攻平江的計畫受挫。二團、三團先克醴陵縣城，才占領了兩天，不得不在強敵面前退出。改取瀏陽縣城，占領後陷入重圍。兩路兵馬均出師失利，攻打長沙無望，遂退至瀏陽文家市。

九月十九日夜，文家市的里仁學校裡，像開了鍋似的。各路兵馬的首腦人物齊聚那兒，前敵委員會會議在書記毛澤東主持下召開。討論的主題是「向何處去」。

雖說從九月九日至十九日，不過十天光景，毛澤東的頭腦變得冷靜。原先他受「領袖同志」瞿秋白的影響，以為「中國客觀上早已到了一九一七」，而「秋暴」的受挫，使他清醒，意識到長沙「啃不動」，連醴陵、瀏陽這樣的縣城都「吃不了」。

毛澤東審時度勢，知道絕不可與強敵硬拼。他在會上提出，向「萍鄉方向退卻」，以求避開強敵的鋒芒，保存自己的實力。長沙城內有九千敵軍駐守，攻長沙勢必敗北。

頭腦發熱的人，依然在會上嚷嚷：「進攻長沙！進攻長沙！」兩種意見針鋒相對。

總指揮盧德銘是位精明聰穎的人，他以為毛澤東的話在理，投了贊成票。盧德銘在軍隊裡威信甚高，他倒向毛澤東，使進攻長沙的主張遭到會議的否定。

翌日，這支打著「中國工農革命軍」的隊伍，朝江西萍鄉方向前進。

行軍的第四日——九月廿三日清晨，當部隊從萍鄉東側的蘆溪鎮出發不久，突然槍聲如同炒豆般響起。原來，那是江西軍閥朱培德部隊的一個特務營和一個保安團，布下了伏擊圈。當毛澤東、盧德銘率部進入伏擊圈時，一聲口令，伏兵傾巢而出。

在激戰中，二十二歲的總指揮盧德銘飲彈而亡。毛澤東痛失他最初的得力戰友。盧德銘倘若不是過早地死於非命，定然會成為元帥級的中共軍界領袖人物。

毛澤東倖免於難，且戰且走，帶領著受驚的隊伍繞開萍鄉南進……

毛澤東要把隊伍帶向何方？

當革命的「山大王」

毛澤東胸有成竹：他要把部隊帶上井岡山！

井岡山，在中國眾多的大山之中，不算出眾。可是，在當時的中國，卻是具有特殊戰略意義的大山。毛澤東選中了井岡山，不能不說是天才的選擇！

井岡山位於羅霄山脈的中段，山高林密，翠竹長青，山泉淙淙，地勢險峻。它處於兩省四縣的交界處，兩省即湖南、江西，四縣即遂川、永新、寧岡、酃縣，在那「鐵路警察各管一段」的年月，交界處最容易求得生存。何況那兒離長沙、武漢、南昌都遠，乃窮鄉僻壤所在。

井岡山最大的優勢，在於易守難攻。在崇山峻嶺之中，唯有通過五個險峻的哨口，方可上山。守住了哨口，也就守住了大山。可謂一夫當關，萬夫莫敵。何況井岡山四周，那時沒有公路，要想調兵遣將前來攻山，輜重難行，只得靠兩條腿和輕武器。

毛澤東深知當時湘、贛軍閥各自為政，他帶領兵馬朝井岡山進發時，故意走「S」形路線，時而進湖南，時而回江西，在兩省交界的夾縫之中鑽行，甩掉了尾追的敵軍。

毛澤東此前並未上過井岡山，他怎麼會作出如此「天才的選擇」呢？筆者在井岡山採訪時，求教於原井岡山革命博物館館長朱本良。據他瞭解，那是毛澤東寫《湖南農民運動考察報告》時，在一九二七年二月二十日至廿三日來到湖南衡山縣城，訪問過當地的婦女會幹部張瓊。張瓊說起她有個表兄，受國民黨追捕，無處可逃，逃進了井岡山。那兒山高皇帝遠，國民黨鞭長莫及。她的表兄在井岡山上躲了幾個月，知道山上的詳細情形，知道山上有「山大王」——土匪盤踞。毛澤東很注意張瓊提供的資訊，從此井岡山存儲在他的腦海的「資訊庫」裡……

正因為這樣，毛澤東在一九二七年七月四日的中共中央執委會擴大會議上就提出了「上山」的主張，以為「上山可造成軍事勢力的基礎」。

在「八七會議」上，毛澤東談得更明確，說要「擔任土匪工作」。

也正因為這樣，九月十九日晚上，在文家市里仁學校，當毛澤東提出放棄進攻長沙的計畫，南下萍鄉，向井岡山進軍，便有人說他是想當「山大王」。毛澤東站起來反駁，說了這麼一番話：「歷代都有『山大王』。『山大王』憑藉山勢，官兵總是沒有辦法消滅他。如果說我們也要當『山大王』，那麼這個『山大王』是從未有過的『山大王』，是共產黨領導的，有主義、有政策、有辦法、鬧革命的『山大王』。我們不是不想要長沙，而是現在我們的力量太弱，打不了長沙。中國地方大，政治不統一，經濟不平衡，我們要找敵人勢力最薄弱的地方去站住腳跟。井岡山就是敵人勢力最薄弱的地方。」

毛澤東從學校裡借了一張地圖，那羅霄山脈彎得像眉毛，他指著中段的井岡山說：「我們要到眉毛畫得最濃的地方去當『山大王』！」

秋收暴動之時，四個團有兩千多人，一個師的兵力。幾次失利，損失了一千多人。毛澤東率部向井岡山前進時，一路上又有不少人開小差。一位營長派人去追逃兵，毛澤東知道了，馬上阻止道：「強扭的瓜不甜。他們要走，讓他們走。我相信總有一部分人不走，跟我們走到底！」毛澤東甚至提出，給走的士兵發路費，以使他們能夠平安回到家鄉。

一位名叫陳三崽的貧苦農民說，家有老母，必須回去照料。離開部隊時，領到五元路費。可是，他走了才一天，卻又回來了。毛澤東見到他問道：「你怎麼又回來啦？」陳三崽訴說了自己離開部隊後的遭遇，說是半路上遇見國民黨部隊，不僅抄走了那五元路費，而且還把他當壯丁抓去當兵。

陳三崽說：「我不回家了，家鄉也是國民黨的天下。我就是回到老家，也無法侍奉老母，也會被抓去當壯丁。我想來想去，還是回自己的部隊！」毛澤東表揚了陳三崽。許多思鄉之心甚切的士兵，聽了陳三崽的話，也打消了回家的念頭。

秋收暴動的第二十日——九月廿九日，毛澤東帶領隊伍來到江西永新縣三灣村，仔細清點一下人數，尚剩七百多人。不過，這七百多人，倒是經歷大浪淘沙之後的精兵。那些意志不堅定者，早已在半途散去。

這七百多人中的精華，是原先的盧德銘手下的警衛團，畢竟是正規軍，除了戰死者之外，很少有人半途離去。此外，另兩部分人則是安源工人和瀏陽農民。

這支七百多人的隊伍，成了毛澤東畢生事業的最初基礎，成了燎原之火的最初的火星。

這支隊伍的核心，是一批大學生，成了毛澤東手下的骨幹。內中有：

何挺穎，一九二五年入上海大學，同年加入中共，參加過北伐戰爭，二十二歲。

伍中豪，也二十二歲，一九二二年入北京大學，同年加入中國社會主義青年團。一九二五年考入黃埔軍校，一九二四年加入中共，參加過北伐。

何長工，二十七歲，一九二二年留法勤工儉學時加入少年共產黨，同年轉為中共黨員。

一九二四年任中共湖南省委華容地委常委兼軍事部長。

此外，大學生中還有不少英才，如羅榮桓，中山大學學生，後來成為中國人民解放軍元帥；宛希先，黃埔軍校畢業生；張子清，湖南講武學堂畢業。

秋收暴動時，毛澤東手下是一個師的兵力，下轄四個團。到了三灣鎮，毛澤東手下只剩一個團的兵力，遂縮編為團，稱「中國工農革命軍第一軍第一師第一團」。團長為陳浩，黨代表何挺穎。下轄兩個營及特務連，軍官連、衛生隊和輜重隊。

在三灣改編時，毛澤東制定一項重要原則，即「黨指揮槍」，把軍隊置於中國共產黨的絕對領導之下。他在每一個連隊設立中共黨支部，設黨代表。當時十個連隊的黨代表，有七人是大學生。毛澤東曾說：「紅軍所以艱難奮戰而不潰散，『支部建在連上』是一個重要原因。」⑫

收編「綠林」袁文才

毛澤東完成「三灣改編」之後，十月三日，率部到達寧岡縣古城。寧岡縣就在井岡山下，再跨一步，就可以進入井岡山了。

此時，一道棘手的難題，擺在毛澤東面前：井岡山上下，有兩股土匪，怎麼辦？

只有兩種方法，一是力取，二是智取。很多人主張力取。這兩股土匪，不過百把人，幾十條槍，倘若用武力解決，輕而易舉。

毛澤東表現出他的過人之處。他力主智取文攻。他幼時熟讀《水滸》，同情劫富濟貧的綠林好漢。在他看來，這些「山大王」可以引作同盟軍。再說，那兩股土匪是本地人。消滅了他們，也就埋下仇恨的種子，使工農革命軍在井岡山立足不穩。毛澤東初顯他的統戰才略……

那兩股土匪，頭目分別為袁文才和王佐。袁文才駐紮在山下的寧岡茅坪，王佐則在山上——井岡山茨坪，山下山上互相呼應，成為犄角之勢。兩人結為拜把兄弟，脣齒相依。

袁文才此人，二十九歲，寧岡茅坪馬源坑人。他幼時念過私塾，有點文化。寧岡茅坪附近，有座半岡山。袁文才十九歲那年，半岡山上的胡亞春等人嘯聚山林，組成一支「馬刀隊」。所謂「馬刀隊」，是因為他們沒有槍，只有梭鏢馬刀。

「馬刀隊」以「吊羊」為生。「羊」，土豪也。「吊羊」，也就是綁架土豪作為人質，索以鉅款。袁文才也參與「馬刀隊」的「吊羊」，加入綠林。他有文化，後來成了「馬刀隊」的參謀長，以至成為首領。

毛澤東來到寧岡古城，一位特殊的人物前來求見。此人穿著一身西裝，只是未繫領帶。在那山溝溝裡，此等洋派的人物極為鮮見。

他年僅二十二歲，本地人，名喚龍超清。此人乃富家子弟，曾由小縣城寧岡到江西省會南昌求學。兩年前，他在南昌加入了中國社會主義青年團，不久轉為中共黨員，出任國民黨南昌市黨部組織部長。開始北伐時，他受中共派遣回鄉發動群眾，迎接北伐，而他回鄉的公開身分卻是國民黨特派員。他回到寧岡後，擔任中共寧岡支部書記。

龍超清跟袁文才有舊，曾與袁文才結拜生死之交。一九二六年九月，他策動袁文才在寧岡舉行暴動，任命袁文才為「寧岡縣農民自衛軍總指揮」，並吸收袁文才加入中國共產黨。

毛澤東率部抵達寧岡，自然使龍超清歡天喜地。經過這位穿西裝的青年介紹，毛澤東得知袁文才原是中共黨員，收編他的部隊也就容易得多。

龍超清說及，袁文才眼下最缺的是槍。毛澤東當即慷慨答應，送一百零八支槍給袁文才。龍超清當即把喜訊轉告袁文才。「投之以桃，報之以李」，向來講究義氣的袁文才，也就答應送給毛澤東部隊六百塊大洋。

如此這般，「山大王」袁文才投靠了毛澤東。毛澤東的「文攻」，取得了第一步勝利。

袁文才主動請求毛澤東派中共黨員前去訓練他的部隊。毛澤東派出了徐彥剛、游雪程、陳伯鈞前往袁部。

幾個月後，袁文才部隊接受改編，加入了中國工農革命軍。

收編另一個「山大王」——王佐，要比袁文才曲折……

毛澤東智服王佐進軍井岡山

王佐跟袁文才同庚，也是二十九歲，身材不高，白淨面孔。他是井岡山附近遂川下莊人，裁縫出身。

王佐識字不多，武藝不錯。據云，他騎在馬上，一槍射去，可擊中野雞。有一回，他突然遭圍，操起一根竹竿一撐，躍身上了屋脊，一個跟斗翻了過去，便不見蹤影。他曾跟一位拳師王冬文學過幾年武功，所以論武藝有兩下。

一九二〇年，湖南軍閥部隊裡的一個連長，由於不滿上司剋扣軍餉，帶了二十來個弟兄，到井岡山當綠林。這個連長名叫朱孔陽，廣東人，他的耳朵不好，得了個綽號「朱聾子」。朱聾子在井岡山上「吊羊」，弄到了錢，買了一批布，給手下的弟兄做新衣，請來了裁縫王佐。

王佐上了山，見朱聾子他們「吊羊」，日子過得舒暢，有點眼熱。朱聾子呢，見王佐機警聰明，又有武藝，有意招他入夥。

最初，朱聾子要王佐當「水客」。所謂「水客」，也就是偵探。因為朱聾子是外地人，人頭不熟，不知「羊」在何方，需要「水客」報告線索。當過一陣「水客」，王佐也就正式落草。

王佐出自貧寒之家，對土豪劣紳有一股仇恨，所以他落草之後，「打富不打貧」，而朱聾子有時欺侮窮人。王佐對朱聾子日漸不滿，終於自立門戶，另聚山頭。

王佐的隊伍在「打富不打貧」的口號之下，慢慢興旺起來，成了井岡山的「山大王」。袁文才比王佐活躍。袁文才加入了中共，參加種種社會活動。王佐不然，蹲在井岡山上守老窩，輕易不下山。

毛澤東的部隊在山下安營紮寨的消息，飛快地傳到山上。王佐頭一回聽說「中國工農革命軍」，不知道這是什麼樣的軍隊——這也難怪，「中國工農革命軍」打出這旗號，也不過個把月。毛澤東不急於上山。他要做通「山大王」王佐的思想工作。

「把兄弟」袁文才派人上山，訴說了毛澤東的隊伍專跟土豪劣紳作對，跟他們「劫富濟貧」走在一起。又聽說毛澤東給了袁文才一百零八條槍，使王佐頗為震驚，因為他在井岡山上那麼多年，也只弄到六十來條槍，何況這些槍好多是土槍。他手下的兵，兩個人攤不到一支槍。毛澤東既然把那麼多的槍給了袁文才，這清楚地表明「中國工農革命軍」不會「吃」掉他們。

這樣，十月廿四日，當毛澤東率部來到井岡山西側的荊竹山，一個穿長袍、戴禮帽、個子不高，自稱朱持柳的人便前來拜謁。原來，此人是王佐派來的代表，特意專程來迎接毛澤東上山。

毛澤東在荊竹山村的大道旁集合隊伍，向戰士們介紹了王佐派來的代表朱持柳，並宣布馬上隨他上山。毛澤東特別強調，上山以後要搞好和山上群眾的關係，搞好和王佐部隊的關係，特地制定了「三大紀律」：第一，行動聽指揮。第二，不拿老百姓一個紅薯。第三，打土豪要歸公。今日的中國人民解放軍「三大紀律」，最初便是這麼來的。

在朱持柳的帶領下，毛澤東部隊上山。山道如羊腸，在密林中穿越。漸漸，山勢愈發陡峭。這井岡山，果真是個據險易守的所在。

王佐和毛澤東約定雙馬石見面。所謂雙馬石，是兩塊天然巨石，一上一下，疊在一起，成為井岡山奇景之一。雙馬石乃井岡山五大哨口中的一個。那裡格外陡峭，山林茂密，王佐已在那裡布好隊伍，以防不測。

毛澤東似乎早已料中王佐的心思，未到雙馬石，便下令部隊停止前進。他只帶隨從數人前往雙馬石，跟王佐會面。

王佐見毛澤東「單刀赴會」，也就放下心來，下了哨口，跟毛澤東見面。

毛澤東極善言辭，向王佐說明了「中國工農革命軍」是老百姓的子弟兵，是土豪劣紳的死對頭，共產黨是窮苦百姓的救星……經毛澤東這麼一番宣傳，王佐心中明白了許多。

毛澤東說：「我們打土豪，跟你們『吊羊』是一致的，都是要跟土豪作對。你們是我們的戰友。你們需要槍，我們給！」

毛澤東這句話，正中王佐下懷。

毛澤東問：「你們需要多少槍？」王佐不敢答，說少了怕失去機會，說多了怕毛澤東不答應。毛澤東很爽快：「給你們七十支槍，夠不夠？」

七十支槍！這數字大大出乎王佐的意外。他緊緊握著毛澤東的手說道：「走，我帶你們上山！」

於是，毛澤東部隊在給了王佐七十條槍（據云，王佐部隊多拿了好幾支槍）之後，順利地通過雙馬石哨口，上了井岡山，當天便在大井住下。

王佐也很講義氣，一下子給了毛澤東部隊五萬斤穀（即五百擔），使毛澤東部隊有了軍糧。

三天之後——十月廿七日，在王佐親自帶領下，毛澤東部隊進入井岡山的中心茨坪。從此，毛澤東在軍閥各霸一方的中國，找到了一塊可以立穩腳跟的地方，雖說這地方是在大山深處，卻使毛澤東部隊得以生存、發展、壯大，成了中國革命的搖籃。

王佐見到毛澤東部隊紀律嚴明，十分歡欣。不過，他卻一直懷著戒心，因為毛澤東部隊遠比他的部隊強大，隨時可以「吃」掉他。毛澤東知道王佐的心理，讓王佐部隊保持他的獨立性，從未有「吞併」之意。毛澤東非常看重搞好和王佐的關係，因為只有穩住這位「山大王」，毛澤東的部隊才能在井岡山有穩固的根基。

毛澤東在山上安頓好後，十一月上旬便下山去了。在他看來，光是有了井岡山還不行，要在井岡山四周擴大紅色區域，山下軍務正忙。

十一月中旬，毛澤東部隊攻取了茶陵縣城，在那裡建立了「茶陵縣工農兵政府」，由譚震林任主席。茶陵紅色政權的建立，震動四方。十二月下旬，國民黨軍隊圍攻茶陵，在激戰中陳浩叛變——此人是「中國工農革命軍」第一師第一團團長。毛澤東火速趕去，處決了陳浩……

毛澤東人在山下，心在山上，他掛牽著王佐，生怕王佐有變。一旦王佐轉向，後院起火，那就不堪設想。於是，在一九二八年初，毛澤東把手下一員得力人物派往王佐部隊，去做王佐的工作。此人便是「三何」之一的何長工。何長工喝過洋墨水，會講法語、俄語，見過大世面，能言善語，頭腦靈活。毛澤東十分看重他，屢屢委派他做重要的聯絡工作，猶如「外交部長」，儘管他在三灣改編時擔任的職務是衛生隊黨代表。

何長工這名字，很易使人誤會，以為他是扛長工出身。其實，他原名何坤，「何長工」這名字是毛澤東給他取的。那是「馬日事變」之後，湖南軍閥許克祥把他列入了「大暴徒」的名單，他不得不改名以求隱蔽。毛澤東為他起名「何長工」，是因為他當年曾在北京長辛店鐵路工廠做過工，「長工」即「長」辛店「工」人之意。毛澤東說：「為革命扛『長工』嘛！」

何長工原在盧德銘的警衛團當團參謀。盧德銘在修水宣布起義時，那「工農革命軍第一軍第一師」的軍旗，便是何長工設計的——在一塊紅布上，縫了黃色的五角星和鐮刀、斧頭。毛澤東的詞《西江月·秋收起義》那句「旗號鐮刀斧頭」，便是這麼來的。

三灣改編後，毛澤東派何長工秘密前往長沙，向中共湖南省委匯報秋收暴動的情況。接著，何長工又奉命前去尋覓南昌起義後的朱德部隊，取得聯繫。當他風塵僕僕來到江西遂川縣城天主堂，見到毛澤東，立即接到新的使命，前往王佐部隊，擔任黨代表。

王佐見了何長工，知道是毛澤東派來的黨代表，也就以禮相待，設宴為他接風。

表面上客客氣氣，暗地裡處處設防，王佐生怕黨代表奪了他的權。

何長工在王佐那裡細細察訪，得知王佐心上壓著一塊石頭，那就是尹道一。

尹道一何許人？原來，王佐在井岡山上當「山大王」時，東、南、西、北有四股地主武裝跟他作對，東為尹道一，南為蕭家璧，西為賈少提，北為蕭跟光，號稱「四大屠夫」。

在這「四大屠夫」之中，為首的是尹道一。此人是井岡山七縣民團總指揮，王佐的夙敵。王佐跟尹道一打了多年，屢遭敗北，連他的侄女也被尹道一所殺。

何長工知道，倘若幫助王佐拔掉尹道一這眼中釘，王佐對共產黨就會心悅誠服。於是，他跟王佐提起消滅尹道一之事，王佐大喜。

王佐跟尹道一是老對手，交戰多次，知道尹道一的脾氣：一旦王佐敗退，尹道一就會窮追不捨。因為在尹道一看來，王佐部隊不過幾十條破槍而已，不在話下。

何長工心中暗喜，對付這樣的敵人，用伏擊法，效果最妙。他選中了旗鑼坳這地方，作為伏擊點。旗鑼坳是羅霄山後山的山坳，地勢險峻，是一個天然的「口袋」，打伏擊戰的好地方。

何長工交給王佐的任務是，前去誘戰尹道一，只要尹道一追來，掉頭就走。只要把尹道一的部隊引入旗鑼坳，便完成任務。其餘的事，都不必勞駕王佐。

這樣的任務，輕輕鬆鬆。王佐一口答應下來。拂曉時分，王佐帶領他的隊伍突襲尹道一。天剛亮，王佐扭頭便撤。尹道一不知是計，窮追而來，進入了旗鑼坳那「口袋」。

中國工農革命軍早已守候在那裡。在一陣排槍射擊之後，尹道一的兵紛紛倒下。何長工帶領部隊衝過去，活捉了尹道一，割下他的腦袋送給王佐。

從此，王佐跟黨代表何長工心貼心，表示願意服從共產黨的領導，加入毛澤東的隊伍。一九二八年二月上旬，袁文才和王佐兩支隊伍接受改編，成為「中國工農革命軍第一師第二團」，正團長為袁文才，副團長為王佐，何長工為團的黨代表。

後來，王佐還主動申請，加入了中國共產黨。

毛澤東成功地改造了袁、王，體現了他很高的策略和才智。這麼一來，他在井岡山的根基穩固了，兵力也擴大了。

受到打擊，毛澤東成了「民主人士」

正當毛澤東節節勝利之際，一九二八年三月上旬，一個板起面孔的人物，來到寧岡礱市的龍江書院。此人名叫周魯，一副欽差大臣的架勢。他是中共湖南特委派來的，算是毛澤東的「頂頭上司」。他批評毛澤東「行動太右」，「燒殺太少」，宣布取消前敵委員會，等於撤了前敵委員會書記毛澤東之職。更令人震驚的是，周魯居然宣布開除毛澤東的黨籍。這麼一來，毛澤東連中共黨員都不是了！

周魯哪有那麼大的權力，能夠開除中共中央政治局候補委員毛澤東的黨籍？據周魯說，他是看了中共中央文件，中共中央決定開除毛澤東黨籍，他只不過是前來執行中央的決定。

作為中共「一大」代表、中共的創始人之一，毛澤東被開除黨籍，心情是夠沉重的。

後來，事隔將近三十年——一九五六年九月十日，毛澤東在中共「八大」預備會議第二次全體會議上，還說及這一段難忘的往事：

「『開除黨籍』了又不能不安個職務，就讓我當師長。我這個人當師長，就不那麼能幹，沒有學過軍事，因為你是個黨外民主人士了，沒有辦法，我就當了一陣師長。你說開除黨籍對於一個人是高興呀，我就不相信，我就不高興……中央開除了我的黨籍，這就不能過黨的生活了，只能當師長，開支部會我也不能去。」⑬

就這樣，毛澤東成了中國工農革命軍第一師師長，而何挺穎被任命為師委書記。

那時候的中共湖南省委，正迷醉於全省大暴動。一九二八年二月廿一日，中共湖南省委作出的《湖南政治任務與工作方針決議案》指出，蔣介石與桂系軍閥在湖南混戰，使湖南的「總暴動」變得「日益迫切」。他們制定了「總暴動」計畫：長沙要暴動，醴陵要暴動，湘潭要暴動，衡陽要暴動，常德要暴動……中共湖南省委命令毛澤東率部從江西進入湘南，支援那裡的暴動。已經被開除黨籍的毛澤東，豈敢不從？

四月上旬，毛澤東率部來到湘南，卻有了意想不到的發現：那特派員周魯前來寧岡時，要通過白區，不能隨身攜帶中共中央文件，只能憑記憶進行傳達。毛澤東來到湘南，在湘南特委見到了中共中央文件，方知那個周魯誤傳中央文件！

那時的中共中央文件是通過秘密地下交通員傳遞的，從上海傳到湖南，頗費時日。毛澤東在中共湘南特委所見到的中共中央文件，是半年之前——一九二七年十一月九日至十日中共中央臨時政治局擴大會議作出的決議。會議由瞿秋白主持，共產國際代表羅明納茲作政治報告。這是瞿秋白「左」傾盲動主義發展到高峰的會議。會議狠狠地批評毛澤東放棄進攻長沙、轉向井岡山是「完全違背中央策略」，是「單純的軍事投機」。

會議作出的《政治紀律決議案》，有一段對毛澤東作出處分，原文如下：

「湖南省委委員彭公選、毛澤東、易禮容、夏明翰，應撤銷其現在省委委員資格。彭公達同志應開除其中央政治局候補委員資格，並留黨察看半年。毛澤東同志為八七緊急會議後中央派赴湖南改組省委執行中央秋暴政策的特派員，事實上為湖南省委中心，湖南省委所作（犯）的錯誤，毛同志應負嚴重的責任，應予開除中央臨時政治局候補委員。」

原來，那個周魯把「開除中央臨時政治局候補委員」，誤記成「開除黨籍」！

雖說開除政治局候補委員的處分已經夠沉重的了，但畢竟還不是「開除黨籍」。自從見到這份文件，毛澤東的黨籍也就隨之恢復了，為時一個月的「黨外民主人士」生活從此結束。幸虧毛澤東及時見到這份文件，倘若聽從那位特派員誤傳，他一直作為「黨外民主人士」，他就會喪失在井岡山的領導地位。

毛澤東在一九五六年九月十日中共「八大」預備會議第二次全體會議上，如此回憶往事：

「後頭又說這是謠傳，是開除出政治局，不是開除黨籍。啊呀，我這才鬆了一口氣！那個時候，給我安了一個名字叫『槍桿子主義』，因為我說了一句『槍桿子裡頭出政權』。他們說政權哪裡是槍桿子裡頭出來的呢？馬克思沒有講過，書上沒有那麼一句現成的話，因此就說我犯了錯誤，就封我一個『槍桿子主義』。的確，馬克思沒有這麼講過，但是馬克思講過『武裝奪取政權』，我那個意思也就是武裝奪取政權，並不是講步槍、機關槍那裡跑出一個政權來。」⑭

其實，對於毛澤東的批評，不光見諸於當時的中共中央決議，也見諸於中共中央給中共湖南省委的指示信。一九二七年十二月三十一日，中共中央致中共湖南省委的信，規定「這個信要轉到各級黨部」，內中又一次批評毛澤東：

「關於毛澤東同志所部工農的工作，中央認為未能實現黨的新的策略，在政治上確犯了極嚴重的錯誤。中央特命令湖南省委按照實際需要決定誼部工作計畫，連同中央擴大會議的決議及最近種種策略上的決定和材料，派一負責同志前去召集軍中同志大會討論並由大會改造黨的組織，在必要時，派一勇敢明白的工人同志去任黨代表，依中央的意思，該部應在湘贛邊境或湘南創造一個深入土地革命的割據局面——海陸豐第二，這才算是盡了該部的革命的責任。」⑮

幸虧中共湖南省委未派出「一勇敢明白的工人同志去任黨代表」，毛澤東未被奪去大權。雖說周魯作為特派員來了，他只是傳達、執行了中央的決議，並未以他取代毛澤東。

朱德和毛澤東勝利會師

毛澤東一直在關注著那支南昌起義部隊，企望著跟那支部隊會合。無奈，大山阻隔了信息，雙方都不知誰在哪裡……

一九二七年十一月中旬，在湖南離井岡山不遠的茶陵縣坑口鎮，來了一個二十二歲的軍人，穿一身整齊的國民黨軍官制服，向駐守在那裡的靖衛團亮出了「國民革命軍」證件。證件上寫著他的身分，即國民革命軍第十六軍副官，姓名叫「譚澤」。

靖衛團團長羅克紹得知此事，立即設宴款待這位年輕的副官。在跟羅克紹邊吃邊聊之中，譚澤得知附近駐紮著袁文才的一個連隊。譚澤悄然來到那個連隊，見到連長游雪程，這才說了實話。原來，他是毛澤東的小弟弟，名叫毛澤覃。那「譚澤」，是他的化名。游雪程一端詳，果真，這青年的面目酷似毛澤東，便送他去見毛澤東。

坑口鎮在茶陵縣和寧岡縣交界之處。毛澤覃進入寧岡縣，見到了分手幾個月的大哥毛澤東。原來，毛家有兄弟三人，長兄毛澤東，二哥毛澤民，小弟毛澤覃。毛澤東字潤之，毛澤民字潤蓮，毛澤覃字潤菊。

毛澤覃是大哥毛澤東把他從韶山帶往長沙讀書的。長沙五年，他生活在大哥身邊，跟大哥格外親密。在大哥的影響下，他十八歲加入中國共產黨。根據中共的指派，他曾在國民黨的國民革命軍第四軍政治部擔任上尉。這一回，毛澤覃負有特殊使命，前來尋訪大哥毛澤東。一路上，他要穿過國民黨統治區，所以穿上國民黨軍服，用了化名，倒是通行無阻。

兄弟相見，說及別後情形，真是各有一番歷險記：毛澤覃奉命參加南昌起義。當他趕到南昌時，起義部隊已經離開南昌南下。毛澤覃也就南下追尋。追到江西臨川時，他突然被哨兵抓住。他一見那是起義軍的哨兵，無比歡欣，而哨兵見他穿一身國民黨軍官制服，以為是敵軍，任他怎麼解釋，也無濟於事。所幸哨兵押他去見周恩來，周恩來認得他是毛澤東之弟，連說「大水沖了龍王廟啦」，隨即派他到葉挺為軍長的十一軍政治部工作……

這一回，毛澤覃奉朱德之命，前來找尋毛澤東，期望著兩軍能夠會師，合力征戰——這正是毛澤東日夜思念的。兄弟相會，倍加歡愉。

據毛澤覃說，南昌八月一日起義之後，起義部隊在八月三日便離開南昌南下。當時的目的是想南下廣東，以為廣東的革命基礎好，想在那裡站穩腳跟，再徐圖北伐。一路南下，一路激戰。攻打瑞金時，陳賡負了重傷。各路軍閥夾擊起義軍。在這最困難的時候，起義軍領袖之一賀龍，在瑞金宣誓加入中國共產黨……

在激戰之中，起義軍被迫分成幾路。由周恩來、賀龍、葉挺、劉伯承等率第二十軍及第十一軍二十四師直下潮汕。後來賀龍率二十軍向廣東海陸豐前進。周恩來此時得重病，發燒，昏迷，由一艘小船送往香港，同船而行的是葉挺和聶榮臻。朱德、陳毅則率第十一軍二十五師於十月二日在汀江、梅江、梅潭河三河匯流處的三河壩，跟國民黨錢大鈞部隊激戰三天三夜，不得不轉往湖南南部。毛澤覃隨朱德部隊前進。

朱德在湘南聽說毛澤東領導了秋收暴動，極想跟毛澤東取得聯繫。無奈兵荒馬亂，不知毛澤東在何方。

朱德部隊且戰且走。十一月初，朱德部隊在贛南崇義上堡整訓時，忽聞毛澤東部隊就在附近。激動萬分的陳毅，自告奮勇，化裝成老百姓，前往偵察虛實。到了那裡一看，果真是中國工農革命軍，有一營兵力！原來，那是秋收暴動時的第三營，由營長張子清、副營長伍中豪率領。不過，他們是在戰鬥中被敵人衝散，失去了與毛澤東的聯繫，駐紮在那裡。張子清、伍中豪率第三營，加入了朱德部隊。這下子，朱德更有信心尋找毛澤東，派出了「特使」——毛澤東的弟弟毛澤覃。

毛澤覃的到來，使毛澤東詳細知道了朱德部隊的情況，萬分歡喜。

其實，就在毛澤覃到來之前，毛澤東也派出了自己的「特使」，前去尋找朱德。毛澤東的

「特使」，便是何長工。何長工是一九二七年十月上旬出發的。毛澤東交給他的使命是先到長沙向中共湖南省委匯報，再去尋找朱德部隊。

何長工剛剛出發，便在井岡山西側的湖南酃縣沔渡被民團抓了起來。民團要殺他，何長工說自己是從毛澤東部隊開小差出來的。這麼一來，總算免於一死，民團要放他。

這時，何長工卻不走。民團團長賈威覺得奇怪：「我放你走，你還不走？」

何長工說道：「我是想到長沙找哥哥去，可是，一路上你們的關卡多得很，我過了你這一關，過不了下一關。求求團長，給我開個路條吧！」

那飯桶團長，果真給他開了路條。於是，何長工一路綠燈，來到了長沙。

何長工在長沙向中共湖南省委作了匯報之後，拿到路費五十六塊銀元，來到了廣州，由廣州來到韶關。

何長工這樣回憶他在韶關的奇遇：

「幾個月的奔波，身上髒得很，一下車就住進旅館，就忙著去洗澡。韶關駐紮著雲南軍閥范石生的第十六軍。恰好有幾個軍官和我一起洗澡，水氣濛濛的，誰也看不清誰。只聽見他們在談論：『王楷的隊伍到犁鋪頭了，聽說他原來叫朱德，是范軍長的老同學。』另一個說：『同學是同學，聽說那是一支暴徒集中的隊伍，我們對他有嚴密的戒備。』這個無意中聽來的消息。真使我興奮極了，踏破鐵鞋無覓處，得來全不費功夫，南昌起義保留下來的部隊，原來在這裡！我匆忙洗了澡，看看鐘，已經下半夜一點了，我心急如火，顧不得天黑路遠，馬上離開韶關向西北走去。」⑯

這一回，手上沒有路條，何長工特意穿起西裝，外面套一件黃色呢大衣，腳下一雙黃皮鞋，一副紳士派頭。從韶關到犁鋪頭有四十多里路，何長工連夜趕去。他在部隊待過，知道部隊行動如閃電，所以他一則是興奮，一則是要及時趕上，在一片黧黑之中步行。五更時分，萬籟俱寂，一路上唯聞腳下皮鞋在橐橐作響。

趕到犁鋪頭，遇見哨兵，何長工被帶到司令部。巧上加巧，一進門，他便認出了熟人，大聲喊道：「老蔡！」

原來，接待他的，是曾與他一起在洞庭湖做過秘密工作的蔡協民。這下子，不必費任何口舌自我介紹。蔡協民馬上帶他見了朱德和參謀長王爾琢。當何長工跟陳毅見面時，兩人擁抱起來，因為他倆在法國勤工儉學時就認識，想不到在此地重逢。

這麼一來，朱德那兒來了毛澤東派的「特使」何長工，毛澤東那兒來了朱德派的「特使」毛澤覃。雙方互通音訊，會師的日子漸漸逼近。

這一天，終於到來——一九二八年四月廿八日。

那時，朱德部隊已經抵達寧岡縣礱市（今寧岡縣城），來到那個龍江書院。

毛澤東在這一天率工農革命軍一團回到了寧岡縣礱市。住在劉德勝藥店。他剛放下行李，就在何長工的陪同下，朝龍江書院走來。

聽說毛澤東來了，朱德和陳毅趕緊來到龍江書院大門口。

遠遠地，何長工就告訴毛澤東：「站在最前面的那位，就是朱德同志，左邊是陳毅同志。」

毛澤東走過來了，跟朱德握手。這是三十五歲的毛澤東，跟四十一歲的朱德的第一次見面。

這是歷史性的會面。

從此，朱德一直成為毛澤東的親密戰友，直至一九七六年兩人相隔兩個來月相繼去世，保持了長達將近半個世紀的友誼。

毛澤東也和二十七歲的陳毅緊緊握手。

雙方握手之後，帶著各自的部下，步入龍江書院，登上三樓文星閣。

參加這次歷史性會見的雙方部下有張子清、蔡協民、何挺穎、王爾琢、伍中豪、胡少海、龔楚、何長工、袁文才、朱雲卿、王佐。

在文星閣，毛澤東說：「過幾天就是『五四』，我們開個大會，慶賀一下。」

朱德當即贊同。五月四日那天，礱市河東的廣場上，紅旗招展，鞭炮齊鳴，人頭攢動，熱鬧非凡。毛澤東、朱德兩支部隊，加上方圓幾十里趕來慶賀的人們，一萬多人聚集在那裡。對於那山區小鎮來說，這是空前的盛會。

大會的主席臺是臨時搭建的，就地取材，農民搬來一隻隻禾桶（打稻時用的大木桶），再舖上門板，很快搭成主席臺。

上午十時，在萬眾歡呼聲中，毛澤東、朱德等登上了主席臺。那天，毛澤東佩了一支匣子槍，很神氣地出現在主席臺上。不過，他只佩了一天槍，這一輩子也只這一天佩著槍。這位「槍桿子裡出政權」的提出者，卻不願身上掛著槍。

大會的司儀是何長工，執行主席為陳毅。陳毅當眾宣布了重要決定，即毛澤東、朱德兩支隊伍合併，改編成「中國工農革命軍第四軍」，下轄三個師、九個團。

軍的領導成員為——軍長：朱德。黨代表：毛澤東。參謀長：王爾琢。

三個師的領導為——第十師師長：朱德（兼）。第十一師師長：張子清（因負傷，由毛澤東代）。第十二師師長：陳毅。

所用番號「第四軍」、「第十師」之類，為的是虛張聲勢。敵人聽說了「第四軍」，以為起碼有「第一軍」，「第二軍」和「第三軍」。師亦如此，團亦如此。九個團，從「第二十八團」至「第三十六團」。光是憑這「第四軍第十二師第三十六團」的番號，也夠嚇唬人的。

朱德部隊，其中參加過南昌起義的精兵，有一千五百多人。後來轉戰各地，特別是在湘南發動暴動，隊伍壯大到八千多人。加上毛澤東的隊伍，一下子達一萬多人，聲勢大多了。自從毛澤東擔任軍黨代表，人們就稱他「黨代表」或「毛黨代表」。

毛澤東上臺演說時，依然保持他那幽默風趣的風格，使全場不時爆發出笑聲。據何長工回憶，毛澤東當時說了這麼一段話：

「現在我們雖然在數量上和裝備上不如敵人，但是我們有馬列主義，有群眾的支持，不怕打不敗敵人，敵人並沒有孫悟空的本事，即使有孫悟空的本事，我們也有辦法對付他們，因為我們有如來佛的本事，他們總逃不出如來佛的手掌！我們要專找敵人的弱點，然後集中兵力打這一部分。十個指頭有長短，荷花出水有高低，敵人也有強有弱，兵力分布也難保沒有不周到的地方，我們要抓住敵人的弱點，狠狠地打一頓，打勝了，立刻分散躲到敵人背後去玩『捉迷藏』。這樣我們就掌握了主動權，把敵人放在我們手心裡玩。」

「三大紀律八項注意」的來歷

朱德和毛澤東會師之後，井岡山猛然紅火起來。以井岡山為中心，把勢力擴展到山下寧岡、永新、遂川、蓮花、酃縣五縣，建立了紅色政權。這一帶，也就成了紅色區域，用了一個新名詞來命名，叫做「根據地」。這樣，毛澤東創造了兩個「中國第一」：中國第一個紅色政權，中國第一塊農村革命根據地。井岡山，成了中國革命的新的起點。

會師之後，毛澤東在寧岡茅坪主持召開了中共湘贛邊界第一次代表大會，成立了中共湘贛邊界第一屆特委會。毛澤東任書記，毛澤東、宛希先、劉真、譚震林、謝桂標為常委，朱德、陳毅、劉輝霄、龍高桂為候補常委。

中共中央於一九二八年五月廿五日發出第五十一號《中央通知》，內中規定：「在割據區域所建立之軍隊，可正式定名為紅軍，取消以前工農革命的名義，唯在暴動各縣有工農革命獨立團的，仍可聽其存在。」據此，毛澤東、朱德所率的部隊由「中國工農革命軍」改稱為「中國工農紅軍」。「紅軍」一詞，顯然是受蘇聯的影響，因為蘇聯的軍隊叫紅軍。

毛澤東十分注重軍隊的紀律。除了在上井岡山時提出「三大紀律」之外，一九二八年初，毛澤東又補充了「六項注意」：一、上門板；二、捆鋪草；三、說話和氣；四、買賣公平；五、借東西要還；六、損壞東西要賠。

其中的第一條和第二條，和三大注意中「不拿老百姓一個紅薯」一樣，是根據當時的具體情況而定的：上井岡山時正是秋季，紅薯成熟時節，故規定「不拿老百姓一個紅薯」。至於「上門板」、「捆鋪草」，是因為當時部隊住宿時，常借用老百姓門板作鋪板，借用稻草作鋪草。各家的門高矮大小不一，部隊撤走時不「物歸原主」，一大堆門板就對不上榫，故規定了「上門板」、「捆鋪草」。

毛澤東深知，老百姓痛恨那些燒、殺、掠、搶的舊軍隊，罵他們是「丘八」（「兵」字拆成「丘八」），流傳著「好鐵不打釘，好男不當兵」這樣的順口溜，毛澤東要使紅軍取信於民，所以下決心整肅軍紀。

「三大紀律六項注意」的內容，後來不斷修改、補充。一九二九年以後，「不拿老百姓一個紅薯」改成了「不拿工人農民一點東西」。

為了容易記住，開始教唱《紅軍紀律歌》。最初的歌詞是：

「上門板，捆鋪草，房子掃乾淨。

說話要和氣，買賣要公平。

損壞東西要賠償，借人東西要還清。」

後來，「六項注意」又增加了兩項注意，即「洗澡避女人」、「不搜俘虜腰包」。這樣變成了「八項注意」。

「三大紀律八項注意」受到井岡山老百姓的歡迎。老百姓編了這樣的順口溜：

「紅軍紀律真嚴明，行動聽命令，愛護老百姓，到處受歡迎。」

這「三大紀律八項注意」後來又經過多次修改，至一九四七年十月十日中國人民解放軍總部重新頒布時，改為以下內容——

三大紀律如下：一、一切行動聽指揮；二、不拿群眾一針一線；三、一切繳獲要歸公。

八項注意如下：一、說話和氣；二、買賣公平；三、借東西要還；四、損壞東西要賠；五、不打人罵人；六、不損壞莊稼；七、不調戲婦女；八、不虐待俘虜。

毛澤東制定的「三大紀律八項注意」，是這樣一步步發展、充實的，從「不拿老百姓一個紅薯」到「不拿群眾一針一線」，從「上門板」到「借東西要還」，逐漸完善。其實，毛澤東思想也是這樣一步步發展、充實，到了延安，到了中共「七大」時，才變得系統化。

游擊戰「十六字訣」的誕生

一九五八年，在古巴的密林中，一個穿緊身衣的阿根廷人，正在給古巴游擊隊員們講述游擊戰術。他的講課內容，用這樣一句口訣概括：「敵進我退，敵駐我擾，敵疲我打，敵退我追。」

這位被冠以「游擊戰專家」的阿根廷人名叫格瓦拉。他一九五二年參加了反對阿根廷庇隆政府的暴動。一九五四年，他在墨西哥和卡斯楚相識，便投身於反對古巴巴蒂斯塔獨裁政權的鬥爭。他在古巴開展游擊戰爭。

格瓦拉著有《游擊戰》等書。古巴建立了卡斯楚新政權之後，他辭去在古巴的一切職務，到非洲的薩伊、拉丁美洲的玻利維亞開展游擊戰爭。一九六七年死於玻利維亞游擊戰，時年三十九歲。格瓦拉對那「十六字訣」推崇備至，奉為游擊戰爭的經典。他說，這「經典」來自中國，來自毛澤東。「十六字訣」的發明者確是毛澤東。毛澤東是在井岡山創立了他的游擊理論。

毛澤東原本是個文人。「激揚文字，指點江山」，他行。可是，「時勢」逼著他，非成為一員武將不可。當毛澤東蒙受打擊，被「開除黨籍」，不得不去當師長的時候，曾十分感嘆說過這麼一番話：「軍旅之事，未知學也，我不是個武人，文人只能運筆桿子，不能動槍。秀才造反三年不成，當師長有點玄乎。」⑰雖說「有點玄乎」，毛澤東畢竟還是學會了「軍旅之事」，而且後來居然博得了「無產階級軍事家、戰略家」的美譽。用毛澤東自己的話來說，他是「在游泳中學會游泳」。

據毛澤東當年的警衛員回憶，毛澤東在井岡山上最珍貴的「家產」，是兩個竹編的書簍。不論他走到哪裡，總讓警衛員帶著這兩個書簍。在書簍之中，他最常看的是兩本書，一本是《共產黨宣言》，另一本則是《孫子兵法》。

一九二八年五月，毛澤東的書簍裡多了一套他愛不釋手的書。那是他的部隊攻打井岡山附近茶陵縣的高隴墟，闖進譚延闓的老家所獲的。譚延闓曾是清末進士，後來出任湖南省都督、湘軍總司令。在譚家的藏書中，毛澤東得到了一套《三國演義》。雖說他早年多次讀過《三國演義》，眼下再讀，卻別有新意，從中可以學習許多作戰的經驗。所以，毛澤東曾言：「這真是撥開雲霧見青天，快樂不可言。」《孫子兵法》、《三國演義》成了毛澤東自學軍事的「課本」。

沒有帶過兵，沒有打過仗，往往不知天高地厚，頭腦容易發熱，動不動就來個「一省或數省勝利」。當時，那麼多中國共產黨人迷醉於在大城市舉行暴動，無非是想照搬蘇俄模式——一九一七年，列寧便是在彼得格勒舉行武裝暴動，攻下克倫斯基臨時政府所在地冬宮，一舉奪得了全國政權。

毛澤東在秋收暴動前夕，也曾說過「中國客觀上早已到了一九一七年」之類的話，擬定過進攻長沙的計畫，並企望過由此「迅速的取得全國的勝利」。打了幾仗之後，毛澤東在嚴酷的現實中，認清了真正的形勢，即「敵強我弱，敵多我少」。他不能不把戰略的基點放在如何「以弱勝強」、「以少勝多」之上。

毛澤東十分看中「山大王」們的經驗。毛澤東說，「山大王」的力量比紅軍小得多，「山大王」能夠在井岡山存在那麼多年，我們為什麼不能在井岡山上站穩腳跟呢？

毛澤東在跟「山大王」王佐的攀談中，聽說了王佐的「師傅」朱聾子一句「名言」：「不要會打仗，只要會打圈。」朱聾子的意思說，打仗本事的好壞是次要的，要緊的是會「打圈」。所謂「打圈」，那就是「官軍」上山時，他們往密林中一鑽，沿著山繞幾個圈圈，就把「官軍」甩掉了！朱聾子的話，給了毛澤東莫大的啟示。毛澤東把朱聾子的「名言」改了兩個字：「既要會打仗，又要會打圈。」

不久，毛澤東又進一步加以發展：「打圈是個好經驗。打圈是為了避實就虛，殲滅敵人，使根據地不斷鞏固擴大。強敵來了，先領它兜圈子，等它的弱點暴露出來，就要抓得準，打得狠，要打得乾淨俐落，要繳到槍，抓到人。」⑱

毛澤東依據《孫子兵法》上「走為上策」，作如此說：「打得贏就打，打不贏就走，賺錢就來，蝕本不幹，這就是我們的戰術。」⑲

毛澤東這樣的總結，既生動，又形象，很快就被他的部下所接收。

不過，「打得贏就打，打不贏就走」，還只是規定了「打」和「走」的戰略。「打」畢竟是主要的。「走」是為了「打」。怎麼「打」呢？選擇什麼樣的敵人「打」？

井岡山地處兩省交界，東為江西，西為湖南。那裡流傳一句話：「沒江西人不成買賣，沒湖南人不成軍隊。」毛澤東加以解釋道，這表明江西人善賈，湖南人善戰。湖南兵強，而江西兵弱，多是「客家兵」。毛澤東主張，「雷公打豆腐——揀軟的欺」，最初把「打」的目標指向江西，打遂川，先是「吃」掉民團三四百人，接著又「吃」掉敵人一個正規營和一個靖衛團，初戰告捷，士氣大振。這樣，在一九二八年一月五日，占領了遂川縣城。

就在這時，江西的「國民革命軍」奉朱培德之命，派一個營攻占了寧岡縣新城，本想牽制進攻遂川的毛澤東部隊。毛澤東運用「分兵以發動群眾，集中以應付敵人」的戰術，組織暴動隊、赤衛隊日夜騷擾新城之敵，使敵人一日數驚，寢食不安。後來，毛澤東率主力從遂川回寧岡，一舉攻克新城。毛澤東把新城之戰，稱為「敵駐我擾」。

這樣，一九二八年一月中旬，當前敵委員會在江西遂川縣城五華書院召開遂川、萬縣縣委聯席會議時，毛澤東首次提出了游擊戰的「十二字訣」：「敵來我走，敵駐我擾，敵退我追。」

跟毛澤東會師之前，朱德也正在研究游擊戰術。自從南昌起義以來，朱德率部經過多次激戰。他已從中得出教訓，不能跟強敵硬拼。因此，他在犁舖頭整訓部隊時，寫下《步兵操典》和《陣中勤務》兩本教材，講述了游擊戰術。這樣，當朱德和毛澤東會師，也就一起切磋起游擊戰術。

一九二八年五月中旬，毛澤東在前委擴大會議上作戰略報告時，正式提出了「十六字訣」：

「敵進我退，敵駐我擾，敵疲我打，敵退我追。」

一九二九年四月五日，由毛澤東起草的《井岡山前委給中央的信》，第一次用文字表達了他的一整套游擊戰術：

「我們三年來從鬥爭中所得的戰術真是跟古今中外的戰術都不同。用我們的戰術，群眾鬥爭發動是一天比一天廣大的，任何強大的教人是奈何我們不得的，我們的戰術就是游擊戰術，大要說來，分兵以發動群眾，集中以應付敵人」；

「敵進我退，敵駐我擾，敵疲我打，敵退我追」；

「固定區域的割據，用波浪式的推進政策，強敵跟追，用盤旋式的打圈子政策」；

「很短的時間，很好的方法，發動很大的群眾，這種戰術正如打網，要隨時打開，又要隨時收攏，打開以爭取群眾，收攏以應付敵人，三年以來，都是用的這種戰術。」

如此這般，毛澤東從「軍旅之事，未知學也」，到朱聾子的「打圈」秘訣，從「十六字訣」到一整套游擊戰術，逐漸成了一位軍事家。

「打敗江西兩隻羊」

朱毛會師，江西震動，南京震動。

一九二八年五月二日，蔣介石電令湘粵贛三省政府，「剋日會剿朱毛」。

三省政府接蔣介石命令，未敢怠慢；湖南派出李朝芳率一師兵馬，向成傑率一師兵馬；粵軍由范石生、胡風章各率一師；江西呢，派出了「兩隻羊」，即楊如軒、楊池生這兩「楊」，各率一師兵馬，參加「會剿」。內中，江西的「兩隻羊」，成了毛澤東反「會剿」的重點。毛澤東提出，對湘軍、粵軍採取守勢，對贛軍採取攻勢。

楊如軒是雲南人，在雲南講武堂受過訓練。他在滇軍中當過團長、旅長。一九二八年，他在江西擔任二十七師師長兼贛東警備司令。

楊如軒率部撲向井岡山北端的永新縣城。紅軍來了個「敵進我退」，把縣城讓給了楊如軒。當時，楊如軒手下有四個團。紅軍放棄了縣城，且戰且退，誘使楊如軒的兩個團出城追趕，越追越遠，城裡只剩下兩個團。這時，紅軍主力急行軍，逼近永新縣城西面的浬田。楊如軒聽到報告，以為是從湖南敗退的紅軍，派出一個團迎戰。這樣，縣城裡只剩一個團。

楊如軒很得意，坐在縣城裡聽留聲機，以為紅軍不堪一擊。忽地有人報告，西邊的紅軍在向縣城進軍。楊如軒擺擺手說：「沒有事，我已經派了一個團——七十九團去了。」

過了一會兒，又有人前來報告，說在城西發現紅軍。楊如軒聽留聲機正出神，把報告的人罵了一通。於是，下邊的人不敢再報告。紅軍越來越近，進攻縣城。直至一顆流彈打到楊如軒師部的屋脊瓦片上，楊如軒這才大吃一驚，扔下留聲機，連忙逃命。

原來，楊如軒派往浬田的七十九團，跟紅軍主力一交戰，才一個小時就被消滅掉了，團長斃命。紅軍急速朝縣城推進。楊如軒在衛兵的簇擁下來到城門口，那裡擠滿了逃跑的士兵和縣城裡的土豪們。楊如軒急不可耐，從城牆上往下跳，受了傷……

「一隻羊」被打得如此狼狽，抱頭鼠竄，被紅軍傳為笑談。

楊如軒帶領殘兵敗將，聯合另一隻「羊」——楊池生，決心與紅軍再決雌雄。

楊池生也是雲南人，也曾在雲南講武堂受訓，在滇軍中當過營長、團長，旅長、師長。此時，擔任湘贛兩省「會剿」井岡山前線總指揮。當楊池生在雲南講武堂受訓時，朱德正在那裡任軍事教官，不僅認識楊池生，而且楊池生部隊裡不少軍官也曾是朱德的學生或下屬。

「兩隻羊」依然朝永新縣城撲來。紅軍還是「敵進我退」，放棄了永新縣城。

朱德親自指揮戰鬥。紅軍又一次且戰且退，敵軍出城追擊。紅軍退至龍源口，利用有利地形反擊，激戰一天，一下子全殲敵軍一個團，擊潰兩個團。紅軍乘勝追擊，又重新奪回永新縣城。在激戰中，楊池生負了重傷。從此，「兩隻羊」一蹶不振。楊如軒被調往南京，在參議院中當參議去了。楊池生則到吉安養傷，後來也調往南京軍事委員會當參事。

一首歌謠，在紅軍中傳開：

「朱毛會師井岡山，率領工農打勝仗，不費紅軍三分力，打敗江西兩隻羊。」

「兩隻羊」的慘敗，使毛澤東的游擊戰術在紅軍中得到了擁護。

紅軍打敗了贛軍，湘軍和粵軍也就望而生畏，不戰而退，蔣介石發動的對井岡山的第一次「會剿」，就這樣收場了。

「永新一枝花」賀子珍

五月的鮮花，開遍了原野。一天，袁文才擺了一桌酒席，請了紅軍的幾位首腦。來者心照不宣，頻頻向毛澤東敬酒賀喜。

那酒杯伸向毛澤東，也敬向毛澤東之側的一位白淨姣美而目光剛毅的姑娘。

那姑娘是永新城裡一朵出眾的鮮花，人稱「永新一枝花」，名叫賀子珍，年方十八，瓜子臉，烏亮的眼睛，光彩照人。

賀家原本祖居永新縣煙閣鄉黃竹嶺村，世代務農。到了賀子珍曾祖父這一輩，有了些積蓄，買下二百來畝油茶林和二十畝土地。家中富裕起來，賀子珍的父親賀煥文也就上了私塾，識字知書，成了讀書人。

那時，可以花錢買官。有了錢，賀煥文想當官，也就捐了個江西省安福縣知縣。

賀煥文的前妻叫歐陽氏，生一子，名賀敏萱。歐陽氏去世之後，賀煥文娶廣東姑娘溫士秀⑳為續弦。溫士秀長得俏麗，原是廣東梅縣一戶大家的閨秀，因其父遭厄運，不得不隨父遷往永新。

溫士秀生三子三女：三子為賀敏學、賀敏仁、賀敏振，三女為賀桂圓、賀銀圓、賀先圓。

賀敏學於一九二六年加入中共，成為永新縣農民自衛軍副總指揮。後來成為紅軍團長，中國人民解放軍副軍長。解放後任福建省副省長、全國政協常委。

賀銀圓後來改名賀怡，一九二七年加入中共。一九三一年七月二十日與毛澤東小弟毛澤覃結婚。一九四九年十一月死於車禍。

賀敏仁參加紅軍，當司號兵。在長征途中被錯殺。

賀先圓又名賀仙妧，和賀敏振一起，在永新暴動後死於戰亂。

賀敏萱在戰亂中逃到吉安清源山親戚家中，在那裡當了齋工。後來加入中共，做地下工作。在「文革」中被打成「假黨員」。一九七一年死於安徽合肥。

長女賀桂圓，是因為她生於中秋，丹桂飄香，圓月當空，取名「桂圓」。後來，她自己取「自珍」為學名，即善自珍重之意。參加革命後，改為「子珍」，如今以賀子珍之名傳世。

賀煥文捐官當上安福縣縣長，卻因為人老實，受人排擠，丟了官，回到老家永新。他在永新衙門當了個「刑房師爺」，卻被一場官司牽涉進去，坐了監獄。那時，賀子珍不過四歲。

出獄後，賀煥文看透爾虞我詐的官場，棄官經商，在永新縣城南門禾水邊上，開了一爿小店，名叫「海天春」，賣雜貨，兼營茶館。他曾請了一位風水先生來預卜小店前景，風水先生意味深長道：「屋舍雖破，兩棟支撐；不進錢財，就出人才！」此話竟被言中……

賀子珍在縣城秀水初級小學畢業後，進入教會學校——福音學校女生部學習。天主教的勢力，早在十九世紀末，便已深入永新縣城。福音學校雖說是教會辦的，教學品質倒是不錯的。這樣，賀子珍從那裡畢業時，已有一定的文化水準。

一九二六年春，十六歲的賀子珍成了母校秀水小學的國文教師。

就在這時候，從南昌來了個大學生，名叫歐陽洛。他是永新人，在一九二二年考入南昌省立第一師範。在南昌，歐陽洛結識了方志敏、趙醒儂、袁玉冰等人，參加了他們領導的「馬克思主義學說研究會」。一九二五年，歐陽洛加入了中國共產黨。

歐陽洛回到永新，使永新有了中共的種子。他在縣城辦起了平民夜校，賀子珍和妹妹賀怡成了第一批學員，思想日漸轉向馬克思主義。哥哥賀敏學，也跟歐陽洛過從甚密。這年夏天，賀氏三兄妹——賀敏學、賀子珍、賀怡，都加入了中國社會主義青年團。賀子珍擔任了永新縣第一任中國社會主義青年團支部書記。不久，她轉為中共黨員。

當北伐軍經過永新時，永新成立了國民黨縣黨部。那時國共合作，賀子珍出任國民黨縣黨部委員兼婦女部部長，成為永新十分活躍的人物。這時的她，不過十六歲！

一九二七年三月，賀子珍擔任中共永新縣委婦委書記。不久，她被調往吉安縣，擔任國民黨永新縣黨部駐吉安辦事處聯絡員，又任中共吉安特委委員兼特委婦委組織部長。

「四・一二」的衝擊波，也波及遠離上海的永新縣城。永新的國民黨右派在六月十日黎明時分動手搜捕中共黨員，原永新縣工人糾察隊軍事教官蕭金然叛變，帶領國民黨軍隊捉人。賀子珍的哥哥賀敏學等中共黨員和群眾八十多人被捕入獄。

賀子珍在吉安聞訊，心急如焚。左思右想，搭救賀敏學等人的唯一辦法，是求救於袁文才。袁文才是賀敏學中學同班同學，跟賀子珍也很熟悉。賀子珍便跟中共永新縣委聯繫，由她向袁文才寫信求援。

賀子珍還給獄中的哥哥寫了信，托永新的舅母在探監時秘密塞給賀敏學。賀敏學也把自己寫給袁文才的一封信，塞在一把竹柄油紙扇裡。舅母一邊搖著這把扇，一邊走出監獄。

袁文才接到賀子珍、賀敏學的信，會同王佐，率部攻打永新縣城。

七月廿六日晚，他們攻進縣城，占領了監獄，救出了賀敏學等人。

不久，賀子珍也從吉安趕來永新，隨著哥哥一起，和袁文才、王佐上了井岡山。

賀子珍上了山，就得了瘧疾，只好在山上住下來休養。稍好，她下了山，住在茅坪大倉村。

袁文才的部隊正駐紮在那裡。賀敏學也住在那裡。

十月三日，從寧岡的古城傳來不尋常的消息：毛澤東率中國工農革命軍來到那裡。據傳，毛澤東是中國共產黨的中央委員呢。

消息是龍超清傳來的。龍超清說，毛澤東還寫過《湖南農民運動考察報告》，很有名氣呢。

龍超清向袁文才轉達了毛澤東的意見，說是過幾天來大倉村跟袁文才會面，要送槍給袁文才。袁文才很高興，吩咐部下把銀元一疊疊裝入竹筒，一百銀元一筒，裝了六筒，說是送給毛澤東部隊。

十月六日，五六個男子走進大倉村。他們的脖子上都繫著一條紅布條。為首的那位，瘦高個子，臉曬得黝黑，那眼睛裡布滿血絲。他跟袁文才握手之後，袁文才開始介紹他手下的部將。袁文才介紹了賀敏學，最後介紹站在賀敏學旁邊的賀子珍。那為首的人物，便是毛澤東。他見到十七歲的賀子珍，以為這姑娘是袁文才手下部將的女兒。

毛澤東在茅坪住下。那裡有座八角樓，原是攀龍書院的課堂，樓上用明瓦砌了八角形圖案，使課堂光線明亮，也就得了「八角樓」之名。那裡本是賀敏學住的，讓給了毛澤東。

袁文才的住處離八角樓不遠。瘧疾未癒的賀子珍常坐在袁家門口曬太陽。毛澤東來來去去，總要路過袁家門口，跟賀子珍有時聊上幾句。漸漸地，她和毛澤東的接觸多了起來。

賀子珍的瘧疾漸癒，被派往永新縣煙閣鄉黃竹嶺村，那裡是賀家祖居之處。賀子珍父親在捐官之前，就住在那裡。

賀子珍在黃竹嶺工作了一些日子。後來，又到九隴山那兒工作。真巧，毛澤東帶著警衛路過九隴山，跟她相遇。毛澤東在那裡住了一個星期，兩人天天都在一起工作。當毛澤東離開那裡回茅坪時，她跟毛澤東同路去茅坪。

賀子珍佩服毛澤東的才智學識，毛澤東喜歡賀子珍的俏麗堅強。在那炮火紛飛、戎馬倥傯的年月，愛苗居然悄悄在兩人心頭滋長。

毛澤東和賀子珍結婚的日期、地點，各種說法不一。

據譚政的回憶文章《難忘的井岡山鬥爭》㉑中說：「毛澤東同志與賀子珍結婚就是在夏幽，是一九二八年四月至五月，熱起來了，穿件單衣，結婚很簡單，沒有儀式，沒有證婚人，從夏幽退出以後，兩人就是夫妻關係了。」

夏幽，也就是永新縣夏幽區。講得更具體一點，是夏幽區的塘邊村。那時，賀子珍率工作隊到塘邊村打土豪、分田地，住在一位老婆婆家。沒多久，毛澤東也帶一些戰士來到塘邊進行分配土地試點。他倆和中共永新縣委的劉真、胡波一起召開許多群眾座談會，毛澤東提問，賀子珍記錄。毛澤東在調查的基礎上寫出了《永新調查》。毛澤東在塘邊村先後住了四十來天。

毛澤東來到塘邊村的日期，譚政只說了個大概。當時在中共夏幽特別支部工作的徐正芝的回憶，則講得很具體：「一九二八年古曆四月廿七日，毛司令率紅軍來到我們塘邊村。」㉒

一九二八年「古曆四月廿七日」，即一九二八年六月十四日。

王行娟著《賀子珍的路》一書說是「三打永新」之後，毛澤東和賀子珍在塘邊村「終於結合在一起了」。三打永新，是在一九二八年六月廿三日。

由中共永新縣黨史辦公室編輯印的《永新人民革命史》（一九八九年九月版），內中的《賀子珍》一文，則寫道：「一九二八年五月的一天，天氣晴和，陽光明麗，毛澤東和賀子珍在茅坪洋橋湖的八角樓上結婚了。」

袁文才跟賀敏學、賀子珍有著親切的友誼，又跟毛澤東建立了戰鬥友情，何況他是當地人，自然，由他出面請客，為毛澤東、賀子珍賀喜，是最合適不過了。

與毛澤東結婚後，賀子珍擔任井岡山前敵委員會秘書，在書記毛澤東身邊工作。

在毛澤東和賀子珍結婚之前，一九二八年春，朱德和二十五歲的伍若蘭在湘南結婚。伍若蘭是湖南耒陽縣城南金蘭村人，曾就讀於衡陽的湖南省立第三女子師範學校。一九二四年加入中國社會主義青年團。一九二五年加入中國共產黨。一九二六年任耒陽縣婦聯會主席。她參加湘南起義，跟朱德相識、相愛，結合在一起。

一九二八年四月底，她跟朱德部隊一起來到井岡山。

「欽差大臣」瞎指揮

「不費紅軍三分力，打敗江西兩隻羊。歡快！歡快！真暢！真暢！」勝利的歌兒，在井岡山傳唱。歌聲和笑聲交織在一起。

就在這時，兩個「生意人」從安源出發，晝伏夜出，朝井岡山方向進發。他們都是二十歲上下的小夥子，繞過一道道哨卡，冒著生命危險，去井岡山做「生意」。

從安源到井岡山，半途有一個蓮花縣。那是最難通過的一關。當他倆好不容易過了這道關，便分道而行，一個去永新縣，一個去寧岡縣。毛澤東正在永新，紅軍的大本營則在寧岡，兩處都是做「生意」的重要去處。

那個朝永新進發的「生意人」，二十一歲。一九二八年六月三十日黃昏時分，他到達永新城裡，找到了毛澤東。他扯開衣服上的補丁，取出一卷紙。那紙看上去是白的，一經塗了藥水，字就出現了。

毛澤東皺著眉頭，看了一遍。那是中共湖南省委在六月廿六日發出了兩封指示信。其中一封給湘贛邊界特委，全文如下——

湘贛邊界特委：

省委決定四軍（即紅軍第四軍——引者注）攻永新敵軍後，立即向湘南發展，留袁文才同志一營守山，並由二十八團撥槍二百條，武裝蓮花、永新農民，極力擴大赤衛隊的組織，實行赤色戒嚴，用群眾作戰的力量，以阻止敵軍的侵入，造成工農為主體的湘、贛邊割據。在同志中即糾正時紅軍的依賴觀點。應積極提高群眾的自信力與創造力。至要！至要！

澤東同志須隨軍出發，省委派楊開明同志為特委書記，袁文才同志參加特委，並指定蓮花派兩個最有能力的同志到特委工作，其餘的仍舊。

詳見省委通告，並由省委巡視員杜同志及楊開明同志面述一切。

此致

敬禮

湖南省委　六月廿六日

原來，那兩位「生意人」，是奉中共湖南省委之命而來的。前往永新的，是「省巡視員杜同志」，亦即杜修經。前往寧岡的，便是新任特委書記楊開明。

杜修經又名杜輝義、杜非，湖南慈利縣太鄉太國村人，一九二五年加入中共。一九二六年在長沙負責學生聯合會工作，此後，擔任過中共湖南華容縣委書記、醴陵縣委書記。用毛澤東的話來說，杜修經是個「不懂事的學生娃子」。在一個月前，杜修經來過一次。可是，這「學生娃子」畢竟是「省委巡視員」，成了毛澤東的「上司」。

楊開明比杜修經大兩歲，湖南長沙縣板倉村人。他是楊開慧的堂兄。楊開慧之父楊昌濟和楊開明之父楊昌楷是親兄弟。他在一九二六年加入中共。來寧岡之前，他是中共湖南省委秘書。

當時的中共湖南省委設在安源。省委書記是安源工人廖寶庭，但實際上是由常委林仲丹和賀昌負責。那兩封指示信，便出自林仲丹之手。

林仲丹亦即林育英，湖北黃岡人，一九二二年加入中共，曾赴蘇俄學習，回國後任中共上海滬西區委書記、中共漢口市委書記。

毛澤東最怕省委亂指揮，最怕「欽差大臣」滿天飛。三月間，那位「欽差大臣」周魯使他吃夠了苦頭，成了黨外「民主人士」；此刻，又來了「欽差大臣」，要他「立即向湘南發展」，而且規定「澤東同志須隨軍出發」。毛澤東看罷省委指示信，雙眉緊鎖。他已得到情報，打垮「江西兩隻羊」之後，敵人正在準備報復，發動第二次「會剿」，此刻怎能把主力調往湘南呢？在省委看來，調兵去湘南，簡直像喝米湯那樣容易，所以後來毛澤東在給中央的信中，稱之「誠乎其為喝米湯的省委也」。

面對這「喝米湯的省委」，毛澤東自有主意。當天晚上，毛澤東召集了紅四軍軍委、湘贛邊界特委、永新縣委的聯席會議，傳達了中共湖南省委的意見，並說明這指示「不適宜」。朱德、陳毅、宛希先、劉真都贊同毛澤東的意見，一下子就使天平傾斜，幾乎無人支持中共湖南省委的指示。就連巡視員杜修經本人，也不得不最後在會上表示，省委指示「不適宜」。

這樣，毛澤東便以聯席會議的名義，否定了「喝米湯的省委」的意見。

會畢，毛澤東吩咐警衛員去買草紙。警衛員買來後，才知毛澤東用藥水在草紙上寫密信。那信是七月四日寫的，寫給中共湖南省委。毛澤東寫道：

「湘省敵人非常強硬，實厚力強，不似贛敵易攻。贛敵易攻，贛敵被我連敗四次，其膽已裂且受我釋放俘虜影響，軍心大搖……故為避免硬戰計，此時不宜向湘省衝擊，反會更深入了敵人的重圍，恐招全軍覆滅之禍……」

毛澤東還寫及，紅軍離開了井岡山，在湘南會「虎落平陽被犬欺」！信末的落款是「特委、軍委」。

發走了密信，毛澤東鬆了一口氣，離開永新縣城，到五十里外的永新田溪鄉去做鞏固根據地的工作。

過了些日子，忽地傳來驚人的消息：二十八團、二十九團離開井岡山，在朝湖南酃縣進發，看樣子要進軍湘南！毛澤東急忙寫了長達三頁的信勸阻，交給江華（當時名叫黃琳）即刻送去。

江華一天一夜跑了一百二十里，趕上了西進的隊伍，送上毛澤東的信，要求他們返回寧岡。但是無濟於事，江華回來報告說，這兩個團還是朝湘南去了！

為什麼這兩個團會去湘南呢？原來，湖南省委的指示傳出以後，在二十九團裡產生強烈反響。二十九團是由湘南宜章暴動的農民所組成，思鄉之心甚切。一聽說要回湘南去，無不歡呼雀躍。杜修經一聽說二十九團願去湘南，正好可以執行湖南省委交給他的使命，當然給予支持。

二十九團團長胡少海、黨代表龔楚，鼓動著二十八團一起行動。二十八團團長王爾琢、黨代表何長工，出席了兩個團聯合召開的幹部會議。

據杜修經回憶，會議「由朱德、陳毅主持，何長工、王爾琢、龔楚、胡少海等同志都參加了。會上提出要到湘南去，重提執行湖南省委的決定，這時，主要是二十九團逃避鬥爭，欲回家鄉的影響，對當時敵情並不清楚，也沒有考慮到邊界黨的路線的正確，群眾基礎好，怎麼與敵周旋的有利條件，便貿然決定去湘南……」㉓

杜修經曾請示過特委書記楊開明。楊開明說：「決定了，就走吧！老毛那裡，我跟他說。」㉔

湘南之戰，敗得夠慘：二十九團幾乎全團覆滅，只剩下團長胡少海、黨代表龔楚百餘人，併入了二十八團。不少二十九團士兵自由行動，跑回家鄉宜章，遭到厄運。二十八團第二營營長袁崇全率部叛變投敵，使該團丟失了三分之一的兵力。

紅四軍軍參謀長兼二十八團團長王爾琢聽說袁崇全叛變，帶著一個排追去。追到二營駐紮的鎮子，已是黃昏時分。王爾琢一路奔，一路高聲大喊：「不要打槍！不要打槍！我是你們的王團長，來叫你們回去的！」二營的兵士都熟悉團長的聲音。一聽團長來了，都不再射擊。營長袁崇全正在打麻將，聽說王爾琢要召士兵們回紅軍，提起兩支駁殼槍衝了出去，「砰！砰！」袁崇全雙槍齊鳴，王爾琢猝不及防，當即倒在血泊裡！

王爾琢當時二十七歲，他是黃埔軍校第一期畢業生，北伐時是東路軍先遣司令部政治部主任，參加過南昌起義。他在紅四軍中，是僅次於毛澤東、朱德、陳毅的第四號人物，竟死於叛徒之手！他死的時候留著長髮，因為他自南昌起義時就不理髮，說是直到革命勝利才理髮，他看不到勝利之日了。

湘南之戰，兩個團之中，丟了一個團，反了一個營，死了軍參謀長，真的被毛澤東所言中：「虎落平陽被犬欺！」「恐招全軍覆滅之禍！」史稱「八月失敗」。

在工農革命軍第四軍成立時，下轄兩個師九個團。改稱紅軍第四軍時進行了縮編，取消師的建制，九個團縮編為四個團，即二十八、二十九、三十一、三十二四個團。湘南去了兩個團，等於去了一半的兵力——尤其是其中的二十八團，乃是南昌起義部隊的正規軍。

得悉紅軍主力前往湘南，贛軍頓時活躍，調集十一個團猛攻永新縣城。毛澤東手下只有一個團——三十一團，在那裡苦戰著。

得知湘南大敗，毛澤東對那「喝米湯的省委」憤懣之極。為了挽回敗局，他留下袁文才、王佐守山，自己率三十一團三營前往湘南，迎還紅軍主力。

毛澤東一走，贛軍猛撲，永新、蓮花，寧岡三縣城都落入贛軍之手，連井岡山都危在旦夕……

「黃洋界上炮聲隆」

一九二八年八月三十日，是決定井岡山紅色根據地生死存亡的日子。

在一口氣占領了井岡山北麓山下的永新、蓮花、寧岡三座縣城之後，探知井岡山空虛，湘贛兩省「會剿」部隊聯手，調集了四個團，黑壓壓地從北面朝井岡山湧來。

消息傳來，三十一團一營的兩個連於八月廿九日急行軍上山，守衛井岡山。

井岡山有五大哨口，即黃洋界、八面山、雙馬石、硃砂沖、桐木嶺。敵軍集結在黃洋界哨口下面。這樣，紅軍把黃洋界之外的四個哨口交給王佐部隊把守，把三十一團一營那兩個連調到黃洋界。黃洋界海拔一千三百四十三米，兩山對峙，中間只有一條羊腸小徑。正面，山岩陡峭。站在黃洋界，一眼可以望見山腳下的小村莊。四個團的敵軍，正聚集在那裡，而上面的紅軍，只有兩個連！

三十一團團長朱雲卿和黨代表何挺穎親自在哨口指揮。朱雲卿才二十一歲，何挺穎二十三歲，一個是黃埔軍校第三期畢業生，一個在上海大學受過培訓。

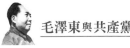

紅軍的彈藥很少，每人才三至五發子彈。朱雲卿和何挺穎一商量，想出幾條妙計：

第一，動員山上軍民，每人至少削二十枚竹釘。這種竹釘，本是當地「老表」用來打野獸的。井岡山翠竹遍野，有的是竹子。「老表」們用竹子削成尖尖的竹釘，用火烤過，用陳尿泡過，又鋒利又有毒，野獸踩上去，腳會長膿腐爛。眼下，在黃洋界上山的二十里山路上，撒滿這種竹釘，令人望而生畏，成了一道特殊的防線。

第二，把山上的樹木砍下來，堆在路口，設置障礙，又是一道防線。

第三，在必經之路上挖了壕溝，又是一道障礙。

第四，加固哨口已有的工事。

第五，動員男女老少上黃洋界，作為「疑兵」。戰鬥時聽口令，或者在鐵桶裡放鞭炮，冒充機槍聲；或者吶喊「衝呀」、「殺呀」，以壯聲勢，使敵人摸不透山上到底有多少兵。賀子珍、伍若蘭都參加了這支吶喊的「疑兵」。

如此布置停當，紅軍便「恭候」在黃洋界哨口。

八月的天氣，江西如同火爐，井岡山上卻如深秋。八月三十日清晨，雲霧彌漫。待旭日升起，雲散霧消，便看見山下的羊腸小徑上，蠕動著一連串黑點。敵兵開始向山上發起進攻了。

小道只容得單人獨行，敵兵以「魚貫式」長蛇陣前進。一邊往上面走，一邊乒乒乓乓放槍。山上卻沉默著。朱雲卿在等待著敵軍進入射程範圍。子彈是那麼的少，一顆子彈要當兩顆用。他把第一連布置在陣地上，另一個連——第三連後備待命。

敵軍在機槍掩護下前進。終於進入射程範圍，朱團長這才喊了一聲打，槍聲和鞭炮聲混合在一起，敵人弄不清楚山上到底有多少兵。

敵軍不斷地逼近，一次又一次發起衝擊。從上午打到中午，打到下午，還在那裡發起衝擊。這時，紅軍的槍聲變得稀少，子彈已所剩無幾，只得不斷往下滾石頭。

在這關鍵的時候，連長譚希同、班長劉榮輝和賀敏學等人，把一門追擊炮扛了上來。這門追擊炮有毛病，本來放在茨坪的軍械所修理。戰鬥急用，也就不管三七二十一，扛上黃洋界。

這門炮，一共只三發炮彈。下午四時光景，架好了炮。第一發，啞炮。第二發，還是打不響，眼看著只剩最後一發炮彈了。

突然，山上一聲巨響，追擊炮「發言」了！炮彈不偏不倚，竟命中敵軍指揮所。

山上一片歡呼，衝殺聲響成一片；山下亂作一團，倉惶奪路逃跑。

當夜色籠罩井岡山，紅軍們已餓得肚子咕咕叫，因為在清早霧散前吃過一頓早餐後，還沒吃過飯呢。他們未敢撤離陣地，生怕敵軍夜襲或明日再度發起進攻。

翌日霧消，山下竟空無人影——敵軍已連夜撤退了！

敵軍撤退的原因，全然在於那一聲炮響。他們知道，紅軍的四個團中，只有戰鬥力最強的二十八團才有炮。那一聲炮響，表明二十八團已經趕到山上，還是趕緊溜吧！

兩個連打退四個團，頓時在井岡山傳為美談。

毛澤東得知此事，在一九二八年秋寫下《西江月・井岡山》一詞：

山下旌旗在望，山頭鼓角相聞。
敵軍圍困萬千重，我自巍然不動。
早已森嚴壁壘，更加眾志成城。
黃洋界上炮聲隆，報導敵軍宵遁。

毛澤東的詞，是黃洋界那次傳奇式的保衛戰的生動寫照。

在千鈞一髮之際，井岡山總算保住了，紅軍的「老家」總算保住了。

毛澤東在八月廿三日，終於在桂東縣城與朱德再度會合，決定重返井岡山。毛澤東把杜修經、龔楚留在當地，組成湘南特委。

九月十三日，紅軍攻克遂川縣城，當場擊斃了那叛變的營長袁崇全。

「八月失敗」，使毛澤東部隊蒙受沉重的損失。毛澤東後來在給中央的報告中，透露了他對杜修經這樣「欽差大臣」的惱怒：「希望你們派人來，但不要派不懂事的學生娃子像杜修經這樣的人來。」

杜修經此人後來在一九二九年冬，因與黨組織失去聯繫而脫黨。解放後，擔任湖南常德師範專科學校副校長。一九八五年八月重新加入中國共產黨，當選湖南省政協常委。

步入暮年，杜修經回憶往事，對他「不懂事」時所犯下的嚴重錯誤，心情依然是沉重的：

「正當革命勝利向前發展的時候，我卻破壞了這一事業，造成了井岡山鬥爭的『八月失敗』，使年輕的紅軍損失一半，邊界政權盡失，被殺之人，被焚之屋，難以數計，幾毀中國革命的根基，其錯誤是非常嚴重的！半個多世紀後的今天，在人民革命戰爭勝利的凱歌聲中，重憶『八月失敗』的經過及其先後，我仍是內疚之深，寢食不安！」㉕

楊開明對「八月失敗」也負有一定的責任。後來，在一九二九年一月，他代表前委到上海向中共中央匯報，隨後任湘鄂贛特派員。年底，他在漢口被捕，在獄中堅持不吐實言。

一九三〇年二月廿二日，他被押往湖南長沙市識字嶺刑場。行刑前，他高呼「打倒蔣介石」、「打倒何鍵」、「中國共產黨萬歲」。當刺刀刺進他的腰部，他仍高呼口號，直至刺刀刺進他的口中，鮮血湧噴，這才離開人世。

黃洋界的智守者朱雲卿、何挺穎，原本都是很有希望的將才。但是何挺穎一九二九年初便戰死於上餘縣，時年二十有四。朱雲卿在一九三〇年八月升任紅一方面軍參謀長。翌年五月因病被送往江西吉安東固後方醫院治療，被國民黨特務發現而殺害，死時也是二十四歲，跟何挺穎一樣。

那位一口氣跑了一百二十里，送毛澤東的急信到酃縣的江華，後來成為最高人民法院院長，審判林彪、江青反革命集團特別法庭的庭長。當時江華是中共湖南茶陵縣委書記。江華記得，他送信到酃縣的一個大廟裡，軍委書記陳毅正在主持會議，他把毛澤東的信交給了陳毅。

江華曾回憶：「我記得在全國解放後，一九五八年的時候，有一次毛澤東同志與我談起這次失敗的事，我曾說，對『八月失敗』的詳情不瞭解，當時陳毅同志是軍委書記，是否他應負責？毛澤東同志講，陳毅同志有個檢討，事先寫了信給他，事後也寫了信給他，不能怪他。」㉖

江華從一九二八年十二月起調任紅四軍前委秘書，在毛澤東身邊工作。

藏在傘把裡的《井岡山的鬥爭》

一九二八年九月廿六日，毛澤東和朱德率紅軍主力回到了井岡山，住在大山中心的茨坪。茨坪雖說只是個山村而已，一片「乾打壘」式的黃泥牆房屋坐落在山坪上，不過，卻有著悠久的歷史。據云，在明代之前，那裡叫「柴坪」，是個出山柴的地方。在明代時，這小小山村，居然有人考中「探花」，做了官，於是改名「仕坪」。這裡，又因出柿子，又稱「柿坪」。後來，到了一九二四年，國民黨軍隊進剿「山大王」王佐，那名叫牛文田的團長出的布告上寫作「茨坪」，於是這名字也就沿用下來。

茨坪東面一座小山腳下，幾幢黃泥房子，成了毛澤東、朱德的住處，成了紅四軍軍部、湘贛邊界防務委員會、井岡山前敵委員會，紅四軍軍械處的所在地。

那裡有一家店鋪，那平整的櫃檯被毛澤東所看中，成了他的辦公桌。放著硯臺、毛筆，鋪上井岡山的毛邊紙，他在那裡寫作。不過，到了晚間，硯臺得收起來，因為那櫃檯又是床，夜裡要睡人。

毛澤東的身邊工作人員知道他有兩大愛好：一是部隊打下新的城鎮，弄到書報給他送來，會使他非常高興，通宵達旦地讀了起來。有一回，不知是誰，給他送來一本線裝書，他大大讚賞了一番。原來，那是范仲淹的《范文正公集》。范仲淹是北宋政治家、文學家，他的文集中寫及北宋江西剿匪的情景，毛澤東比較古今的「山大王」，說從北宋剿到現在，「山大王」是「剿」不完的。他笑道：「蔣介石占京為王，我們占山為王」！

他的另一愛好是吸煙。誰給他弄到紙煙，他會高興一陣子。

賀子珍的一項工作，是為毛澤東剪報。他看到報上有保存價值的資料，畫一個圈，賀子珍就給他剪下，保存起來。有關的文件，也是由賀子珍保存。毛澤東的警衛員大都是貧苦農民，不識字，由賀子珍教他們文化課。

毛澤東那時過著流動的生活，他的行李很簡單，一床被子，幾件衣服，一頂斗笠，一把油紙傘，一盞馬燈，此外加上一擔書簍，一擔鐵皮文件箱。他愛喝茶，用土碗盛著茶水。

他的秘書除賀子珍外，有譚政、鄧華。譚政後來成為中國人民解放軍十位大將之一，國防部副部長，鄧華後來成為上將，他曾任中國人民志願軍第一副司令員、中國人民解放軍副總參謀長。毛澤東的副官是楊至誠，黃埔軍校畢業，參加過南昌起義。後來成為上將，當過中國人民解放軍軍事學院副院長。

在井岡山上，毛澤東是唯一用毛筆的人。別人都用鉛筆。毛澤東也常用鉛筆。畢竟是戰爭環境，鉛筆攜帶最方便。那陣子，毛澤東不時凝思著，然後把長板凳放到櫃檯前，坐在那裡寫什麼。如此斷斷續續地寫，最後在寧岡縣礱市完成。寫畢後，他交給秘書譚政謄抄。譚政記得，他謄在很薄的竹紙上，字寫得很小，謄了兩份。

不久，來了一個湖南水口山的工人。毛澤東把譚政抄好的兩份文件交給了這人。他小心翼翼地捲成煙捲一般，取下雨傘柄，塞進傘把子裡，再裝好傘柄，走了。

那人是地下交通員。他把毛澤東反覆思索寫成的文件帶走後，通過地下交通線，一份交中共湖南省委，一份帶到上海，交中共中央。

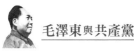

那份文件，後來被印入《毛澤東選集》第一卷，篇名為《井岡山的鬥爭》，亦即毛澤東在一九二八年十一月廿五日致中共中央的信。

在此之前的十月五日，毛澤東在中共湘贛邊區第二次代表大會上，作過《政治問題和邊界黨的任務》報告——亦即收入《毛澤東選集》第一卷的《中國的紅色政權為什麼能夠存在？》一文。這兩篇文章，是毛澤東上井岡山一年來的經驗的總結。特別是《井岡山的鬥爭》，他的思索更加深入，更加系統化。

《井岡山的鬥爭》一開頭便指出：「一國之內，在四周白色政權的包圍中間，產生一小塊或若干小塊的紅色政權區域，在目前的世界上只有中國有這種事。我們分析它發生的原因之一，在於中國有買辦豪紳階級間的不斷的分裂和戰爭。」

毛澤東還分析了紅色區域存在的五項條件：（1）有很好的群眾；（2）有很好的黨；（3）有相當力量的紅軍；（4）有便利於作戰的地勢；（5）有足夠給養的經濟力。

毛澤東總結了一年來的重要經驗：

「紅軍所以艱難奮戰而不潰散，『支部建在連上』是一個重要原因。」

「紅軍以集中為原則……我們的經驗，分兵幾乎沒有一次不失敗，集中兵力以擊小於我或等於我或稍大於我之敵，則往往勝利。中央指示我們發展的游擊區域，縱橫數千里，失之太廣，這大概是對我們力量估計過大的緣故。」

毛澤東強調，「我們建議中央，用大力做軍事運動」。

毛澤東分析了「八月失敗」的原因：「八月失敗，完全在於一部分同志不明瞭當時正是統治階級暫時穩定時期，反而採取在統治階級破裂時期的政策，分兵向湘南冒進，致使邊界和湘南同歸失敗。湖南省委代表杜修經和省委派充邊界特委書記的楊開明，乘力持異議的毛澤東、宛希先諸人遠在永新的時候，不察當時的環境，不顧軍委、特委、永新縣委聯席會議不同意湖南省委主張的決議，只知形式地執行湖南省委向湘南去的命令，附和紅軍第二十九團（成分是宜章農民）逃避鬥爭欲回家鄉的情緒，因而招致迫界和湘南兩方面的失敗。」

毛澤東談及了對於這種亂指揮、瞎指揮的苦惱：「這樣硬性的指示，不從則跡近違抗，從則明知失敗，真是不好處。」

不過，當人們從「八月失敗」的沉痛教訓中清醒過來，不能不佩服毛澤東當時的預見和正確主張。毛澤東的威信在井岡山上越發高了——他的威信，曾因被中共中央開除中央政治局候補委員而一度下降。

井岡山畢竟閉塞、遠僻，是當時白色中國中唯一的小小的紅色區域。毛澤東並不諱言自己的心境：「我們深深感到寂寞，我們時刻盼望這種寂寞生活的終了。」

毛澤東這篇當年藏在傘把裡的黨內通信，如今已成為一代名著，成為專家們研究毛澤東思想起點的重要文獻。專家們就連文章中的一個標點，也加以仔細研究。

一九九一年《毛澤東選集》新版印行時，此文經中共中央文獻研究室反覆調查，改正了當年謄抄時的筆誤，被列為專家們的研究成果：一是去掉一個頓號，即原文中提及井岡山出產「木材、茶、油等農產品」，改為「木材、茶油等農產品」；二是原文中提及特委委員「圓盤珠」，顛倒了一下，改為「盤圓珠」。研究工作達到了如此精細的水準，表明毛澤東在井岡山櫃檯上寫成的文章如今是受到如何的重視。

彭德懷率紅五軍上井岡山

一九二八年十二月十四日，寧岡新城西門外人聲鼎沸，萬眾歡呼，重現了半年前五月四日在寧岡若市河東廣場出現過的熱鬧場面。上一回是慶祝朱、毛部隊會師，這一回則是慶賀紅四軍和紅五軍會師。會場上高懸這樣的對聯：

在新城，演新戲，歡迎新同志，打倒新軍閥！
趁紅光，到紅軍，高舉紅旗幟，創造紅世界。

在紅四軍——「中國工農紅軍第四軍」成立時，為了虛張聲勢，才取了個「四」。其時，只有這「第四軍」而已。怎麼忽地冒出了個紅五軍——「中國工農紅軍第五軍」呢？

原來，那是五個月前——七月廿二日，彭德懷和滕代遠在湖南東北部、汨羅江畔的平江縣舉行起義，成立了「中國工農紅軍第五軍」，彭德懷為軍長，滕代遠任黨代表。此時，彭德懷、滕代遠率紅五軍八百餘人，於十二月十日跟毛澤東、朱德的紅四軍會師。對於井岡山來說，這是大喜事。於是，兩軍決定在十四日召開會師慶賀大會。

主席臺也是臨時搭建的。當毛澤東、朱德，彭德懷、滕代遠登上主席臺時，歡聲雷動。正在這時，忽然轟的一聲，主席臺坍了！原來，朱、毛會師時，主席臺下面放的是一隻隻水稻脫粒用的禾桶，擱上門板，非常結實。這一回，主席臺卻是用竹子搭架子，紮上繩子，再舖門板。上去的人一多，承受不了重荷，繩子斷了，主席臺坍了。

馬上有人悄悄議論：「哎呀，『坍臺』可不是好兆頭呀！」

這時，朱德站在臺前大聲地說：「同志們，不要緊，臺子垮了，我們馬上可以修好。無產階級的臺是永遠垮不了的！」

朱德的即興講話，激起一片掌聲，笑聲。

主席臺很快修好了，小插曲過去了。大會正式開始。

穿一身灰布軍裝，頭戴綴著紅五星的帽子，腳穿一雙黑布鞋，毛澤東顯得很精神。毛澤東的講話，總是那樣的形象、生動，很容易叫人聽進去。他說：「工農兵兄弟三個，工人是大哥，農民是二哥，兵士是三哥。工農兵占總人口的百分之八十五以上。地主、資本家是少數，掌權的軍閥也是少數。多數人打少數人，誰能打得贏啊？當然是多數人打得贏！三個人打一個人，誰能打得贏啊？當然是三個人打得贏！所以工農兵聯合起來，就能打遍天下！……」

毛澤東的話如此通俗，使那些剛剛放下鋤頭、穿起軍裝的農民們都能聽懂。

毛澤東還說：「今天我們有了紅四軍、紅五軍，將來我們一定會有幾十個軍！我們會從小到大，最後的勝利一定屬於我們！」

彭德懷的一臉黑鬍子，今天算是刮乾淨了，頭髮也剃得光光的。他說得很謙遜：「井岡山革命根據地是毛黨代表、朱軍長領導紅四軍建立起來的。我們紅五軍到井岡山來，要好好地學習紅四軍的寶貴經驗！」

彭德懷說的是心裡話。早在平江起義前夕，他在送給黃公略的一首詩當中，便有這麼幾句：

「秋收暴動在農村，失敗教訓是盲動。惟有潤之工農軍，躍上井岡旗幟新。我欲以之為榜樣，或依湖泊或山區。」㉗

從這首詩中可以看出，彭德懷起義，是以「潤之」——毛澤東為榜樣。

彭德懷還曾這樣說及自己「對毛潤之的敬仰」：

「當時，我個人認識到，為什麼要以井岡山為旗幟、為榜樣呢？這個旗幟是具體的，不是抽象的；是實際的，不是空洞的。南昌起義、秋收暴動是失敗了，都留存了一小部分力量，在井岡山會合，形成了當時的朱毛紅軍，成為紅軍旗幟，不僅有號召作用，而且要在紅軍發展中成為統帥，使全軍有頭。在打土豪、分田地、建設根據地的問題上，我在一九二七年冬、二八年春就注意井岡山。我當時感覺，對天上有飛機，陸上有火車、汽車，水上有兵艦、輪船，且有電訊、電話等現代化交通運輸與通訊聯絡的敵軍作戰，沒有根據地是不行的；不實行耕者有其田，也就建立不起根據地。在這個問題上產生了對毛潤之的敬仰。」㉘

彭德懷說的是心裡話。確實，沒有根據地，紅軍就成了水上的浮萍，漂來漂去，沒有著落。毛澤東的成功之處，在於依托大山，建立起井岡山根據地，落地生根，所以各路起義兵馬都朝井岡山投奔。

彭德懷比毛澤東小五歲，他的家鄉——湖南湘潭縣烏石鄉，跟毛澤東故鄉韶山，相隔不遠。他倆是同鄉。

彭德懷原名彭得華，他可以說是兼「工農兵」於一身：出身於貧苦農民，當過礦工、堤工，十八歲進入湘軍當兵。二十四歲時，他入湖南陸軍軍官講武堂學習，改名彭德懷。

畢業後，他在湘軍裡由排長而連長而營長。一九二六年，他參加了北伐，成為團長。

一九二八年二月下旬，彭德懷參加了一個莊嚴的儀式。牆上掛著馬克思、恩格斯的畫像，寫著「全世界無產者聯合起來，為共產主義社會而奮鬥」。儀式由中共「南華安」特委張匡主持。

所謂「南華安」，亦即湖南北部南縣、華容縣、安鄉縣三縣的合稱。彭德懷就這樣加入了中國共產黨。

他是受師政治部秘書長段德昌的影響，加入中國共產黨的。段德昌成了他的入黨介紹人。

那時，彭德懷最愛看的是三本書：布哈林著的《共產主義ABC》，李季編的《通俗資本論》，還有一本則是《水滸傳》。他最喜歡的人物是李逵。他呢，也自稱「有些類似李逵」。

彭德懷入黨之後，七月十八日下午四點，他收到來自長沙的密電：「『南華安』特委負責人在長沙被捕，供出了黨的機密，情狀萬分緊急……」

這時，彭德懷的團正駐守平江縣。中共湖南省委的特派員滕代遠前來巡視。於是，彭德懷和滕代遠等密商起義，以免一網打盡。

滕代遠，二十四歲，湖南麻陽縣人，一九二五年加入中共，從事青年和農民運動。一九二八年二月，他擔任中共湘東特委書記。不久，調任中共湘鄂贛特委書記。

七月廿二日，彭德懷動手了！

那天上午十點，他召集營、連、排軍官會議，宣布起義，當場逮捕一批不服從的軍官。十一點三十分，他的部隊頸上都掛起了紅帶子，向縣政府發起進攻。下午兩點，全城就落到彭德懷部隊手中。據彭德懷自述：「我三點多進城，親眼看到滿街紅旗飄揚，秩序井然。」

翌日，黃公略率國民革命軍獨立第五師第三團三營前來平江，加入彭德懷起義部隊。黃公略跟彭德懷同庚，黃埔軍校第三期畢業生，一九二七年加入中共。「南華安」特委負責人在長沙供出的中共黨員名單之中，便有黃公略。黃公略前來彭德懷處，正在談論他的部隊起義經過，卻傳來消息，三營反叛了！

廿四日，「中國工農紅軍第五軍」在平江宣告成立。彭德懷任軍長，滕代遠為黨代表，鄧萍為參謀長，下轄三個團，後改為五個縱隊，約兩千人。

平江起義之後，國民黨調集十多個團「會剿」紅五軍。彭德懷採用「打圈子戰術」，跟這十多個團周旋了兩個多月，終於決定留三個縱隊在原地打游擊，率兩個縱隊八百多人南下，跟朱、毛部隊會合。就這樣，井岡山又增多了一支隊伍。至此，五支隊伍先後會師井岡山。這五支隊伍是：秋收暴動隊伍，南昌起義隊伍，廣州起義隊伍，湘南暴動隊伍，平江起義隊伍。井岡山日益興旺起來。

會師之後，毛澤東讓彭德懷率紅五軍上井岡山——因為紅五軍一路苦戰，亟待休整。

毛澤東提出「圍魏救趙」之計

原本很不起眼的井岡山，越來越成為全中國注目的地方。關於「朱毛紅軍」的消息，連篇累牘見諸於國民黨統治區的報刊。

一九二八年十一月十日上海《申報》，刊載了一則「長沙通訊」，引起眾所關注。那標題是《湘贛第三次會剿朱、毛，何鍵任兩省會剿軍臨時的指揮》。

原文如下：

長沙通訊：在湘贛邊境擾害經年之朱德、毛澤東、袁文才等，近三月以來，經兩省軍隊先後會剿兩次，均無效果，蓋因兩省會剿部隊指揮未能統一，以致進行不能一致。最近魯滌平、何鍵又致電朱培德，磋商第三次會剿計畫，朱氏已派雷屏周為代表，於月前來湘謁魯，將一切會剿辦法詳切規定，攜回南昌，取得朱培德同意。並由朱氏領銜呈請中央特派何鍵為湘贛會剿臨時指揮官，所有兩省會剿部隊統歸指揮。會剿經費，兩省各自擔任。此次會剿計畫，對於信號、旗幟、路線、動作規定甚詳，大致如下：（甲）會剿部隊：贛省為四旅，湘省為六團……總共湘贛兩省會剿兵力，為四旅六團，人數在三萬以上……

這則報導，十分真實地勾畫了湘贛兩省實行第三次「會剿」的陣營。

那時，南昌的江西省政府裡坐著朱培德，長沙的湖南省政府裡坐著魯滌平，他倆各打著自己的算盤，而手握重兵的何鍵跟魯滌平又面和心不和，構成「兩省三方」的微妙局面。

四十一歲的朱培德，資歷頗深，早年入雲南武備學堂，一九一一年參加蔡鍔領導的反清起義，歷任團長、旅長、師長、廣州警備司令。一九二一年，被孫中山任命為滇軍司令。不久，又任廣州軍政府陸軍部代部長。他原是雲南一霸。一九二六年七月參加北伐，任國民革命軍第三軍軍長，率部進入江西。翌年，他成為江西省政府主席，從此坐鎮江西，一手能遮江西。

魯滌平，湖南寧鄉人，跟朱培德同歲。他早年入湖南將弁學堂，後來參加辛亥革命，歷任連長、營長、團長。一九二四年成為湘軍第二師師長。一九二八年，他成為國民革命軍第二軍軍長、湖南省主席、湖南省清鄉督辦，從此掌握湖南命脈。

魯滌平別號「無煩」，其實他「煩」得很，那何鍵便不斷找他麻煩。

也正巧，何鍵也是四十一歲，跟朱培德、魯滌平同庚。

何鍵是湖南醴陵人，畢業於保定軍官學校。一九一八年他在湘軍總司令程潛手下當過「游擊隊司令」。後來他投靠唐生智，從營長一直升至軍長。

一九二七年秋，發生「桂唐之戰」，桂系李宗仁出任「討唐軍總指揮」。唐生智敗北，東渡日本。何鍵改換門庭，投靠桂系。魯滌平原是譚延闓部屬，聽命於國民政府。於是，魯、何之間不斷「摩擦」。魯滌平巴不得把何鍵擠出湖南。正在這時，蔣介石下令要對井岡山進行第三次「會剿」，魯滌平也就順水推舟，給何鍵加上「湘贛軍臨時指揮官」的頭銜，讓他去江西「剿共」，趁機可以把何鍵「推」出湖南。

雖說「兩省三方」，各有一番心計，但他們都視紅軍為心腹大患。何鍵調集了十八個團，分五路合圍井岡山。在彭德懷上井岡山之後，第三次「會剿」緊鑼密鼓敲了起來。

一九二九年元旦，江西萍鄉殺氣騰騰，湘贛「剿共」總指揮部在那裡宣告正式成立：何鍵任代總指揮，金漢鼎為副總指揮。

何鍵的總指揮之前，有一個「代」字，亦即「臨時」之意，而總指揮仍為魯滌平。

這個「剿共」總指揮部宣告成立，那十八個團對井岡山的包圍圈猛然收緊了。

一場大戰、惡戰，已經迫在眉睫！

雖說井岡山易守難攻，不過，上萬紅軍全都撤到山上去，給養成了問題，山上哪有那麼多的糧食？再說，井岡山夏日是一片清涼世界，眼下滴水成冰，除了紅五軍穿著棉軍裝（因為他們原先是「國民革命軍」，發了棉軍裝），紅四軍絕大部分還在穿單衣呢！即便是毛澤東，袁文才請人專門給他做了一身棉衣，他也沒有穿，送給傷病員了……

就在這時，忽然從上海送來一批白襯衫。天寒地凍，送白襯衫來幹什麼呢？

這批白襯衫用藥水一刷，衣服上出現密密麻麻的字！

原來，這是一九二八年六月十八日至七月十一日，在莫斯科召開的中共「六大」所通過的一系列文件，有瞿秋白作的《中國革命與共產黨》政治報告，周恩來作的《軍事報告》、《組織問題報告和結論》，還有大會作出的《政治決議案》、《中國共產黨黨章第四次修正案》、《土地問題決議案》、《農民問題決議案》等等。

襯衫上的文件還寫明了新的中央委員會名單，在新選的二十三位中共中央委員中，毛澤東名列其中。不過，政治局委員及候補委員名單中，依然沒有毛澤東——這表明毛澤東在中共中央依然沒有他應有的地位，一九二七年十一月，中共中央臨時政治局擴大會議作出的開除毛澤東政治局候補委員的決定還在起作用。從襯衫上得知，向忠發成了中共中央新的總書記。

這一大堆「襯衫文件」的到來，忙壞了幾位「秀才」，江華、宋任窮等忙著抄寫，謄在井岡山的毛邊紙上。剛剛謄抄畢，急急送下山。

一九二九年一月四日，一個重要的會議在寧岡縣柏露村一座大房子裡召開，史稱「柏露會議」。會議由毛澤東主持，出席者有前敵委員會、中共湘贛邊界黨和團的特委、中共紅四軍和紅五軍軍委、中共湘贛邊界各縣縣委以及部隊團以上幹部，囊括井岡山的頭頭腦腦們，共六十多人。會議開了四天之久，這在戰事頻繁的當時是少有的「長會」。

毛澤東作為井岡山上唯一的中共中央委員，傳達了「襯衫文件」。他在傳達其中一份文件時，見袁文才、王佐在座，故意打了「埋伏」，刪去了其中一段不予傳達。至於他為何打「埋伏」，後文將述及。可惜，被他刪去的那一段，不知通過什麼途徑被袁文才知曉，以至引發一場人頭落地的悲劇……此是後話。

在傳達了中共「六大」文件之後，會議的緊急議題，便是如何對付那三萬多敵軍正在收緊的包圍圈。局勢空前地嚴峻。「直搗井岡山老巢、活捉朱毛」之聲，已經側耳可聞！

在這生死存亡的關頭，毛澤東又一次出人意料的建議：留一部分人守山，另一部分人出擊。出擊可以把包圍井岡山的敵人吸引過去。此計名喚「圍魏救趙」，毛澤東對這類典故爛熟。他說，戰國時魏國圍攻趙國都城邯鄲，趙求救於齊。齊國並不派兵去邯鄲，卻反過來圍攻魏國都城大梁。結果，魏兵不得不回國救援，趙國都城也就因此解圍。

毛澤東此時在井岡山的威信頗高，因為人們從「八月失敗」中認識到毛澤東決策的正確。毛澤東的「圍魏救趙」之計，受到了大家的贊同。

誰留？誰走？留下袁文才部隊，留下王佐部隊，這是理所當然的。這兩支部隊是「坐地虎」，守山最合適。當然，光靠他們還難以抵抗強敵，毛澤東決定留紅五軍守山，據云，作出這樣的決定，是考慮到紅五軍有棉軍裝，受得了山上的嚴寒。

誰走？朱、毛率紅四軍主力三千六百人出擊！顯然，守山的處境是極度危險的。紅五軍的一部分幹部，力主紅五軍打回平江老家去，跟那裡的三個縱隊會合，以擺脫險境。這時，面對生死考驗，彭德懷、滕代遠從大局出發，說服了自己的部下，挑起守山的重任。

彭德懷後來如此追述這段往事：

「我知道這是一個嚴重而又危險的任務。」

「在敵軍合圍攻擊下，有被全部消滅的危險。」

「但是，我和代遠同志為了照顧全局，使紅四軍擺脫當時面臨的困難，自願地承擔紅四軍前委的決定，並且準備必要的犧牲，因而堅決的執行了紅四軍前委的決定。」

「在最艱苦的環境中我沒有任何動搖過，可以證明我的入黨動機是純良的，對革命事業也是忠實的，並且有自我犧牲準備的。」㉙

確實，三十歲的彭德懷，當時差一點戰死在井岡山上……

井岡山在風雪中陷落

井岡山上風雪迷漫，一片銀白世界。

一九二九年一月十四日，冒著刺骨的寒風，一支身穿單衣的隊伍——紅四軍二十八團、三十一團和軍部特務營、獨立團，三千六百多人攜一千一百支槍，在毛澤東、朱德率領下，告別了井岡山。

他們南下，經過遂川，朝江西的南端，朝贛、湘、粵三省交界的大庾縣進發。在毛澤東的心目中，大庾縣成了「魏國」。他要利用進攻大庾縣，吸引包圍井岡山之敵南下，以求「圍魏救趙」。沿途，到處張貼著《紅軍第四軍司令部布告》，下署「軍長：朱德」、「黨代表：毛澤東」。那布告是四言體的：

紅軍宗旨，民權革命，贛西一軍，聲威遠震。
此番計畫，分兵前進，官佐兵夫，服從命令。
平賣平買，事實為證，亂燒亂殺，在所必禁。
全國各地，壓迫太甚，工人農人，十分苦痛。
土豪劣紳，橫行鄉鎮，重息重租，人人怨憤。
打倒列強，人人高興，打倒軍閥，除惡務盡。
統一中華，舉國稱慶，滿蒙回藏，章程自定。
國民政府，一群惡棍，合力剷除，肅清亂政。
全國工農，風發雷奮，奪取政權，為期日近。
革命成功，盡在民眾，布告四方，大家起勁。

布告的作者究竟是誰，已無從查證。有人以為可能出自毛澤東手筆。如此通俗、生動的四言體布告是罕見的。

主力紅軍下山才兩天，一月十六日，井岡山吃緊了，敵軍把井岡山圍得水洩不通。彭德懷如此形容當時的形勢：「進攻井岡山之敵，全部兵力大約是十二至十四個團。每團平均以二千人計，當在二萬四千至二八萬千人之間，我以七、八百人對上述敵軍兵力，敵優我劣，是三、四十倍之比。」㉚倘若在平川，彭德懷部隊須臾之間便會被踏平。所幸井岡山乃天然屏障，敵軍雖眾，無奈兵力無法展開。五個哨口之下的五條小路擠滿黑壓壓的敵軍。畢竟雙方力量懸殊，井岡山已岌岌可危。

一星期後，一月廿三日，毛澤東、朱德率主力部隊雖然攻占了大庾縣城。但是，不久敵軍遭兵即到，突圍戰時，紅軍損失巨大，因而沒有達到在井岡山週邊調動敵人的預期目的。正在攻山的敵軍不僅沒有解除對井岡山的圍困，而且攻勢更加猛烈了。

敵軍組織了一千人的敢死隊，每個哨口二百名，要拼死往上衝。

一月廿六日，敵軍經過十天的準備、部署，以二萬多人之眾，向井岡山發起了凌厲的總攻擊。主攻的方向是黃洋界、八面山和白銀湖。據參加過戰鬥的李聚奎（後來成為中國人民解放軍上將）回憶，一時間，山下的機槍聲此起彼伏，聽上去像煮稀飯似的，撲嚕撲嚕沒個完。

彭德懷則憶及：「時值嚴寒，天下大雪，高山積雪尺許，我的乾糧袋炒米丟失了，我不願別人知道，兩天未吃一粒米，饑餓疲乏，真有寸步難行之勢。可是槍聲一響，勁又不知從哪兒來的。」㉛

大雪不住地下著。炒米（不是炒麵）和著雪塊充饑。雪地裡，紅軍的身影變得很醒目。敵軍調來了大炮，猛烈地轟擊著。八面山的工事，是就地砍下樹木建造的。那噠噠噠的機關槍，把木頭打得千瘡百孔，酥鬆了。再用炮一轟，工事垮了。只有十幾個紅軍戰士跑出了工事，其餘的全被壓在裡面，當場陣亡。

沒有工事，怎麼辦？再搬來樹枝，搬來桌子，搬來門板，鋪上棉被，澆上了水。經一夜冰凍，建成了新的工事，繼續戰鬥著。

黃洋界成了兩軍爭奪的焦點。上一回，靠著一聲炮響，嚇得敵軍宵遁。這一回，攻黃洋界的是湘軍，他們知道紅軍主力已經下山，一個勁兒猛攻。

激戰進行了三天三夜，紅軍依據井岡山天險，抵住了三四十倍的敵人的輪番進攻。最難受的是，夜裡寒氣逼人，而紅軍戰壕裡一片泥濘，下面的稻草被泥水浸濕，上面的稻草被雨雪打濕，通夜無法合眼。

一月廿九日清早，天空仍是一片濃重的鉛灰色。正在黃洋界哨口迎著料峭晨風放哨的號兵田長江（後來成為中國人民解放軍武漢軍區副政委），從前哨到後山洗臉、吃飯，忽聽得背後雪地裡傳來嚓嚓聲。回頭一望，見好多人正朝這邊躡手躡腳走來。

「口令！」田長江大聲喝道。

對方沒有回答。田長江知道不好，「叭」、「叭」放了幾槍。田長江立即就地臥倒，呼叫同伴。正迷迷糊糊、似睡非睡的紅軍戰士，馬上聞警而動，奔上各自的戰鬥崗位。

就在這時，山下的槍聲乒乒乓乓地響了起來。大批湘軍的敢死隊向黃洋界發起衝鋒，而山後那影影綽綽的一支隊伍，也劈頭蓋腦朝紅軍陣地射擊，使紅軍腹背受敵，處於夾擊之中。

山後怎麼會突然殺出一彪國民黨軍隊？

原來，這一回湘軍攻黃洋界，已經有了經驗。他們得知，附近村莊裡住著一個名叫陳開恩的農民，此人常常上山捕蛇、抓石蛙（一種山地青蛙）、採中草藥，以此賺錢，所以對井岡山的山山嶺嶺瞭若指掌。國民黨軍官把二百枚亮澄澄的銀元放在陳開恩面前，他頓時眼花繚亂，當即答應他們的要求：為湘軍的敢死隊帶路，從黃洋界側面一條鮮為人知的秘徑上山。這條秘徑是陳開恩採中草藥時走過的。

這樣，晝伏夜出，夜裡借著雪地的反光，陳開恩帶著那支敢死隊在密林裡、在絕壁上登攀。花了兩天兩夜，他們悄然爬上了黃洋界後山！

那支敢死隊在出發前，已與山下湘軍大部隊約定，鳴槍為號。一旦山上槍響，便是山下發起總攻擊的訊號。田長江「叭」、「叭」幾槍，山下湘軍一聽，以為是總攻訊號，便大舉進攻。上下夾擊，頓時使守衛在黃洋界哨口陣地的二百多名紅軍血肉橫飛，真個是雪白血紅！大部分紅軍戰死在陣地上。負責指揮的是紅五軍一大隊隊長、二十八歲的李燦，他帶領四十多個健在者鑽進了老林。湘軍隨後緊追。追到前面，便是懸崖。擺在他們面前的，只有兩條路：要麼舉手投降，要麼跳崖。

李燦對戰士們說：我們堅決不當俘虜，大家跟著我跳下去！李燦帶頭，第一個跳了下去。借助於樹木的阻擋和厚厚的積雪，李燦居然沒有摔傷！

李燦的成功，鼓舞了戰士們，紛紛往下跳。

李燦帶著這四十多人，居然殺下了山！他的勇敢精神得到了嘉獎，翌年被任命為紅八軍軍長。一九三一年他因病送往上海醫治。由於叛徒告密，他在上海被捕。他在懸崖前沒有投降，被捕後理所當然也不會投降。他被押上了刑場，在槍聲中結束年輕的生命。

那個田長江也很勇敢。他在「叭」、「叭」打了幾槍、發出緊急訊號之後，一路疾奔，奔向茨坪，向彭德懷報告。彭德懷連忙調集身邊所有的人員，包括紅軍學校十五六歲的學員八十多人、機關幹部幾十人，加上警衛人員，準備衝向黃洋界，奪回失守的陣地。

彭德懷集合了隊伍，正要出發，又傳來了不幸的消息：由於黃洋界失守，湘軍又攻下了八面山陣地。贛軍則攻取了白泥湖陣地。

這樣，再向黃洋界反攻，已經很艱難。井岡山已經守不住了。在這岌岌可危的關頭，彭德懷把從各處潰退的部隊以及後方勤雜人員集合起來，冒死突圍下山。

這時，數萬湘軍、贛軍正在沿五條上山的小道衝上來。因此，無法從五條小路中的任何一條下山。沒有路，闖出一條路！彭德懷選擇了井岡山主峰腹部懸崖峭壁處，在獵人和野獸爬行過的小道上，艱難異常地率領部隊突圍。前面由身強力壯的戰士開道，勤雜人員、機關幹部居中，後衛也是一批精幹的戰士。就在湘軍、贛軍呼喊著衝上山時，這支六七百人的隊伍在彭德懷的統率下，在密林中攀行了一天一夜，總算衝出了敵軍的第一層包圍圈。

突圍後的第三天，彭德懷部隊被敵軍發覺，三面圍攻。彭軍又累又餓，奮力再突圍，終於跳出死神的魔爪……

彭德懷竭盡全力守衛井岡山，在敵我力量懸殊的情況下，還奮力抵抗了半個月。可是，在「文革」中，他為此事受盡汙言惡語的攻擊。彭德懷在他的自述中寫道：

「在一九六九年國慶日後，我被《人民日報》通訊員說成是彭德懷不要根據地，違反毛主席指示。我看這種人對根據地不是完全無知，就是打起偉大的毛澤東思想紅旗反對毛澤東思想。他不瞭解什麼叫根據地，也不瞭解如何才能創造根據地，更不知道如何才能堅持根據地的鬥爭，只是一位信口開河的主觀主義者，他現在肚子吃得飽飽的，身上穿得暖暖的，也在隨聲附和地大罵違反毛澤東思想。讓他胡說八道罷，防止某天一跤跌倒，跌落自己的牙齒啊！」㉜

在井岡山的小井村那裡，有一座紅光醫院，是紅軍自己動手興建的。那裡的一百二十多名紅軍傷病員，無法隨彭德懷突圍，全部被捕。他們被集中在醫院旁的一塊水稻田裡，機關槍啾、啾響起，水稻田水變成一片紅色，傷病員全都倒臥在血泊之中！

井岡山上濃煙四起，大批的民房被付之一炬。「挨戶團」在挨戶搜查。山上籠罩著一片恐怖氣氛，多少人頭在那幾天落地……

「紅軍舞龍頭，白軍耍龍尾」

毛澤東、朱德率主力紅軍下山後兩日——一月十六日，何鍵便向「南京國民政府主席蔣」發出密電：

「據確報：久因井岡之共匪朱、毛、彭、黃（即黃公略——引者注），此次聞我大軍大舉進剿，異常驚懼，已於刪日（即十四日——引者注）由井岡老巢竄出，有搶匪徒約四千，徒手者約五百，婦女約百人，牛馬牲畜百餘頭，狼狽向大汾逃竄，該處靖衛隊已被逼退。該匪乘我軍集中期間，先行進竄，似已證實，殊堪痛恨，擬即嚴令第一路李司令迅率所部猛力側擊，跟蹤痛剿。第五路劉司令率所部取捷徑推進至橋頭圩，相機進駐大汾，猛力堵剿，毋使南竄……」

朱毛紅軍的動向，何鍵清清楚楚。就連下山的紅軍主力人數、槍支數，何鍵得到的情報也大體是準確的。

朱毛紅軍下山，吸引了敵軍五路兵馬中的兩路：即第一路李文彬部隊和第五路劉士毅部隊。但是，大部分湘軍、贛軍仍在圍攻井岡山，並不撤離，毛澤東的「圍魏救趙」計沒有完全奏效，只是起了使敵軍分兵的作用——畢竟敵軍力量過強，分兵兩路追擊朱毛紅軍便夠了，用不著把圍攻井岡山的部隊撤下去追擊朱毛紅軍。

一月二十日，朱毛紅軍與李文彬部隊打了一仗，失利。一月廿三日，朱毛紅軍占領了大餘縣城之後，李文彬部隊和劉士毅部隊就圍了上來。突圍時，打得好艱難。毛澤東率紅四軍下山時，原想把圍山之敵調開後，兜一個圈子，重回井岡山。此時，回山之路已被李、劉部隊堵死，只能向江西的最南端——全南、龍南、定南突圍。這樣，離井岡山就越來越遠了。

江華在回憶這段往事時說：

「下山的意圖原是想打破敵人的『會剿』，一部分人守山，一部分人出去，從外面調動敵人，結果適得其反，在大庾打了一個敗戰，一打敗就回不來了，只能轉向三南（全南、龍南、定南）進軍。所以，毛澤東同志常講，要慎重初戰，初戰不勝，一打敗仗，兩頭不好。在大庾這一仗沒打好，調動不了敵人，從而井岡山也沒有聯繫了。」㉝

在大庾縣突圍時，毛澤東痛失一員驍將——何挺穎。那次傳奇式的黃洋界保衛戰，便是何挺穎指揮的。下山時，他是毛澤東手下主力團——二十八團黨代表，而團長則是林彪。慘烈的突圍戰中，何挺穎受傷，騎在馬上的他不慎從馬上摔下，竟被馬活活踩死，時年二十九歲！

突圍時，朱德新婚不久的妻子伍若蘭帶著一個警衛排衝鋒在前。二月二日，她在尋鄔縣項山戰鬥中受傷，被敵軍所捕。知道她是朱德夫人，敵軍勸降，她堅貞不屈，在贛州被殺。死後，她的頭顱被高懸在贛州城門上示眾。她這時不過二十六歲，與朱德結婚還不到一年！

朱毛紅軍欲回井岡山不能，只得向南。李文彬部隊和劉士毅部隊在後邊緊追不捨。毛澤東為了甩掉尾追之敵，在二月三日揮師朝福建西部武平縣前進。毛澤東使出了「打圈子戰術」，由閩西北上，再東進，向江西瑞金進發。毛澤東且戰且走，觀察著地形，尋找著有利的戰機。他惦記著井岡山。關山阻隔，他直至此時，仍不知井岡山早已陷落！

紅四軍轉戰贛南，頗為困難，連嚮導都找不到。由於國民黨的宣傳，弄得老百姓遠避紅軍。在「三南」時，才找到一位中共黨員，名叫黃達，給紅四軍帶路，這才使行軍有了「眼睛」（黃達後來在主力紅軍退出中央蘇區時叛變）。

就在毛澤東、朱德跟李文彬、劉士毅「打圈子」的那些日子裡，己巳年春節漸漸逼近了。家家戶戶忙著要過春節。紅軍們反正已無法回家鄉，對於春節倒也淡然。那兩支追兵，卻在思念著回老家過春節。只是奉「上司」之命，士兵們不得不苦苦地追趕著紅軍，驅走那濃濃的思鄉思親之情。

朱德曾言：「紅軍舞龍頭，白軍耍龍尾。」那「打圈子」，倒確實有幾分像舞龍燈。

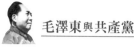

二月九日，大年夜，朱毛紅軍且戰且走，來到了瑞金城北三十公里的大柏地。毛澤東和朱德見這裡山巒起伏，是打伏擊戰的好地形，翌日清早，亦即大年初一，便在那裡的一個祠堂——王家祠，召開作戰會議。

那天細雨霏霏，增添了幾分寒意。毛澤東在那裡的麻子坳峽谷，布下了「口袋陣」：那峽谷中間，是瑞金通往寧都的一條大道。三十一團的兩個營和二十八團的一個營，奉命隱蔽在大道三十一團的兩個營和二十八團的一個營，奉命埋伏在大道西面山上。兩路兵馬擺開夾擊之勢。然後，毛澤東交給特務營和獨立營特殊的使命，即把敵軍引入「口袋」。

其實，這是當年紅軍在井岡山旗鑼坳伏擊尹道一的故伎重演。

初一下午三時許，紅四軍的特務營和獨立營便和尾追而來的劉士毅部隊接觸，劈劈啪啪打上一陣，且打且退。劉士毅部隊當然緊追不捨。追著，追著，天色轉黑，劉士毅部隊放慢了步伐，那特務營、獨立營的退卻速度也減慢了。在一片漆黑之中，劉士毅部隊漸漸進入「口袋」。

年初二——二月十一日拂曉，兩山的伏軍突然向山谷裡的劉士毅部隊發起總攻擊，一下子殲滅了兩個團，活捉了團長蕭致平、鍾垣，繳槍八百多支。這下子，劉士毅傷了元氣。這是朱毛紅軍離開井岡山後打的第一個大勝仗，一下子使士氣大為振奮。

兩年後，毛澤東又一次路過大柏地，尚能見到伏擊戰時留下的滿牆彈痕，勾起詩興，寫下了《菩薩蠻·大柏地》：

赤橙黃綠青藍紫，誰持彩練當空舞？
雨後復斜陽，關山陣陣蒼。
當年鏖戰急，彈洞前村壁。
裝點此關山，今朝更好看。

大柏地大捷之後，朱毛紅軍順勢北上，寧都守敵賴世琮聞風喪膽，溜之大吉，所以紅軍不費吹灰之力就攻占了寧都縣城——寧都是雙道城牆，原本是很難攻打的。

不過，紅軍在寧都只逗留了一夜，毛澤東便率軍西進，朝井岡山方向前進。直至這時，毛澤東仍不知井岡山失守的消息，他期望著重返根據地。正因為這樣，剛剛攻占了寧都縣城便放棄了。毛澤東曾囑部下在寧都收集報紙，也未曾查到井岡山的消息。

朱毛紅軍向井岡山進發，走到吉安縣的東固一帶時，好生奇怪：路邊的牆上，怎麼貼著許多紅軍標語？是誰貼的呢？向老百姓一打聽，才知道前些日子有一支紅軍部隊路過這裡，打土豪，分穀子，紀律好，很受群眾歡迎。那些標語，是他們貼的（也有的用石灰水刷在牆上）。

從哪裡冒出這麼一支紅軍呢？仔細一打聽，方知是紅五軍！紅五軍不是在守衛井岡山嗎？怎麼會跑到這兒來呢？哦，井岡山失守了！

毛澤東得知這一沉重的消息，是二月下旬——井岡山失守已經二十多天了！

毛澤東不得不放棄重返井岡山的打算，從西進改為東進，攻占廣昌縣城。然後，由廣昌向南，進入福建。

三月十四日，紅四軍在閩西打了個大勝仗，全殲敵郭鳳鳴旅三千餘人。在打掃戰場時，發現幾個敵兵圍著一個胖子的屍體哭泣，一查問，才知那胖子原來就是旅長郭鳳鳴！

紅四軍乘勝攻占了福建長汀城。

毛澤東和彭德懷「第二次握手」

毛澤東失去了根據地，只得不停地「打圈子」。他一邊「打圈子」，一邊在尋找彭德懷部隊，那情景就像當年他尋找朱德部隊一樣。

彭德懷呢，也像當年的朱德一樣，在尋覓著毛澤東部隊的蹤影。

彭德懷率部從井岡山突圍，清點了一下人數，為五百多人。何鍵發給蔣介石的電報稱：「彭面有黑鬍，騎黑馬，人約九百，槍六七百支。每人攜帶炒米，並無飯吃。」

除夕夜，毛澤東是在大柏地的王家祠堂裡度過。彭德懷呢，奇事一樁：那天，他們渡過章水，進入一個數百戶的村莊。村上有幾家大地主，正擺了好多桌酒菜。聽見紅軍進村，趕緊逃跑。吃了多日炒米的彭德懷部隊，遇上如此豐盛的筵席，真是難得！

眾人飽餐一頓，彭德懷要帶部隊馬上離開。無奈許多人飲酒過量，倒頭便睡。無奈，彭德懷只得親自通宵在外走動，以防不測。

清晨槍響，彭德懷部隊緊急集合。在忙亂之中，一半隊伍走散。彭德懷清點人數，只剩二百八十三支槍，三百來人——損失了二百來人！

彭德懷帶著這支三百來人的紅五軍，向東前進，夜襲于都（過去寫作「雩都」）縣城，居然一舉成功。他從俘虜中吸收一批人加入紅軍。

在于都城，紅五軍的黨代表滕代遠帶了個警衛員，趕到了郵局，專心致志地在那裡翻看報紙。他已經好多天沒有見到報紙。從報上得知，那些「會剿」井岡山的白軍，在「得勝」後已紛紛「回防」。另外，報上還披露，蔣介石和粵軍、桂軍之間的矛盾正在加深，日漸表面化。

在尋找報紙時，滕代遠的駁殼槍不慎走火，子彈從他胸前穿透。無奈，彭德懷只得把黨代表安排在當地養傷。不過，滕代遠從報上得知的訊息，使彭德懷萌發了新的計畫：重新打回井岡山！因為自從離開井岡山之後，他吃夠了沒有根據地的苦頭……

天氣漸漸轉暖。彭德懷部隊只有棉衣，沒有單衣。他帶部隊奔襲安遠縣城。原本的目的不過是為了從國民黨部隊裡弄到點單衣，進城後卻有了意外發現：他學習滕代遠的辦法，在縣城裡收集報紙、文件。偶然，在縣政府的一份文件中，見到紅四軍在閩西消滅郭鳳鳴旅、擊斃郭鳳鳴的消息，得知朱毛部隊原來到了汀州！

這下子，彭德懷暫且放棄了打回井岡山的計畫，急於東進，與朱毛紅軍會師。

彭德懷派人前往長汀，尋找毛澤東……

不多日，一封信忽地從門縫裡塞了進來。彭德懷開了門，卻不見送信人。

彭德懷急急拆信，頓時眉開顏笑：那信是毛澤東寫的！毛澤東說，他要率紅四軍從福建長汀西進，攻取瑞金，希望彭德懷率紅五軍前往瑞金會師。

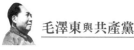

就這樣，四月一日，兩軍會師於江西瑞金，毛澤東和彭德懷「第二次握手」！他們從一月十四日分手，不過兩個半月，兩軍都經歷了千難萬險，感慨萬分。

彭德懷回憶和毛澤東、朱德見面時的情景：「午飯時，我和朱軍長、毛黨代表一起吃午飯。那時的午飯，各自用洗臉毛巾包一碗飯，到休息時就地吃，也沒有什麼菜，吃冷飯，喝冷

水。」㉞見面時，毛澤東向彭德懷表示了歉意：「毛黨代表說，這次很危險，不應該決定你們留守井岡山。」㉟

就在毛澤東、朱德和彭德懷商議未來大計之際，四月三日，從上海經秘密交通線送來的一封長信，掀起一番不小的風波。那是中共中央一九二九年二月七日發出的指示信，信是寫給「潤之、玉階兩同志並轉湘贛邊特委」的。潤之，即毛澤東；玉階，即朱德。

信的開頭寫道：「自六次大會新中央回國工作半年來，幾次派人通信給你們，始終未能得你們回信，真不勝焦念。只是贛西特委在前兩月曾來一信，說你們給中央來了一個報告為他們遺失了，而中央給你們信託他們轉，也同遭遺失……」

這表明信是中共「六大」產生的「新中央」寫來的，而且是半年來第一次能夠送到毛澤東、朱德手中的指示信。這封信，史稱「二月來信」。

來自上海的指示信提出，「將紅軍的武裝力量分成小部隊的組織，散入湘贛邊境各鄉村中進行和深入土地革命。」信中作了具體的規定：「部隊的大小可依照條件的許可，定為數十人、數百人，最多不要超過五百人。」「決不宜在任何時候豎起一個集中的目標給敵人攻擊。」

這些來自上海的指令，是周恩來為中共中央起草的。他當時很久未收到紅軍報告，不知具體情況。根據毛澤東這一年半以來實際鬥爭的經驗，這樣的分散兵力是絕不許可的，只有集中兵力才能有效地消滅敵人。這些代表中共中央下達的指示，簡直是在亂彈琴！

「二月來信」中還有一段，是要朱毛離開紅軍，以減小目標。信的原文是這樣的：

「中央依據於目前的形勢，決定朱、毛兩同志有離開部隊來中央的需要。兩同志在部隊中工作年餘，自然會有不願即離的表示，只是中央從客觀方面考察和主觀的需要，深信朱毛兩同志在目前有離開部隊的必要：一方朱、毛兩同志離開部隊，不僅不會有更大的損失，且更便於部隊分編計畫的進行，因為朱、毛兩同志留在部隊中，目標即大，徒惹敵人更多的注意，分編更多不便；一方朱、毛兩同志於來到中央後，更將一年來萬餘武裝群眾鬥爭的寶貴經驗供（貢）獻到全國以至整個的革命。兩同志得到中央的決定後，不應圖於一時群眾的依依而忽略了更重大的更艱苦的責任，應毅然地脫離部隊，速來中央。」㊱

面對這樣的中央來信，毛澤東又一次陷入進退維谷的境地，如他在《井岡山鬥爭》中所言：「不從則跡近違抗，從則明知失敗。」那時，毛澤東所說的是那「喝米湯的」湖南省委瞎指揮；如今，中共新中央仍在那裡亂發號令。

毛澤東只得據理申辯，於四月五日代表前委致函中共中央。

毛澤東在信的一開頭，就不客氣地指出：「中央此信對客觀形勢及主觀力量的估計都太悲觀了。」㊲毛澤東寫道：「中央要求我們將隊伍分得很小，散向農村中，朱、毛離開隊伍，隱匿大的目標，目的在於保存紅軍和發動群眾。這是一種不切實際的想法。以連或營為單位，單獨行動，分散在農村中，用游擊的戰術發動群眾，避免目標，我們從一九二七年冬天就計畫過，而且多次實行過，但是都失敗了。」㊳

毛澤東強調，一年多的實踐證明，「分兵以發動群眾，集中以應付敵人」是成功的經驗。至於要朱、毛脫離紅軍，毛澤東是這樣答覆的：

「現在黨的指揮機關是前委，毛澤東為書記，軍事指揮機關是司令部，朱德為軍長，中央若因別的需要朱、毛二人改換工作，望即派遣得力人來。我們的意見，劉伯承同志可以任軍事，惲代英同志可以任黨及政治，兩人如能派得來，那是勝過我們的。中央去年六月來信說派賀龍同志來視察，不知如何沒有來，現在從福建來交通極便，以後務望隨時派人來視察。」㊴

與此同時，彭德懷也給中共中央寫信。信是四月四日寫的，這是他頭一回給中共中央寫信。寫畢，他把信的原稿交給毛澤東，抄件交給地下交通員帶往上海。

彭德懷在信中，贊同毛澤東的見解。他指出，「在反革命高潮時不宜分兵，分則氣虛膽小」；「這種嚴重時期，只有領導者下決心與群眾同辛苦，同生死，集中力量作盤旋式游擊，才能度過難關，萬萬不能採藏匿躲避政策，就立刻上了消滅之極途。」㊵

好不容易，總算回覆了中共新中央的「二月來信」。毛澤東、朱德和彭德懷，商議著下一步棋該怎麼走。

這時江西的形勢，跟四個多月前大不相同，如毛澤東在給中共新中央的信中所言：「自劉、郭二旅擊潰之後，閩西贛南可以說沒有敵人了。蔣桂部隊在九江一帶彼此逼近，大戰爆發即在眼前。」彭德懷主動提出，重新打回井岡山。毛澤東和朱德表示贊同。

於是，紅五軍和紅四軍在會師之後，又分手了。

誤殺袁、王使井岡山得而復失

彭德懷率紅五軍從井岡山打到瑞金，花費了兩個月。如今回井岡山，卻非常輕鬆，沿途除了在信豐跟數十名靖衛隊打了一次小仗並全殲他們之外，竟然沒有見到敵軍的影子。從瑞金回井岡山，輕輕鬆鬆，只走了十天就到了。

紅五軍的隊伍也今非昔比，擴大到近千人，全都穿上了新的單衣軍服。黨代表滕代遠傷癒，歸隊了。

一到井岡山，不論是湘軍還是贛軍，早已撤了。山上一沒有吃的，二沒有住的，何況蔣介石和李宗仁桂系軍閥開戰，湘軍、贛軍都回防了。

忽地冒出一支隊伍，歡迎紅五軍。那是王佐的部隊。王佐不愧為「山大王」，在白軍占領井岡山時，他帶著隊伍躲進了老林。從黃洋界跳崖的李燦，帶著殘部和他會合。

隨彭德懷一起回到井岡山的姚喆，曾寫下這樣目擊的慘象：

「這時茨坪的房子被敵人燒光了，到處都是屍體，在一個浸紙漿的池子裡就看見好幾具屍體，屍體的手和腳都爛了。我們在茨坪住了一晚，山上下來了一些老百姓，他們的臉也沒有洗，頭髮、鬍子都很長，苦得很，一見我們都哭起來了，我們紛紛把自己的衣服、布和毛巾等東西送給他們，並且將帶來的銀元，每人發給一塊錢。……」

袁文才也在山上，卻躲了起來，不敢見彭德懷。

其實，袁文才沒有參加守山。當時，他被調離三十二團，擔任紅四軍參謀長，一直跟毛澤東、朱德在一起。當毛澤東率紅四軍到達吉安東固時，他聽說井岡山失守，記掛家鄉親屬，就開小差跑回去了。到了井岡山，他找到了王佐，躲在王佐家住了下來，生怕上級知道會殺他的頭。

雖說王佐跟袁文才是「鐵哥們」，他還是把袁文才開小差之事報告了黨代表何長工。何長工找袁文才談話，給了他口頭警告，同時又安排他擔任中共寧岡縣委副書記。

這樣，袁文才的情緒總算穩定了。

袁文才開小差固然不對，但是，他產生異心，卻也是有原因的——那便是中共「六大」文件中的一段話。當那些「襯衫文件」運到井岡山以後，毛澤東在傳達時特地刪去了那一段話。袁文才風聞此事，想方設法弄到了文件的全文，看到了那段話，使他大吃一驚。

那是中共「六大」通過的《蘇維埃政權組織問題決議案》第十條〈對土匪的關係〉，原文如下：「與土匪或類似的團體聯盟僅在武裝起義前可以適用。武裝起義之後宜解除其武裝，並嚴厲地鎮壓他們，這是保持地方秩序和避免反革命的頭領死灰復燃。他們的首領應當作反革命的首領看待，即令他們幫助武裝起義亦應如此。這類首領均應完全殲除。讓土匪深入革命軍隊或政府中，是危險異常的。這些分子必須從革命軍隊和政府機關中驅逐出去，即其最可靠的一部分，亦只能利用他們在敵人後方工作，絕不能置他們於蘇維埃政府範圍之內。」

這一段話，明顯帶有「左」的色彩，所以毛澤東不予傳達——這不僅僅考慮到袁文才、王佐在場，而且還在於毛澤東一開始對這兩位「山大王」就採取團結、信任的態度。

袁文才的文化水準比王佐高，有政治頭腦，所以當他聽說一點風聲，便非要弄到原文不可。看罷心驚肉跳。好在毛澤東跟他已建立起深厚的感情，他相信毛澤東，但是他擔心天長日久，萬一有變，那便不堪設想，袁文才把偷看到的文件內容告訴了王佐，王佐也頓時臉色驟變。

在「襯衫文件」到達井岡山時，就有人主張殺袁、王，說是執行中共「六大」的決議。但毛澤東堅持反對，反而任命袁文才為紅四軍參謀長。

仍有不少人持異議，楊開明便是其中的一個。一九二九年一月，他前往上海代表前委向中共中央匯報時，便在其《報告》中寫道：

「袁、王二人都非常狡猾，且有能力，對黨的認識很薄弱，小資產階級意識非常濃厚，信仰個人，不相信群眾，個性很強，不接受批評，邊界因稱為『特別黨員』。」

「他們二人根本無改變的可能，因為一則不接受批評，二則不看黨的書報（王不識字），只相信自己萬能，槍桿子萬能而已。」

楊開明所說袁、王「信仰個人」，其實便是指信仰毛澤東。楊開明在《報告》中預言道：

「我們與他們利益的衝突，終究是要爆發的。如果不及時早早加緊同他們爭奪群眾，不獨現在阻礙工作進行，而且前途是很危險的，所以，奪取土匪的群眾，加速急謀能解決土匪首領，應是邊界刺不容緩的工作，須特別加以注意才行！」

確實，矛盾終於在一九三〇年二月中旬爆發了。

二月十一日，袁文才、王佐率部隊去捉拿土豪羅克紹。他們事先得到消息，羅克紹正住在茶陵蕉坪他的姘婦家中。羅克紹手下有個三十來人能造槍的兵工廠。袁文才、王佐早就存心把這個兵工廠弄過來。

這一回摸得很準。清早五點，在蕉坪把羅克紹抓住了，而且還抓了兵工廠的十七八個工人。押回新城之後，袁文才卻給羅克紹鬆了綁，以酒菜招待。袁文才是想跟羅克紹拉關係，要他去長沙弄鋼鐵、洋硝這些造槍的原料，使那家兵工廠能造一批新槍，供部隊使用。

消息飛快傳進湘贛特委書記朱昌楷的耳朵，說是袁、王跟土豪一起喝酒，勾勾搭搭。朱昌楷本來就跟袁、王有矛盾，得知消息，連夜趕往紅五軍軍部，向彭德懷報告。朱昌楷還提及，袁文才偷看了中共「六大」文件中有關土匪條文，早有異心。

彭德懷後來回憶道：

「朱昌楷同志說，如果紅五軍不立即去解決，邊區黨有被一網打盡危險。我們接受了特委書記這一要求，便採取了行動，即令第四縱隊隨朱昌楷同志進抵永新城郊……」㊶

這樣，朱昌楷便帶著紅五軍，在翌日拂曉前包圍了袁、王住地。朱昌楷第一個衝進袁文才房間，袁文才正睡在床上，朱昌楷當場用槍把袁文才打死在床上！

王佐聽見了槍聲，帶著警衛員急忙逃跑。他欲渡禾水回井岡山，但發現河上浮橋被拆。當他涉水過禾河時，由於他不會游泳，因此淹死在河中！

袁、王一死，他的老部下馬上反戈，投奔國民黨部隊。井岡山的群眾，大都跟袁、王及其老部下有種種親屬關係，也隨之反目。井岡山的根基從此動搖！紅軍無法再在井岡山立足。

國民黨大軍反覆征「剿」，也未能從井岡山上剷除紅軍之根。可是，誤殺了袁、王，卻使井岡山在一九三一年三月中旬落入國民黨之手，直至一九四九年！毛澤東有一句名言：「政策和策略是黨的生命。」此言用在袁、王事件上，非常確切。

毛澤東得知袁、王被殺，連連頓足！

彭德懷後來回顧這段往事，承認自己「犯了輕聽輕信的嚴重錯誤」。彭德懷失去了井岡山根據地，只得率紅五軍於一九三〇年三月重返湘鄂贛邊界，在那裡另闢根據地。

井岡山是中國第一塊紅色根據地。參加過井岡山鬥爭的人，後來成為中國人民解放軍元帥、大將、上將以及中共高幹的比比皆是，然而內中真正井岡山籍的幾乎沒有——錯殺袁、王，使一批井岡山本地的幹部、戰士離開了紅軍。

朱昌楷在親手槍殺袁文才之後，翌年八月，他自己也被作為「ＡＢ團分子」誤殺。

毛澤東在袁、王被誤殺後，明確提出「殺錯了」「要平反」。

一九六五年，毛澤東重上井岡山，又念及袁、王，親自在山上接見了袁文才和王佐的遺孀，表達了自己深深的懷念。

如今，袁文才和王佐的青銅塑像，高高矗立在井岡山上。

注釋

① 斯諾，《西行漫記》，一三四頁，三聯書店，一九七九年版。
② 《黨的文獻》一九九一年第三期第七頁。
③ 《湖南農民革命（一）》序言，漢口長江書店一九二七年四月版。
④ 瞿秋白當時對中國農民的統計數字與毛澤東略有出入。
⑤ 中央檔案館編：《中共中央文件選集》第三集第三〇三頁。
⑥ 《「八七」中央緊急會議記錄》。
⑦ 《彭公達關於湖南秋暴經過的報告》（一九二七年十月八日）。
⑧ 斯諾，《西行漫記》，一四一—一四二頁，三聯書店，一九七九年版。

⑨修銅即修水、銅鼓，江西縣名，後來作者改為「匡廬」。
⑩平瀏即平江、瀏陽，湖南縣名，後來作者改為「瀟湘」。
⑪《彭公達關於湖南秋暴經過的報告》（一九二七年十月八日）。
⑫《井岡山的鬥爭》，《毛澤東選集》第一卷。
⑬毛澤東，《在八大預備會議第二次全體會議上的講話》，《黨的文獻》一九九一年第三期。
⑭《黨的文獻》，一九九一年第三期。
⑮《中央致湖南省委信》，《井岡山革命根據地》上冊，六十四至六十五頁，中共黨史資料出版社一九八七年出版。
⑯何長工，《偉大的會師》。《井岡山革命根據地》上冊，中共黨史資料出版社一九八七年版。
⑰何長工，《偉大的會師》。《井岡山革命根據地》上冊，中共黨史資料出版社一九八七年版。
⑱引自韓偉的回憶文章《毛委員教我們用兵作戰》。
⑲引自韓偉的回憶文章《毛委員教我們用兵作戰》。
⑳據王行娟著《賀子珍的路》（作家出版社一九八五年版）為「杜秀」。但中共永新縣黨史辦公室提供的資料稱「溫士秀」。
㉑《井岡山革命根據地》下冊，中共黨史出版社一九八七年版。
㉒同上書，徐正芝回憶文章《憶塘邊的革命鬥爭》。
㉓杜修經，《八月失敗》。《井岡山革命根據地》下冊，中共黨史資料出版社一九八七年版。
㉔杜修經，《八月失敗》。《井岡山革命根據地》下冊，中共黨史資料出版社一九八七年版。

㉕杜修經，《八月失敗》。《井岡山革命根據地》下冊，中共黨史資料出版社一九八七年版。
㉖江華，《井岡山鬥爭時期幾事的回憶》。
㉗《彭德懷自述》，七十六頁，人民出版社一九八一年版。
㉘《彭德懷自述》，一一二頁，人民出版社一九八一年版。
㉙分別引自《彭德懷自述》以及彭德懷的《往事回憶》。
㉚《彭德懷自述》，一一七頁，人民出版社一九八一年版。
㉛《彭德懷自述》，一一七頁，人民出版社一九八一年版。
㉜《彭德懷自述》，一一八頁，人民出版社一九八一年版。
㉝江華，《井岡山鬥爭時期幾事的回憶》。
㉞《彭德懷自述》，一二七頁，人民出版社一九八一年版。
㉟《彭德懷自述》，一二七頁，人民出版社一九八一年版。
㊱見《中央革命根據地史料選編》中冊，江西人民出版社一九八三年版。
㊲見《中央革命根據地史料選編》中冊，江西人民出版社一九八三年版。
㊳見《中央革命根據地史料選編》中冊，江西人民出版社一九八三年版。
㊴見《中央革命根據地史料選編》中冊，江西人民出版社一九八三年版。
㊵見《中央革命根據地史料選編》中冊，江西人民出版社一九八三年版。
㊶彭德懷《往事回憶》，《近代史研究》一九七九年第一輯。

第三章　馳騁贛南

毛澤東承受落選和疾病雙重壓力

且說毛澤東在一九二九年四月與彭德懷「第二次握手」之後，不久便「第二次分手」。五月十九日，毛澤東、朱德率紅四軍二入閩西。

毛澤東看中閩西，那是不久前得到了來自閩西的一封信。他看罷來信，當即提筆覆函，告知紅四軍將向閩西挺進……

毛澤東率部下了井岡山之後，進入閩西，一位三十多歲的男子曾從上杭縣城北上，前往長汀縣城尋找他。可是，這位男子走到半途，聽說紅四軍已離開那裡到江西去了，只得非常懊憾地半途而返。此人名叫鄧子恢，福建龍岩縣人，曾留學日本，一九二六年加入中共。

一九二八年春，鄧子恢在家鄉龍岩縣組織暴動。不久，鄰縣永定縣也發生暴動，領導人名叫張鼎丞。他遂率部與張鼎丞部合併，成立了一個獨立營，張鼎丞任營長，鄧子恢為黨代表。這樣，在閩西便冒出了一支工農紅軍。聽說毛澤東率紅四軍入閩，鄧子恢當然趕緊去找毛澤東。可惜，晚了一步。不久，鄧子恢代表中共閩西特委給毛澤東寫了長信，報告了這裡的情況，派專人送往瑞金。毛澤東得知，這裡有「獨立營」，永定有「鐵血團」，龍岩有秘密農會，會員們有「三毛錢的駁殼」（插在綁腿裡的小匕首），便決定在這裡開闢新的根據地……

「歡迎紅軍來龍岩，打倒陳國輝！」當毛澤東率部進入閩西，那裡便貼出了這樣的標語。陳國輝，是駐守那裡的國民黨旅長。

閩軍不堪一擊。紅四軍入閩才幾天工夫，就打下了龍岩縣城和永定縣城，一舉殲滅陳國輝旅三千多人。旅長陳國輝帶著幾十個隨從落荒而逃。

毛澤東欣然命筆，寫下《清平樂・蔣桂戰爭》一詞：

風雲突變，軍閥重開戰。灑向人間都是怨，一枕黃粱再現。
紅旗躍過汀江，直下龍岩上杭。收拾金甌一片，分田分地真忙。

正在這「紅旗躍過汀江」的時候，毛澤東又經歷了一番政治危機：毛澤東失去了他最為重要的職務──紅四軍前敵委員會書記！

那時，按照「黨指揮槍」的原則，前敵委員會書記是紅四軍的最高領導。毛澤東失去了這一職務，意味著他失去了對紅四軍的領導權！

那是一九二九年六月廿二日，中共紅四軍第七次代表大會在福建龍岩召開，有人指責毛澤東搞「家長制」，要求更換前敵委員會書記的人選……打從中共中央「二月來信」在紅四軍中傳達之後，便有人利用「二月來信」要求朱、毛離開紅四軍，希望毛澤東交出軍權。

五月，剛從蘇聯回來的劉安恭，出任紅四軍臨時軍委書記兼政治部主任。他對情況很不熟悉，軍內不服，引起黨與軍隊之間的關係緊張。這樣，紅四軍內出現反對中共領導軍隊的傾向，反對前委集中領導軍隊的傾向。六月八日，在閩西長汀白沙召開的前委擴大會議上，決定取消臨時軍委。這樣，反對毛澤東的呼聲越發高漲。

於是，在紅四軍內部，對於紅軍的領導方法和建軍原則，產生了嚴重的分歧。就連朱德和毛澤東，對這些問題的看法也並不一致。爭論的焦點是究竟在紅軍中實行「由上而下的家長制」還是「由下而上的民主制」。毛澤東的領導，被認為是「家長制」。

激烈的爭論導致了匆忙召開中共紅四軍「七大」。由於朱德是爭論的一方，會議由非前委委員、紅四軍政治部主任陳毅主持。

匆忙的會議導致了草率的結果：在重新選舉前敵委員會書記時，毛澤東落選了！

誰被選為前敵委員會的新書記呢？陳毅！於是，毛澤東被調離部隊，帶領譚震林、蔡協民、江華、曾志等到中共閩西特委指導地方工作，住在上杭縣蛟洋。

對於毛澤東來說，他被迫離開由他一手創建的紅四軍，比上一回被「開除黨籍」更為嚴峻——因為他被「開除黨籍」之後，畢竟還擔任師長。

禍不單行。福建山區的瘧蚊，也猛烈地攻擊了毛澤東，使他患惡性瘧疾。在缺醫少藥的那個年月，毛澤東一病數月，甚至一度病危，徘徊在死亡線上！他一會兒如同步行在酷熱的撒哈拉沙漠，一會兒又如同跌進北極的冰天雪地。

他急需治療瘧疾的特效藥奎寧。在閩西山區弄不到這種藥，於是派了兩個地下交通員到上海為毛澤東買藥。在歸途中，其中一個地下交通員被捕，掉了腦袋。另一個地下交通員經歷千辛萬苦，總算把白色的奎寧丸送到毛澤東手中——這時，毛澤東已被瘧疾折騰得死去活來！

落選和患病，這雙重打擊，把毛澤東推向政治生涯的低谷。這消息輾轉傳到莫斯科，居然誤傳為毛澤東病死！一九三〇年三月二十日的共產國際公報上，誤登消息，說毛澤東死於肺病。不久，還登了一份訃告。

好在他是一個豁達的人，能夠承受這雙重的壓力。後來，在中共「八大」預備會議第二次會議上，他這麼談及：「我想同志們中間可能也有多多少少受過冤枉受過委屈的。對於那些冤枉和委屈，對於那些不適當的處罰和錯誤的處置（如把自己打成什麼『機會主義』，撤銷自己的職務，調離自己的職務等等），可以有兩種態度。一種態度是從此消極，很氣憤，不滿意；另一種態度是把它看作一種有益的教育，當作一種鍛煉。你曉得，這個世界就是這麼個世界，要那麼完全公道是不可能的，現在不可能，永遠不可能……」①

李立三、周恩來、陳毅在滬起草「九月來信」

今日的讀者，慣常以為毛澤東是周恩來的「上司」。然而，在當年，周恩來卻是毛澤東的「上司」。「二月來信」，便是周恩來代表中共中央，向毛澤東發出指示。那時的毛澤東，還只是一個「中層幹部」或「地方幹部」，周恩來則是「中央首長」。

當時周恩來的職務是中共中央政治局常委兼中共中央軍委書記。這「中共中央軍委書記」，亦即今日「中共中央軍委主席」，是中共黨內最高軍事首長。

中共是在一九二四年第一次國共合作時開始重視軍事工作的。中共廣東區委在一九二四年首先設立了軍事部（亦稱軍事委員會），最初由張伯簡負責。十一月，便由周恩來任部長，足見周恩來在這一方面資歷之深。

一九二六年二月，中共中央設立「中央軍事部」，由張國燾任部長。九月，便由周恩來接替張國燾，出任中共中央軍事部部長。

一九二八年，在中共「六大」，由楊殷擔任新的中央軍事部部長。楊殷是孫中山的同鄉，於一九一一年加入了同盟會，一九一七年任孫中山衛隊副官兼大元帥府參軍處參謀，一九二二年加入中共。他是省港大罷工的領導人之一。

廣州起義時，他率敢死隊攻下了廣州市公安局，後擔任廣州蘇維埃政府代理主席。他是一個頗為精明能幹的人物。一九二九年八月，他在上海被捕，死於龍華刑場。

周恩來作為中共中央政治局常委兼中央軍委書記，分管軍事工作，所以給紅四軍的指示信，很多出自周恩來之手。「二月來信」，便是由周恩來起草的。楊殷死後，各地紅軍更是由周恩來直接領導。

寫「二月來信」時，周恩來對紅四軍的情況不清楚。他希望能夠得到紅四軍的第一手材料，在四月七日曾以中共中央名義致函朱、毛：「潤之、玉階兩同志若一時還不能來，中央希望前委派一得力同志前來中央討論問題。」

兩個月後，周恩來終於收到輾轉傳遞而來的毛澤東的四月五日來信。看罷毛澤東的信，周恩來立即意識到自己起草的「二月來信」確實有許多不妥之處。周恩來是個謙遜的人，他接受毛澤東在信中提出的批評：「中央此信對客觀形勢及主觀力量的估量都太悲觀了。」

六月十二日，中共中央政治局在上海開會，討論毛澤東四月五日的信，周恩來作了自我批評，說「二月來信」是「有些毛病」。周恩來又一次提出，希望「朱、毛處來一個得力的人」前來中共中央，以便詳細研究制定關於紅軍的方針、政策。

就在周恩來用藥水寫的密件剛剛交給上海的交通員時，在福建龍岩，毛澤東落選了，離開了紅四軍。這時的紅四軍改為縱隊編制，軍之下轄三個縱隊，每縱隊人數在一千六百人左右。其中一縱隊留在閩西。朱德率二、三縱隊向閩中進發。

紅四軍失去了毛澤東的領導，五花八門的思潮登臺：有的只是熱心於「走州過府」，不願建設根據地；有的要搞極端民主化，搞絕對平均主義；有的要求進攻大城市，以求擺脫山區的艱苦生活……

朱德率部進入閩中，八月下旬，在永春縣福鼎村吃了敗仗，損失了三百多人和一百多支槍。朱德當即召集前敵委員會會議，認為進軍閩中不妥，決定回師閩西。

就在這時，紅四軍接到中共中央通知，要求「來一個得力的人」前往中央出席各地區軍事聯席會議並匯報工作，派誰呢？毛澤東正在病中，朱德軍務在身，此事非陳毅莫屬。

於是，「陳老總」喬裝打扮成一副商人模樣，和閩西特委書記鄧子恢一起出現在廈門，他在那裡向中共福建省委作了匯報，然後取道香港，踏上駛往上海的輪船。

陳毅來到上海之後，首先找到的便是「柏山」——中共中央常委兼秘書長李立三。

李立三對毛澤東十分推重。不久前，他便曾著文稱：「朱毛是革命農民之武裝的先鋒隊，又有無產階級的政黨為之領導。」②他在一九二九年六月十五日代表中共中央發給賀龍的指示信中，也強調應學習朱毛的游擊戰術經驗。

李立三和陳毅都曾去法國勤工儉學，是老熟人，相見甚歡。李立三隨即約了周恩來，跟陳毅見面。

八月底，中共中央政治局在上海開會，聽取了陳毅的匯報。陳毅的匯報後來寫成了《關於朱毛軍的歷史及其狀況的報告》一文，發表於一九三〇年一月十五日出版的《中央軍事通訊》第一期。陳毅的匯報，使中共中央對於「朱毛軍」有了清楚的瞭解。

陳毅的匯報，分「四軍的歷史」、「四軍的組織及訓練」、「四軍的近況」、「結論」四部分。

《中央軍事通訊》編者曾為陳毅的匯報加了如下編者按：

「這是很值得我們寶貴的一個報告，朱毛紅軍這個『怪物』在我們看了這個報告以後都可以一目了然。從他們幾個時期的歷史來看，已經很可以明瞭他們兩年來是在怎樣的艱苦鬥爭，在困苦到『衣不得暖，饑不得飽』的時候，還不改勇往直前的精神，卒至造成今日『有八十萬武裝工農擁護』（見毛澤東來信）的鞏固基礎！」

「這裡面有很多寶貴的經驗值得我們每一個同志注意，如他們的編制，他們的戰術，他們的籌款給養的方法，他們與群眾的關係，他們對內的軍事和政治訓練，他們處置軍中供給開支的原則（官兵經濟平等，開支絕對公開）……都是在中國『別開生面』，在過去所沒有看過聽過的。」

中共中央政治局聽取了陳毅匯報之後，決定重新起草給紅四軍的指示信，以解決紅四軍內部產生的明顯分歧。政治局委託李立三、周恩來和陳毅三人組成一個小組，專門研究紅四軍問題，起草中央指示信。

這樣，李立三、周恩來、陳毅這三個留法學生，便一次次在上海秘密聚首，小聲地討論著。陳毅詳細地介紹了中共紅四軍「七大」所產生的種種分歧。經過將近一個月的討論，由陳毅執筆，起草了《中共中央給紅軍第四軍前委的信》。此信在九月廿八日經中共中央同意通過，史稱「九月來信」。

「九月來信」主要是周恩來多次談話的意見，由陳毅整理而成。此次由於情況明瞭，所以「九月來信」比「二月來信」要正確得多。「九月來信」的八個部分，後來收進《周恩來選集》，這清楚地表明這是周恩來的著作。

就在中共中央通過了「九月來信」，陳毅欲歸未歸之際，在閩西發生了重大變故，使紅四軍捲入了一場新的危機……

失去毛澤東的紅四軍打了大敗仗

在一個警衛排的護送下，一副擔架正急急地從福建永定縣合溪北上，送往紅四軍軍部所在地上杭縣，擔架上躺著重病之中的毛澤東。他不是趕往上杭治病，卻是要趕去勸阻朱德南下……

那是毛澤東得知緊急的情報，一個名叫謝漢秋的巡視員來到紅四軍軍部。這位巡視員是中共福建省委派出的，他給朱德帶來了《中共福建省委給閩西特委、四軍前委的信》，此信一九二九年十月六日發出，朱德十三日收到。

這封指示信，給紅四軍下達了緊急行動任務：向廣東東江地區進軍。信中寫道：

「當此兩廣軍閥混戰爆發，廣東西北江風雲緊迫，東江防地較弱，同時東江豐順、大埔、五華、興寧、海陸豐等地廣大工農群眾起來作劇烈的鬥爭時，省委同意中央對前委的指示，朱毛紅軍全部立即開到東江去，幫助東江廣大群眾的鬥爭。

「因為這次軍閥混戰的爆發是比較以前因蔣桂、蔣馮戰爭來得複雜，牽動了全國大大小小的軍閥，這是極利於工作的發展，朱毛紅軍在這軍閥混戰中，必定要極力擴充，建立並鞏固基礎，堅決的採取進攻策略，到群眾基礎比較強大與軍閥戰爭附近的區域去實行游擊，發動與擴大群眾的鬥爭，以促進革命高潮更快的到來。

「這一原則之下，目前朱毛紅軍無疑的是要開到東江去工作……」③

朱德向來以「軍人服從命令」為天職，接到中共福建省委的指示信，便堅決貫徹執行。

毛澤東在病中聞訊，焦急萬分，他以為紅四軍在閩西立足尚不穩，應著重於建設一個根據地，不宜離開閩西去廣東。上次進軍閩中便吃了敗仗，到廣東也會如此，因為那是敵軍勢力強大的地區。朱德覺得毛澤東的見解不無道理，但是中共福建省委的信中說，進攻廣東東江，是「中央對前委的指示」，不可不從。

這樣，朱德以紅四軍前敵委員會名義，於十月十八日致函中共福建省委轉中共中央，信中說：「一、根福建省委轉來緊急信一件，四軍全部立即開往東江潮梅一帶游擊。二、我們在十月十三日接此信後，立即調三個縱隊向潮梅布置游擊，準於十月二十日集中粵邊，十月廿一日以後，進攻焦嶺……」④

信末這樣寫道：「陳毅同志仍未回來，毛同志久病，現雖起床，尚不能行走，此次去東江，尚不能出發，負責同志更覺困難……」⑤

信剛發出，十月二十日，紅四軍第一、二、三縱隊便分三路，從上杭、武平向東江推進。陳毅晚了一步，他從上海回到閩西時，紅四軍已經出發。

十月廿二日，陳毅從閩西追到廣東北部的松源，才在那裡追上紅四軍前敵委員會機關，見到了朱德。陳毅離開上海時，周恩來也主張紅四軍向廣東進軍。這樣，朱德、陳毅便共同率領紅四軍，南下廣東。

誰知紅四軍出師才一星期，便在廣東梅縣打了個大敗仗，一下子損兵一千多，成為紅四軍離開井岡山後蒙受的最大損失！梅縣，乃葉劍英的故鄉。南昌起義失利後，葉挺、賀龍、陳毅率部南下，亦在梅縣打過一仗，損失頗大。

這時的紅四軍，由於反掉了毛澤東所主張的前委的集中領導，實行所謂「由下而上的民主制」，什麼事都得「大家談，大家議」。為了打不打梅縣，竟然「討論了數日」。⑥最後，終於「官兵一致」決定攻打梅縣。十月三十一日拂曉攻進梅縣縣城，卻遭到敵人猛烈反擊，損失慘重——紅四軍全軍損兵近三分之一！

後來，紅四軍前委向中央報告（一九三〇年一月六日）時，這麼談及失敗的原因：「四軍八、

九、十三個月中，前委機關不健全，毛同志去地方養病，陳毅同志去中央，前委只餘朱德同志一人，因此應付不開，政策上發現許多錯誤，黨及紅軍組織皆鬆懈。」

這一次大敗仗，使紅四軍的士氣頓時大為低落，向廣東進軍的計畫也就告吹——這表明毛澤東當時反對進軍廣東的意見是完全正確的。

誠如中共福建省委的《紅四軍部隊情況報告》所言：「東江的失敗，大家都疲倦了，紅軍也削弱了！」失去毛澤東的紅四軍，處於危機之中！

紅四軍在十月三十一日吃了敗仗，不得不於十一月二日從廣東北部的石上和矮嶂子之間向西北方向退去，縮入江西尋鄔縣境內。

朱德和陳毅商議，決定班師。十一月十三日，紅四軍退入閩西，進入武平縣。

十一月十八日，朱德和陳毅在兜了一個圈子之後，率紅四軍回到原地——閩西上杭縣官莊。直到這時，紅四軍才算喘了口氣，陳毅有機會召集前敵委員會會議，傳達中共中央「九月來信」。「九月來信」是一封頗為重要的指示信。此信支持了毛澤東。信中指出：

「集權制問題，黨的一切權力集中於前委指導機關，這是正確的，絕不能動搖，不能機械地引用『家長制』這個名詞來削弱指導機關的權力，來作極端民主化的掩護。」⑦

顯而易見，周恩來以中共中央的名義，明確地表示了對毛澤東投贊成票。因為毛澤東向來主張，軍隊必須置於黨的絕對領導之下，亦即「黨指揮槍」。

信中還指出：「糾正一切不正確的傾向。紅軍中右傾思想如取消觀念、分家觀念、離隊觀念與小團體傾向，極端民主化，紅軍脫離生產即不能存在等觀念，都非常錯誤，皆源於同志理論水準低，黨的教育缺乏。這些觀念不肅清，於紅軍前途有極大危險，前委應堅決以鬥爭的態度來肅清之。」⑧

信末提及：「詳細解釋及具體辦法已向陳毅同志面談，當由其口達前委及全軍同志。」⑨

這表明，中共中央授權，陳毅是中央指示的最權威的傳達者和解釋者。

陳毅傳達了周恩來的重要囑咐：「要請毛澤東復職，仍任前委書記，並召開一次黨的會議，統一思想，分清是非，作出決議。」

周恩來的強有力的支持，使毛澤東擺脫了危機。朱德當即表示，堅決執行中共中央的指示，他很爽快地對陳毅說：「過去的那些我收回，我們請他回來！」⑩

在前敵委員會結束之後，朱德和陳毅當即修書一封致毛澤東，轉達中共中央關於他復職的指示，並派出一支部隊前往上杭縣蛟洋，迎接毛澤東回紅四軍。

毛澤東終於回來了！十一月廿六日，毛澤東抵達長汀縣，在那裡與朱德、陳毅會合，重新出任紅四軍前敵委員會書記，重新成為紅四軍的最高首長——從他六月中旬失去這一職務，到此時復職，歷時將近半年！

毛澤東結束了危機，紅四軍也結束了危機。朱毛緊密合作，紅四軍又成了「朱毛紅軍」。

復出的毛澤東著力整頓紅四軍

毛澤東剛剛官復原職，馬上修書一封，致中共中央。信中躍動著他復出的喜悅。信不長，意在向中共中央報告自己已經復職：

中央：

我病已好，十一月廿六日偕福建省委巡視員謝同志（引者注：即謝漢秋）從蛟洋到達汀州，與四軍會合，遵照中央指示，在前委工作。四軍攻梅縣失利，損失雖不小，但士氣仍振奮，目前一時期當在福建境內工作。閩西已有八十萬赤色群眾足以掩護紅軍，劉（和鼎）金（漢鼎）張（貞）等「會剿」，形勢並不嚴重。現決定整理一時期，即向劉張進擊。打破「會剿」局面，才是出路。正在準備一個月給養。

四軍黨內的團結，在中央正確指導之下，完全不成問題。陳毅同志已到，中央的意思已完全達到。惟黨員理論常識太低，須趕急進行教育。除請中央將黨內出版物（布報，《紅旗》，《列寧主義概論》，《俄國革命運動史》等，我們一點都未得到）寄來外，另請購書一批（價約百元，書名另寄來），請墊付，寄付地點「　　」（引者注：現保存在中共中央檔案館的此信係抄件，引號內的地點空缺）。我們望得書報如饑如渴，務請勿以事小棄置。餘詳前委報告。

毛澤東

一九二九年十一月廿八日於汀州

信中提及的「布報」，亦即當時中共中央的機關刊物《布爾塞維克》雜誌。《紅旗》，則是當時中共中央機關報。

寫罷致中共中央的信，毛澤東又給老朋友李立三寫了一信，交給地下交通員一起帶往上海。

毛澤東致李立三的信也很短，全文如下：

立三兄：

多久不和你通訊了，陳敏同志來才知道你的情形。我大病三個月，現雖好了，但精神未全復元。開慧和岸英等我時常念及他們，想和他們通訊，不知通信處。聞說澤民在上海，請兄替我通知澤民，要他把開慧的通信處告訴我，並要他寫信給我。

我知識饑荒到十分，請你時常寄書報給我，能抽暇寫信指導尤幸。

獨秀近來行動真豈有此理，中央的駁議文件已經到此，我們當普遍地宣傳。

共產主義的敬禮

毛澤東

這裡提及的「澤民」，即毛澤東之弟毛澤民，當時在上海負責中共中央出版部的工作。「獨秀」，亦即陳獨秀，當時在中共黨內散布托洛茨基觀點，成立了反對派小組織。

毛澤東發走了這兩封信之後，便著手整頓紅四軍。他發覺，在他離開紅四軍這半年時間裡，紅四軍中各種錯誤思潮氾濫，已經到了非整頓不可的地步了！

中共紅四軍「七大」撤了毛澤東的前委書記之職以後，又在十月上旬召開了中共紅四軍「八大」。那時否定了「由上而下的家長制」，實行「由下而上的民主制」，以為無產階級應實行最徹底的「民主」。於是，什麼事情都要開會討論。調一個人，撥幾支槍，都得開會討論，一討論便是幾個小時。前委不再是紅四軍的最高領導機構，卻成了各縱隊的「聯席會議」。開起會來，非得各縱隊的頭頭腦腦全部到齊，少一個人就得等，等齊了才開會。

「一開會就得爭論半天，前委還認為這樣才是無產階級的辦法。因此當時全軍政治上失掉領導的中心。」⑪

中共紅四軍「八大」在上杭縣召開時，成了一次爭論不休的會議。光是為了選舉前敵委員會委員，就爭論了很久，最後來一個平均分攤，每個縱隊都有人參加前委，選了十七人之多。

內中有個譚璽，是中共中央派往紅四軍工作的，當時正在一縱隊，沒有出席會議，可是有人提議他應該進入前委，說他如何如何的好，會上宣傳了兩次，結果譚璽竟成為前委的常委！其實，當時他新來乍到，還沒有幾個人認得他……

為了補充兵員的不足，很多俘虜兵進入紅四軍，沒有及時進行教育，把國民黨的作風帶進紅四軍：有人罵黨代表是「賣狗皮膏藥」的；有人打罵士兵，所謂「不打不成兵」；有人賭錢，誰贏了錢誰請客；紀律鬆懈，搜俘虜腰包、偷嫖女人……毛澤東復出之後，下力氣整頓紅四軍。他在作了一個月的準備之後，決定召開中共紅四軍「九大」。

他反對「八大」的做法，否定了那種「分割式的以各縱隊為條件」分配前委委員的方法，鮮明地提出，只有符合三個條件的人才可當選前委委員，而不必考慮各縱隊之間的入選比例。

毛澤東提出的三個條件是「政治觀念正確，工作積極，有鬥爭歷史」。

一九二九年十二月廿八日至三十日，在陳毅的主持下，中共紅四軍「九大」在福建上杭縣古田村召開。古田是上杭縣最北的大集鎮，地處群山之中，有一千多戶人家。這是中共黨史上一次重要會議，史稱「古田會議」。一百二十多名代表出席了會議。

中共紅四軍「九大」的氣氛跟「八大」截然不同。「八大」時「什麼事都是民主，大家要怎樣幹就怎樣」，「無組織狀態的開了三天毫無結果」⑫。這一回，會議開得井然有序，紅四軍的「三巨頭」分別作報告：陳毅傳達中共中央「九月來信」，毛澤東作政治報告，朱德作軍事報告。會場上高懸四條標語，即「中國共產黨萬歲」，「反對盲動主義」，「反對冒險主義」、「反對機會主義」。

會議只開了兩天。在聽了三個報告之後，通過了十二項事先起草好的決議，即：《糾正黨內非無產階級意識的不正確傾向問題》、《黨的組織問題》、《黨內教育問題》、《紅軍宣傳工作問題》、《士兵政治訓練問題》、《廢止肉刑問題》、《優待傷病員問題》、《紅軍軍事系統與政治系統關係問題》、《政治決議案》、《廢止槍斃逃兵決議案》、《接受中央指示決議案》、《擁護中央對機會主義及托洛茨基主義反對派的決議案》，如此高的工作效率，是「八大」所不可想像的。

大會的主角是毛澤東。由他起草的大會決議《糾正黨內非無產階級意識的不正確傾向問題》，後來改題為《關於糾正黨內的錯誤思想》，收入了《毛澤東選集》第一卷。在這篇決議中，毛澤東歷數了八種「非無產階級思想的表現、來源及其糾正的方法」：（一）單純軍事觀點；（二）關於極端民主化；（三）關於非組織觀點；（四）關於絕對平均主義；（五）關於主觀主義；（六）關於個人主義；（七）關於流寇思想；（八）關於盲動主義殘餘。

毛澤東起草的決議中，明確指出了紅軍的性質：

「中國的紅軍是一個執行革命的政治任務的武裝集團。特別是現在，紅軍決不是單純地打仗的，它除了打仗消滅敵人軍事力量之外，還要負擔宣傳群眾、組織群眾、武裝群眾、幫助群眾建立革命政權以至建立共產黨的組織等項重大的任務。」⑬

毛澤東起草的這一決議，被認為是「歷史性的決議」。《毛澤東選集》為此文所加的題注寫道：「中國人民軍隊中黨的工作和政治工作有廣大的發展和創造，現在的面貌和過去大不相同了，但是基本的路線還是繼承了這個決議的路線。」

這一次改選前敵委員會委員，選出正式委員十一人，即毛澤東、朱德，陳毅，李任予、黃益善、羅榮桓、林彪、伍中豪、譚震林、宋裕和、田桂祥；另選候補委員三人，即楊岳彬、熊壽祺、李長壽。內中的五人原本是在基層工作，毛澤東以「觀念正確，鬥爭積極」提名他們為前敵委員，即宋裕和（湘南農民）、李長壽（獨立團老兵）、田桂祥（湘南農民）、黃益善和羅榮桓，毛澤東當選為前敵委員會書記。

這時的紅四軍，已有四個縱隊。第四縱隊便是鄧子恢、張鼎丞那支閩西部隊，在一九二九年八月成立。

毛澤東寫長信批評了林彪

就在毛澤東駐兵古田進行整訓之時，蔣介石下令進行「三省會剿」。「三省」，即江西的金漢鼎部隊、福建的劉和鼎部隊和廣東的陳維遠部隊。

剛剛結束了古田會議，毛澤東便決策主力由閩西向贛南轉移，以避開「三省會剿」的鋒芒——在三省之中，江西最「軟」。

新年剛過，林彪先率第一縱隊從新泉朋口出發。一月三日，朱德率紅四軍第三、四縱隊從古田出發，經寧化向贛南進軍。

毛澤東呢？他率第二縱隊到龍岩縣小池打了一場阻擊戰，然後返回上杭縣古田。

這時，毛澤東讀到了一封奇特的寫給他的「新年賀信」，信中透露了一股悲觀情緒，主張大敵當前之際，紅四軍應分散去打游擊，各自找出路。

信的作者是誰？林彪！

此時，林彪已是紅四軍第一縱隊司令員，正在出征贛南途中。

儘管戎馬倥傯，一月五日，毛澤東當即在古田村寫下一封長信致林彪。除了向中共中央寫匯報信比較長之外，毛澤東很少寫長信。這次他給林彪寫信是個例外，竟然寫了七千字！此信是一封公開信，寫畢印發紅四軍各基層單位。

毛澤東在古田花了一天時間寫畢此信，翌日便率二縱隊離開古田，向贛南進發。這封長信，後來收入《毛澤東選集》第一卷，成了著名的文章——《星星之火，可以燎原》。

林彪比毛澤東小十四歲，生於光緒三十三年丁未十一月初一，亦即一九〇七年十二月五日。湖北黃岡縣人氏，本名林育容，又寫作林毓容。

林彪的父親，親友通常稱他「四爹」，在雜貨舖裡當店員。後來到長江小火輪上當會計，也做過織布工人。

林彪的母親，親友通常叫她「毓四婆」。

林彪有一個哥哥，一個姐姐，兩個弟弟。

林彪的父親在抗日戰爭時從湖北帶全家逃往衡陽，再逃往柳州，林彪的母親死於逃難途中。大嫂在去貴陽途中被日本飛機炸死。父親輾轉打聽到林彪的消息，找到重慶八路軍辦事處，被送往延安。解放後來到北京，一九六一年病死，終年八十四歲。

林彪的哥哥在黃岡參加過游擊隊，一九五九年因腦溢血而死。大弟弟林向榮曾任中國人民解放軍團政委，戰死於太原。二弟弟林毓菊後來在天津一家醫院擔任黨委書記。姐姐則生活在湖南。

林彪在九歲時讀私塾，十一歲入八斗灣濬新學校。一九二一年，濬新學校停辦，他隨堂兄到武漢讀書。他受同鄉陳潭秋、林育南的影響，思想日漸進步。一九二三年，林彪加入了中國社會主義青年團。一九二五年，林彪成為黃埔軍校第四期學員，在那裡加入了中國共產黨。他自進入黃埔軍校起，由原名林育容改名林彪。

北伐開始時，林彪擔任國民革命軍第二十五師七十三團排長。南昌起義時，林彪擔任第十一軍軍部特務連連長。此後，他隨朱德、陳毅上了井岡山。上山後一個月——一九二八年五月，他出任中國工農革命軍第四軍第十師二十八團一營營長。

過了半年，一九二八年十一月，他升為二十八團團長。這個團是朱德南昌起義帶過來的主力團。過了一年多，他升任紅軍第四軍第一縱隊司令員，成為紅軍的骨幹將領。

林彪此人性格內向，言語不多，論指揮作戰，確有一套本事。也正因為這樣，他會從排長、連長、營長、團長、縱隊司令，一個一個臺階邁上去。他在紅軍建設上也有貢獻，例如「三大紀律八項注意」那最後兩項注意，便是林彪提出來的。

不過，林彪又常常左右搖擺。在井岡山，在面臨第三次「會剿」時，他便曾提出「紅旗到底打得多久」的疑問。毛澤東曾批評他「娃娃不懂事」。

這一回，毛澤東讀了林彪的「新年賀信」，一下子便抓住了林彪的悲觀情緒。此時的毛澤東剛剛在古田會議上批判了黨內種種錯誤思想，卻未曾對悲觀情緒來一通批判。而毛澤東對林彪悲觀情緒的反感由來已久，他收到中共中央的「二月來信」，就直截了當地覆函稱中共「太悲觀了」。

一股激情在毛澤東的心中升騰，終於把思緒從筆端汩汩流出，寫出了致林彪的長信。他借林彪來做文章，端正紅四軍上上下下的對形勢的錯誤估計。

毛澤東此信，後來在二十世紀五〇年代收入《毛澤東選集》時作了刪節。信的開頭一段，是《星星之火，可以燎原》一文中所沒有的。毛澤東的原文是這樣的：

新年已經到來幾天了，你的信我還沒有回答。一則有些事忙，二則也因為我到底寫點什麼給你呢？有什麼好一點的東西可以貢獻給你呢？搜索我的枯腸，沒有想出一點適當的東西來，因此也就拖延著。現在我想得一點東西了，雖然不知道到底於你的情況切合不切合，但我這點材料實是現今鬥爭中的一個重要問題，即使於你的個別情況不切合，仍是一般緊要的問題，所以我們就把它提出來。

我要提出什麼問題呢？就是對於時局的估量和伴隨而來的我們行動問題。我以前感覺到至今還有些感覺你對於時局的估量是比較的悲觀。去年五月十八日晚上瑞金的會議席上，你這個觀點是最明顯，我知道你相信革命高潮是不可避免的要到來，但你不相信革命高潮有迅速到來的可能。因此，在行動上你不贊成一年爭取江西的計畫，而只贊成閩粵贛交界三區域的游擊；同時，在三區域也沒有建立赤色政權的深刻觀念，因之也就沒有由這種赤色政權的深入與擴大去促進全國革命高潮的深刻觀念……

似乎你認為在距離革命高潮尚遠的時期的建立政權的艱苦工作為徒勞，而希望用比較輕便的流動游擊去擴大政治影響，等到全國各地爭取群眾的工作做好了，或做到某個地步了，然後來一個全國暴動，那時把紅軍的力量加上去，就成為全國形勢的大革命。你的這種全國範圍的包括一切地方先爭取群眾後建立政權的理論，我覺得是於中國的革命不適合的。

你的這種理論的來源，據我的觀察，主要是沒有把中國是一個帝國主義最後階級中互相爭奪的殖民地一件事認識清楚。

以上這些被刪去的原文，可從中共中央北方局一九四四年印行的《抗戰以前選集》中查到。毛澤東在信中，提及了中共中央的「二月來信」。他寫道：

「中央二月來信就是代表那時候黨內悲觀分析的證據……」

「中央二月來信的精神是不好的，這封信給了四軍黨內一部分同志以不良影響。」⑭

毛澤東對悲觀情緒的根源作了如下分析：

「一九二七年革命失敗以後，革命的主觀力量確實大為削弱了。剩下的一點小小的力量，若僅依據某些現象來看，自然要使同志們（作這樣看法的同志們）發生悲觀的念頭。但若從實質上看，便大大不然。這裡用得著中國的一句老話：『星星之火，可以燎原。』這就是說，現在雖只有一點小小的力量，但是它的發展會是很快的……我們看事情，必須要看它的實質，而把它的現象只看作入門的嚮導，一進了門就要抓住它的實質，這才是可靠的科學的分析方法。」

「中國是全國都布滿了乾柴，很快就會燃成烈火。『星火燎原』的話，正是時局發展的適當的描寫。」⑮

最後，毛澤東以充滿詩意的筆觸，如此熱烈歡呼道：

「我所說的中國革命高潮快要到來，決不是如有些人所謂『有到來之可能』那樣完全沒有行動意義的、可望而不可即的一種空的東西。它是站在海岸遙望海中已經看得見桅杆尖頭了的一隻航船，它是立於高山之巔遠看東方已見光芒四射噴薄欲出的一輪朝日，它是躁動於母腹中的快要成熟了的一個嬰兒。」⑯

毛澤東此信，寫得這般瀟灑，表明他復出後充滿著必勝的信心。

信的結束語，也是後來被刪除的。原文是：

「我所不贊成你的，是指你缺乏建立政權的深刻的觀念，因之對於爭取群眾促進革命高潮的任務，就必然不能如你心頭所想的完滿地達到，我這封信所要說的主要的就在於這一點。」

古田鎮賴家坊「協成店」小屋的油燈，徹夜通亮。毛澤東一氣呵成地寫成了給林彪的這封長信。他加上了《時局估量和紅軍行動問題》，交付油印，發至各大隊黨支部。

後來，此信以《毛澤東同志寫給林彪同志的信》為題，收入一九四一年出版的《六大以來》。一九四七年出版的《毛澤東選集》，也全文收入此信。

一九四八年二月廿八日，林彪致函中共中央宣傳部，要求印行《毛澤東選集》時，此文不要公開他的名字，稱這樣可以「不在群眾中引起誤會」，避免國外「種種無益的推測」。

此時，林彪已是東北野戰軍司令員、中共中央東北局書記。

毛澤東同意了林彪的請求，將此信改題為《星星之火，可以燎原》，同時刪去了信的開頭幾段和末段中直接涉及林彪的文字。

這樣，由中共中央毛澤東選集出版委員會編定的《毛澤東選集》第一卷在一九五二年印行時，《星星之火，可以燎原》一文的題注沒有提及林彪：

「這是毛澤東同志的一篇通信，是為批判當時黨內的一種悲觀思想而寫的。」

「文革」中，林彪成了中共中央副主席，仍耿耿於懷於這筆舊賬。

一九六九年九月，林彪授意他人代表，寫了《西江月・重上井岡山》一詞：

繁茂三灣竹樹，蒼茫五哨雲煙。
井岡搏鬥憶當年，喚起人間巨變。
紅日光彌宇宙，戰旗湧作重洋。

工農億萬志昂揚，誓把敵頑埋葬。
四十年前舊地，萬千往事縈懷。
英雄烈士啓蒿萊，生死艱難度外。
志壯堅信馬列，豈疑星火燎原。
輝煌勝利盡開顏，鬥志不容稍減。⑰

內中的「豈疑星火燎原」一句，顯然是想把那筆舊賬勾銷，據云，擬稿者最初寫作「何疑星火燎原」，林彪改為「豈疑星火燎原」。如此反反覆覆，歷史雲遮霧障。直至一九九一年《毛澤東選集》第二版問世，《星星之火，可以燎原》一文的題注才如實寫上這是毛澤東寫給林彪的一封信。

毛澤東「春風得意」馳騁贛南

星星之火在擴大。朱毛紅軍——紅四軍，在中國共產黨人之中樹起了一面武裝鬥爭、武裝割據的旗幟，各地紛紛響應，冒出了一支又一支新的紅軍。

紅五軍——以彭德懷為軍長、滕代遠為黨代表，活躍在湘鄂贛邊界。

紅二軍——以賀龍為軍長、惲代英為政治委員（未到任），活躍於湘鄂西一帶（該軍最初亦曾稱「紅四軍」）。

紅四軍——與朱毛紅軍同名，由鄺繼勳為軍長、余篤三為政治委員、徐向前為參謀長，活躍於鄂豫皖邊區（這支紅四軍中的一部分，原曾稱「紅一軍」）。

紅六軍——同稱「紅六軍」的有三支部隊。一是以孫德清為軍長、周逸群為政委的紅六軍，活躍於鄂西洪湖地區；二是以李勳為軍長的紅六軍，亦在鄂西；三是以黃公略為軍長、劉士奇為政委的紅六軍，在贛西、湘贛邊界一帶。

紅七軍——一九二九年十二月十一日廣西百色起義之後誕生的，張雲逸為軍長、鄧小平為政治委員，活躍於廣西右江地區。

紅八軍——一九三〇年二月在廣西左江地區成立，俞作豫任軍長、鄧小平兼任政治委員。

紅十軍——軍長方志敏（後為周建屏），活躍於贛東北和閩北地區。

紅十一軍——同稱「紅十一軍」的有兩支部隊。一支以吳光浩為軍長、戴克敏為黨代表，活躍於鄂東：一支以古大存為軍長、胡丙泰為政治委員，活躍於廣東東江一帶。

紅十二軍——也有兩支。一支是以伍中豪為軍長、鄧子恢為政治委員（最初稱「紅九軍」），活躍於閩西一帶；一支由謝振亞領導，活躍於鄂東南一帶。

紅十四軍——以何昆（李維森）為軍長、李超時為政治委員，在蘇北活動。

紅二十五軍——軍長鄺繼勳、政委王平章，在鄂豫皖一帶（一九三一年十月始建）。

紅二十六軍——一九三〇年九月十九日，河北南部的東明、長垣兩縣農民暴動，打起了「紅二十六軍」軍旗。此後，劉志丹、謝子長在陝甘地區組織武裝暴動，隊伍亦稱「紅二十六軍」。

如此眾多的紅軍在中國大地誕生，顯示了毛澤東的影響。因為毛澤東最早提出了「槍桿子裡面出政權」，最早創建紅色根據地，朱毛紅軍成了一面旗幟，成了中國共產黨人的標杆。雖說當時的毛澤東，還只是「各路諸侯」中的一個，卻已成為各路紅軍的榜樣。

從一九二七年秋收起義，到一九三〇年，不過三年多的功夫，在毛澤東的影響下，中國有江西、湖南、湖北、福建、浙江、廣東、廣西、河南、安徽、甘肅、陝西、江蘇、四川等十三個省的三百多個縣，發生了武裝暴動，建立了大小十五個紅色根據地，建立了十三個軍的正式紅軍，共約六萬二千七百餘人，稍後則發展到十萬人。赤衛隊也發展到十多萬人。

毛澤東率部從閩西轉入贛南，一月十六日占領了廣昌。他復職後，精神頗佳，那曾經折磨他多日的瘧疾也霍然而癒。他滿懷信心地指揮著紅四軍。

紅四軍在毛澤東的領導下，上上下下也都充滿了信心。此時，紅四軍早晚點名，官長喊一聲「進攻敵人」，士兵便答一句口號：

進攻敵人——消滅軍閥混戰！

進攻敵人——武裝擁護蘇聯！

進攻敵人——建立贛西南蘇維埃政府！

進攻敵人——徹底分配土地！

進攻敵人——擴大工農武裝！

進攻敵人——奪取江西全省政權！

一九三〇年二月，毛澤東率部從廣昌進逼江西中部重鎮吉安。心境愉悅的他，在行軍途中哼成《減字花木蘭・廣昌路上》一首：

漫天皆白，雪裡行軍無翠柏。
頭上高山，風捲紅旗過大關。
此行何去？贛江風雷迷漫處。
命令昨頒，十萬工農下吉安。

內中「雪裡行軍無翠柏」一句，在一九六三年公開發表時，改為「雪裡行軍情更迫」。

毛澤東率紅四軍在江西中部、南部馳騁。到了一九三〇年三月，贛南一帶除了贛州、吉安等幾座孤城之外，三十多個縣都變成紅色，形成了贛南根據地。

贛南根據地跟閩西根據地連成一片，紅色區域日漸擴大。這一大片紅區，史稱「中央革命根據地」。這樣，毛澤東在丟失了井岡山根據地之後，又創立了新的、更大的根據地。

根據地擴大了，紅軍也擴大了。

一九三〇年六月，以紅四軍為基礎，和紅三軍、紅十二軍合編，組成了中國工農紅軍第一軍團，毛澤東任政治委員，朱德為總指揮。這「政治委員」一詞，是周恩來沿用蘇聯紅軍建制，改掉了中國紅軍中原設的「黨代表」。由周恩來起草的中央「九月來信」中說：「黨代表名稱應立即廢除，改為政治委員，其職務為監督軍隊行政事務，鞏固軍隊政治領導，副署命令等。」

自從毛澤東出任紅軍第一軍團政治委員後，人們也就稱他為「毛委員」；在此之前，人們對他的習慣稱呼為「毛黨代表」，不久，紅五軍、紅八軍、紅二十六軍合編，組成紅軍第三軍團，由彭德懷任總指揮，滕代遠任政治委員。

一九三〇年八月，紅一軍團又與紅三軍團合編，組成「中國工農紅軍第一方面軍」，毛澤東為總政治委員，朱德為總司令。朱德的「總司令」之稱，便始於此時。後來，他成為「紅軍總司令」、「中國人民解放軍總司令」，這個「總」字，最初起源於紅一方面軍總司令這一職務。

紅軍第一方面軍擁有三萬兵馬，比毛澤東初上井岡山時那七百多人，聲勢要大得多了。春風得意的「毛委員」已在江西樹起一面紅色的大旗……

李立三猛烈抨擊毛澤東

就在毛澤東結束了在閩西的半年的沉默，闖進贛南，打開了新的局面，他又遭到了猛烈的打擊。這一回新的打擊來自中央，來自他的老朋友李立三！

一九三〇年三月，周恩來由上海去蘇聯參加聯共（布）第十六次大會，並向共產國際匯報工作，中共中央的領導權便完全落到了李立三手中。

李立三開始實行他的「左」傾冒險機會主義路線。

一九三〇年六月九日，柏山（即李立三）在中共中央政治局會議上討論關於目前政治任務決議案草案時，對毛澤東提出了尖銳的批評。

李立三如此說：「在全國軍事會議中發現了妨害紅軍發展的兩個障礙，一是蘇維埃區域的保守觀念，一是紅軍狹隘的游擊戰略，最明顯的是四軍毛澤東，他有他一貫的游擊觀念，這一路線完全與中央的路線不同。他以為江西是革命首先勝利的區域，條件是：一、資產階級弱，二、無地方軍閥，三、帝國主義的力量弱。他對紅軍的發展，則完全是游擊戰爭的觀念。這一問題必須要根本解決。游擊戰爭的戰術已不適合於現在的形勢……」⑱

想當年，這位李立三看了《二十八畫生徵友啟事》去見毛澤東時，羞羞答答「沒有明白表示意見」。在毛澤東面前，李立三是個「小弟弟」。如今，李立三把持了中共中央，批評起「四軍毛澤東」來，一點也不客氣。

李立三挖苦毛澤東的「游擊戰爭的秘訣」，是「逃、跑、走」。據云，李立三的嘴甚大，他常給朋友表演「絕技」：把拳頭伸進自己的口裡，轉了一圈，再把拳頭取出。此刻，他張著大嘴，正在大聲鼓吹他的路線：紅軍「需要奪取中心城市，向敵人主力進攻，向交通中心發展」。

確實，毛澤東有著一條「完全與中央的路線不同」的路線。他的游擊戰爭經驗，是近四年紅軍作戰切切實實的總結。然而，坐在上海亭子間裡的李立三，卻要對毛澤東進行「根本解決」！

六天之後——一九三〇年六月十五日，李立三以中共中央的名義，給紅四軍前委，即毛澤東，下達了命令式的一封信。信的措辭是異常激烈的：

「你們固執過去的路線，主要的原因是你們沒有瞭解整個革命形勢的轉變。這的確也難怪你們，因為你們處境太偏僻了……」

「你們應當深刻的瞭解自己的錯誤，按照中央的指示轉變你們今後的路線……」

「如果前委有誰不同意的，應即來中央解決。」⑲

李立三強調，「一省或數省首先勝利的革命形勢正在成熟」。他要求毛澤東率紅四軍「向中心城市與交通區域進攻」！光是寫信、下命令還不夠，他還特地指派了中央特派員塗震農向紅四軍傳達、督戰。

李立三此時是上級，毛澤東是下級；李立三此時代表中央，毛澤東代表地方。按照「下級服從上級，地方服從中央」的組織原則，毛澤東不能不執行來自中共中央的命令：進攻南昌！然而，腳踏實地的毛澤東，當然掂量得出進攻南昌該付出多少血的代價。

毛澤東又一次顯示了他的聰明：

七月十一日，毛澤東在江西興國縣城北雨壇腦召開了紅軍和地方武裝人員的萬人誓師大會，擺出了向南昌進軍的架勢。

七月廿四日，毛澤東、朱德率部攻克清江縣樟樹鎮，殲守敵兩個營。廿六日，攻克離南昌不遠的高安縣。

七月三十日，毛澤東率紅一軍團攻入南昌近郊新建縣的西山。毛澤東在這裡召開軍事會議，說服部隊不要進攻南昌，以避免慘重的損失。

八月一日那天，毛澤東派出羅炳輝帶了幾十個人到南昌贛江對岸的牛行車站，乒乒乓乓放了一通槍，舉行「八一」示威。南昌城裡一陣緊張，正欲派出軍隊反擊，毛澤東的部隊已不見蹤影——早已朝奉新、安義縣轉移了。

彭德懷的紅三軍團接到李立三的命令：進攻長沙！李立三的「宏偉計畫」是毛澤東攻南昌，彭德懷取長沙，然後會師武漢！彭德懷執行了命令，率部乘軍閥混戰之際，長沙空虛，於七月廿八日攻入長沙，當即宣布成立「湖南省蘇維埃政府」，以李立三為主席。

李立三聞訊大喜。正在這時，何鍵調集十五個團，南北夾擊長沙。幸虧彭德懷急急率部撤退，才算避免了全軍覆沒——占領長沙不過十一天而已！

李立三得知毛澤東佯攻南昌，彭德懷退出長沙，大罵他們「右傾」，急令毛澤東的紅一軍團會同彭德懷的紅三軍團組成紅一方面軍，再攻長沙。

毛澤東只得從命，和彭德懷部隊一起，再攻長沙。這時，何鍵坐鎮長沙，擁有四萬兵馬，遠非上次那麼空虛。毛澤東為避免紅軍損失，屯兵長沙城下。

何鍵得知毛澤東之妻楊開慧在長沙板倉，懸賞一千大洋「捉拿毛楊氏」。

楊開慧不幸和兒子毛岸英一起被捕，被押往長沙。楊開慧在獄中遭到嚴刑酷虐。各界聞楊開慧被捕，紛紛來人、來電要求保釋。何鍵說：「只要楊開慧同意登報與毛澤東脫離夫妻關係就行了，其他都不必審訊。」楊開慧冷眼相對，堅決拒絕。

一九三〇年十一月十四日下午一時，楊開慧在長沙瀏陽門外識字嶺被殺，年僅二十九歲。

毛澤東後來從報上得知楊開慧犧牲的噩耗，當即寫信給楊開慧胞兄楊開智，痛悼道：「開慧之死，百身莫贖。」毛澤東還寄款為楊開慧修墓立碑，上刻：「毛母楊開慧墓男岸英、岸青、岸龍刻民國十九年冬立」。

毛澤東深知長沙城防堅固，易守難攻，只能採取圍城的辦法，然後設法誘敵出城，聚而殲之。好不容易引出敵人一個師，一舉殲滅，士氣大振，要求攻城的情緒也猛然高漲。李立三又連連催促進攻長沙，毛澤東不得不在九月十日簽署《強攻長沙命令》。

命令下達後，紅軍發動強攻。何鍵的部隊在長沙四周打了木樁，架上電網。紅軍買了幾十條水牛，牛尾上綁棉花，澆了煤油，點火之後，水牛狂怒，朝電網衝去，才打開了缺口，可是，電網之後有壕溝，有工事，紅軍一次次衝鋒，一批批倒下，損失慘重。毛澤東決定撤圍。

就在這時，李立三派來長江局代表周以栗，要求毛澤東堅決執行中央命令，於是再度對長沙發動進攻。

毛澤東與周以栗徹夜長談，陳述了不能再攻長沙的原因。他寫下一封致中共中央的信，說明了退兵的理由，交給周以栗帶去。長沙一仗，使紅一軍團損失一千六百餘人，紅三軍團的損失人數也與紅一軍團相近。於是，毛澤東在九月十三日帶著部隊撤退，退往湖南株洲。毛澤東的意圖是帶部隊回到贛南。

十月三日，毛澤東率部包圍了江西南部重鎮吉安縣城。午後二時，毛澤東下達了對吉安發起總攻的命令。這一仗打得很漂亮，一下子繳獲了上千支槍。拔掉了吉安這釘子，使贛南一片紅色，只剩贛州一座孤城未克。

十月十七日，毛澤東率部抵達江西中部的峽江縣，收到中共湘東特委九月以及九月以前發出的三封信，轉達來自中共中央的命令：再度進攻南昌！毛澤東無奈，於十月十九日覆函中共湘東特委：「我們目前的行動，是前去占領南潯路，進攻南昌九江消滅敵人……」

正在毛澤東十分為難的時候，中共中央發生了重大變化。那是由於中共中央設在上海，而那時交通不便，信息不靈，毛澤東尚不知李立三已經下臺！

八月下旬，瞿秋白、周恩來從蘇聯回國，制止了李立三的「左」傾冒險主義。九月廿四日，在瞿秋白、周恩來領導下，中共六屆三中全會在上海召開，宣告結束了李立三「左」傾冒險錯誤路線。

雖然毛澤東沒有出席中共六屆三中全會，但是他被選為中共中央政治局候補委員。等於恢復了他在「八七會議」時的黨內地位——他是在一九二七年十一月中共中央臨時政治局擴大會議通過《政治紀律決議案》被開除政治局候補委員職務。經過了將近四個春秋，他這才終於重新當選政治局候補委員。

直至一九三〇年十二月上旬，從中共中央來了一位「大員」，毛澤東這才詳細得知中共六屆三中全會的情形。在此之前，中共中央派來的，只是交通員、巡視員，這一回派來的卻是一位政治局委員！這表明中共中央越來越重視朱毛紅軍了。

派來的政治局委員，當時名叫「江鈞」，即項英。項英織布工人出身，所以在中共「六大」強調工人成分時，他不僅進入了政治局，而且成了政治局常委，在黨內的地位遠遠高於毛澤東。他甚至還當選共產國際監察委員會委員。史達林會見過項英，誇獎過他，還送了一支手槍給他，這使項英在中共黨內的聲望驟升。

自一九三〇年八月起，項英又兼任中共中央長江局書記。

項英傳達了中共六屆三中全會的決議，傳達了對李立三的「左」傾冒險錯誤的批判，內中，還傳達了六屆三中全會作出的《組織問題決議案》，決定立即在蘇維埃區域建立中央局，以加強和統一中共中央對各蘇區黨的領導。這一新的機構，命名為「中共蘇區中央局」。顯然，這「中共蘇區中央局」，成了蘇維埃地區的中共最高領導機構。

關於成立「中共蘇區中央局」，早在一九三〇年八月廿九日，中共中央的《中央關於在湘鄂贛三省成立蘇區中央局給長江局的信》中，已經指出：「中央決定在湘鄂贛三省蘇維埃區域中，成立蘇維埃的中央局，以指導所有的蘇維埃區域中的工作。」

中共中央派出的組織中共蘇區中央局的最初人選是關向應。關向應是滿族人，一九二四年曾赴莫斯科東方勞動者共產主義大學學習，回國後擔任中國共產主義青年團中央委員會書記。只是關向應赴任時，因道路阻隔，半途而返。

一九三〇年十月底，中共中央決定改派「江鈞」前往蘇區。中共中央在致毛澤東的信中寫及；「蘇區中央局在江鈞同志未到達以前，可先行成立，暫以澤東同志代書記。」

可是，當時正忙於作戰，擬議中的中共蘇區中央局並未建立起來。

直至項英到達蘇區，這項工作才終於落實了。

一九三一年一月十五日，中共蘇區中央局在江西寧都小布鎮正式成立，書記並非毛澤東，而是周恩來。由於周恩來尚在上海，任命項英為代理書記。這樣，項英成了蘇區的中共最高領導。

中共蘇區中央局委員由九人組成：周恩來（未到）、項英、毛澤東、朱德、任弼時（未到）、余飛（來到）、曾山及湘贛邊特委、少共中央各一人。其中的曾山是江西吉安人，當時任中共贛西南特委書記。一九三〇年十月七日，在吉安成立江西省蘇維埃政府，曾山當選為省府主席。

一月十五日，在成立中共蘇區中央局的同時，又成立了「中央革命軍事委員會」，項英任主席，毛澤東、朱德任副主席，中央革命軍事委員會為軍事最高領導機構。這樣，在蘇區，形成了項英、毛澤東、朱德的「三駕馬車」新格局。項英成為蘇區的最高首長。

李立三的下臺，使毛澤東又度過了一次政治危機，不過，項英當時並不認為李立三是路線錯誤，而只是策略的錯誤。項英的到來，並非徹底扭轉李立三路線在蘇區的影響，反而不時和毛澤東產生新的矛盾……

「齊聲喚，前頭捉了張輝瓚」

攻南昌，戰長沙，雖說毛澤東迫不得已，卻聳動了視聽，成為國民黨報紙上的「熱點新聞」，連篇累牘加以報導。

於是，紅軍名聲大振，毛澤東也名聲大振。

毛澤東成為街談巷議的傳奇人物，如他所憶：「我聽到一個故事，說當地（引者注：指毛澤東家鄉湘潭）的農民相信我不久就會回到家鄉去。有一天，一架飛機從上空飛過，他們就斷定飛機上坐的是我。他們警告那時種我的地的人，說我回來看我的地了，看看地裡有沒有樹木被砍掉。他們說，如果有砍掉的，我一定會向蔣介石要求賠償。」⑳

毛澤東成了知名度很高的人物，「湖南農民都知道我的名字，因為懸了很大的賞格不論死活要緝拿我、朱德和其他紅軍領導人。」㉑

毛澤東名震中國，蔣介石把他視為心腹之患，無奈，從一九三〇年五月起，蔣介石正忙於「蔣、閻、馮中原大戰」，跟閻錫山、馮玉祥逐鹿中原，打得不可開交。到了一九三〇年十月，「蔣、閻、馮大戰」以蔣介石取勝而告終，蔣介石便騰出手來，對付毛澤東。

蔣介石在一九三〇年八月五日，任命陸海空軍總司令武漢行營主任何應欽為「鄂、湘、贛三省剿匪總指揮」。何應欽受命伊始，說了一通「深刻」的話：

「各省從前剿匪，大都不免省界觀念，能將匪共驅出省界即為了事；他省如何不欲過問。故匪等東擊西竄，不能根株盡絕，反而愈延愈廣。國府因見及此，特命行營負此專職，統籌兼顧，謀根本解決，以矯正前此之流弊。」

這麼一來，也就從過去的「會剿」，改為「圍剿」。

蔣介石在十月七日攻占鄭州之後、平定中原，便確定贛南為「剿匪重點」，著手部署第一次「圍剿」，南昌市中心洗馬池，那裡的江西大旅社忽地戒備森嚴，三步一崗，五步一哨，外人莫近。這家大旅社是當年南昌首屈一指的豪華賓館，三年多以前，周恩來等便是住在這裡發動八一起義的。十二月七日，蔣介石抵達這裡，召開「剿共軍事會議」。

幾天之後——十二月十二日，上海《民國日報》的「南昌通訊」，便報導了蔣介石這一動向：「蔣主席為限期肅清贛境共匪起見，特電召十八、新五、新十五等師師長來省開軍事會議，並面授機宜，各師長將陸續由前方趕到，晚即在總司令部行營開會，出席者有何成浚、朱紹良、魯滌平及張輝瓚等十餘人……」

會後，蔣介石在南昌設立了國民黨陸海空軍總司令南昌行營，任命江西省主席兼第九路軍總指揮魯滌平為南昌行營主任，表明這次「圍剿」的聲勢不小。

蔣介石「面授機宜」，制定了「圍剿」的十六字方針：「長驅直入，外線作戰，分進合擊，猛進猛打。」他調集了十一個師兩個旅，約十萬兵馬，進行「圍剿」。另外，還派出三個航空隊，以造成空中優勢，因為紅軍沒有一架飛機，連高射炮也沒有。

說實在的，那時的蔣介石，還沒有把毛澤東放在服裡。他以為，作了這麼一番「面授機宜」之後，足以「蕩平共匪」。他在南昌逗留幾日之後，便帶著吳稚暉、周佛海、邵力子、陳布雷上廬山作逍遙遊，不久就返回南京去了。

毛澤東面對其勢洶洶的十萬敵軍，卻在那裡讀《孫子兵法》，以為《孫子兵法》所說的八個字極有見地，那就是「避其銳氣，擊其惰歸」。儘管許多人主張「主動出擊，北上迎敵」，甚至提出「主動進攻九江南昌」，而毛澤東卻依據《孫子兵法》，提出了四字方針：「誘敵深入」。

一九三〇年十月廿五日，毛澤東在紅一方面軍總前委會議上，對「誘敵深入」方針作了闡述。他以為，當強敵撲來之際，紅軍應向根據地內撤退，不應硬拼，在退卻過程之中選擇有利時機、有利地形消滅敵軍。毛澤東在會上說：「退卻之所以必要，是因為處在強敵的進攻面前，若不退讓一步，則必危及軍力的保存。」

後來，毛澤東作了如此生動的形容：

「誰人不知，兩個拳師放對，聰明的拳師往往退讓一步，而蠢人則其勢洶洶，辟頭就使出全副本領，結果卻往往被退讓者打倒。」

「《水滸傳》上的洪教頭，在柴進家中要打林沖，連喚幾個『來』『來』『來』，結果是退讓的林沖看出洪教頭的破綻，一腳踢翻了洪教頭。」㉒

毛澤東學林教頭，在蔣介石的十萬大軍面前退讓著，而根據蔣介石的「長驅直入」的方針，蔣的部隊也就隨著紅軍的退卻「長驅直入」了。

在蔣介石諸將之中，有一位名喚張輝瓚。《民國日報》「南昌通訊」中提及的蔣介石「面授機宜」的將領之中，便有此公的大名。

張輝瓚是湖南長沙人，年長毛澤東七歲，曾在北伐戰爭時與毛澤東相識，不意如今成了交戰的對手。張輝瓚此人，是一員道地的武將：早年在清朝軍官講武堂學習，然後又去日本士官學校和德國學習。他比起毛澤東「強」多了，因為毛澤東連軍事學校的大門都未曾進去過，更何況留日、留德喝洋墨水了。

張輝瓚在一九二四年出任國民黨軍第四師師長。一九二九年，出任南昌衛戍司令。一九三〇年三月，兼任江西省「剿匪」總指揮。由於他屠殺共產黨人不眨眼，因此人稱「張屠夫」。

這一回，「張屠夫」受命「剿匪」，趾高氣揚。他向部下發表訓詞：「吾黨與共匪勢不兩立，此番不剿清，誓不生還，願吾汝輩共勉之！」

張輝瓚揮師南下，在樟樹鎮駐營時，第五十師譚道源的參謀長李家白曾去看望，記下了當時的印象：「張住一樓房。我師副師長森岳邀我去看看他。一進大門，只見守衛士兵各荷自來得手槍及馬刀各一，槍柄吊金紅絲穗，佩繫頸上，刀柄係藍綢製的國民黨小黨旗；穿著嶄新的灰色軍服，看來十分威武。大門口站四個衛兵，樓梯上下各一個，房門口又站一個。張素愛排場，這時更令人刺目。我們見面彼此客套一番。張正為人謀差使，寫好了介紹信，叫『來人』，一馬弁（當時通稱衛士為馬弁）應聲進來，張命：『叫特務連長拿我的私章來！』一會兒，特務連長進來拿出師長的私章蓋上，仍把私章帶去（特務連長張迭泉係張的胞侄）……」㉓

江西中部的東固，駐有紅軍主力。國民黨新編新五師師長公秉藩和張輝瓚，分別率部朝東固進軍。

張輝瓚求勝心切，十二月二十日晨，率部逼近東固。清早，濃霧遮日，張部在霧中聽見人叫馬嘶，判定為紅軍主力，當即發動強攻。對方人強馬壯，馬上予以猛烈還擊。雙方在濃霧中激戰。張輝瓚以為這下子真的遇上紅軍主力，乃是千載難遇的立功之機，下令猛攻。

雙方廝殺正酣，濃霧漸消，對方發覺死者穿的是十八師軍服，大吃一驚，急忙吹號聯絡。張輝瓚部隊一聽號聲，方知對方不是紅軍，原是公秉藩的新五師。這一場大戰，是「大水沖了龍王廟——自家人打自家人」。

事情是這樣的：毛澤東見公秉藩、張輝瓚兩師朝東固撲來，避其鋒芒，退兵至龍岡。公秉藩捷足先登，占了東固，馬上發電報到吉安給魯滌平、到南昌給何應欽、到漢口給蔣介石，搶報頭功。蔣介石當即覆電，稱讚公秉藩「該師將士用命，克奏膚功，實堪嘉獎」，給二萬元「犒賞官兵」。張輝瓚不知此事，以為東固仍在紅軍手中，所以在霧中開火，誤殺一陣……

張輝瓚挨了蔣介石的臭罵：「該死！」「可恥！」

公秉藩在他一九六三年寫的回憶錄中，憶及當時的情景：「我去十八師師部看張輝瓚，請示明日如何行動，張說：『你明日留東固休息，我率領十八師進攻龍岡。』」㉔

張輝瓚的牙齒咬得咯咯響，非要立一「大功」，以雪東固之恥。

這時，毛澤東穩坐中軍帳。十二月廿五日，他在離東固不遠的小布鎮召開盛大的「蘇區軍民殲敵誓師大會」。他別出心裁，給大會寫了一副對聯，高懸在主席臺兩側，這副對聯，生動地反映了他的游擊戰爭的策略：

敵進我退，敵駐我擾，敵疲我打，敵退我追，游擊戰裡操勝券；
大步進退，誘敵深入，集中兵力，各個擊破，運動戰中殲敵人。

毛澤東正是運用這副對聯中的策略，對付蔣介石的第一次「圍剿」。

張輝瓚的求勝之心甚急，十二月廿九日率主力五十二旅、五十三旅及師部九千餘人逼近龍岡。毛澤東料定張輝瓚明日必然途經苦竹嶺進軍龍岡。苦竹嶺距龍岡二十華里。毛澤東、朱德在苦竹嶺設立了指揮所，調集紅軍主力埋伏在龍岡。龍岡是江西永豐縣的一個五六百戶人家的小鎮，高山環繞，中間是一峽谷，是打伏擊戰極好的「口袋」。

軍情急，已經無法再作戰前動員。紅軍戰士急行軍。這時，下起濛濛細雨，山道甚滑，可是為了爭取時間，甚至要在細雨中小跑。戰士們不知何故如此急迫，原定向上固移動，如今突然轉了方向，見到路邊的大門板上用粉筆寫著的一行大字，這才恍然大悟：

軍長、政委示

上固無敵，敵在龍岡，望全軍將士奮起精神消滅之。

林彪
羅榮桓㉕

當時劉亞樓任紅四軍第三十五團政治委員，經過緊張的急行軍，毛澤東調集了優勢兵力，布下羅網：紅三軍負責正面攻擊，紅十二軍任左路，紅四軍由上固轉向龍岡西北側，這樣，毛澤東和朱德布好了「口袋」，坐鎮苦竹嶺觀察動靜，以便決定何時收緊「口袋」。

果真，張輝瓚翌日率部進入「口袋」。真是天助毛澤東，當天下午三時起，居然濃霧四起！紅軍熟悉那裡的地形，而張輝瓚的十八師人地生疏。在朱毛下達總攻令之後，張軍亂成一團，九千多人頃刻瓦解，成了甕中之鱉，只能束手就擒。一夜之間，張輝瓚部隊全軍覆沒！魯滌平當天給蔣介石發去的電報，喟然長嘆：「龍岡之役，十八師片甲不留！」

翌日，紅軍打掃戰場，不見張輝瓚。張輝瓚哪裡去了呢？須知，龍岡那「口袋」，插翅也難逃。紅四軍十師的一個班，在一棵大楓樹下面，發現一件狐皮大衣。顯而易見，只有國民黨大官才會有這樣「派頭」的大衣。細細查看，在大衣裡發現一個手指頭大小的牌子，上寫「張輝瓚」三字。這表明，張輝瓚一定是扔下這件顯眼的大衣逃命，可能離此不遠。

戰士們開始搜山。在大楓樹附近，發現一個山水沖成的山窩，窩裡有個土洞，洞裡躲著人。

「快出來！不出來就開槍啦！」戰士們喊道。

那人戰戰兢兢地從洞中爬出，他，肥頭大耳，卻穿了一身過小的士兵服裝，繃得緊緊的。此人便是張輝瓚！一傳十，十傳百。「活捉張輝瓚」的消息，像長了翅膀似的在龍岡傳開。

在龍岡大坪，張輝瓚被押去見毛澤東。

「潤之先生，潤之先生。」張輝瓚一邊向毛澤東鞠躬，一邊趕緊敘舊，提及往日的友情。

毛澤東哈哈大笑道：「你曾一再說過，要剝朱、毛的頭，想不到今日被我們剃了頭。」

張輝瓚連聲道：「慚愧！慚愧！有罪！有罪！」這位中將師長，身為階下囚，此時此際唯求毛澤東高抬貴手，饒他一命。張輝瓚答應，願給紅軍捐款、捐藥、捐槍彈。

毛澤東關照部下好好看管張輝瓚，不要殺他。毛澤東說，可以安排張輝瓚到紅軍學校即將開辦的訓育系當教員，發揮他的一技之長。

張輝瓚家屬得知張輝瓚被俘，急著在上海找中共中央關係，願不惜任何代價，以求換回張輝瓚。中共中央派出涂作潮趕赴江西蘇區。

無奈「張屠夫」名聲太惡，加上當時「左」傾思想頗盛，張輝瓚被押往東固公審。一九三一年一月廿八日，東固召開萬人公審大會。在一片怒吼聲中，張輝瓚被斬首。

張輝瓚的首級被裝在籠裡，籠上插著三角旗，寫著「這是張輝瓚的頭」。當地群眾又找來一塊「張氏公祠」木匾，把籠子放在木匾上，抬了一百多里，扔進贛江，說是漂到南昌去。

國民黨七十七師的哨兵發現江上漂著的怪物，駕著小船撈起，速送正在吉安的魯滌平。張輝瓚乃魯滌平嫡系。魯大哭一場，派人把張輝瓚首級送往南昌。中共中央派出的代表涂作潮在南昌得知張輝瓚已死，只得重返上海。魯滌平給何鍵和蔣介石發去電報。

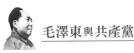

張輝瓚是湖南長沙人，何鍵痛哭一番之後，派人前往南昌運回張輝瓚首級，又派人砍了幾段樟樹，雕成身子，合葬於嶽麓山。何鍵還大做道場，在張輝瓚墓前立碑，書「魂兮歸來」四字……

據美國女作家艾格妮絲•史沫特萊的《偉大的道路》一書載：「幾個星期之後，共產黨中央委員會從上海派來的通訊員來到朱將軍（引者注：即朱德）的指揮所。他送來一封信件，要求釋放張輝瓚，蔣介石的交換條件是釋放大批政治犯，並願付二十萬現款。『我們對殺了他很感後悔』，朱將軍說道：『倒不是因為那筆錢，而是因為蔣介石對此進行了報復，殺害了我們許多在獄中的同志。』……」

在一舉全殲張輝瓚部隊之後，譚道源師驚慌失措，奪路而逃，自相踐踏。毛澤東揮師追擊，一月三日追至東韶，殲譚師一個旅三千多人。

這樣，五天連勝兩仗，殲敵一萬二千多人，第一次「圍剿」也就畫上了句號。

毛澤東笑了。這是他在遭受中共紅四軍「七大」和李立三路線的詰難兩次打擊之後，頭一回大勝利。

「人逢喜事精神爽。」毛澤東詩興勃發，寫了這麼幾句：

「霧滿龍岡千嶂暗，紅軍怒氣衝霄漢，喚起工農千百萬。齊聲喚，前頭捉了張輝瓚。」㉖

這是最初的幾句。後來，過了幾個月，蔣介石進行第二次「圍剿」，毛澤東又補寫了下半闋，並對前幾句加以修改、補充，才成了如今印入《毛澤東詩詞選》中的《漁家傲・反第一次大「圍剿」》：

萬木霜天紅爛漫，天兵怒氣衝霄漢。霧滿龍岡千嶂暗，齊聲喚，前頭捉了張輝瓚。

二十萬軍重入贛，風煙滾滾來天半。喚起工農千百萬，同心幹，不周山下紅旗亂。

這裡下半闋的「二十萬軍重入贛」，指的是蔣介石調二十萬大軍重新入贛進行第二次「圍剿」。

偽造毛澤東親筆信差一點惹起大禍

就在緊張地進行第一次反「圍剿」的日子裡，在急驟的戰鬥進行曲中忽地蹦出不協調的刺耳音符。

事情發生在彭德懷的三軍團指揮部。那是一九三〇年十二月中旬一天夜半，三軍團前委秘書長周高潮，忽然給彭德懷送來一封密信。一看那特殊的毛筆字，便知是毛澤東寫的。他那與眾不同的「毛體」字，形成自己獨特的風格。

彭德懷閱信，那兩條濃眉緊緊擰在一起，大為震驚。毛澤東的信，不是寫給彭德懷的，卻是寫給古柏的。古柏是江西尋鄔人，一九二五年加入中國共產黨，擔任過中共尋鄔縣委書記。一九三〇年五月，毛澤東到尋鄔作調查時，跟古柏結下很深的友誼，於是調他擔任紅四軍前委秘書長，亦即相當於毛澤東的秘書。㉗

當紅一方面軍成立時，古柏又成為紅一方面軍總前委秘書長。

那封毛澤東致古柏的信，全文如下：

古柏同志：

據目前各方形勢的轉變，及某方來信，我們的計畫要趕快實現，我們決定捕殺軍隊ＣＰ（引者注：共產黨的英文開頭字母）與地方ＣＰ同時並進，並於捕殺後，即以我們的布置出擊，僅限三日內將贛西及省行委任務完成，於拷問段、李、王等中堅幹部時，須特別注意勒令招出朱、彭、黃、滕係紅軍中ＡＢ團主犯，並已與某方白軍接洽等罪狀，送來我處，以便早日捕殺，迅速完成我們的計畫，此信要十分秘密，除曾、李、陳三人，任何人不准告知。

毛澤東

顯而易見，這是一封絕密之信。信中提及的「朱、彭、黃、滕」，即朱德、彭德懷、黃公略、滕代遠。

至於「ＡＢ團」，乃是「Anti-Bolshevik」的縮寫，英文原意是「反對布爾什維克」！朱、彭、黃、滕怎麼會成了「ＡＢ團主犯」?!怎麼要「早日捕殺」?!

除了那封毛澤東密信之外，還附有上萬字的《告同志和民眾書》，開頭的第一句話便觸目驚心：「黨內大難到了！彭德懷叛變投敵！」

雖說彭德懷有著「李逵」之稱，連他自己也承認「有些類似李逵」，此時倒粗中有細。他問周高潮這信是誰送來的，周說：「是一個普通農民青年。」彭德懷要周把送信人找來，周高潮出去半天也沒找來。彭德懷認為，此信肯定是偽造的，毛澤東絕不會寫這樣的密信。

彭德懷談及此事，曾說：

「當時我的腦中回想著毛澤東同志建設工農革命軍、建設井岡山根據地、傳達『六大』會議，爭取袁、王聯盟，嚴肅批評亂殺兩個群眾事；關於當時不應該留五軍守井岡山的自我批評；

特別是古田會議決議，這一切都是正確的方針、政策和政治家風度。毛澤東同志決不是一個陰謀家，而是一個無產階級政治家。這封信是偽造的，這是分裂紅軍、分裂黨的險惡陰謀。」㉘

翌晨，彭德懷召開緊急會議，說了自己的看法。

人們仔細看那封信，發覺信末寫著「10／12」，毛澤東從無這樣的寫作習慣。滕代遠同意彭德懷的分析，說道：「好危險呵！這是一個大陰謀！」

當時彭德懷的三軍團指揮部在東山壩，毛澤東的總前委在黃陂㉙，兩者相距六、七十里。彭德懷當即代表三軍團起草一簡短宣言，派人急送毛澤東，宣言表示：「一、三軍團在總前委領導下團結一致，擁護毛澤東同志，擁護總前委領導！」

就在這時，朱德那裡也收到同樣內容的毛澤東的「親筆信」。

李井泉曾這樣回憶事情的經過：「那時，東固來了個劉副官。到了黃陂，用毛澤東同志的名義寫了封信，偷偷地放在朱總司令那裡。信的內容是說朱總司令怎麼不好，落款是用英文簽的名。這下就露了馬腳。朱總司令一看，就說毛澤東同志寫信從來不用英文簽名，這是個陰謀。於是，把這封信公開了。那個劉副官放下這封信之後就逃走了。」㉚

就這樣，一場離間毛澤東和朱、彭、黃、滕的陰謀被識破了。紅軍的一次大破裂危機，安然度過了。

是誰偽造毛澤東的親筆信？是誰製造這起陰謀？經過詳細的調查，這才逐漸查清其中錯綜複雜的內幕：ＡＢ團是一個反共的秘密組織，一九二七年一月在南昌成立。那是國民黨右派組織的。最初，因「Ａ」代表省級組織，「Ｂ」代表縣級組織，取名「ＡＢ團」。

那是北伐軍攻克南昌之初，蔣介石派出他的親信段錫朋、鄭異為「中央特派員」，前來負責國民黨江西黨務。段、鄭兩人均為江西籍。後來又加派了洪軌前來南昌。於是，段、鄭、洪在南昌秘密成立了「ＡＢ團」，以反對中共和國民黨左派為目的。

三十一歲的段錫朋，頗有來歷：他是江西永新人，從江西高等師範學校畢業後，入北京大學政法科，曾是五四運動領導者之一，擔任全國學生聯合會會長。一九二〇年起，他先後赴美國哥倫比亞大學、英國倫敦大學、法國巴黎大學、德國柏林大學學習。一九二四年回國，出任武昌大學、廣東大學教授。他來到南昌後，出任中國國民黨江西黨務指導委員，是ＡＢ團的創建人。

ＡＢ團在江西為害三個來月，被中共和國民黨左派視為眼中釘。中共江西區委決定對ＡＢ團採取行動。一九二七年四月二日，在中共江西區委領導之下，江西工會、農會、學聯和朱德手下的軍官教導團，突然衝往南昌百花洲，包圍了那裡的國民黨江西省黨部，逮捕了ＡＢ團骨幹三十多人。段錫朋連夜從南昌逃往南京。這樣，ＡＢ團作鳥獸散，從此銷聲匿跡。段錫朋後來成為國民黨中央常委、中央大學校長，一九四八年病死於上海。

本來，在ＡＢ團總部被搗毀之後，ＡＢ團也就畫上了句號。可是，在一九三〇年三至四月間，在江西蓮花錢山，發現了所謂「改組派ＡＢ團」。接著，五月，又在安福西區、純化興國破獲「他們一些下級的零碎組織」。八月，中共贛西南特委又稱「破獲他們大批組織」。

中共贛西南特委在一九三〇年六月廿五日發出了《反改組派「ＡＢ團」宣傳大綱》，提出改組派ＡＢ團是「紅旗下的奸細」，必須對他們「實行赤色恐怖」。九月廿四日，中共贛西南特委又發出《緊急通告第二十號——動員黨員群眾徹底肅清ＡＢ團》，指出「ＡＢ團在贛西南有了數年的歷史，他們詭計百出的混入我黨及各政權機關，希圖暴動起來，奪取政權……」這樣，肅清ＡＢ團的聲勢越來越大。

十月，紅軍攻下贛西南重鎮吉安時，在城裡發現幾年前的ＡＢ團旗幟、印章，更使ＡＢ團問題引起注意。

中共贛西南特委把形勢估計得非常嚴重。那裡的團特委發行科朱家浩「因工作消極，言論行動表現不好」，首先被懷疑為ＡＢ團分子。於是，對他實行逼供：

> 「特委即把他拿起審訊，在初堅決不肯承認，我們採用軟硬兼施的辦法嚴審他，才供出來，紅旗社、列寧青年社、贛西南政府，都有ＡＢ團的小組，組織贛西南ＡＢ團的總團長是謝兆元，當即把謝兆元及總團部的一切人員全部捉拿、嚴加審問，所有混入在黨團特委和贛西南政府的ＡＢ團分子全部破獲，並將各縣區的組織統統供報出來了……」㉛

如此「軟硬兼施」、「嚴加審問」，使朱家浩亂供，使謝兆元亂供，使一大批被「捉拿」的人亂供，造成了ＡＢ團滿天飛的局面！

中共贛西南特委把這逼供的結果寫成報告，送給毛澤東，把毛澤東也弄糊塗了，以為那裡的領導機關真的「多數為ＡＢ團所充塞」，必須「來一番根本改造」，以「挽救這一危機」㉜，並把情況上報中共中央。周以栗也被弄糊塗了，以為「贛西南黨團的最高機關」「充滿了ＡＢ團」㉝。

十二月七日，總前委派出了李韶九，作為特派員，前去吉安東固領導肅反。

李韶九此人，原在程潛的第六軍五十四團四連擔任指導員。八一南昌起義時，他成了俘虜，

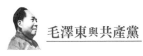

加入了朱德部隊。當朱德部隊在東江失利，他又重新回到國民黨部隊。半年後，再度加入紅軍，來回搖晃於紅白之間。

李韶九一到東固，在他看來，簡直遍地是ＡＢ團。在十二月七日到達，至十二月十日晚，短短四天之間，他竟在那裡的中共江西省行委、省蘇維埃政府和中共贛西南特委三個機關中，逮捕了一百二十名ＡＢ團嫌疑犯，而且把其中五十多人處決。㉞

用今日的語言來說，李韶九此人搞的，乃是「肅反擴大化」！

李韶九又把懷疑的目光投向駐紮在吉安富田的紅二十軍，逮捕了二十軍政治部主任謝漢昌，說他是ＡＢ團分子。謝漢昌又亂供二十軍一七四團政委劉敵是ＡＢ團分子。不過，劉敵和李韶九都是湖南嘉禾縣人，看在同鄉的面上，李韶九找劉敵談話，指出他是ＡＢ團分子，卻沒有逮捕他。

當李韶九押著謝漢昌離開富田去東固，十二月二日，劉敵便召集第一營的幹部說：「李韶九是反革命，把我們的政治部主任謝漢昌捉起來了，以後還要抓我們。」於是，劉敵率一營去東固抓李韶九。李韶九逃掉了。劉敵釋放了謝漢昌，釋放了一大批被抓的所謂「ＡＢ團分子」，其中包括江西省行委的段良弼等。這一事變震驚了蘇區，史稱「富田事變」。

事情鬧大了。段良弼、謝漢昌等以為李韻九是紅一方面軍總前委派來的，便帶著紅二十軍過了贛江，到永新、永陽一帶，脫離紅一方面軍總前委的領導。

事情越鬧越大。段良弼、謝漢昌他們要製造紅一方面軍總前委書記毛澤東和朱、彭、黃、滕的矛盾，造成分裂，想出了偽造毛澤東信件的計策。內中有個名叫叢永中的，平日喜歡模仿「毛體」，此時派上了特殊的用場：偽造毛澤東親筆信。就這樣，彭德懷和朱德都收到了那奇特的「毛澤東親筆信」。所幸彭德懷、朱德都察覺了這一詭計，沒有上當。那時，正面臨著蔣介石的第一次「圍剿」。如果彭、朱中計，紅軍分裂，馬上就會被蔣介石所擊破！

關於「富田事變」，紅一方面軍總前委當時「答辯」的一封信中指出：「實行挑撥離間，竟不惜一面說出要勒招朱、彭、黃、滕的罪狀捕殺朱、彭、黃、滕，一面企圖挑撥朱、彭等來殺毛周（引者注：「周」指中共中央長江局代表周以栗），竟如此毒辣，陷害同志……」㉟

信中對這一事件，作了如下分析：

「我們要問為什麼要打倒毛澤東，擁護朱、彭、黃呢？是不是澤東同志個人問題？決不是，如果是毛澤東同志個人問題，為什麼還要提起用以栗同志呢？『縱令退一萬步』以栗同志剛到江西，使了什麼政治手腕？捉了哪一個？打了哪一個？ＡＢ團取消派還得敢造謠言吧。那末為什麼要打倒毛澤東同志呢？正因為毛同志，代表正確的革命路線，目前實際在領導鬥爭，推動中國革命。ＡＢ團取消派企圖破壞中國革命，所以就要打倒毛澤東。正因為以栗同志代表中央正確路線，所以同樣要提起。」

「ＡＢ團取消派為什麼要擁護朱彭黃呢？並不是擁護革命，因為革命就沒有私人擁護與否的問題。他們也不是忠實擁護朱彭黃，他們的陰謀是拉了朱彭黃，打倒毛澤東，首先集中力量，打倒一個，然後再給一個打倒，同志們當此階級決戰緊急，蔣介石在外面大喊打倒毛澤東，ＡＢ團取消派就在革命戰線內喊打倒毛澤東，這是如何同聲相應同氣相求呵。」㊱

從上海派來中央「三人團」

「富田事變」惹起一番大風波。

事情變得錯綜複雜：段良弼、謝漢昌、劉敵等所謂「富田事變頭目」，本不是「ＡＢ團分子」，硬是被李韶九搞「擴大化」而「擴」進「ＡＢ團」之列。可是，他們又採取了不正當的手段，發動「富田事變」。特別是偽造毛澤東的親筆信，差一點挑起一場大內亂！他們的所作所為，恰恰為那些指責他們是「ＡＢ團分子」的人提供了「證據」。

解決「富田事變」這棘手的任務，落在了中共蘇區中央局代理書記項英的頭上。項英當時的頭腦還算是比較冷靜的。他首先抓住了重要的一條，即段良弼、謝漢昌發動「富田事變」之後，帶走了紅二十軍，雖然脫離了紅一方面軍總前委的領導，但並沒有去投降國民黨。

這樣，由項英主持，一九三一年一月十六日召開中共蘇區中央局會議，通過《中央局通告第二號——對富田事變的決議》，表示「完全同意總前委對富田事變所採取的鬥爭路線」，認為「富田事變完全是反黨的反革命的行動」，並決定「將富田事變的首領段良弼、李伯芳、謝漢昌、劉敵、金萬邦等開除黨籍」。但是，決議並沒有稱「富田事變」是「ＡＢ團的暴動」。決議還指出，今後「絕對不能隨便亂打亂殺」，「不能隨便聽人亂供亂咬，加逮捕」。

項英對「富田事變」進行「冷處理」，他「責成曾炳春同志親自到河西永新蘇區去把二十軍帶過河東來，並隨帶中央局的指示，通知贛西南特委負責人和參加富田事變的領導人過江來蘇區中央局開會」。這樣，他沒有用武力去解決紅二十軍。經過宣傳、教育，紅二十軍回歸到紅軍中來。「富田事變」的領導者謝漢昌、劉敵、李伯芳等，「向黨承認自己的錯誤，請黨教育」。這樣，一場劍拔弩張的「富田事變」，經項英妥善處理，也就安然過去。紅二十軍開赴前線，參加了跟國民黨軍隊的作戰。

此波剛平，彼波又起。一九三一年四月上旬，從上海派出了「三人團」，來到當時中央蘇區中央局和紅一方面軍總前委所在地寧都縣青塘墟。這「三人團」的正式名稱叫「六屆四中全會代表團」。那時因為一九三一年一月七日，中共六屆四中全會在上海召開，王明上臺。為了在蘇區貫徹中共六屆四中全會路線，中共中央派出了代表團。代表團共三人，即任弼時、王稼祥和顧作霖，人稱「三人團」。和「三人團」一起來到蘇區的，還有葉劍英、歐陽欽。

任弼時在中共六屆四中全會上當選為政治局委員。這位留著八字鬍、戴近視眼鏡、二十七歲的湖南人，早在一九二〇年秋，便出現在上海霞飛路（今淮海中路）新漁陽里六號的石庫門房子裡。那兒門口掛著「外國語學社」的牌子，實際上是上海共產主義小組的外圍組織。

任弼時是第一批學生中的一個，學習俄語，教師是楊明齋以及維經斯基夫人庫茲涅佐娃。這年冬天，任弼時加入了中國社會主義青年團。

一九二一年春，任弼時來到莫斯科東方大學學習，翌年，在那裡轉為中共黨員。一九二四年他返回中國。一九二六年成為中國共產主義青年團中央代理書記、總書記。大抵由於他有過蘇聯留學經歷，在王明看來是信得過的，派他前來蘇區。他是「三人團」中級別最高的人物。

王稼祥是「二十八個布爾什維克」中的一個，王明理所當然信得過。

顧作霖不過二十三歲，是「阿拉上海人」，出生在上海嘉定徐行。十七歲那年，他考入上海大學，在那裡加入了中國共產主義青年團。翌年，亦即一九二六年，轉為中共黨員。他擔任過中共山東省委常委、長江局主席團成員。進入蘇區前夕，他在上海擔任團中央組織部長。當時，他的妻子楊龍英正臨產，他的兒子顧家來只一歲。他告別愛妻，幼子，和任弼時、王稼祥一起化裝成商人，經香港、汕頭進入閩西，再進入江西。

「三人團」到來之後，江西蘇區有了兩位中共政治局委員和一位政治局候補委員，即項英、任弼時以及毛澤東。不過，項英很快就遭到「三人團」的排斥。雖說項英在六屆四中全會上仍保持政治局委員的地位，但他最初是為了貫徹六屆三中全會而派到江西蘇區來的——六屆四中全會是對六屆三中全會的否定。

沒多久，「三人團」便批評項英在處理「富田事變」中是「完全錯誤」的，「根本沒有指出富田事變是ＡＢ團領導的反革命暴動，反而肯定富田事變不是ＡＢ團的暴動，這完全是模糊了富田事變的反革命性質。又說富田事變是由無原則派別鬥爭演進而成的，更是大錯特錯」。

於是，項英被認定「喪失信仰，工作能力不夠領導」，撤去了中共蘇區中央代理書記的職務。

由誰取代項英呢？一九三一年五月，中共蘇區中央局會議決定，「以毛澤東為代理書記，請中央批准。」

接著，六月二十日，「中央革命軍事委員會」亦進行改組，撤去項英的主席職務，改由毛澤東任主席，朱德、項英為副主席，葉劍英為總參謀長，周以栗為政治部主任。

這樣，毛澤東成了蘇區中共和紅軍的雙重最高首長。毛澤東成功地領導紅軍戰勝蔣介石的第一次「圍剿」，使他的聲望大增。

「橫掃千軍如捲席」

南昌的百花洲，那裡的國民黨陸海空軍總司令行營主任易人。首任行營主任魯滌平因「指揮不力」，被蔣介石撤職。

一九三一年二月廿二日《民國日報》報導，蔣介石「派軍政部長何應欽西上，代理總司令職權指揮南昌武漢兩行營，處理湘鄂贛閩四省剿共事宜，藉以統一指揮，而專責成，以冀最短期間，將四省共匪肅清」。

四十一歲的何應欽，雖然出生於貴州義興，但祖籍江西。他跟蔣介石有著頗深的交情：一九〇八年，十八歲的何應欽赴日本留學，在振武學堂結識比他大三歲、來自浙江奉化的小夥子。那小夥子便是蔣介石。同窗之誼，使蔣何之間變得親密。

何應欽回國後，在黔軍中任團長、旅長，以至成為黔軍總參謀長。由於黔軍總司令王文華突然遭刺，他失去靠山，離黔出亡，到廣州任孫中山元帥府參謀。當蔣介石出任黃埔軍校校長時，他任戰術少將總教官兼黃埔軍校教育長，從此蔣何攜手。一九二九年，當蔣介石出任海陸空軍總司令時，何應欽出任海陸空軍司令部總參謀長，翌年，又任國民政府軍政部長。蔣介石派出了何應欽這麼一位軍界大員坐鎮南昌指揮，表明了他對此番再度「圍剿」的重視。

蔣介石反省上次「圍剿」之敗，敗在「長驅直入」，入了毛澤東布下的「口袋」。這一回，他對戰略方針作了修改，改成：「穩紮穩打，步步為營，緊縮包圍。」

何應欽調集了二十個師又三個旅，兵力二十萬，比第一次「圍剿」增加了一倍，亦即毛澤東的詞中所謂「二十萬軍重入贛，風煙滾滾來天半」。

這時紅軍的總兵力為三萬五千人，只及國民黨軍隊的六分之一。蔣介石發表演說，他緊握拳頭，大聲宣稱：「三個月內消滅共軍！」

面對六倍於己的敵軍，該怎麼辦？在紅軍統帥部，引起了一番激烈的爭論。

項英在處理「富田事變」上，採取了正確的措施。可是，面對「二十萬軍重入贛」，他卻提出了錯誤的意見。他主張轉移，主張「跑」，把紅軍開到四川去。他引述史達林的話來作為依據，「四川是最理想的根據地。」㊲項英見過史達林。當他對沒有見過史達林、連蘇聯都沒有去過的毛澤東說出這番話來時，充滿著一種自豪感、優越感。

也有許多人主張「分兵退敵」，以為紅軍分散游擊，可以分散敵軍的目標。

毛澤東為排眾議，依然堅持「誘敵深入，集中兵力」的戰略。毛澤東分析敵情，指出這二十萬「全部是蔣之非嫡系部隊」，不必過分驚慌。他主張「揀弱的打」。

經過前後一個半月、四次會議的反覆討論，毛澤東的意見，終於得到了中共中央新派來的「三人團」的認可。

何應欽指揮著二十萬大軍，「齊頭並進，穩紮穩打」，西起贛江，東至福建建寧，聯營七百里，徐徐朝南推進。到了四月下旬，已推進至富田、廣昌、建寧一線。直至此時，何應欽仍不知紅軍主力何在。

毛澤東是一位軍事奇才。他約了彭德懷，在東固一帶的群山之中鑽來鑽去，一邊摘吃山上的刺梅，一邊察看地形，最後看中了東固這塊地方。

東固在上回「捉了張輝瓚」的龍岡之北，地形很有點像井岡山，只是沒有井岡山那麼高罷了。東固群山環抱，北有東固嶺、鐘鼓山，東南有名為「狐狸十八歇」的大山，南有大烏山、荒石嶺，西南有白雲山，西有觀音崖，西北有九寸嶺，群山之間，只有五條羊腸小徑，類似於井岡山那五大哨口。這是易守難攻的好地方。自一九三一年四月二十日起，毛澤東竟把三萬紅軍主力調入東固，派兵嚴守各山口。三萬大軍在這深山之中悄然待命，伺機而動。

這時，東固的西、北、南三面皆有蔣軍，而且挨得很近；西有王金鈺部隊，駐紮在富田陂下一帶，離東固不過四十華里；北面郭華宗部隊，駐紮水南、白沙，離東固只七十里；南面，蔣光鼐、蔡廷鍇的兩個師，占領了興國縣城。

毛澤東所下的是一步險棋。一旦消息走漏，三軍夾擊，那就天機盡洩，陷入包圍圈之中。項英挖苦毛澤東，說他「鑽牛角」。毛澤東坦然答曰：「我們就要鑽這個『牛角』！」

毛澤東看中東固，除了那裡群山環立、地形極為有利之外，還在於中共在東固有很深的根基，那裡曾被譽為贛西南「群眾鬥爭最紅的地方」。三萬大軍進山，那裡的婦女、孩子都幫助放哨，查「路條」。家家戶戶借糧給紅軍。

不過，東固原本只有萬把人。陡然增加了三萬青壯年，糧食頓時緊張，蔬菜也不夠供應。於是，紅軍從每日三餐改為每天兩頓，紛紛上山挖竹筍、下田逮泥鰍、入河摸螺螄，權且當菜。

何應欽和毛澤東，兩位主帥都在摸對方的底：何應欽覺得好生奇怪，怎麼一路「穩紮穩打」，從未遇上有力的抵抗，不見紅軍主力的蹤影？毛澤東坐在深山之中，卻在終日琢磨，選擇什麼時機突然奇襲，才會收到最好的戰果？

何應欽的右路軍總指揮為王金鈺，王手下的部隊之一是第二十八師（原稱新編第五師），師長公秉藩，乃是紅軍的老對手。公秉藩部隊參加過第一次「圍剿」，那時首先攻占東固是他，跟張輝瓚部隊在濃霧中火拼的也是他。上一回，幸虧他逃得快，才算未曾全軍覆沒。此次又與毛澤東交手，未免心驚膽戰。

五月八日，公秉藩麾下的八十二旅旅長王懋德報告極端重要的情報，該旅步哨抓獲一紅軍排長，說毛、朱、彭、黃皆在東固，那裡集中了紅軍七八個軍！那排長據云是犯了嚴重錯誤，受到重罰，乘監視疏忽之機逃了出來，過來投誠。毛澤東的苦心經營，差一點斷送在這個排長身上！

不過，公秉藩未敢貿然相信排長之言，生怕有詐，一邊囑令嚴審這一排長，一邊急電何應欽。何應欽下令對東固進行飛機偵察。漆著青天白日標誌的偵察機在東固上空反覆盤旋，沒有發現異常跡象。於是，五月十一日，何應欽覆電公秉藩：

「連日派飛機偵察，均未見敵蹤，仍盼鼓勵所屬，不顧一切，奮勇前進，如期攻下東固，樹各路之先聲。」

這樣，那個反叛的紅軍排長所提供的重要情報，反而被視為「苦肉計」，遭到了否定。毛澤東則在東固深山之中，正側耳諦聽著山外的「聲音」。

說實在的，毛澤東得「感謝」張輝瓚，因為張輝瓚全軍覆沒之際，他的無線電臺也落入紅軍手中！在此之前，紅軍沒有無線電臺。正因為這樣，當年毛澤東和朱德互相尋找，朱毛和彭德懷互相尋找，花費了多少工夫！也正因為這樣，中共中央的指令和朱毛的匯報，要用藥水寫在白襯衫上，寫在竹紙上，靠地下交通員遞送，一兩個月才能到達！

龍岡一戰，紅軍從張輝瓚師部繳獲一台十五瓦特的收報機，如獲至寶。同時，還俘獲了幾個無線電報務員。不過，繳獲的發報機卻是壞的。所幸，緊接著在寧都東韶殲滅譚道源五十二師一個旅時，又繳得一台十五瓦特收報機和發報機。

在被俘的無線電報務員中，有兩人願加入紅軍。

一九三一年一月三日，毛澤東、朱德和紅一方面軍參謀長朱雲卿（井岡山黃洋界保衛戰的指揮者），在寧都小布附近的一座祠堂裡，熱情地接見了這兩位報務員——在當時，是極為難得的技術人員。

這兩名報務員，一個叫王諍（一九六三年至一九七八年，他成為第四機械工業部部長），另一個叫劉寅。沒幾天，紅軍的第一個無線電臺便宣告成立，臺長王諍，政委為馮文彬（在「文革」後曾出任中共中央辦公廳副主任）。以王諍、劉寅為教師，辦起了報務員訓練班。十二名小青年成了這個訓練班第一批學員。學員之中有胡立教（「文革」後曾出任中共上海市委副書記）。

這個電臺跟隨紅一方面軍司令部行動，成了毛澤東、朱德的「耳朵」。此刻，在東固，紅軍電臺晝夜一直有人值班，監聽著國民黨部隊發出的每一個無線電信號。國民黨部隊做夢也未曾想到，紅軍居然也在接收著他們之間的聯絡電報！

在監聽中，要算公秉藩師部發出的無線電報訊號，最為「嘹亮」，因為其他部隊用的都是十五瓦特的收發報機，而公秉藩師部用的是一百瓦特的收發報機。紅軍對公秉藩師部的收發報機垂涎三尺，盤算著如何完好無損地弄到手——因為那台十五瓦特的收發報機是無法發送遠距離電報的。

紅軍主力三萬大軍，在東固大山之中，已經埋伏了整整二十五天，很多人都已煩躁起來，懷疑毛澤東鑽「牛角」究竟能不能鑽得通。

正在這節骨眼上，一九三一年五月十五日黃昏，紅軍電臺從空中捕捉到重要情報！

那是公秉藩師部跟該師吉安留守處之間的明碼往返聯絡——

師部台：「我們現駐富田，明晨出發。」

吉安台：「哪裡去？」

師部台：「東固。」

紅軍電臺馬上把這份重要情報送到毛澤東和朱德手中。總司令部的燈火通宵亮著。毛澤東和朱德忙碌著調兵遣將，在公秉藩師必經之路上布好「口袋」。

五月十六日清早，前方偵察部隊向公秉藩匯報，說通往東固的道路「平靜得和水一樣」。公秉藩又提及那位紅軍排長，說此人所說情況「顯然與事實不符」。

迎著朝陽，公秉藩率師向東固前進了。山間路窄，隊伍成一列縱隊前進，前前後後達五、六里長。內中最顯眼的是三頂大轎，裡面分別坐著師長公秉藩以及副師長、參謀長。

上午十時許，公秉藩師全部進入毛澤東的「口袋」。一聲令下，寂靜的山谷忽地響起炒豆般的槍聲，喊殺聲震天動地。這時，紅軍電臺收到了公秉藩師部發出的「SOS」求救呼號聲，紅軍總司令部聞訊笑聲連連。

下午三時，戰鬥結束。公秉藩的二十八師全軍覆沒，四十七師五旅也被殲滅。這一仗，紅軍共殲蔣軍一萬多人！

師長公秉藩也被紅軍活捉。不過，他化裝成士兵。紅軍寬大俘虜，給回家的蔣軍士兵每人發兩塊「花邊」（即銀元）。公秉藩也混在士兵中領大洋。發到他的時候，只剩一塊大洋。紅軍要他等一下，過一會兒補發一塊大洋給他。他生怕有變，連聲說「一塊花邊足夠用」想趕緊逃脫，溜之大吉。

至於紅軍「垂涎」已久的公秉藩那部一百瓦特的電臺，真的完好無損地被繳獲。另外，還繳獲了六部十五瓦特收發報機。從此，紅軍建立了無線電總隊，王諍任總隊長，伍雲甫任政委。這支無線電總隊一直竊聽著蔣介石部隊的往返電報，為紅軍提供了重要情報。

東固一戰，朱毛紅軍威風大振。毛澤東乘勝連連出擊：從五月十六日至三十一日的十五天內，紅一方面軍由西向東橫掃七百里，五戰五捷，殲敵三萬多人，繳槍兩萬多支。第二次反「圍剿」也就落下了大幕。

毛澤東又一次顯露了他的韜略雄才。彭德懷從此稱他是「搖鵝毛扇的」，把他比作諸葛亮。彭德懷說了一番佩服毛澤東的話：

「我在這次戰役中學到一些東西：毛澤東對戰役部署固然是異常細心地反覆思考，力求無缺；對戰術問題也是異常細心的，反覆推究，特別是不恥下問，虛心聽取別人的意見。此役集中優勢兵力，『傷敵十指，不如斷敵一指』，他對此運用得最熟練。」

勝利之時，毛澤東又發詩興，寫下《漁家傲・反第二次大「圍剿」》：

白雲山頭雲欲立，白雲山下呼聲急，枯木朽株齊努力。槍林逼，飛將軍自重霄入。
七百里驅十五日，贛水蒼茫閩山碧，橫掃千軍如捲席。有人泣，為營步步嗟何及！

毛澤東寫及的「白雲山」，便是殲滅二十八師之處。據毛澤東自云，那天一早他登上白雲山時，山頭還是一片白雲。紅軍奇兵突擊二十八師，蔣軍士兵驚呼「你們是天上飛下來的呀」，故毛澤東有「飛將軍自重霄入」之句。至於那「有人泣」，不言而喻，乃指蔣介石也。

「肥的拖瘦，瘦的拖死」

在鏖戰正急、戰火正烈的日子裡，又發生了出人意料的小插曲……

彭德懷的三軍團指揮部，忽地來了兩位神秘的客人，求見黃公略。一個青年學生模樣，另一個五十多歲。那五十多歲的人自稱是黃公略的胞兄，名叫黃梅莊，看上去確實有幾分像黃公略。

黃公略乃「毛、朱、彭、黃、滕」的「黃」，紅三軍的軍長，紅軍的領袖人物之一。毛澤東十分倚重黃公略。毛澤東在《蝶戀花・從汀州向長沙》一詞中，便有一句：「贛水那邊紅一角，偏師借重黃公略。」黃公略本名黃漢魂，敬佩漢代名將張良，因張良受書於圯上老人黃石公得以精通韜略，遂改名「黃公略」。

來者黃梅莊，確係黃公略同父異母之長兄。黃公略之父黃秀峰娶妻左氏，生三子，長子即黃梅莊，次子黃星遠，三子黃麟四，左氏去世後，黃秀峰娶丫環彭氏為續弦，生一女一子，女為黃菜香，子即黃公略。黃公略與長兄黃梅莊，相差二十多歲。

黃公略於一九二七年初入黃埔軍校，同年底加入中共。翌年七月，和彭德懷一起在平江領導暴動。十月，彭德懷、滕代遠率起義部隊上井岡山，黃公略仍留平江一帶打游擊。一九三〇年六月，黃公略出任紅三軍軍長。這時，彭德懷為紅三軍團總指揮。

彭德懷平日從黃公略的談吐之中，知道黃梅莊在家欺凌庶母彭氏，以為彭氏丫環出身，身分低賤。他與黃公略關係也不好。如今，忽地遠道趕來求見黃公略，此事頗為蹊蹺。再說，彭德懷前些日子聽說《湖南民國日報》（一九三一年三月廿四日）登出《彭德懷黃公略趕快率部來歸》，其中提及何鍵把黃公略的生母彭氏和妻子劉玉英押來長沙，作為「人質」。看來，國民黨十分「看重」黃公略，因為他畢竟是黃埔軍校的學生，曾在「蔣校長」手下受訓。

彭德懷過去見過黃梅莊。這一回，「舊友」重逢，置酒相待。彭德懷拿出「竹葉青」，頻頻勸酒，卻自稱不飲酒（其實他是能飲而不飲）。黃梅莊酒後吐真言，原來，他此行負有特殊使命：「委員長、漢湘叔，均有信給公略。」

「委員長」，即蔣介石，「漢湘叔」，乃黃公略的堂叔黃漢湘。蔣介石任命黃漢湘為「宣撫使」，進駐南昌，在那裡建立「宣撫使署」，從事對紅軍的「宣撫」，亦即策反。黃漢湘「宣撫」的頭一個目標，當然是黃公略。於是，找來黃梅莊，派他前去求見黃公略。

黃梅莊說著，打開帶來的皮箱，箱內有一千五百枚銀元，在皮箱的夾層裡，藏著兩封信，那是蔣介石、黃漢湘寫給黃公略的親筆信。黃梅莊把信交給了彭德懷。蔣介石的信，以「校長」身分，勸黃公略「迷途知返」，而黃漢湘的信，則稱讚「蔣公美德」，並願以叔父身分擔保黃公略「反水」之後的人身安全。彭德懷閱信後，知道了黃梅莊此行的來歷。

不日，彭德懷將那皮箱密封，交給與黃梅莊同來的青年特務，說黃梅莊已去黃公略處，囑他將此箱速速運回南昌，面呈黃漢湘。「宣撫使」黃漢湘收到這皮箱，以為策反有望。打開箱子，卻幾乎使他昏倒。原來，箱內是一顆人頭——黃梅莊的腦袋！

箱內還附有以黃公略署名的一封信，內云：「蔣賊賣國，屠殺工農，罪當處剮；漢湘附逆，亦將引頸受誅；梅莊甘當走卒，還爾狗頭，以儆效尤。」

從此，那「宣撫使署」從南昌消失。黃漢湘再也不敢去「宣撫」紅軍了。

蔣介石見何應欽吃了敗仗，「宣撫使」亦無濟於事，便於一九三一年六月廿一日再赴南昌。這次，蔣介石親自坐鎮南昌，直接指揮第三次「圍剿」。

第三次「圍剿」的兵力增至三十萬。所增加的十萬兵馬，全是蔣介石的嫡系部隊。蔣介石委任何應欽為左翼集團軍總司令，陳銘樞為右翼集團軍總司令，以衛立煌為總預備軍總指揮。蔣介石下了破釜沉舟的決心。他發表文告宣稱，他不能「解甲歸田」，那就「捨命疆場」。主帥從魯滌平而何應欽而蔣介石，兵力從十萬而二十而三十萬，蔣介石確實是要「踏平」紅軍了。

紅軍呢？剛剛結束第二次反「圍剿」，還是三萬多兵力，還來不及喘一口氣休整。這一回，以一比十，迎戰蔣軍，何況敵方主力是蔣軍嫡系精銳之師。

仗著人多勢眾，兵力雄厚，蔣介石又以「長驅直入，分進合擊」為戰略方針。

毛澤東倉促上陣。因為從第二次反「圍剿」結束，到第三次反「圍剿」開始，相隔不過一個月。紅軍想不到蔣介石來得那麼快。

毛澤東呢？好在上兩回反「圍剿」都獲大勝，在軍內威信倍增，這一回依然用「誘敵深入」作戰略方針，依然用的是「避敵主力，打其虛弱」的辦法。

一開始，蔣介石好得意，雪花般的捷報紛至遝來：青天白日旗飄揚在廣昌城頭；寧都不戰而克；瑞金落入國軍之手；富田、水南、白沙、沙溪、中沙、大金竹、頭陂……接連易主。

面對十倍之敵，毛澤東連連放棄一座座城池。正在蔣介石興高采烈之際，毛澤東秘密召見紅十二軍軍長羅炳輝，面授機宜。

自從毛澤東一番吩咐之後，紅十二軍忽然改變了朝南退卻的步子，卻朝東北方向前進。往日行軍，銜枚而進，偃旗息鼓，如今揚起了紅旗，特別是在蔣介石的飛機前來偵察時，連花被面都被紮在竹竿上，迎風招展，頗為招搖。隊伍特地拉開距離，行軍時變成長長的隊伍。

他們偏愛泥塵多的道路，喜歡踏得塵土飛揚。每逢三岔路口，則必定用石灰水刷上某某軍團朝此前進之類字眼，畫上大箭頭。到了村莊紮營，則在各處門板上寫上某團某營駐地之類，那些部隊番號隨便「創作」……

正在尋覓紅軍主力決一雌雄的蔣介石，聽信飛機的偵察報告，把紅十二軍當成紅軍主力。於是，調兵遣將，尾追不捨。

羅炳輝見蔣軍主力尾隨，知道蔣介石已經中計，於是十分「照顧」蔣軍，放慢了前進速度，以使蔣軍能夠跟上。有時，還往後打幾槍。蔣軍以為紅軍布下伏擊「口袋」，小心翼翼派出偵察部隊探路，直至查明沒有設伏，這才繼續前進。

羅炳輝走著走著，專揀高山行軍。不斷地翻山越嶺，弄得尾追的蔣軍叫苦不迭。蔣軍士兵不由得長嘆，「剿共簡直是無期徒刑！」㊳如此這般，紅十二軍把蔣軍主力「肥的拖瘦，瘦的拖死」。

這時，紅軍主力在毛澤東率領下，悄然在江西興國境內，休整了半個月！毛澤東在那時，從從容容主持作戰會議，細細研究著「雷公打豆腐」，如何「揀軟的欺」。

待蔣介石發覺上當受騙，已經晚矣。八月六日，毛澤東指揮紅一方面軍在蓮塘首戰告捷：以紅十二軍為左翼，紅三軍為右翼，紅三軍團、紅四軍為正面主力，把蔣軍第七十四師第一旅包圍於蓮塘村東北山谷內，一下子全部殲滅！翌日，紅一方面軍向良村急進，又吃掉敵五十四師兩個團！

蔣介石聞訊，恨恨地在南昌發表訓詞：「中國亡於帝國主義，我們還能當亡國奴，尚可苟延殘喘；若亡於共產黨，則縱肯為奴隸亦不可得！」

無奈，紅軍在毛澤東指揮之下，三戰三捷，殲蔣軍十七個團，三萬餘人。

正在這時，胡漢民、汪精衛聯絡兩廣軍閥，在廣州成立「國民政府」，與蔣介石對抗。九月四日，粵軍入湘。蔣介石忙於對付國民黨內訌，不得不下令結束第三次「圍剿」。

蔣介石在南昌對部下訓話時，不得不嘆道：「我們十個人不能當一個人用，我們三十萬兵打不過他們三萬兵！」

這時，《第三次反「圍剿」勝利歌》在紅軍中一下子成了「流行歌曲」。歌中唱道：

「三期戰爭獲全勝，勝利原因要記清：第一莫忘共產黨，共產黨主張樣樣靈。第二紅軍團結緊，十人團結勝千人。第三群眾力量大，群眾擁護一定勝。學此經驗與教訓，不愁百戰不百勝。」

彭德懷對毛澤東領導第三次反「圍剿」，作了如下評述：

「這次戰役的特點是，充分發揮了毛澤東靈活機動之戰略戰術方針。三個月的艱苦戰鬥，戰勝了十倍之敵。以相對劣勢裝備和絕對劣勢兵力，無後方接濟的作戰，取得了偉大勝利，粉碎敵人的『圍剿』，創造了古今中外沒有過的一套嶄新的戰略戰術，這是馬克思列寧主義武裝中新的發展——毛澤東的軍事辯證法。」㊴

注釋

①《黨的文獻》，一九九一年第三期。

②《布爾什維克》二卷七期（一九二九年七月）。

③中國人民解放軍政治學院黨史教研室編，《中共黨史教學參考資料》第十四冊。

④中國人民解放軍政治學院黨史教研室編，《中共黨史教學參考資料》第十四冊。

⑤中國人民解放軍政治學院黨史教研室編，《中共黨史教學參考資料》第十四冊。

⑥引自中共福建省委《紅四軍部隊情況報告》（一九二九年七月—一九三〇年四月）。

⑦《中央革命根據地史料選編》中冊，江西人民出版社一九八三年版。

⑧《中央革命根據地史料選編》中冊，江西人民出版社一九八三年版。
⑨《中央革命根據地史料選編》中冊，江西人民出版社一九八三年版。
⑩《黨史研究資料》一九八四年十二期第十頁。
⑪中共福建省委《紅四軍部隊情況報告》（一九二九年七月—一九三〇年四月）。
⑫中共福建省委《紅四軍部隊情況報告》（一九二九年七月—一九三〇年四月）。
⑬《毛澤東選集》第一卷。
⑭《星星之火，可以燎原》，《毛澤東選集》第一卷。
⑮《星星之火，可以燎原》，《毛澤東選集》第一卷。
⑯《星星之火，可以燎原》，《毛澤東選集》第一卷。
⑰中共中央辦公廳印發《粉碎林彪反黨集團反革命政變的鬥爭（材料之二）》，一九七二年七月。
⑱《柏山在中央政治局會議上關於目前政治任務決議案草案內容的報告》，中國人民解放軍政治學院黨史教研室編，《中共黨史教學參考資料》第十四冊。
⑲《中央致四軍前委的信》（一九三〇年六月十五日），中國人民解放軍政治學院黨史教研室編，《中共黨史教學參考資料》第十四冊。
⑳斯諾，《西行漫記》，一五一頁，三聯書店一九七九年版。
㉑同上，一五〇頁。
㉒《中國革命戰爭的戰略問題》，《毛澤東選集》第一卷。
㉓李家白，《反共第一次「圍剿」的源頭之役》，《文史資料選輯》第四十五輯。

㉔公秉藩，《憶第一次「圍剿」》，《江西黨史資料》第十七輯，一九九〇年十二月出版。
㉕引自劉亞樓，《偉大的第一步》，《星火燎原》第二集。當時劉亞樓任紅四軍第三十五團政治委員。
㉖郭化若，《回憶第一次反「圍剿」期間的有關史實》，載《回憶中央蘇區》，江西人民出版社，一九八六年出版。
㉗據筆者對古柏夫人曾碧漪的採訪（一九九一年七月十日於北京）。
㉘《彭德懷自述》，一六四頁，人民出版社一九八一年版。
㉙不是湖北省的黃陂縣，而是江西宜黃縣和寧都之間的小鎮。附近還有白陂、東陂、禮陂等小鎮。
㉚李井泉，《第一次反「圍剿」前後的點滴回憶》，載《回憶中央蘇區》，江西人民出版社一九八六年版。
㉛中共贛西南特委《緊急通告第二十號》。
㉜《毛澤東致中共中央的信》（一九三〇年十月十四日）。
㉝《周以栗致湘東特委的信》（一九三〇年十月十九日）。
㉞曉農，《李韶九與AB團》，《江西黨史研究》一九八九年第六期。
㉟《總前委答辯的一封信》，中國人民解放軍政治學院黨史教研室編，《中共黨史教學參考資料》第十四冊。
㊱《總前委答辯的一封信》，中國人民解放軍政治學院黨史教研室編，《中共黨史教學參考資料》第十四冊。
㊲郭化若，《回憶第一次反「圍剿」期間的有關史實》，載《回憶中央蘇區》，江西人民出版社一九八六年版。
㊳楊至誠，《巧使敵人就範》，《星火燎原》第二集。
㊴《彭德懷自述》，一七二頁，人民出版社一九八一年版。

第四章　瑞金浮沉

紅都瑞金盛大的「提燈遊行」

一九三一年十一月七日，太陽西墜，暮靄很快就籠罩著贛東南的重鎮瑞金。人們在盼望著夜幕早點降臨。

入夜，往日各家門戶緊閉的黑漆漆瑞金縣城，今夜忽然冒出一團團耀眼的火光。人們手中舉著用廢舊竹竿和篾索做成的火把，也有很多人手中提著燈籠。燈籠有紅色、黃色的，也有的在燈籠上貼著紅五角星、斧頭鐮刀圖案。

人們湧上街頭，匯成一條閃光的「河流」，朝著城東北流去，流到離縣城六公里的小村——葉坪，匯聚在那兒的謝家祠堂。

謝家祠堂又高又大，始建於明朝，那木柱、木壁都已變成棕褐色，今日卻熱鬧非凡。祠堂左側的防空洞裡，一台發電機在隆隆作響，使掛在祠堂裡的一串串小燈泡射出明亮的光芒。臨時搭建的主席臺上，正中掛著一面紅旗，旗上縫著一顆黃五角星和斧頭鐮刀圖案，右側是馬克思像，左側為列寧像。掛著的紅色橫幅上寫著「工農堡壘」、「民主專政」。大門口的橫幅上則寫著「全世界無產階級聯合起來」。

主席臺上站滿了人。站在正中的是項英。項英的旁邊是朱德、張鼎丞、周以栗、曾山、陳正人。稍遠，站著個子瘦高的毛澤東。面對歡呼的人群，毛澤東雖然臉上掛著笑容，但是那笑容有點勉強。

如此盛大的「提燈遊行」，在瑞金是史無前例的。

這一天，「十一月七日」即蘇聯「十月革命節」，被選定作為「中華蘇維埃共和國」成立的日子。「提燈遊行」，便是為了歡慶中華蘇維埃共和國的誕生。生怕蔣介石部隊的飛機會前來轟炸，歡慶活動特地改在夜裡。遊行的隊伍從謝家祠堂裡出來，集中在旁邊的一塊大草坪上，舉行聯歡晚會，一直到夜半，歡呼聲才漸漸平息……

早在一九三〇年八月，共產國際東方部作出《關於中國蘇維埃問題決議案》，就已經提出「建立中華蘇維埃共和國」的建議。當時主持中共中央工作的李立三，馬上回應這一建議，打算在攻下長沙之後，宣布成立「『中華蘇維埃共和國』的中央正式政府」。只是因為二攻長沙未克，這一計畫流產。

王明上臺後，雖說對李立三實行否定，不過對建立「中華蘇維埃共和國」仍予贊成，並力催毛澤東、朱德早日實行。不過，面臨著蔣介石的一次次「圍剿」，建立「中華蘇維埃共和國」的計畫只得擱置一旁。直至打敗蔣介石的第三次「圍剿」之後，贛南、閩西紅區連成一片，內中包括二十一座縣城、二百五十萬人口，面積達五萬平方公里。這時，蔣介石暫時還來不及再度對中央蘇區發動新的「圍剿」，使中央蘇區有了一段相對和平、穩定的時期。建立「中華蘇維埃共和國」的條件日臻成熟了。於是，擇定了十一月七日作為大慶之日。

瑞金，成了這片紅區的中心，成了「紅都」。瑞金有著悠久的歷史，據雲古代建縣時掘地得金，遂稱「瑞金」。瑞金位於武夷山西側，是一片丘陵。一九二七年八月，朱德在南昌起義失利後，帶著部隊南下，曾占領瑞金。此後，紅軍又多次占領過瑞金，不過，占領的時間都不長。這一回，一九三一年九月下旬進入瑞金，卻在那裡站穩了腳跟。

當紅三軍由西向東進軍瑞金途中，九月十五日，在行軍途中突然遇到蔣軍飛機襲擊。軍長黃公略本已和先頭部隊隱蔽起來，聽一參謀前來報告第七師正在路上前進，黃公略奔去指揮第七師疏散，被蔣軍飛機射中數彈，流血過多，於當晚七時許死去，時年三十三歲。紅軍失去了一員名將。

毛澤東於九月廿八日到達瑞多葉坪村，在那兒住下。紅軍和中共首腦機關，也設在葉坪村。那是考慮到瑞金縣城目標太大，容易遭到蔣軍飛機轟炸，所以隱蔽在這小村裡。陸定一的前妻唐義貞這年十二月三十日在葉坪產下一女，便取名「葉萍」作為紀念。

毛澤東自從離開井岡山後，直到此時進入葉坪，才算過著相對穩定的生活。賀子珍跟他住在一起。毛澤東所住的，是一幢謝姓兩層民房。

跟毛澤東住在同一幢樓裡的是朱德和康克清。自從一九二九年春伍若蘭犧牲之後，四十三歲的朱德在福建長汀，偶然遇見一位十九歲的紅軍女戰士。他問她，參加紅軍怕不怕流血犧牲，她馬上響亮地回答：「報告軍長，怕死就不出來當紅軍了。」這位年輕的女戰士，便是康克清。康克清是江西萬安縣人，她本是童養媳。如她所憶：「我的養父是個地下黨員，他帶了一個戲班子演採茶戲，經常到羅源洞、棉津一帶演出。一九二六年他是農協主席，紅軍來萬安時，第一個就是找他接頭的……」①

在養父的影響下，她小小年紀，參加了鄉農民協會、婦女協會。一九二八年九月間，陳毅率一營紅軍來到萬安。她跟隨陳毅部隊上了井岡山，參加了紅軍。

朱德跟康克清談話時，被曾志（後來成為陶鑄夫人）看見。曾志悄聲問朱德：「軍長，你看剛才那姑娘怎麼樣？」朱德說：「很不錯，像個紅軍戰士的樣子。」曾志見朱德這麼說，便充當月下老人的角色。不久，朱德便與康克清結為伉儷。

那幢兩層民房，成了中共蘇區中央局的所在地。除了毛澤東、朱德外，還住著任弼時、王稼祥。小小的葉坪村，一時間成為紅區的中心。

在舉行「提燈遊行」的那天，「中華工農兵蘇維埃第一次全國代表大會」（簡稱全蘇「一大」）在葉坪村謝氏祠堂裡召開。出席大會的代表有六百餘人。項英主持大會。大會推舉項英、張鼎丞、陳正人、周以栗、朱德、曾山，鄧廣仁七人組成主席團。

全蘇「一大」宣告中華蘇維埃共和國正式誕生。大會通過周恩來在上海起草的《中華蘇維埃憲法大綱》，確定這個新型的國家是「工人和農民的民主專政國家」，「全部政權是屬於工人農民紅軍士兵及一切勞苦民眾的」。這個在中國共產黨領導下的中華蘇維埃共和國，與蔣介石的中華民國相抗衡。

全蘇「一大」也宣告中華蘇維埃共和國臨時中央政府成立，定都瑞金，改瑞金為「瑞京」。這樣，瑞金成了中華蘇維埃共和國的首都。

全蘇「一大」由項英致開幕詞，毛澤東作《政治問題報告》，項英作《勞動法報告》，張鼎丞作《土地法報告》，朱德作《紅軍問題報告》，周以栗作《經濟政策報告》，王稼祥作《少數民族問題報告》，鄧廣仁作《工農檢查處報告》。

十一月十九日，全蘇「一大」選出六十三人為中華蘇維埃共和國臨時中央政府執行委員，組成中央執行委員會。

十一月廿七日，中央執行委員會召開第一次會議，選舉國家主席、副主席（那時稱「中央執行委員會主席、副主席」）。毛澤東當選主席，項英、張國燾為副主席。

產生國家主席之後，接著選舉總理、副總理（那時稱「臨時中央政府人民委員會主席、副主席」），依然是毛澤東為主席，項英、張國燾為副主席。

這樣，毛澤東成為國家主席兼總理，亦即中央執行委員會主席兼人民委員會主席。「毛主席」之稱，始於此時。從此，人們對他的稱呼，從「毛黨代表」（紅四軍黨代表）、「毛委員」（紅一方面軍總政治委員），改為「毛主席」。此後，毛澤東一直被稱為「毛主席」，但這「主席」在不同時期有著不同含義：

一九四三年三月二十日起，這「主席」指中共中央政治局主席兼中央書記處主席。

一九四五年六月十九日起，中共七屆一中全會選舉毛澤東為中共中央委員會主席兼中央政治局主席、中央書記處主席。

一九四九年九月三十日，毛澤東兼任中華人民共和國中央人民政府委員會主席。一九五九年四月廿九日，毛澤東辭去中華人民共和國主席職務。此後直至他逝世，他一直擔任中共中央主席和中央軍委主席（他從一九三七年八月洛川會議起擔任中共中央軍委書記，後來改稱中共中央軍委主席）。

在毛澤東當選中華蘇維埃共和國中央執行委員會主席兼人民委員會主席時，張國燾不在江西，而在鄂豫皖蘇區。選舉張國燾為副主席，表明新政府不僅統轄江西中央蘇區，而且統轄全國各紅色區域。

中央政府之下，設九部一局。那時的部長，稱「人民委員」：

外交人民委員　王稼祥
軍事人民委員　朱　德
勞動人民委員　項　英
財政人民委員　鄧子恢
土地人民委員　張鼎丞
教育人民委員　瞿秋白（當時他在上海）
內務人民委員　周以栗
司法人民委員　張國燾
工農檢察人民委員　何叔衡
國家政治保衛局局長　鄧發

那座謝氏祠堂裡，用木板隔成一個個小房間，每個小房間只有一張乒乓球桌那麼大，門口掛著一個「××人民委員會」的牌子。那一個小房間，便是一個部的辦公室。

雖說那一間間簡陋的辦公室，遠不及今日中華人民共和國每個部的傳達室，但今日的一個個部卻是由那一個個小房間發展而來的。外交人民委員王稼祥後來成為外交部副部長，財政人民委員鄧子恢後來成為國務院副總理，土地人民委員張鼎丞後來成為最高人民檢察院檢察長……中華蘇維埃共和國的誕生，成為十八年後成立中華人民共和國的預演。

一九三一年十二月一日，以主席毛澤東、副主席項英、張國燾共同署名，發出了《中華蘇維埃共和國中央執行委員會第一號布告》，宣布：

「中華蘇維埃共和國臨時中央政府業已宣告成立，從今日起，中華領土之內，已經有兩個絕對不同的國家：一個是所謂中華民國，他是帝國主義的工具，是軍閥官僚地主資產階級，用以壓迫工農兵士勞動群眾的國家，蔣介石、汪精衛等的國民政府，就是這個國家的反革命政權機關。一個是中華蘇維埃共和國，是廣大被剝削被壓迫的工農兵士勞苦群眾的國家。他的旗幟是打倒帝國主義，消滅地主階級，推翻國民黨軍閥政府，建立蘇維埃政府於全中國，為數萬萬被壓迫被剝削的工農兵士及其他被壓迫群眾的利益而奮鬥，為全國真正的和平統一而奮鬥……」

毛澤東在贛南會議又遭「批判」

在成立中華蘇維埃共和國的日子裡，毛澤東是忙碌的，可是他的心境並不舒暢，因為他在黨內剛剛蒙受了一次「高強度」的批判。

事情發生了戲劇性的變化：一九三一年五月，項英被撤銷中共蘇區中央局代理書記的職務，改由毛澤東擔任。可是，在全蘇「一大」前夕，卻撤銷了毛澤東蘇區中央局代理書記的職務，改由項英擔任！

正因為這樣，全蘇「一大」由項英主持，任主席團主席。至於毛澤東後來仍被選為中華蘇維埃共和國中央執行委員會主席兼人民委員會主席，全然由於他在紅軍、在蘇區那廣泛的影響，由於他領導三次反「圍剿」連連取勝而贏得的聲望。

關於項英重新取代毛澤東的原因，當時在毛澤東身邊工作的郭化若，對此說得頗為坦率：「三中全會（引者注：指六屆三中全會）結束後，中央派項英同志來到蘇區。項英對立三路線進行調和，認為李立三不是路線錯誤而是策略錯誤。四中全會後，王明統治了黨中央，派任弼時等同志來江西，對項英同志進行打擊。於是，項英就被王明路線俘虜了。蘇區中央局形式上是項英同志掌權，實際上權力掌握在任弼時同志手裡，由王稼祥同志出主意，顧作霖同志打先鋒。毛澤東同志對任弼時同志曾說過一句幽默的話：『任弼時同志說我是「狹隘經驗論」。我到延安後就發奮讀書了。』」②

在戰場上大勝蔣介石的毛澤東，在黨內鬥爭中蒙受了沉重的一擊。那是在「提燈遊行」的前夕，一九三一年十一月一日至六日，在瑞金葉坪召開了「中國共產黨中央蘇區第一次代表大會」，史稱「贛南會議」。會議由任弼時、王稼祥、顧作霖這中央「三人團」主持，會議的主題是如何在中央蘇區貫徹王明路線。

王明在一九三一年初上臺，到了這年六月廿二日中共總書記向忠發被捕，王明更進一步控制了中共中央。

九月一日，中共中央發出長達一萬兩千字的《給蘇區中央局並紅軍總前委的指示信》（被稱為「九月指示信」），對毛澤東為首的蘇區中央局進行了批評，認為「蘇區同志對於立三路線的錯誤，尤其是國際路線（引者注：指共產國際）的正確，還缺乏全部的深刻的瞭解」。

王明最初是想拉攏毛澤東的。他很快發覺，毛澤東有一整套自己的路線和見解，決不是拉攏就能拉過來的人。何況隨著三次反「圍剿」的勝利，中央蘇區日益顯得重要，在天平上的分量要超過王明在上海的中共中央機關，王明急欲緊緊控制中央蘇區的領導權。

不早不晚，紅軍從公秉藩手中奪來的那台一百瓦特收發報機，跟中共中央在上海的電臺接通了聯繫。那天深夜，值班員劉寅首先聽到上海秘密電臺的信號，處於極度的興奮之中。劉寅馬上報告曾三（後來成為中央檔案館館長），曾三擬了個密碼電報發過去，上海秘密電臺收到了——這成為中央蘇區和中共中央之間第一次無線電通報。

曾三是從上海派來的，原來在中共中央上海秘密電臺工作。那個秘密電臺，是周恩來花了氣力建立的，周恩來派出中共黨員李強、張沈川改名換姓，到上海無線電學校學得了收發報技術，於一九二九年冬在上海英租界大西路福康里建立了秘密電臺，跟香港的中共地下電臺發生聯繫，一九三一年三月，上海秘密電臺的伍雲甫、涂作潮、曾三來到了江西中央蘇區，只是中央蘇區沒有大功率的無線電臺，仍無法與上海聯繫。直至在東固殲滅公秉藩師，繳獲了那台企盼已久的大功率收發報機，這才終於架起了「瑞金——上海」的無線電之橋。

毛澤東曾向無線電臺報務員們的出色工作表示熱烈的祝賀。可是，這好不容易建立起來的空中捷徑，卻給王明提供了莫大方便——這下子，他可以用無線電報，直接、迅速地對中央蘇區實行「遙控」。這正是王明當時求之不得的！

這時候的王明，正準備去蘇聯。他在十月十八日動身前，給中共蘇區中央局發來了一個又一個電報，硬要把他那王明路線強加在中央蘇區。毛澤東在戰場上能夠打敗蔣介石，那是在於雙方是平起平坐的財手，儘管蔣介石人強馬壯，人多勢眾；毛澤東在黨內鬥爭中卻不能不居於劣勢，因為王明代表上級，代表中央，可以對他發號施令，而他礙於組織紀律，必須服從。

十月，王明以中央名義發來的第四號電報，又一次批評毛澤東：「蘇區嚴重的錯誤是缺乏明確的階級路線與充分的群眾工作。」

按照王明的指令，「三人團」主持贛南會議，批判了毛澤東的三大「錯誤」：

一曰「狹隘經驗論」，「黨內的事務主義非常濃厚」。

二曰「富農路線」，因為當時中央主張「地主不分田，富農分壞田」，毛澤東則以為應當給地主、富農以出路，主張「以人口平分及實行『抽多補少，抽肥補瘦』的政策」。

三曰「極嚴重的一貫右傾機會主義」，認為毛澤東的「誘敵深入、後發制人」戰略是「游擊主義」、「保守主義」、「單純防禦路線」，必須實行「先發制人」、「積極的進攻路線」。

會議作出決議：「黨內兩條路線的鬥爭必須發展到最高度，集中火力反對黨內前的主要危險——右傾。」

這麼一「集中火力」，就把毛澤東的中共蘇區中央局代理書記職務撤銷了。這樣，毛澤東失上去了中共蘇區最高首長的地位。

另外，王明以中共中央名義發來的第一號電報還指示：「革命軍事委員會設主席團，決定朱德為主席，王稼祥、彭德懷為副主席。」

這樣，十一月廿五日，中華蘇維埃共和國中央革命軍事委員會宣告正式成立，主席、副主席完全按照中共中央第一號電報開列的名單當選。總政治部主任由王稼祥兼任。「中革軍委」成立，宣布取消原紅一方面軍總司令、總政委名義及其組織，所有中華全國紅色海陸空軍集中統一於「中革軍委」統轄指揮。這樣，也就取消了毛澤東的紅一方面軍總政委之職。

毛澤東遭到了排斥③。失去了黨內、軍內的重要職務，此後他專做政府工作了。

就在瑞金舉行「提燈遊行」那天，王明到了莫斯科，出任中國共產黨駐共產國際代表團團長。由於接通了「莫斯科—上海」和「上海—瑞金」的無線電聯繫，王明可以坐在莫斯科，「遙控」著上海以博古為總負責的中共中央，再由博古向瑞金發出種種指示……

周恩來成為中央蘇區最高首長

上海，寒風吹過人行道上的落盡樹葉的法國梧桐。夜幕下，行人無幾。

在離上海北站不遠的海寧路和山西路交叉口一家小店，先是出來一個小夥子，稍過片刻又出來一個三十多歲的男子，他穿對襟藍嗶嘰中式短上衣，一條藍嗶嘰中式褲子，手中拎著一隻小皮箱。兩人跳上兩輛黃包車，消失在濃重的夜色中。小店樓上，一個婦女輕輕撩起窗簾的一角，目送著兩輛黃包車。

那個婦女，便是鄧穎超。「三十多歲的男子」，則是周恩來。

那是一九三一年十二月上旬。兩輛黃包車直奔十六舖碼頭。護送周恩來的小夥子叫黃平，在十六舖陪周恩來登上一艘太古洋行的輪船，來到統艙裡找到一位「小廣東」。黃平跟地下交通員「小廣東」打了招呼，把周恩來交給他，便匆匆下船了。

這是一艘駛往廣東汕頭的輪船，船上來來去去的，很多是廣東工人。周恩來混雜在他們中間。船往南行駛了幾天，才算到達汕頭。

下了船，周恩來搖身一變，成了個畫像先生。另一位地下交通員前來護送他。一路乘車坐船，穿越了重重封鎖線，由閩西進入贛南，終於在這年年底來到紅都瑞金。三十三歲的周恩來的到來，也就使項英的中共蘇區中央局代理書記職務自然消失，因為在中共蘇區中央局成立之日起，周恩來便被任命為書記。只是他當時在上海忙於工作，未曾前往中央蘇區到任。

周恩來是繼項英和任弼時「三人團」之後，第三批由中共中央派往中央蘇區的領導人物，比起項英，比起任弼時，周恩來的政治經驗更豐富，也更成熟。周恩來的到來，理所當然成為中共中央蘇區的最高首長。雖說那時毛澤東在一個多月前的贛南會議上剛剛挨過「批判」，周恩來不顧忌這些，一到瑞金便去看望毛澤東，跟他作了長談。這時的周恩來是毛澤東的「上級」，但他對毛澤東一直是尊重的。

周恩來走馬上任後抓的頭一件事，便是糾正中央蘇區的肅反擴大化。他在由廣東進入閩西時，見到一位紅軍團長，問起關於「ＡＢ團」的事。那位團長答道，大約有「六千ＡＢ團」。這使周恩來大為震驚……

「富田事變」經項英冷處理，本已安然過去。可是，項英一受中共中央的指責，那個李韶九就神氣活現起來，成了「富田事變」中反ＡＢ團的「英雄」。於是，在一九三一年四月下旬，李韶九被任命為蘇區政治保衛局江西分局局長，掌握了肅反領導權。

李韶九一上臺，緊鑼密鼓肅ＡＢ團，掀起肅ＡＢ團的「高潮」。內中的重點，當然是發動「富田事變」的紅二十軍。從軍長蕭大鵬、政委曾炳春以下到副排長，全軍七百多名幹部，都被列為ＡＢ團分子加以審查。一時間，「ＡＢ團分子」簡直滿天飛！濫施肉刑搞逼供信，亂供亂信，贛西南地區的幹部突然百分之九十被打成「ＡＢ團分子」，弄到無人再敢當地方幹部的地步！

在閩西根據地，這時翻新花樣，肅起「社會民主黨」來了！

怎麼忽然會冒出「社會民主黨」呢？

事出有因。那是因為自一九二九年以來，共產國際發出了加緊反對各國社會民主黨的指示。共產國際是針對國際共產主義運動總的情況而言。

事有湊巧。一九三一年初，紅十二軍在召開紀念李卜克內西、盧森堡、列寧的大會時，有人領呼口號：「擁護第二國際！」「社會民主黨萬歲！」領呼口號的人，名叫林海汀、吳拙哉。他們喊錯口號，是在於他們連「第二國際」、「第三國際」都弄不明白，在稀裡糊塗中喊錯口號。

這下子，林海汀、吳拙哉被當成了「社會民主黨」，加以嚴刑審訊。在遭到毒打之後，他們只得按照審訊者的「提示」，亂供一氣。林海汀「承認」自己是「社會民主黨閩西特委宣傳部長」。既然有「宣傳部長」，當然有「特委書記」。又是一番嚴刑逼供，傅柏翠被說成是「閩西社會民主黨特委書記」。

傅柏翠在一九二八年領導過閩西蛟洋暴動，因與中共閩西特委產生矛盾，在一九三〇年十二月被開除黨籍。這下子，又成了「閩西社會民主黨特委書記」。於是，「順藤摸瓜」，逼出「閩西社會民主黨」的「特委委員」們，逼出各級組織成員們，逼出一個個「社會民主黨黨員」。純屬審查者們子虛烏有的想像，卻在棍子、皮鞭下，變成煞有介事的「第三黨」！李韶九越「肅」膽子越大，甚至想把陳毅也打成「ＡＢ團分子」！

總前委曾下達「任務」，要陳毅在二十二軍中「打出」五百名「ＡＢ團分子」，而這支部隊總共只有三千人！

陳毅無法完成「任務」，被說成是「包庇」ＡＢ團，而「包庇者」自己也很可能就是「ＡＢ團分子」！於是，陳毅被召去開會。

陳毅自忖凶多吉少。臨行前，對他當時的妻子、二十歲的蕭菊英說：「等到下午六點鐘，你就快走。回你家鄉信豐藏起來。如果我沒事，我會派人把你找回來……」

陳毅走了。馬拉松式的會議，一直開到晚上八點。當陳毅回到家中，已不見蕭菊英。四處尋找，在一口井裡找到她的屍體——她以為陳毅成了「ＡＢ團分子」，跳井自殺了！

閩西肅「社會民主黨」之風，也刮到瑞金來。從一九三一年五月起，中共瑞金縣委書記李添富以為瑞金也有「社會民主黨」，把原縣委書記鄧希平、縣蘇維埃主席蕭連彬抓起來殺害，縣蘇維埃、縣工會百分之八十的幹部被打成「社會民主黨」！

周恩來一到中央蘇區，便對肅反擴大化來了個急剎車。他到任沒幾天，一九三二年一月七

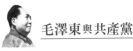

日，他就主持召開中共蘇區中央局會議，專門研究解決此問題。會議作出了《蘇區中央局關於蘇區肅反工作決議案》。

這一決議案，一開頭便寫道：

「中央局在深刻的檢查了過去蘇區肅反工作以後，完全同意周恩來同志的報告……」④

決議案指出：

「過去對ＡＢ團團及一切反革命派認識不正確，將ＡＢ擴大化了，以為一切地主殘餘富農分子都可以當ＡＢ團團看待，以為一切從異己階級出身的分子都可能是ＡＢ團，把黨的錯誤路線的執行者，和犯錯誤的黨員與群眾都與ＡＢ團問題聯繫起來，甚至發展到連工農群眾都不能信任了；於是覺得ＡＢ團團是肅清不了的。有了這認識上的錯誤，更產生極嚴重的對ＡＢ團鬥爭的方法上的錯誤，把反ＡＢ團的鬥爭簡單化，縮小到『打ＡＢ團』的捕獲、審問、處理的範圍內，而忽視積極的去鞏固革命勢力。尤其是完全缺乏的，是反ＡＢ團的思想鬥爭與教育工作，結果便發展到以肅反為一切工作中心的極危險的觀點。在打ＡＢ團中更專憑犯人口供，倚靠肉刑，以致造成肅反工作的唯心論……」⑤

決議案規定，「蘇區各級黨部必須在接到後立即討論和執行」。

那個引起極大民憤的李韶九，在一九三二年二月底被開除黨籍，撤銷一切職務。後來，終於被處決。二十多年後，一九五六年九月十日，毛澤東在中共「八大」預備會議第二次全體會議上，談及往事，對於中央蘇區肅ＡＢ團，說了這樣一句話：

「肅反時我犯了錯誤，第一次肅反肅錯了人。」⑥

毛澤東「退隱」東華山

也就在那次講話中，毛澤東把自己的錯誤分為「真錯」和「假錯」兩類。他說「第一次肅反肅錯了人」屬於「真錯」；「南雄打了敗仗（引者注：指率紅四軍主力下井岡山「圍魏救趙」），是我指揮的」，也屬「真錯」；還有「在井岡山時我提的那個土地法很蹩腳，不是一個徹底的土地綱領」，等等。

毛澤東說，他也有許多「假錯」——「大約二十次左右的處罰和打擊，都是沒有確實根據的」。毛澤東在回憶這「二十次左右的處罰和打擊」時，特別提及了：

「後頭又被封為『一貫機會主義』。對我最有益處，就是封我為『狹隘經驗論』。我在《中國革命戰爭的戰略問題》那本書中就學魯迅的辦法，『報復』了一筆，批評那些罵『狹隘經驗論』的人是錯誤的……」⑦

在那批評毛澤東「機會主義」，「狹隘經驗論」的贛南會議之後，毛澤東又病了！

小小葉坪村，那時彷彿成了「紅色華盛頓」，蘇區黨、政、軍首腦機關都集中在那裡。人來人往，毛澤東不願住在那裡。他帶著賀子珍以及警衛班十三人到東華山去了。

東華山在瑞金面二三十里處，山上樹木蓊鬱，山頂有座古廟。毛澤東看中那古廟，住了進去，據他的警衛員吳吉清回憶：「主席住左邊耳房。房內陳設極為簡單：一張桌子，兩把椅子，桌旁放著兩隻鐵皮公文箱。一張木床，床上鋪著一張邊帶條子的淺紅色毛毯，上面是白粗布床單。床上靠牆角的一頭，四四方方疊著一條舊棉被和一條紅色舊毛毯。」

毛澤東擺脫了冗雜的事務，步入這桃源世界般的東華山，埋頭於讀書。他津津有味地看《孫子兵法》，也讀《水滸》、《三國演義》之類的書。此外，他饒有興趣地讀著「鄭愛群」派人給他送來的報紙，內中有《申報》、《新聞報》，廣州的《工商日報》和《超然報》。

自從當年毛澤東在北京大學圖書館當助理管理員以來，便養成了每日讀報的習慣。上了井岡山之後，難得見到報紙，他簡直如饑如渴地企求著得到報紙。據云，他有一回派一支小分隊去襲擊一座縣城，不為別的，只是為了從縣城府裡搬回幾個月以來的報紙！

如今，在瑞金也無法訂閱國民黨地區的報紙。一個名叫「鄭愛群」的人，在福建汀州給他訂了好幾份報紙，通過地下交通線不斷給他送來。

這「鄭愛群」的名字，是毛澤東為那人取的化名。

此人的真實姓名叫傅連暲，汀州福音醫院院長。福音醫院是汀州頗有名氣的教會醫院，傅連暲是那裡的名醫，附近的豪紳達官生了病，總要請他看。一九二五年底，當傅連暲到連城為一個大地主看病時，偶然在客店裡結識鄧子恢。鄧子恢把瞿秋白著《新社會觀》一書送給傅連暲，他看後頓開茅塞。從此，傅連暲的思想日漸激進。

一九二七年八月，賀龍部隊的營長陳賡在南昌起義後受傷，傅連暲收留了陳賡，讓其在福音醫院養傷。一九二九年三月，毛澤東、朱德率紅四軍打下了汀州，跟傅連暲結識。毛澤東便「拜託」他代為訂報……

毛澤東在東華山上讀書、看報，每天還花四個小時為警衛戰士教文化課，上午兩小時文化學習，下午兩小時時事學習。有時，他還帶戰士們一起出去砍柴。農家子弟出身的他，砍柴的動作非常利索、熟練。看得出，毛澤東的身體還可以——他上一回在紅四軍「七大」蒙受打擊後，得到了惡性瘧疾，倒是真的大病一場。

毛澤東人在山上，心在山下。他不斷地看報紙，看文件，記掛著山下那新生的中華蘇維埃共和國的命運。閒暇時，他把那些在馬背上哼成的詩詞加以整理、修改，謄清後給賀子珍一句一句地講解。每當山下來人，毛澤東總是詳細問起打贛州的戰況。說實在的，他這次上山，說是因病休養，其實是心中不快。除了贛南會議，還由於那場打不打贛州引起的大爭論……

二月下旬，毛澤東在東華山上處理了一件重要的事。那是二月十六日至廿一日，上海的《申報》、《新聞報》、《時事新報》等陸續刊出《伍豪等脫離共黨啟事》。「伍豪」，亦即周恩來。當年，他在天津參加覺悟社時，社員編號，他抽籤抽到五號，便以諧音「伍豪」作為筆名（鄧穎超抽到一號，以諧音「逸豪」為筆名）。周恩來明明在擔任中共蘇區中央局書記，怎麼會「脫離共黨」呢？顯而易見，那啟事純屬捏造、混淆視聽的。

毛澤東當即以中華蘇維埃共和國臨時中央政府主席的名義，起草了布告，為周恩來辯護：

「事實上，伍豪同志正在蘇維埃中央政府擔任軍委會的職務，不但絕對沒有脫離共產黨的事實，而且更不會發表那個啟事裡的荒謬反動的言論，這顯然是屠殺工農兵士而出賣中國於帝國主義的國民黨黨徒的造謠污衊……」⑧

在「文革」中，江青曾借「伍豪啟事」發難，毛澤東當即於一九六八年一月十六日作了批示：「此事早已弄清，是國民黨造謠污衊。」⑨

毛澤東在東華山上住了五十來天，連春節也是在那古廟裡冷冷清清地度過。

三月上旬的一天，突然發生的事情結束了毛澤東在東華山上的休養生活。

那天，毛澤東正在給警衛員們上時事課，忽然值班警衛前來報告，說是兩個騎馬的軍人正朝山上來。毛澤東出去一看，來人漸漸近了，原來是項英和他的警衛員。

項英遠道趕來，顯然有要事。

果真，項英上了山頂，沒有歇一口氣，便對毛澤東說：「恩來同志讓我專門來請你下山。」

「是不是為打贛州的事？」毛澤東馬上猜出項英來意。

「是的，打贛州很不順利。所以，恩來同志請你趕往前線。」項英答道。

毛澤東聽項英說明紹了贛州前線的情況之後，馬上很爽快地說：「你先走一步，我隨後就到！」

項英一走，毛澤東收拾一下文件，當天便下山。正在這時，烏雲翻滾，眼看一場大雨要傾瀉而下，賀子珍勸毛澤東晚一天走，別讓雨淋出毛病來。

「不，我一工作起來，病就好了！」毛澤東說著，就迎著風雨下山了。

贛州之敗證實了毛澤東的預言

為了打不打贛州，曾在中共蘇區中央局引起一番近乎白熱化的爭論……

事情是由來自上海的指令引起的。

設在上海的中共中央，自從王明去莫斯科、周恩來去中央蘇區，不得不建立臨時中央政治局，稱「中共臨時中央」。中共臨時政治局由博古、張聞天（洛甫）、康生、陳雲、盧福坦、李竹聲六人組成，以博古為總負責。一九三一年九月下旬，中共臨時中央在上海成立。

博古執行王明的指令，實行比李立三更「左」的路線。紅軍第三次反「圍剿」的勝利和中華蘇維埃共和國的誕生，使中共臨時中央頗受鼓舞，頭腦熱了起來，在一九三二年一月九日作了《中央關於爭取革命在一省與數省首先勝利的決議》。決議認為，「國民黨的破產已經是鐵一般的事實」。因此，決議對蘇區工作作出了指示：

「為擴大蘇區、為將幾個蘇區聯繫成整個一片的蘇區而鬥爭，為占領幾個中心城市以開始革命在一省或數省首先勝利而鬥爭。」

這麼一來，又重彈李立三的進攻中心城市、實行一省或數省首先勝利的老調。決議特別提及，毛澤東所主張的「不占取大城市」的策略，過去是正確的，而「現在是不同了」。那一段文字這樣的：「過去正確的不占取大城市的策略，現在是不同了；擴大蘇區，將零星的蘇區聯繫成整個的蘇區，利用目前順利的政治與軍事的條件，占取一二個重要的中心城市，以開始革命在一省或數省的首先勝利是放到黨的全部工作與蘇維埃運動的議事日程上面了。」

決議還具體規定了「占取」哪幾個中心城市，即南昌、撫州、吉安，然後造成「威脅武漢」。

周恩來徵求毛澤東的意見，毛澤東憑藉這幾年跟蔣介石多次交鋒的經驗，深知國民黨軍隊的力量遠比紅軍強大，攻打這幾個中心城市，勢必會失敗。

周恩來覺得毛澤東言之有理，覆電中共臨時中央，告知進攻中心城市有困難。中共臨時中央當即覆電，刪去了原先提出的南昌，要求至少在撫州、吉安、贛州三城之中，擇一而攻！

中共臨時中央已經算是退了一步，因為南昌屬大城市，而撫州、吉安、贛州屬中等城市。周恩來再度徵求毛澤東意見。毛澤東的答覆很乾脆：「不行！一打準輸！」

周恩來畢竟是中共蘇區中央局書記，他必須執行臨時中央的命令。於是召集中共蘇區中央局會議。會上，經過對撫州、吉安、贛州三城反覆比較，多數人贊成進攻贛州。

贛州，是當時江西省僅次於南昌的第二大城市、贛南的中心。提出打贛州會得到那麼多人的支持，是因為贛州有著特殊的「誘惑力」：贛州的四周，已是一片紅區，贛州成了嵌在紅區中的一顆頑固的釘子。中華蘇維埃共和國已經建立了，卻把瑞金作為首都，瑞金是座小縣城，未免太沒有氣派。倘若打下贛州，把那裡作為「首都」，那就像樣得多。

還有，聽說贛州的守衛部隊只有馬崑的一個旅，以為容易「吃」掉。彭德懷在其自述中，便憶及：「還在第一次蘇維埃代表大會時，中央局某負責同志曾問過我，可不可以打下贛州？我說，贛州守軍馬旅（引者注：即馬崑旅）估計有六千人，地方靖衛團兩千人，共八千人，如有時間，蔣介石又不來增援，是可以打下的。」⑩

連彭德懷的估計都這麼樂觀，「打贛州」的呼聲理所當然在中共蘇區中央局占了上風。

毛澤東堅決反對打贛州。可是，他處於少數，他的意見被否定了。何況，贛南會議上已經批判他右傾。他反對打贛州似乎又是一種右傾的表現。

毛澤東的意見被否定之後，他悶悶地帶著警衛員上東華山去了！

以朱德為主席，王稼祥、彭德懷為副主席的中華蘇維埃共和國革命軍事委員會，於一九三二年一月十日發布了《關於攻取贛州的軍事訓令》。訓令指出：

「應該站在建立鞏固的革命根據地勢力向外發展，以爭取一省數省的首要任務上，趁著目前有利革命發展的時機，堅決的取得蘇區臨近較大城市——贛州。」

於是，彭德懷被任命為攻打贛州的前敵總指揮。「打贛州」便轟轟烈烈開始了。

「奪取贛州，完成江西革命首先勝利！」到處刷上這樣大字標語，到處喊起這樣的口號。

二月四日，紅軍進逼贛州城下。彭德懷的前敵總指揮部設在城下。他指揮紅軍，把贛州圍個水洩不通：紅三師攻北門，紅七軍攻東門，紅二師攻南門，紅一師攻西門。紅軍總兵力為一萬四千人。

彭德懷原以為可以一鼓作氣而攻下贛州，不料，一打才知贛州是塊硬骨頭，「啃」不動……

贛州乃歷史名城，早在晉朝已設郡，處於贛江上游的章水、貢水兩江匯合之處，三面臨水，山丘環抱，築有很高的城牆，是個易守難攻的城市，號稱「鐵贛州」。毛澤東極力反對打贛州，不僅因為他吃過打長沙、攻南昌的「苦頭」，而且他在兩年前——一九三〇年三月中旬，也打過贛州，當時他一看贛州易守難攻，迅即下令紅軍撤圍。他有過這一系列親身經歷，所以認定贛州非輸不可。

贛州城池堅固，不炸城牆，難以攻克。彭德懷把進攻的重點放在東門。

城牆內外，出現了有趣的鬥爭場面：

城外，紅軍日夜不停地挖坑道，延伸到城牆下方。然後往坑道裡安放「棺材炮」——在一口棺材裡，裝滿了土製炸藥，用以炸城牆。那時的紅軍沒有重炮，只能用這樣的土辦法攻城。

城內，馬崑組織了一支特殊的「瞎子聽音隊」，諦聽著發自地下的聲響，以便弄清紅軍究竟在哪裡挖坑道，以便早作準備！

「棺材炮」和「瞎子聽音隊」，構成了奇妙的對抗！

紅軍雖說要炸城牆，指揮部卻又規定不可炸得太厲害，因為已在那裡設想把贛州定為「首都」，保持城牆的完整，有利於未來「首都」的防禦！

一回回爆破城牆開始了：

頭一回，二月十三日，太保守，城牆的缺口炸得太小，不頂用；

第二回，二月十五日，計算不準確，城牆炸坍時向外倒，把隱蔽在城下的紅軍壓死一大批；

第三回，二月廿三日，炸開了不小的缺口，但遭到守軍強烈抵抗，激戰四小時，未能攻進；

第四回，三月四日，已經顧不得為未來的「首都」保護城牆了，一下子在東門下的坑道裡塞進三口「棺材」。在震耳欲聾的爆炸聲之後，掀翻了東門城樓和左右側牆各二十餘丈。衝鋒號在滿天煙塵中吹響。本以為這一次總可得手，誰知城內事先得到密報——一個本是馬崑手下的兵士參加了紅軍，此時叛逃，報告重要情報，馬崑在城裡預作準備，擋住了紅軍的進攻。

正在這時，蔣介石派出的援軍來到贛州。於是，贛州守敵力量大增。紅軍攻打贛州失敗已成定局。毛澤東的預言，被一個多月冷酷的現實所完全證明。紅軍在攻城中損失慘重，紅一師師長侯中英、三十七師師政委歐陽健陣亡。

此時，周恩來派出項英，風風火火趕往東華山，請毛澤東下山，共商大計……

毛澤東冒著寒風冷雨，步行下山，到了瑞金已是傍晚。他找到郭化若，往前線發了份電報，連夜趕路，來到于都梓山澄江渡口。在那裡，他總算坐上小船。一路上，小船搖搖晃晃，朝贛州方向駛去。

這時，紅軍久攻贛州不克，不得不於三月七日撤圍。攻打贛州，以失敗告終。

一九六五年，當彭德懷讀全國政協出版的《文史資料》時，見到馬崑所寫的一篇回憶錄，方知當年軍事情報的不準確：當時駐守贛州的馬崑部隊是八千人，加上地方團隊經過改編、整訓的一萬人，守敵共計一萬八千人，並非當時情報所說的「馬旅六千人，地方靖衛團兩千人」！

毛澤東改「北上」為「東征」取得大勝

毛澤東的小船，經過兩天三夜的航行，在贛州東北的贛縣江口靠岸。

這時，從贛州撤退的紅軍，正集結江口。中共蘇區中央局的首腦們亦集中那裡。在前敵總指揮部，周恩來主持了中共蘇區中央局會議，亦即「江口會議」。

中共蘇區中央局的委員有周恩來、任弼時、項英、朱德、毛澤東、彭德懷、林彪、周以栗、陳毅。王稼祥和顧作霖作為中央代表團成員，亦參加蘇區中央局工作。

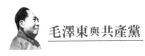

「江口會議」面臨的第一道議題，便是要不要再打贛州。仍有人主張再打。毛澤東發話了。他說：「對於贛州，進則攻堅不利，久攻不克已成事實；勝則不易固守，敵軍捲土重來，我軍無迴旋之地。贛州是座只有骨頭沒有肉的孤城，不必再去『啃』啦。這包袱讓蔣介石背去吧！」毛澤東一席言，說得主張再打贛州的人啞口了。

接著，會議進入第二道議題，即下一步棋怎麼走。來自上海中共臨時中央的指令，理所當然地占上風，「爭取中心城市，爭取一省和數省的首先勝利」。毛澤東又一次反對攻打中心城市的冒險計畫，主張「在贛江以東，閩、浙沿海以西，長江以南，南嶺以北，在蔣介石力量薄弱的地區，廣泛開展游擊戰爭，以鞏固和擴大中央蘇區」。毛澤東再一次陷於少數，陷於孤立。

三月十七日，由紅軍總政治部主任王稼祥起草、發布的《中國工農紅軍總部政治部訓令》（以下簡稱《訓令》），透露了「江口會議」的最終結果。《訓令》不點名地批評了毛澤東：

「如果認為這次攻贛州是立三路線，那便不瞭解奪取中心城市的意義，和對中心城市之奪取的過分恐懼。那便是反立三路線為掩蓋的右傾機會主義，我們應給這個右傾機會主義以致命的打擊，尤其是在撤圍贛州後反對這種右傾機會主義和失敗情緒便成為紅軍及黨內的主要鬥爭。」

這麼一來，毛澤東成了「右傾機會主義」！他要受到「致命的打擊」！

《訓令》寫及「江口會議」作出的戰略部署：「在目前政治形勢下，工農紅軍應當發展革命戰爭，爭取中心城市，爭取一省和數省的首先勝利。在江西紅軍應當擴大蘇區，貫通贛江兩岸的蘇區，以贛江流域為中心，向北發展創造蘇區來包圍贛江流域的幾個中心城市——贛州、吉安、樟樹，以便利於我們迅速的奪取這些城市，這樣來爭取江西的首先勝利……」

按照「江口會議」的這一部署，以朱德為主席的中革軍委發布命令，把紅軍重新編為三個軍團，即一、三、五軍團，分為三路進發。

紅三軍團，由彭德懷為總指揮、滕代遠為政委，向贛江西岸出擊，然後向北發展，稱「西路軍」。中路軍為紅一軍團，任命林彪為總指揮，任命進入蘇區不久的聶榮臻為政委，羅榮桓為政治部主任，從贛江東岸向北發展。

紅五軍團由季振同為總指揮，董振堂為副總指揮，蕭勁光為政委，由朱德坐鎮，在贛南蘇區協調西路軍和中路軍。

毛澤東被分配在中路軍，名曰「隨軍行動」。這時的毛澤東是政府主席，並無軍職，但紅一軍團實際上就是原紅一方面軍，都是他的老部下。他「隨軍行動」，實際上成了總指揮——雖說以政府主席的身分指揮軍隊有點「名不正、言不順」，但毛澤東不顧這些，他在江口會議結束之後，便來到了紅一軍團。

毛澤東隨紅一軍團出發，走到半路，他便說服了林彪和聶榮臻，改變行軍的方向：放棄原定北進計畫，改為向東，朝閩西、閩南進軍。

攝聶榮臻回憶，毛澤東是這樣陳述自己的見解：

「沿贛江向北沒有多少發展餘地，國民黨『剿共』的大本營就設在南昌。如今向西發展，有贛江梗阻，大部隊往返不方便。向南發展則必然會和廣東部隊的主力頂牛。只有向東發展最有利。向東則一來有閩西老根據地作依托，二來閩南尚有廣闊的發展餘地，是一個最好的發展方向。」⑪

毛澤東如此清楚地分析了向西、向北、向南的不利和向東的有利，林彪和聶榮臻擁護他的主張，覺得應該按毛澤東的意見辦。於是，經中共蘇區中央局書記周恩來、「中革軍委」主席朱德的同意，中路軍改成了東路軍，向東進軍了。

這麼一來，東路軍便掌握在毛澤東手中。他按照自己的戰略意圖，又「導演」出一齣不亞於第一、二、三次反「圍剿」的「新戲」來。

這時，駐守閩西、閩南一帶的，是福建軍閥、號稱「閩西王」的張貞。

張貞是福建最南端詔安縣人。一九一八年，三十五歲的張貞趁著軍閥混戰，在閩南拉起一支「民軍」，日「福建靖國軍」。由此起家。後來，他到北京陸軍大學「鍍金」，回到福建後便成了「福建自治軍前敵司令」。名聲雖好聽，手下其實只有幾支收編的土匪民軍而已。北伐時，張貞成了「國民革命軍獨立第四師」師長。那時，陳伯達成了他的秘書，佩少校軍銜。一九二九年，蔣介石任命張貞為「福建省剿匪司令部司令」。

張貞的部隊，其實是一支雜牌軍，有一雅號曰：「戰無不敗的『豆腐軍』」。可是，是位張貞「將軍」偏又愛擺派頭，曾規定漳州各商戶每月必須繳「飛機捐」，湊齊七十萬銀元，向國外購了舊式油布練習機和偵察機各兩架，運輸機一架，開闢了機場。那飛機在漳州上空飛來飛去，十分神氣。其實那飛機堪稱「飯桶飛機」。

一天，該師國民黨黨部書記長吳光星搭乘偵察機，那飛機在半途中飛越龍門嶺時，竟掛在松樹上！書記長先生受傷不用說，那架飛機用了幾十人拉、抬，才運上公路，用大卡車載回漳州修理。還有一次，張貞坐飛機由永定回漳州，家屬早早在漳州機場迎候，卻久久不見空中有飛機的影子。事後才知，「飯桶駕駛員」弄錯方向，把飛機飛到廣東潮州去了！

毛澤東選擇了東進，選擇了張貞的「豆腐軍」為攻擊目標，充分顯示了他的聰明——專揀「豆腐」欺！果真，紅一軍團跟張貞部隊在福建龍岩一接觸，首戰便告捷，殲敵六百八十五名，一下子就攻占了龍岩縣城。

接著，毛澤東確定下一步目標：攻取閩南重鎮、張貞老窩漳州。

漳州的屏障是天寶山，張貞派了兩個旅固守。在毛澤東指揮下，林彪、聶榮臻率部兩天趕了一百五十多里。四月十九日，紅軍突襲天寶山，痛殲敵軍。張貞聞訊，嚇得趕緊點燃城中彈藥庫，然後抱頭鼠竄，逃往廈門。這樣，翌日漳州便落入紅軍之手，這一仗俘敵一千六百多人，繳槍兩千三百多支。

最為新奇的收穫，要算是那兩架不及飛走的偵察機，落入了紅軍手中。這樣，紅軍算是有了空軍——雖然那飛機非常蹩腳。毛澤東特地去參觀了這兩架雙翅膀、機翼是油布做成的飛機。林彪和聶榮臻分別在飛機前拍照留念。其中的一架，後來由一個紅軍駕駛員駕駛，飛到瑞金，曾使紅都為之轟動。

毛澤東住進漳州發電廠附近一所天主堂的「洋房」裡。他的警衛員拿起臉盆去打水，到處找不著水井，不由得埋怨「洋房」的主人怎麼平常不洗臉。直至毛澤東領著警衛員到自來水龍頭前，擰開了龍頭，水嘩嘩流出，使警衛員大為驚訝，以至當臉盆裡的水滿了的時候不知道怎麼關上龍頭——這些來自農村的紅軍戰士們，還是頭一回進入這樣「闊氣」的城市呢！

毛澤東率紅一軍團東征，獲得了大勝，又一次表明他的戰略目光確實高人一籌。

經周恩來力爭，毛澤東恢復總政委要職

就在毛澤東東征節節勝利的日子裡，在上海，中共臨時中央卻正對毛澤東進行批判！

一篇代表中共臨時中央的權威性文章，在中共中央機關刊物《紅旗週報》第三十七、三十八期

合刊上發表。這是一篇社論，題目很長，也很「鮮明」，即《在爭取中國革命在一省與數省的首先勝利中中國共產黨內機會主義的動搖》。此文寫於一九三二年四月四日，發表於同年四月廿五日。

作者何人？署名「洛甫」。「洛甫」，也就是張聞天，中共中央的一枝筆。當時的他，跟王明、博古站在一起，唱著「左」的高調。人畢竟是人，不是神。張聞天走過曲折的路，全然是可以理解的。值得讚許的是，一九九〇年出版的《張聞天文集》第一卷，全文收入了那篇社論的原文，毫不躲躲閃閃，文過飾非。文末，編者還為此文加了一段說明：

「這是張聞天三〇年代『左』傾錯誤的另一篇主要文章，一九四五年《關於若干歷史問題的決議》提出此文是繼續和發揮了九一八事變以後第三次『左』傾路線錯誤觀點的文件之一。張聞天本人整風中對此文也作過檢討。這篇文章的主要錯誤在於根據共產國際對形勢和任務的指示，系統地論述了當時中央『左』傾錯誤的綱領。……」⑫

張聞天寫的社論，這樣不點名地批判毛澤東：

「很明顯，中央區的同志在這裡表現出了濃厚的等待主義，等待敵人的進攻，等待新的勝利。他們始終沒有能夠利用客觀上的順利環境去採取積極進攻的策略。他們把『鞏固蘇區根據地』當作符咒一樣的去念，把消滅『土圍子』當作了鞏固根據地的中心工作，以等待敵人的新的進攻，新的『堅壁清野』，新的『誘敵深入』與新的勝利。這種觀點，實際上同樣是對於反對統治的過分的估計所產生……目前的主要危險，是對於國民黨統治的過分估計，與對於革命力量的估計不足的右傾機會主義！」

一句話，毛澤東是「右傾機會主義」！

張聞天此文，在批判毛澤東的同時，也點名批評了「中央職工部的仲篪同志」在工人運動中的「機會主義觀點」。「仲篪」是誰？劉少奇也。

緊接著，五月二十日，通過發報機電鍵的嗒嗒聲，從上海傳來中共臨時中央一份長長的指示電。譯報員譯出電文時，臉上露出驚訝的神色，因為這份電報，點了毛澤東的名。

電報稱，毛澤東在三次反「圍剿」中所採取的戰略是完全錯誤的，是「純粹防禦路線」，是「游擊主義」。電報指出，「澤東及其他純粹防禦路線的擁護者」們的「消極態度，將削弱我們的防禦力量，與不能擴大與鞏固蘇區」，是當前「極大的危險」、「主要的危險」，「是過分估計與誇大敵人力量，是純粹防禦路線」，是「紅軍中游擊主義的壞的殘留」。電報指示中共蘇區中央局領導，要「以說服的態度，設法爭取他（引者注：指毛澤東）贊成積極鬥爭的路線，使他在紅軍及群眾中宣傳積極路線，爭取黨和紅軍的幹部說服他的純粹防禦路線的錯誤與危險，公開討論澤東的觀點」。

這份電報，最清楚地表明了中共臨時中央對毛澤東的態度：如果毛澤東不轉變立場，站到王明「左」傾路線這邊來，那就要作為「主要的危險」、「極大的危險」予以解決！

正在「隨軍行動」的毛澤東，並不知道中共臨時中央的這份電報。他仍忙於指揮作戰，只是深感以政府主席的身分指揮作戰諸多不便。

五月廿九日，正在閩南的紅一軍團奉中革軍委的命令，千里回師贛南。原因是得知廣東軍閥陳濟棠在廣州召開軍事會議，意欲進犯贛南。紅一軍團回師之後，也就不再成為「東路軍」了。

六月十七日，周恩來在汀州召開的中共蘇區中央局會議上，作出貫徹中共臨時中央指示，關於爭取和完成江西及其鄰近省區革命首先勝利的決議。會議決定取消東路軍、西路軍番號，恢復紅一方面軍建制，仍轄第一、第三、第五軍團。

恢復紅一方面軍建制，牽涉到一個敏感的問題：誰任總政委？因為原紅一方面軍的總司令為朱德，總政委為毛澤東。這次恢復建制，由中革軍委主席朱德兼任總司令。照理，應當也恢復毛澤東的總政委職務。「朱毛紅軍」名震中國，便是因為朱是總司令，毛是總政委。

可是，中共臨時中央五月二十日的電報，使中共蘇區中央局不敢恢復毛澤東的總政委職務。於是，採取了回避之策，即恢復建制時，不設總政委。毛澤東依然被安排在第一軍團「隨軍行動」。

紅軍歷來強調黨的領導，紅一方面軍怎可不設總政委呢？中共蘇區中央局曾提議周恩來任總政委，為周恩來所謝絕。周恩來深知，如果由他出任總政委，那就過分使毛澤東難堪，不如不設總政委。

七月中旬，周恩來趕赴前線，設在後方的中共蘇區中央局由任弼時任代理書記。⑬

七月廿一日，作為中共蘇區中央局代表的周恩來，到達位於贛州之南的信豐縣的紅一方面軍司令部。周恩來在跟朱德、王稼祥交談中，在跟毛澤東交談中，都發覺毛澤東以政府主席身分「隨軍行動」，確實很不方便。

這樣，七月廿五日，周恩來與毛澤東、朱德、王稼祥聯名致電中共蘇區中央局：

「我們認為為前方作戰指揮便利起見，以取消政府主席一級，改設總政治委員為妥，即以毛任總政委。作戰指揮權屬總司令總政委，作戰計畫與決定權屬中革軍委，關於行動方針中央局代表有決定權。」

這就是說，紅一方面軍的「作戰指揮權」屬朱德、毛澤東，「作戰計畫與決定權」屬朱德，而「行動方針決定權」則屬周恩來。

中共蘇區中央局代理書記覆電，不同意這一建議，仍堅持任命周恩來為總政委。

為此，周恩來於七月廿九日，又以他個人名義去函中共蘇區中央局，指出如果由他任總政委，將「弄得多頭指揮，而且使政府主席將無事可做」，而且毛澤東「以政府主席名義在前方，實在不便之至」，「澤東的經驗與長處還須盡量使他發展」。周恩來強調說，「有澤東負責，可能指揮適宜」。

經周恩來再三堅持和力爭，中共蘇區中央局終於同意，任命毛澤東為紅一方面軍總政委。

於是，中革軍委於八月八日發布如下通令：

> 奉中央政府命令，特任毛澤東同志為紅軍第一方面軍總政治委員。現毛同志已到軍工作，我第一方面軍全體戰士，今後應堅決在朱總司令與毛總政治委員領導之下，一致為發展革命戰爭，爭取革命在江西及鄰近幾省的首先勝利而努力。仰我全體戰士一體知照。
>
> 中革軍委主席　朱德
> 副主席　王稼祥
> 彭德懷

就這樣，毛澤東終於恢復他在贛南會議前的軍內要職——紅一方面軍總政委。

與此同時，「軍事最高會議」在前方建立，由周恩來、毛澤東、朱德、王稼祥四人組成，以周恩來為主席。

前方和後方首腦為毛澤東產生嚴重分歧

說實在的，毛澤東能夠復總政委之職，全然由於周恩來的力爭，因為周恩來畢竟是中共蘇區中央局書記。雖然周恩來按照組織手續，為此向中共蘇區中央局代理書記任弼時請示，任弼時在作了一次否定之後，也不能不考慮到周恩來的職務，最後勉強同意了。

毛澤東的復職，卻導致了前後方領導人物之間產生尖銳的矛盾。

前方——「軍事最高會議」周恩來、毛澤東、朱德、王稼祥。

後方——中共蘇區中央局任弼時、項英、鄧發、顧作霖。

四比四，形成了對峙的局面，彼此頂牛。

在前方，雖說周恩來是「軍事最高會議」主席，但他非常尊重毛澤東。朱德則是毛澤東的「老搭檔」。王稼祥呢？他原是中共六屆四中全會派出的「三人團」之一，也曾經頗「左」，不過他跟毛澤東一起共事後，日漸轉為支持毛澤東。這麼一來，前方的核心人物，實際上是毛澤東。

王稼祥曾這樣憶及他在龍岡跟毛澤東相識後的印象：

「初見了幾次面，他就給了我一個這樣的印象：他是同我在中國和俄國所遇見的領導人是不相同的，是有其獨特的地方，雖然我當時還掌握不住這些獨特的地方。只覺得他所說的道理，既是那樣簡單明瞭，又是那樣的有力並具有說服力。」⑭

原是「二十八個布爾什維克」之一、王明的竭誠的擁護者王稼祥，自從擔任紅軍總政治部主任，常在毛澤東身邊工作，慢慢被毛澤東的魄力和魅力所征服。

後方的核心人物是任弼時。他是「三人團」的首席。進入中央蘇區後，擔任中共蘇區中央局組織部長。另一名「三人團」成員顧作霖則擔任中共蘇區中央局宣傳部長。

任弼時後來成為毛澤東的忠誠的擁戴者、親密無間的戰友。不過，當他受命貫徹中共六屆四中全會路線而進入中央蘇區時，他卻唯王明、博古馬首是瞻。正因為這樣，主持贛南會議，批判毛澤東，便是他。自從讀了張聞天在《紅旗周報》上發表的社論，看了中共臨時中央五月二十日密電，他更明白中共臨時中央對毛澤東的排斥態度。正因為這樣，他一而再地阻攔毛澤東恢復紅一方面軍總政委之職。

項英從一來到中央蘇區開始，他的黨內職務便比毛澤東高。他跟毛澤東在工作中幾度產生分歧。他也受到過王明路線的排斥——因為他是中共六屆三中全會派往中央蘇區的代表。

項英此人，組織觀念頗強。他沒有出席中共六屆四中全會，可是，當他從贛西南蕭道德等人那裡見到共產國際給中共中央的「十月來信」後，很快就表示服從王明路線的領導，受到任弼時的賞識。

在繳獲公秉藩部隊那個大功率無線電臺後，一九三一年十月，中共蘇區中央接到中共臨時中央第一號電報，便是關於中華蘇維埃共和國人選名單的指示：「政府執行委員名單，在任弼時處有。但須除去向忠發、周逸群、鄺繼勛，加徐錫根、陳紹禹、關向應、瞿秋白及各地蘇維埃政府主席。人民委員會主席一人決定毛澤東、副主席二人張國燾與江西蘇維埃政府主席。」

這份電報，透露了任弼時地位的重要性。他前來中央蘇區時，身邊帶著未來的中央政府執行委員會名單。

當時的江西蘇維埃政府主席為曾山。照第一號電報的意見，政府副主席為張國燾、曾山。但是，任弼時在一九三一年十月三十一日以中共蘇區中央局名義，致電中共臨時中央，提議項英任政府副主席兼中央人民委員會副主席，曾山改任土地人民委員，得到了上海的同意。

這樣，項英主持了全蘇「一大」，當選主席團主席，當選政府副主席兼中央人民委員會副主席，而且排名於張國燾之前。這麼一來，項英更加聽命於上海的中共臨時中央了。

至於顧作霖，作為「三人團」成員，當然倒向任弼時。作為國家政治保衛局局長的鄧發，當時思想也「左」傾，他在肅反中搞擴大化便反映了他的「左」傾思想。

前後方「四對四」的矛盾，圍繞著毛澤東的復職，猛烈地爆發了！

第一個回合是在八月廿四日，紅一方面軍原計畫攻打江西東部重鎮南城。毛澤東發覺那裡已有敵三個師十七團兵力守衛，主張不打。周，毛、朱、王意見一致。周恩來致電後方。

八月廿八日，後方中共蘇區中央局來電，認為前方不攻南城，是錯誤的決定，要求紅軍主力繞至宜黃一帶尋戰敵軍主力陳誠部隊。前方只得遵命，結果在向宜黃一帶移動時遭敵襲擊，一個多團失去聯絡。

第二個回合是在九月廿三日，敵增援六個師，後方要前方「攻城打援」。前方，周、毛、朱、王兩次致電後方：「在目前敵情與方面軍現有力量條件下，攻城打增援部隊是無把握的；若因求戰心切，魯莽從事，結果反會費時無功，徒勞兵力，欲速反慢，而造成更大不利局面。」可是，後方於九月廿五日覆電，仍堅持要前方「積極地出擊敵軍」！

九月廿六日，周、毛、朱、王又致電後方，表示不能「打強大增援敵隊，此請中央局特別注意」！紅軍好不容易建立起的無線電臺，本來是為指揮作戰提供快捷通訊，此時卻被前、後方首腦間無休止的爭論所困惑。前、後方的戰略意圖如此南轅北轍，在紅軍作戰史上也是空前罕見的。

說穿了，無非是後方首腦以為毛澤東復職，等於「右傾機會主義」上臺，叫你打南城你不打，叫你攻城打援你又不打，不是「右傾」是什麼？前方呢，首腦們面對敵軍，深知敵情，不能不量力而行。

論指揮打仗，毛澤東確有一套過人的才略。指揮三次反「圍剿」時，軍權集中在他一手中，打得瀟灑，打得自如。眼下，他要左請示，右匯報，把他也弄得很不自在。

終於，第三個回合，導致前、後方的爭執白熱化了。

那是九月廿六日，前方忍無可忍，決定置瞎指揮的後方首腦們於不顧，以紅一方面軍總司令朱德、總政委毛澤東的名義，發布了《在敵人尚未大舉進攻前部隊向北工作一時期的訓令》（以下簡稱《訓令》）。這個《訓令》是得到「軍事最高會議」及其主席周恩來同意發出的。

《訓令》指出，蔣介石正在準備發動對中央蘇區的第四次「圍剿」。但是，目前「敵人堅守據點」。在這樣的形勢下，紅一方面軍應該抓緊時間，在向北地區做群眾工作，「爭取和赤化北面敵人這些據點附近的地區和群眾」，以求「造成更有利於與北面敵人決戰和消滅敵人主力的條件」。

當無線電波把《訓令》從前方傳到瑞金，後方首腦大為震怒。當時，項英和鄧發出差到閩西去了，主持工作的任弼時接連給前方發電報，表示堅決反對。

九月廿九日，後方電周、毛、朱、王，作了明確的否定表態：「九月廿六日訓令收到，我們認為這完全是離開了原則，極危險的部署，中央局決定暫時停止行動。」

九月三十日，後方單獨給周恩來去電：「我們現重新向你提出，前次分散赤化南豐河兩岸，做一時期擴大蘇區工作等意見，是對形勢估計不足」，要求周恩來對「分散赤化觀點，應給以無情的打擊」！

十月一日，後方再度致電周、毛、朱、王：「我們堅決不同意九月廿六日訓令的軍事布置。」其實，《訓令》是毛澤東思索多日作出的，是他為第四次反「圍剿」規定的策略和部署。本來，周恩來和他打算經過中共蘇區中央局會議討論後予以發布的。為此，九月廿五日，周、毛、朱、王致電後方：「提議即刻在前方開一中央局全體會議，並且要全體都到，這不僅可以解決目前行動問題，並要討論接受中央指示紅軍行動總方針……」

可是，翌日後方來電，便否定了這一提議。後方稱，項英、鄧發已去閩西參加福建省蘇維埃執行委員會擴大會議，「你們亦須隨軍行動」，「中央局全體會議不可能開」。

既然不能開中央局全體會議，而又軍情緊迫，前方也就在這天發布了朱、毛署名的《訓令》。後方得知《訓令》發布，對毛澤東極度不滿，認為已到了非撤毛澤東之職不可的時候了。於是，致電前方，同意召開中央局全體會議，時間定在十月上旬，地點則選在周、毛、朱、王九月廿五日電中提及的「寧北的小塘」。

就這樣，一次以批判毛澤東「右傾機會主義」為主題的中共蘇區中央局會議終於召開了。

毛澤東在寧都被剝奪軍權

「寧北的小塘」在哪裡？

「寧」，也就是江西寧都，位於瑞金之北，廣昌之南。

不過，寧都縣城以北並沒有名叫小塘的村莊。據中共寧都縣委黨史辦公室查證，那裡有個小源村。大抵是發報或收報時譯電員的筆誤，把「小源」誤為「小塘」。⑮

在十個多月前，寧都曾名震全國。那是駐守寧都的國民黨第二十六路軍，其中實力最強的七十三旅旅長董振堂、七十四旅季振同等秘密地加入中共。

一九三一年十二月十四日晚，趙博生盛宴全軍團以上軍官，在酒酣之際突然宣布起義。這樣，第二十六路軍易幟，成為紅軍第五軍團，季振同任總指揮，趙博生任副總指揮，蕭勁光被派去擔任軍團政委。這一事件，便成為轟動一時的「寧都起義」。

眼下，寧都又一次被載入史冊。在這裡的小源村召開的中共蘇區中央局會議，被稱為「寧都會議」。在中共黨史上，寧都會議曾是諱莫如深事件，因為這是一次集中火力批判毛澤東的會議，是撤掉毛澤東軍職的會議，成了史學家望而止步的禁區。問題倒並不在於此事涉及毛澤東，因為寧都會議加在毛澤東頭上的種種不實之詞，後來全都被歷史推倒；難言之處在於涉及與會者，因為寧都會議的出席者沒有一個「壞人」，後來幾乎都成為中國紅色陣營中的棟樑人物。

其實，沒有一滴雨水是完全純淨的，沒有一顆珍珠是完全圓形的。誰人未曾說過一句錯話，做過一樁錯事？連毛澤東都說自己有過許多「真錯」，何況他的戰友們——更何況當時的中共中央是掌握在王明手中，貫徹的是王明「左」傾路線。

寧都會議召開的時間，據黃少群考證，在一九三二年十月二日之後至十月十二日之前的某幾天。黃允升的考證，更為精確些，認為是上限為十月四日，下限則為十月十日。

據小源村曾棟材老人回憶：「那年的八月中秋以後，割『金包銀』（引者注：一種晚稻的名稱）接遲禾新的時候，村裡來了好多紅軍和紅軍的領導人。我記得在榜山祠住了朱德和一個留長鬍鬚的人，毛主席住在我房子裡。」他所說的「留長鬍鬚的人」，便是周恩來。那時，周恩來蓄著黑色長鬚，儼然美髯公。

不過，寧都會議剛開始時，周恩來不在。他是在會議開了一半時才飛馬趕來的。他曾回憶說：「寧都會議是任弼時同志召開的，我當時不在，正在前線。但我若堅決反對，還是可以反對掉的……」⑯

不必再依靠無線電報來來去去，前方四位首腦（除周恩來晚到）和後方四位首腦終於開始面對面交鋒。據云，出席會議的還有彭德懷和劉伯承（尚待進一步查證）。

會議是空前激烈的，這可以從現存的檔案《蘇區中央局寧都會議經過簡報》（以下簡稱《簡報》）中的一句話看出：「會議中批評了澤東同志過去向贛東發展路線與不尊重黨領導機關與組織觀念的錯誤，開展了中央局從未有過的反傾向的鬥爭。」

「開展了中央局從未有過的反傾向的鬥爭」——這清楚地表明了會上鬥爭的尖銳。

後方首腦占了上風，因為後方首腦有著上海中共臨時中央的支持，項英取代了王稼祥，任弼時、項英、顧作霖彷彿組成了新的「三人團」，以猛烈的火力批判毛澤東。

他們所說的毛澤東「不尊重黨領導機關」，也就是不顧後方蘇區中央局的反對，發布《訓令》。因而也就造成「組織觀念的錯誤」。

《簡報》還透露：「會議中批評澤東同志認為早應北上，過去七個月都錯誤了之不正確觀點，指出這是動搖並否認過去勝利成績、掩蓋了領導上所犯錯誤。」

「過去七個月」，是從打贛州算起。在毛澤東看來，「過去七個月」確實「都錯誤了」：他反對打贛州。果真，打贛州失利；他主張東征、打漳州，曾遭到反對，但是打漳州大勝。這表明正確的是他，錯誤的是中共蘇區中央局。

可是，後方首腦們卻完全顛倒過來，說：打贛州，「依據當時情況都是絕對需要的」，而且「攻贛本有克城可能」，只不過「因對敵必守中心城市的估計不足」以及「爆破技術有缺點」，這才「未能克城而撤圍」。⑰

至於「進占漳州雖獲勝利，有很大政治影響，但來往延緩了北上任務之實現」。⑱

照後方首腦們這種奇怪的邏輯，變成打贛州輸了也是對的，打漳州勝了也是錯的！

這麼一來，毛澤東反對打贛州、主張打漳州，變成了「錯誤主張」！變成了「否認過去勝利、掩蓋了領導上所犯錯誤」！

雖說在「文革」中，毛澤東被封為「偉大的領袖、偉大的導師、偉大的統帥、偉大的舵手」，這四個「偉大」把他推上至高至尊的地位，可是在寧都會議上，他卻受這種「窩囊氣」，簡直是他的推崇者們不可想像的！其實，他後來能成為中國共產黨的最高領袖，正是從一次次折騰中磨煉出來的，從一次次「批判」中考驗出來的。

後方首腦們批判朱、毛《訓令》，批判毛澤東的「誘敵深入」戰略方針，認為那是「等待主義」，是「專以等待敵人進攻的右傾主要危險」。毛澤東，也就成了「右傾主要危險」的代表人物！

毛澤東是條硬漢子，他不會隨機應變，見風使舵。他據理反擊，被認為「毛同志承認和瞭解錯誤不夠」。⑲後方首腦們主張要對毛澤東進行組織處理，撤除毛澤東的軍職——紅一方面軍總政委，把毛澤東從前方調往後方，讓他專做政府工作去。

就在這時，使任弼時震驚的是，原是「三人團」成員的王稼祥，作了不尋常的發言，明確地支持毛澤東：「眾所周知，我也是四中全會後由中央派來蘇區的，我對中央指示也一直是服從和執行的。但是我從幾次反『圍剿』的勝利中，以及從攻打贛州的教訓中，逐步認識到毛澤東同志的思想主張，是符合紅軍和蘇區實際情況的，他提出的戰略思想和戰術原則，已經被實踐證明為行之有效的，他的指揮決策也一再被證明是正確的。紅軍和蘇區之能有今日，是與毛澤東同志的正確領導分不開的。」⑳

王稼祥又說道：「眾所周知，我與毛澤東同志並非舊交，相識不久，倒是與王明、博古等同志是老同學、老同事甚至同鄉……」㉑

王稼祥主張：「大敵當前，不可換將；指揮重任，非他莫屬！」㉒

後方首腦的批判，和毛澤東的反駁、王稼祥對毛澤東的支持，使會議陷入僵持的局面。

正在這時，周恩來趕到。他作為中央蘇區的最高首長，顯然要擔負「裁判」的角色。

周恩來處於矛盾的境地。

他在來中央蘇區之前，一直在中共中央工作，先後跟瞿秋白、李立三、向忠發、王明共事，有著多年的高層領導經驗。在六屆四中全會上，共產國際代表米夫在批評了他對瞿秋白持「調和態度」之後，說道：「恩來同志自然應該打他的屁股，但也不是要他滾蛋，而是在工作中糾正他，看他是否在工作中改正他的錯誤。」

正因為這樣，曾與瞿秋白，李立三共事的他，在瞿、李倒臺之後，仍能與王明共事。王明派他前來中央蘇區，自然是要他在中央蘇區貫徹王明路線，而向來有著很強組織紀律性的他也總是習慣於服從上級。

周恩來跟毛澤東一九二三年底在廣州結識，但沒有深交。這次來到中央蘇區，特別是隨紅一方面軍一起在前線，跟毛澤東朝夕相處，他開始瞭解毛澤東。特別是毛澤東一整套獨特的戰略思想，使他頗為佩服。正因為這樣，在恢復紅一方面軍建制時，是他再三堅持終於說服了任弼時，任命毛澤東為紅一方面軍總政委。

這一回，任弼時、項英等堅持要撤掉上任還不到兩個月的總政委毛澤東，使周恩來陷入進退維谷的地步，《簡報》中有這樣一段記載：

「對前方戰爭領導，留在後方中央局同志對於過去前方領導不能統一，認為戰爭領導必須求得專一獨斷，迅速決定問題，提出由恩來同志負責戰爭領導總責，澤東同志回後方負中央政府工作責任。」

周恩來怎麼辦呢？他先是在口頭上，也批評了毛澤東：前方領導人「有以準備為中心的觀念，澤東表現最多，對中央電示迅速擊破一面開始不同意，有等待傾向」，但他又指出，「澤東積年的經驗多偏於作戰，他的興趣亦在主持戰爭」，「如在前方則可吸引他貢獻不少意見，對戰爭有幫助。」

他提出了兩種方案，供會議討論，如《簡報》所述：

「周恩來同志堅持要毛同志在前方助理，或由毛同志負主持戰爭責任，恩來同志亦在前方負監督行動總方針責任。」

不論哪種方案，周恩來都要把毛澤東留在前方，要毛澤東指揮第四次反「圍剿」。他否定了後方首腦們要毛澤東「回後方負中央政府工作責任」的意見。

周恩來的後一種方案，顯然是後方首腦們所不能接受的。經過一番論戰，如《簡報》所記錄：「大多數同志認為毛同志承認與瞭解錯誤不夠，如他主持戰爭，在政治與行動方針上容易發生錯誤，最後是通過了恩來同志第一種意見，但最後批准毛同志暫時請病假，必要時到前方。」

既然會議已最後「通過了恩來同志第一種意見」，怎麼又「批准毛同志暫時請病假」回後方呢？那是毛澤東面對會議的決議表態了：既然蘇區中央局如此不信任他，既然要撤掉了他的總政委之職，他很難在前方「助理」。於是，他提出回後方養病，「必要時到前方」。

就這樣，寧都會議以後方首腦的大勝降下了帷幕。

就這樣，井岡山根據地的創始人、一手撫育紅軍壯大、成功地指揮了三次反「圍剿」的毛澤東，痛苦地被剝奪了軍權，默默地回到曾棟材家的黃泥草屋。

周恩來趕往草屋，看望毛澤東，安慰毛澤東。毛澤東對周恩來表示：「軍事工作我還願意做，前方何時電召便何時來。」

就這樣，十月十日，周恩來在一份電報中寫道：「澤東同志因病請假回後方。」

根據中共蘇區中央局的指示，十月十二日，中革軍委正式發布通令，公開了毛澤東離開紅一方面軍總政委工作崗位的消息，只是採用了婉轉的「外交辭令」，寫成「蘇維埃工作的需要」，寫成「暫回」後方：

> 中華蘇維埃共和國中央革命軍事委員會通令：
>
> 當此革命猛烈向前發展的時候，蘇維埃政權的鞏固與發展，是十二萬分重要的。工農紅軍第一方面軍兼總政治委員毛澤東同志，為了蘇維埃工作的需要，暫回中央政府主持一切工作。所遺總政治委員一職，由周恩來同志代理。特此通令各軍，希轉飭所屬知照。
>
> 主席　朱德
>
> 副主席　王稼祥
>
> 　　　　彭德懷

經過「粉飾」的通令，看上去，毛澤東屬「正常工作調動」。十月十四日，紅一方面軍發布的戰役計畫上，最後的署名是：「總司令朱德，總政委毛澤東，代總政委周恩來。」

周恩來在計畫上注了一句：「如有便，請送毛主席一閱。」

十月廿六日，中共臨時中央來電，正式撤銷毛澤東的紅一方面軍總政委職務，任命周恩來兼任這一職務。這樣，前方的電報由「周、毛、朱、王」，變為「周、朱、王」。

至此，圍繞毛澤東的一場格鬥該算是結束了。然而，那「餘波」仍在前後方首腦之間激盪。

十一月十二日，後方中共蘇區中央局成員致電上海中共臨時中央，認為：「這次會議是開展了中央局內部從未有過的兩條戰線的鬥爭，打破過去的遷就和平狀態。」

他們批評的矛頭指向了周恩來：

「周恩來同志會前與前方其他同志意見沒有什麼明顯的不同，在報告中更未提到積極進攻，以準備為中心的精神來解釋中央指示。」

「不給毛澤東錯誤以明確的批評，反而有些問題為他解釋掩護，這不能說只是態度溫和的問題。……我們認為恩來同志在鬥爭中不堅決，這是他個人最大的弱點，他應該深刻瞭解此弱點加以克服。」

周恩來呢，他也致電上海中共臨時中央，申述自己的意見：

「承認我在會議中對澤東同志的批評是採取了溫和態度，對他的組織觀念錯誤批評得不足。

另外卻指正了後方同志對他的過分批評。」

周恩來反駁了後方中央局關於他「調和」的批評，他指出：

「認為未將這次鬥爭局面展開是調和，是模糊了鬥爭戰線，我不能同意。」

周恩來還寫道：「後方同志主張召回澤東，事前並未商量好，致會議中提出後，解決頗為困難。」這表明，調毛澤東回後方，是後方首腦們在會上提出，事先並未徵求過周恩來的意見！中共臨時中央在上海研究了雙方發來的電報，意識到如果聽任後方中共蘇區中央局這樣批評周恩來，勢必會使中央蘇區領導層造成大分裂，於是覆電明確支持周恩來，表示指責周恩來是「調和派」是不正確的，強調前後方領導加強團結是目前最重要的。

這麼一來，後方中央局那咄咄逼人的氣焰，才算收斂了。

周恩來在給中共臨時中央的電報中，還為毛澤東重回前方留好餘地。周恩來寫道：去探望毛澤東時，「在情緒上還沒有看出他有什麼不積極的表示」，說他「答應前方何時電召便何時來」。周恩來還為毛澤東解釋，「因為治病在他確是十分需要的」。

周恩來深知毛澤東是難得的「帥才」。他為毛澤東留好伏筆，以便在適當時機，以毛澤東「病癒」為理由恢復他的軍職……

周恩來在毛澤東危難之際周詳地維護了毛澤東，這為毛周後來四十多年的親密合作奠定了基礎——雖說在表面上看來，是周恩來取代了毛澤東出任紅一方面軍總政委，以至被一些不知真情的人說成是「周恩來奪了毛澤東的軍權」……

遭罷官的毛澤東在汀州休養

毛澤東走了。從寧都南行兩天，便到了瑞金。他沒有在這紅都落腳，卻從瑞金東行，才一天就到達福建汀州。

毛澤東一進汀州城，就到福音醫院看望老朋友傅連暲。

「毛主席，恭喜！恭喜！」傅院長連聲對毛澤東說道。

傅連暲恭喜什麼呢？原來，毛澤東喜得貴子！

毛澤東和賀子珍結婚後，賀子珍在一九二九年生下一女孩。那時，正值紅軍二打龍岩，戰事頻頻，賀子珍只得把女孩寄養在當地老百姓家，送上十五枚銀元，說是日後再來接孩子。

可是，後來托毛澤東的弟弟毛澤民去這家老百姓家接孩子，得到的回答是「孩子不在人世」了。一九三二年，賀子珍又懷孕了。她被送進福音醫院。十四天前，賀子珍生下一男孩，怪不得傅連暲向毛澤東賀喜。

毛澤東見到賀子珍，見到出世不久的兒子，煩悶的心境得到了暫時的快慰。

這時，賀子珍患痢疾，生怕傳給孩子，請了個奶媽。奶媽是江西人，習慣地喊孩子「毛毛」。如此這般，孩子的乳名便叫「小毛」。

毛澤東聽說孩子乳名的來歷，大笑道：「這倒是一語雙關！人家喊我『老毛』，我的兒子不就成了『小毛』！」

在笑聲中，毛澤東給兒子取了大名，叫做「毛岸紅」。「岸」，是沿用了岸英、岸青、岸龍的「岸」輩；「紅」，則是生於紅區、長大了當紅軍之意。

毛澤東也就在汀州住了下來。

離福音醫院半里多路，有座蒼松茂鬱的北山。山腳下，有一口年代久遠的水井，人稱「老古井」。離井不遠，有一幢淡紅色的小洋樓，原是一家地主的別墅。紅軍第一次攻打汀州，那地主就逃了，這兒也就成了紅軍的休養所。毛澤東的老師徐特立曾住在那裡休養。這一回，傅連暲安排毛澤東住進小樓。

毛澤東很高興，一進小樓，便見到了老朋友陳正人。二十四歲的陳正人是江西遂川人，一九二六年加入中共，在井岡山與毛澤東相識，曾任毛澤東秘書及中共遂川縣委書記。此時，他患肺病，來此休養（解放後陳正人任中共江西省委書記、第八機械工業部部長）。

毛澤東在老古井住下來。每天下午，他總去福音醫院，看望賀子珍和小毛。晚飯後，則上北山散步。夜裡，是他讀書、看報的最好時光。他可以看到「鄭愛群」為他訂閱的最新的報紙。

傅連暲為他仔細地檢查身體。他確實有點病，發低燒。以為是肺病。經過X光透視，肺部有鈣化點，這表明他曾患肺結核，但已痊癒。傅連暲認為，發低燒可能是過度勞累的緣故，勸他在這裡好好休息。

傅連暲常常陪毛澤東上北山散步，他們結下親密的友誼。傅連暲後來成為中華人民共和國衛生部副部長、中華醫學會會長。

毛澤東常去福音醫院，在那裡結識了一位病員，名叫羅明。羅明是中共福建省委代理書記。

那時，他腰部受傷，在福音醫院動了兩次手術。

在病房裡，毛澤東跟羅明聊了起來，談得非常投機。

毛澤東問起了福建的情況，羅明說，自從主力紅軍打下漳州後千里回師贛南，國民黨的第十九路軍就進軍閩南，眼下只有剛成立的紅軍獨立第八師、第九師共三千人在閩西。毛澤東聽說這一情況，便建議羅明在閩西、閩南廣泛開展游擊戰爭。毛澤東詳細地說明了江西三次反「圍剿」是怎麼取勝的，講述了游擊戰爭的規律、戰略，講了集中優勢兵力、擇弱而打，講了誘敵深入的方針……毛澤東滔滔宏論，使羅明頓開茅塞。

羅明說，在福建，完全可以照毛澤東的一套去辦嘛。他急於出院，急於向中共福建省委傳達毛澤東的談話，急於到上杭、永定和龍岩等地去貫徹毛澤東的游擊戰略。

可是，羅明尚在病中。他請傅連暲檢查他的傷口，認為傷口大部分好了，不過如果要提前出院，要外出工作，身邊得有個護士照料。恰巧，羅明的妻子在護士學校學習過，羅明有妻子照料，便急急出院了……

羅明壓根兒沒有想到，幾個月後，他遭到狠狠的批判，他在福建所搞的一套，被稱為「羅明路線」（實際上也就是毛澤東路線），這是後話。

博古從上海來到瑞金

寧都會議的情況，傳到了上海中共臨時中央。共產國際派往上海的軍事顧問李德在其回憶錄《中國紀事》中，這樣寫及當時中共臨時中央對於毛澤東失去軍權的態度：

「他雖然還是臨時革命政府的主席，中央政治局委員（引者注：應為政治局候補委員），革命軍事委員會委員，但失去了主宰一切的影響和迄今為止的權力。他是從領導崗位上被排除的，還是像他以前多次所做的那樣自行引退，以便等待有利時機『捲土重來』呢，我們在上海是無從確定的，估計兩者兼而有之。無論如何，他在軍事委員會中的職位由項英接替，在中央紅軍前敵指揮部的職位由周恩來接替了。」㉓

當時，彭德懷的心態，也頗有代表性。他在回憶錄中所述及的，代表著一大批紅軍指戰員的想法：

「我沒有支持毛主席的正確意見，而同意了中央局多數人的意見……」

「當時我為什麼同意中央局意見，而未同意毛主席意見？也還是前面所敘對攻占贛州的想法。除此以外，我當時並沒有認識四中全會（王明路線）實際是立三路線的繼續。當時四中全會的中央，把它稱為國際路線，布爾什維克化的。至於它同樣是反毛澤東人民戰爭思想的，是反對農村包圍城市的戰略方針的，也即是依靠紅軍打天下的單純軍事路線，我當時完全沒有這樣去想。一個共產黨員凡事要問一個為什麼，當時自己僅僅是服從中央決定，帶有極大的盲目性。」㉔

當毛澤東在汀州老古井的小樓裡休養的日子裡，上海日益吃緊。一九三二年十一月，國民黨中統局上海行動區正式成立，中央特派員史濟美（化名「馬紹武」）坐鎮上海，以偵破中共中央在上海的秘密機關為行動目標。設在上海的中共臨時中央的行動日見艱難。

中統局上海行動區逐日向南京遞送《每日情報》，報告中共臨時中央在上海的一舉一動。就連魯迅也受到中統特務的嚴密監視。一個名叫劉翰夢（又名劉漢生，化名高爾夢）的特務經常出入內山書店，收集魯迅行動情報以及與魯迅交往的人員的動向……

中共臨時中央機關規定了嚴格的聯絡暗號。白天，只有陽臺上放著一盆作為暗號的紅色的花，夜晚那間亮著燈光的房間的窗簾拉開一角洩出亮光，這才表明是安全的，可以進入聯繫。

顧順章的被捕和叛變，向忠發的被捕、叛變、處死，極大地震動著中共臨時中央。

另外，王明去了蘇聯，周恩來、張國燾、項英、任弼時去了蘇區，留在上海的中共臨時中央成了空架子，經常在那裡值班的只有博古和張聞天。

後來博古從上海消失了，張聞天、陳雲也從上海消失了。

一九三三年初，張聞天首先出現在紅都瑞金。不幾日，博古、陳雲也到達那裡。他們是沿著周恩來進入蘇區走過的秘密通道，由上海來到瑞金的。

博古是王明指定的中共臨時中央政治局總負責。隨著他進入蘇區，中共臨時中央也就遷入瑞金。在上海，另行成立中共中央上海局，作為中共中央在上海的派出機構，由康生負責。

中共臨時中央遷入瑞金，原有的中共蘇區中央局也就失去了存在的意義。最初，兩者並存了一段時間，有時下達的文件聯名署「中共中央中共蘇區中央局」。到了一九三三年六月，「中共蘇區中央局」字樣消失。二十六歲的博古成為中央蘇區的最高首長。

博古的到來，使中共中央代表團——「三人團」同樣失去存在的意義。任弼時的中共蘇區中央局代理書記的職務隨之消失。任弼時不久被調離瑞金。一本關於任弼時的傳記，這樣寫及任弼時遭貶的經過：

「他參加組織召開的一九三一年十一月贛南會議和一九三二年八月（應為十月——引者注）寧都會議，根據臨時中央的意見，排斥毛澤東同志領導的做法，事後，他就認識到是不對的。對於臨時中央來到中央革命根據地直接搞的這一系列『左』的東西，更是有看法。他正是被臨時中央認為貫徹極『左』路線不力，而被免去中央局組織部長職務，派到湘贛區作省委書記。」㉕

瑞金縣城西面五公里處的沙洲壩熱鬧起來。那裡的下肖村一幢楊姓私宅，土木結構，紅漆描金，古畫裝飾，被博古看中，作為中共臨時中央的機關所在地。這幢房子建於一八七九年，占地一千一百多平方米。

那幢房子附近的另一座楊姓私宅，成為「少共中央局」（亦即中國共產主義青年團中央局）的機關所在地。那幢房子也是土木結構，建於清朝乾隆年間，占地六百多平方米，少共中央局書記凱豐（即何克全）、秘書長胡耀邦、兒童局書記陳丕顯、少年先鋒隊總隊部總隊長張愛萍在這座屋子裡辦公，擔任少共中央局宣傳部長的陸定一、組織部長王盛榮也住在那裡。這些當年尚屬「小字輩」的人物，後來都成為中共的重要領導人。

博古的到來，再也不必借助無線電報機「遙控」，他開始在中央蘇區全面推行王明「左」傾路線，進一步批判毛澤東。

羅明成了毛澤東的「替罪羊」

「新官上任三把火。」博古來到中央蘇區，第一把火燒的便是那個羅明。

在中共黨史上，凡是稱為「××路線」的，那代表人物必定是中共中央舉足輕重的人物，諸如「立三路線」、「王明路線」等等。可是，博古來到中央蘇區不久，便大張旗鼓地批判「羅明路線」，頗為令人困惑。

羅明，又名羅善培，最初是中共廣東黨、團區委派往廈門的特派員，後來成為中共福建省委代理書記，連中共中央委員都不是，怎麼忽地有了一條「羅明路線」呢？這，最初連羅明本人都納悶莫解，蒙在鼓中。

其實羅明挨批，無非是他在汀州福音醫院聽了毛澤東的長談，便把毛澤東的一套主張在福建加以貫徹。博古礙於毛澤東在中央蘇區的影響和威信，不便直接批判「毛澤東路線」，抓了羅明當替罪羊！據博古自云，「羅明路線」是他「一手發現」的！這樣，批判「羅明路線」，也就由他一手導演。

不過，批判羅明的第一炮，是博古以中共蘇區中央局名義發出的。那份《中央局關於閩粵省委的決定》，是在一九三三年二月十五日下達的。《決定》指出：

「中央局在檢查了福建省委工作之後，認為省委處於一種非常嚴重的狀態中。在省委內部的一部分同志中，顯然形成了以羅明同志為首的機會主義路線。」

為此，中共蘇區中央局作出一連串決定：

「在黨內立刻開展反對以羅明同志為代表的機會主義路線的鬥爭」；

「省委對於這一路線的腐朽的自由主義態度，必須受到嚴厲的打擊」；

「立刻撤銷羅明同志省委代理書記及省委駐杭永岩全權代表工作」；

「公布這一決定，並在各種黨的會議上與黨報上解釋這一決定」。

這一決定一經公布，二月二十日少共蘇區中央局立即響應，作出《關於開展反羅明路線鬥爭的決議》，指責福建團委書記陳榮在反羅明鬥爭中「缺乏布爾什維克」的「徹底性和頑強性」，號召「在全蘇區團內開展反羅明路線的鬥爭」。

緊接著，二月廿四日，撤除羅明職務後組成的中共福建臨時省委作出響應中央局決定的決議，斥責了劉曉（解放後任駐蘇大使、外交部副部長）為代表的「對羅明路線的腐朽的自由主義態度」。

兩天後——二月廿六日，博古以《擁護布爾什維克的進攻路線》為題，在瑞金作長篇政治報告，「深刻揭露」了「羅明路線」的「實質」，號召全黨投入反「羅明路線」的「偉大鬥爭」。這樣，幕後的「導演」跑到前臺來了。

中共中央的機關報《鬥爭》，像炒豆一般，接連發表啪啪作響的批判文章：《什麼是羅明同志的機會主義路線？》、《什麼是進攻路線》、《反對腐朽的自由主義》。

內中起著定調子的重要文章《什麼是羅明同志的機會主義路線？》，出自中共臨時中央常委兼宣傳部長張聞天之手。雖說此文的觀點是錯誤的，如今仍一字不易、磊磊落落載入《張聞天文集》第一卷，並加上「選編說明」指出：「對於這次錯誤鬥爭張聞天本人後來作過誠懇的檢討。為研究和吸取這次歷史的教訓，本書選錄了此文。」

張聞天的文章稱：「羅明路線是反對黨的總路線，同黨的總路線對立的機會主義路線」。而「黨的總路線」，就是「布爾什維克的進攻路線」！

傾盆大雨般的批判，落在羅明的頭上。

在汀州，在福建省委的批鬥會上，羅明被鬥了三天三夜！

羅明奉命前來瑞金檢查，一到瑞金葉坪就遭軟禁。

博古找羅明單獨談話。在談話中，羅明才知他的錯誤的「要害」所在，博古提及了羅明一九三三年一月底寫的《關於杭永岩情形給閩粵贛省委的報告》。博古正是從這份報告中，「一手」發現了羅明的「嚴重錯誤」。那份報告中，有這麼一段：

「如果只注意局部某一地方的轉變，不注意很好的配合起來，發展武裝鬥爭，那就請我們最好的領袖毛主席、項主席、周恩來同志、任弼時同志或者到蘇聯去請史達林同志或者請列寧復活，一齊到下溪南或者其他已受摧殘的地方去對群眾大演講三天三夜，加強政治宣傳，我想也不能徹底轉變群眾鬥爭的情緒！」

最使博古覺得刺眼的便是「我們最好的領袖毛主席」一句，雖然羅明在此後還開列了「項主席、周恩來同志、任弼時同志」。

博古質問羅明，誰說毛澤東是「我們最好的領袖」？怎麼能把毛澤東跟史達林甚至跟列寧相提並論?!這下子，羅明完全明白了他為什麼挨批判！

博古還說，不光是你犯了「右傾機會主義」錯誤，「還有比你更高級的領導幹部，也犯了同樣的錯誤」！不言而喻，這「比你更高級的領導幹部」，是指毛澤東！

張聞天那篇批羅明的文章中，也摘錄了羅明報告上的那段話。張聞天的文章是公開發表的，不能像博古談話時那麼直截了當，但也說得夠尖酸刻薄的：「然而我想，企圖拿羅明與史達林比

較，那正像把狗子同猛虎比較，同樣的覺得不倫不類吧！」㉖

在張聞天的眼裡，羅明成了一條狗！

如此過激的言詞，正是當時「大批判」的濃烈火藥味的寫照。

挨整的「毛派」——鄧、毛、謝、古

博古來到中央蘇區的第二把火，燒的是「江西的羅明路線」——鄧、毛、謝、古！

鄧，鄧小平；毛，毛澤覃；謝，謝維俊；古，古柏。

在「文革」中，鄧小平復出時，毛澤東舊事重提，一九七二年八月四日曾寫下如下批語：「他（指鄧小平——引者注）在中央蘇區是捱整的，即鄧、毛、謝、古四個罪人之一，是所謂毛派的頭子。整他的材料見兩條路線，六大以來兩書。」㉗

批判鄧、毛、謝、古，是從「毛派的頭子」——鄧小平開始的。

最早是一九三三年二月二十日《鬥爭》所載任弼時的文章《什麼是進攻路線》，發出批鄧信號彈。任弼時的文章點名批評道：「永吉泰和會尋安長期陷在純粹防禦的泥坑中」。

所謂「永吉泰」，即永豐、吉水、泰和，三縣位於江西的中西部。當時，三縣聯合，設立中心縣委，書記便是毛澤東的小弟弟、那個當年朱德派往井岡山尋找毛澤東的毛澤覃。

所謂「會尋安」，即會昌、尋鄔、安遠，三縣位於江西西南端，亦聯合設中心縣委，書記便是鄧小平。

所謂「純粹防禦」，指的就是毛澤東的「誘敵深入」，跟「進攻路線」相對立。

二月廿八日，以李富春為書記的中共江西省委，出於無奈，只得批評「會尋安」縣委「所犯純粹防禦路線之來源，與羅明路線相同」，可是，中共臨時中央對中共江西省委的表態深為不滿，認為鄧小平即「江西的羅明路線」，認為中共江西省委犯了「嚴重錯誤」。於是，一邊決定改換中共江西省委書記，一邊決定甩開省委，直接派張聞天去「會尋安」召開黨積極分子會議。

「這次會議的主要內容就是反對鄧小平」。

張聞天作為中共中央代表，來到了「會尋安」。如今，仍可從一九三三年三月三十一日所通過的《會尋安三縣黨積極分子會議決議》中，看出當年「批鄧」的真實情況：

「大會完全同意中央局代表洛甫同志的政治報告與結論。」

「大會認為會尋安三縣過去在以鄧小平同志為首的中心縣委的領導下，執行了純粹的防禦路線……這一路線顯然同黨的進攻路線絲毫沒有相同的地方，這是會尋安的羅明路線，說純粹防禦路線不是羅明路線的觀點，是完全錯誤的。」

決議還指出，「這一反純粹防禦路線的鬥爭的不深入，省委也應負一部分重大的責任」。

會議一結束，「會尋安中心縣委」便進行改組，鄧小平被調離。

張聞天回到瑞金後，趕寫了《羅明路線在江西》一文，發表在四月十五日出版的《鬥爭》上。文章認為，「羅明路線不但在福建的杭永岩，而且在江西」；「純粹防禦路線的問題，不但在會尋安，而且還在江西其他地區」。這樣，一下子就把批判「羅明路線」，擴大到江西各地區，文章又一次批評中共江西省委，「對於羅明路線在江西的存在，始終沒有公開的指出來」。

張聞天的文章，當然是代表中共臨時中央寫的。文章發表的翌日，在中共臨時中央領導下，召開「江西黨三個月工作會議」，集中所謂「布爾什維克的鬥爭火力」，開展反「江西羅明路線」，一下子擴大了，擴大到批鄧、毛、謝、古。

鬥爭不斷升級，鄧、毛、謝、古不僅成了「江西羅明路線」的代表人物，甚至成了「反黨派別」以至「反黨小組織」！

《鬥爭》、《紅色中華》接連發表火辣辣的批判文章：《給江西羅明路線的回答》、《為黨的路線而鬥爭——要肅清在江西的羅明路線，粉碎反黨的派別和小組織》、《毛澤覃同志的三國志熱》……

毛澤東在福音醫院跟羅明的見面，會惹出個「羅明路線」，又派生出「江西羅明路線」，真是始料不及。其實，批鄧，批毛澤東，批毛澤東路線，批「毛派」，中共臨時中央倒是有計畫地一步緊逼一步……

對於鄧小平來說，這次作為「毛派的頭子」挨批，是他一生「三起三落」的第一次「落」——此後的第二次「落」，是「文革」初期批「劉鄧路線」，第三次「落」，則是一九七六年的「批鄧、反擊右傾翻案風」，歷經三劫而不倒，他被美國記者索爾茲伯里稱為「永遠打不倒的小個子」。他怎麼會成為「毛派的頭子」的呢？

鄧小平是在一九二二年參加旅歐中國少年共產黨。一九二四年加入中共。一九二七年「八七會議」之後，二十三歲的鄧小平出任中共中央秘書長。一九二九年十二月十一日，鄧小平、張雲逸、韋拔群領導廣西百色起義，成立紅七軍，鄧小平任政委。

一九三一年二月，紅七軍占領江西崇義縣，前委決定派鄧小平赴上海向中共中央匯報。在上海，鄧小平寫了《七軍工作報告》。這時，紅七軍進入江西興國，與朱、毛紅軍會師。

一九三一年夏，鄧小平奉派，從上海進入中央蘇區。最初，他作為中央特派員，在閩西巡視。七月，他奉命趕往瑞金。八月初，他和金維映一起來到瑞金，與謝維俊共事。他出任中共瑞金縣委書記。

那時的瑞金，正處於一片混亂之中。中共瑞金前縣委書記李添富和縣蘇維埃主席謝在權在那裡搞肅反擴大化，到處抓「社會民主黨」，把瑞金的革命先行者、原縣委書記鄧希平也作為「社會民主黨」殺害了。瑞金縣大批幹部被捕、被殺。鄧小平到了瑞金，下令拘捕了李添富以及謝在權。九月，鄧小平在瑞金召開公審大會，槍決了李添富、謝在權，得到了廣大幹部和人民的擁護。

在瑞金，鄧小平工作了十個多月，調任「會尋安」三縣中心縣委書記。在批判「江西羅明路線」開始之際，鄧小平正接到調令，任中共江西省委宣傳部長。鄧小平挨批，是因為他在「會尋安」實行毛澤東的游擊戰術。

一九三二年十月後，原本守衛那裡的紅軍獨立三師奉令調往別的地區，廣東國民黨陳濟棠部隊朝「會尋安」撲來。由於敵我力量懸殊，鄧小平放棄尋鄔縣城，開展游擊戰爭，這就被說成「純粹防禦路線」，說成「江西羅明路線」！

毛澤覃是在一九三二年六月，擔任「永吉泰」中心縣委書記的。那時，賀子珍之妹賀怡在那裡擔任縣保衛局局長。他和她早在一九二九年八月便相識。那時，毛澤覃在江西大庾戰鬥中受傷，不得不離開主力紅軍，一邊擔任中共東固區委書記，一邊養傷。

受贛西特委指派，賀怡前來照料、護理毛澤覃——因為考慮到她是他嫂嫂的妹妹，比較方便。那時賀怡已和贛西特委秘書長劉士奇結婚。一九三〇年八月，劉士奇在贛西特委受到錯誤批判，被調往上海，加上他和賀怡婚後感情不和，也就中止了婚姻，當賀怡和毛澤覃在「永吉泰」重逢，很快產生愛戀之情，於一九三一年七月二十日結婚。

一九三二年九月，他們有了第一個孩子。當毛澤覃遭到批判時，他已調任中共蘇區中央局秘書長，賀怡則擔任中共瑞金縣委組織部副部長。那篇《毛澤覃同志的三國志熱》，指責毛澤覃實行「諸葛亮式的機會主義戰略和戰術」，亦即游擊戰術。說這是一種「怕有傷亡打滑頭仗」、「怕有疲勞反對追擊」的戰術。點的是毛澤覃的名，實際上批的是毛澤東的戰略、戰術。毛澤覃在黃公略犧牲之際，曾代他指揮全軍。他擔任過紅軍獨立師師政委、師長。

至於「毛派」的謝、古兩人，毛澤東在《農村調查》中曾提及：

「一九三〇年十一月十八日，紅軍放棄吉安，十九日我和古柏、謝維俊二同志從吉安往永豐屬之蘅田，會合紅軍主力，廿一日經水南到白沙。在木口村吃午飯，調查了村府委員的成分及本村所殺反動分子的成分。」

古柏、謝維俊與毛澤東同行，是因為他倆當時都是紅一方面軍總前委秘書，所以追隨毛澤東左右，跟毛澤東有著密切的交往。

謝維俊又寫作謝唯俊，字蔚清，湖南耒陽人。一九二六年，年僅十八歲的謝維俊加入了中共。一九二八年他隨朱德、陳毅部隊上井岡山，在紅軍中擔任連黨代表、營黨代表、一縱隊政治部主任。後來，他成為總前委秘書，在毛澤東身邊工作。

當鄧小平初來瑞金縣委時，正在那裡的謝維俊幫助鄧小平工作。此後，謝唯俊擔任過中共永豐縣委書記。接著，調任江西第二軍分區司令員、紅軍獨立第五師師長。雖說他不再在毛澤東身邊工作，但常給毛澤東寫信，徵求毛澤東對工作的意見，毛澤東給他回過信。

古柏，常使人以為是化名，其實這是他的真實姓名。古柏是江西尋鄔人。一九二五年，十九歲的古柏加入中共，成為尋鄔最早的中共黨員。

一九二九年一月三十一日，朱毛紅軍急行軍途經尋鄔縣菖蒲區，古柏連夜趕去，跟毛澤東見了面，給毛澤東留下很好的印象。一九三〇年五月，毛澤東到尋鄔進行調查工作，當即找擔任中共尋鄔縣委書記的古柏。他和古柏朝夕相處了二十天，結下親密的友情。毛澤東寫出《尋鄔調查》，文中兩處提及古柏：

「在全部工作中幫助我組織這個調查的，是尋鄔的書記古柏同志。」

「我是下決心要瞭解城市問題的一個人，總是沒有讓我瞭解這個問題的機會，就是找不到能充分地供給材料的人。這回到尋鄔，因古柏同志的介紹，找到了郭友梅和范大明兩位老先生……」

此後，毛澤東把古柏調來，擔任前委秘書長，而前委書記便是毛澤東。

據已經八十六高齡的古柏夫人曾碧漪對筆者說，她與古柏於一九二八年結婚，也隨古柏在毛澤東身邊工作。曾碧漪是粵北南雄人，原名曾昭慈。她跟賀子珍親若姐妹，她在毛澤東那裡負責保管文件。毛澤東需要什麼文件，總是向她要。她記得，古柏常用秘密藥水替毛澤東把文件抄在衣服上、布匹上，交給通訊員送出去。有幾回，通訊員給毛澤東送來線裝古書，古書的每一頁是摺起來的，古柏從摺頁中抽出一張張白紙，用藥水一塗，就顯出了字跡。

正因為毛澤東跟古柏有著親密的關係，所以在「富田事變」中，那封偽造的毛澤東的信，就是寫給古柏的。曾碧漪記得，發生「富田事變」時，她和古柏以及陳正人（亦即毛澤東在汀州老古井休養時同住的那位陳正人）的妻子彭儒，正住在設在富田的江西省蘇維埃政府裡。他們三人好不容易死裡逃生，逃到興國。那裡聽說富田發生事變，不明他們三人的身分，就把他們綁了起來。後來遇上陳毅，才放了他們。

彭儒正懷孕，於是留在興國。十幾名赤衛隊護送古柏夫婦前往寧都小布總前委所在地，毛澤東在那裡。可是，到了小布，天色已黑，那裡又因發生「富田事變」而戒嚴，他們受到哨兵反覆盤問。

「我是古柏！總前委秘書長古柏！」任憑古柏這麼大聲說明，可是那時沒有「工作證」，而哨兵又不認識古柏，怎麼說也沒用。正巧，總前委秘書謝維俊查哨，聽見古柏的聲音，奔了過來，驚喜交集。

謝維俊告訴古柏，今天早上剛為古秘書長開了「追悼會」呢！毛澤東見到古柏，也放懷大笑，說閻羅王那裡「開恩」，放回了古秘書長。

古柏在一九三一年調離了總前委，擔任江西省蘇維埃政府裁判部長兼內務部長、中華蘇維埃共和國臨時中央政府勞動部秘書長。

鄧、毛、謝、古分處於不同的工作崗位，怎麼會成了「反黨小組織」呢？內中的根本原因，當然在於他們跟毛澤東都有著密切關係，屬於「毛派」。直接的起因，則是由於他們四人對博古、張聞天、任弼時等不滿，稱他們為「洋房子先生」——他們來自上海的「洋房子」。

「洋房子先生」們排斥毛澤東，說「山溝裡沒有馬列主義」，他們反駁道：「大城市中產生了立三路線，我們蘇區的山上，全是馬克思主義！」

誠如羅明的「最好的領袖毛主席」一句話激怒了博古，他們對「洋房子先生」的揶揄傳進「洋房子先生」們的耳朵中，「洋房子先生」大為震怒了。於是，他們成了四個「罪人」，受到撻伐。

如今仍可從檔案中查到的一九三三年五月四日紀念五四青年節時，「工農紅軍學校黨、團員活動分子會議」作出的《關於江西羅明路線的總批判》，內中寫道：

「以鄧小平、謝雛俊、毛澤覃、古柏等同志為首的江西羅明路線，是與黨的進攻路線完全相反的……」

「鄧、謝、毛、古幾位無氣節的小資產階級出身的同志……他們對於四中全會後的新的中央領導表示極端不信任，甚至以『洋房子先生』相呼……」

「這些同志如果再不徹底糾正其錯誤，我們建議中央局把他們洗刷出布爾塞維克的隊伍。」

「就要使毛澤東威信掃地」

在「洋房子先生」們的領導下，批判「羅明路線」、批判「江西羅明路線」的聲浪，震撼著閩贛兩省紅區。

隨著批判的「深入」，打擊面不斷在擴大著。

在福建，中共福建省委常委、福建軍區司令譚震林，抵制批判「羅明路線」，在一九三三年六月被撤除福建軍區司令員的職務。

福建省蘇維埃主席張鼎丞也因同樣的原因，遭到撤職。中共福建省委常委兼組織部長劉曉、省委常委郭滴人、團省委書記陳榮，也遭批判，受到打擊。

在江西，中共「一大」代表、毛澤東的密友何叔衡，也被指責為「右傾」。一九三三年七月七日，《鬥爭》發表張聞天的《火力向著右傾機會主義》，主要批判了何叔衡。這位「何鬍子」，被撤掉了工農檢察人民委員的職務。

中共江西省委及紅區各縣委的許多幹部都受到批判。除了「會尋安」、「永吉泰」受到《鬥爭》、《紅色中華》點名批判，在這兩家中共中央機關刊物上被點名的還有「宜（黃）樂（安）崇（仁）」、「建（寧）黎（川）泰（寧）」中心縣委以及石城、于都、永豐、新淦、信豐、崇仁、南廣、公略、萬泰、吉安、泰和、贛縣等縣委，受到批判、處分的幹部數以百計。「要在鬥爭的過程中檢查每一個同志的思想，檢查每一件具體的工作。」如此人人過關，造成人人自危。

一九三三年五月五日，經中共臨時中央批准，中共江西省委作出《對鄧小平、毛澤覃、古柏、謝維俊四同志二次申明書的決議》，指出：「鄧小平同志對他自己機會主義路線和派別觀念甚至派別行動的全部，始終是隱藏的。」

《決議》還規定：

「省委最後一次責成四同志執行下列工作：

（一）必須向黨作第三次申明書。

（二）鄧小平同志，必須無保留地揭發他由第七軍工作起，經過黨大會、經過會、尋、安工作，直到寫第二次申明書為止，一貫的機會主義錯誤和派別觀念，以至派別活動，再不容許作任何掩藏。

（三）謝、毛、古三同志，必須向黨忠實地從歷史根源起，徹底地揭發反黨的小組織活動和小組織的形成，以及全部機會主義政綱，同時必須採取必要的辦法，宣布小組織的解散。

（四）四同志在省委所指定的群眾工作中艱苦的擔負起自己的任務，來表現忠實的為黨的路線而堅決鬥爭！」

有兩篇批判鄧小平、火力頗猛的文章，署名「羅邁」。羅邁，也就是李維漢，那兩篇文章是《試看鄧小平同志的自我批評》和《為黨的路線而鬥爭》。

李維漢曾作為中共中央常委，在一九二七年主持了著名的「八七會議」。他曾一度成為中共主要負責人。後來，他受到王明的排斥，在中共六屆四中全會後到蘇聯去學習。他在一九三二年底回國，一九三三年三月他才到達中央蘇區。

起初，他連贛南會議、寧都會議批毛澤東都不知道。所以新來乍到的他，被什麼「羅明路線」、「江西羅明路線」弄得稀裡糊塗。張聞天帶他去「會尋安」，他也一時鬧不明白。

李維漢後來這樣回憶往事：

> 參加會、尋、安活動分子會議後，我還是弄不清楚反「羅明路線」與毛澤東有什麼關係。有一天，博古來找我：「江西省委要在寧都開擴大會議，你同我一起去。」我就

同他一起去了。

到了寧都，博古找省委負責人談話，要我在旁邊聽。那時江西省委書記是李富春。博古說，毛澤覃、謝維俊還與毛澤東通信，他們心裡還不滿，這是派別活動。當時他還沒有提到古柏的名字。古柏是在擴大會議上展開鬥爭時才把他找來的。

後來，博古要到前線去，叫我留下參加江西省委擴大會議。到這時，我才知道福建反「羅明路線」，江西反鄧、毛、謝、古，與毛澤東有關係。這四個人中我有兩個熟人，即鄧小平、毛澤覃，其他兩人我當時不認識。

我錯誤地認為王明「左」傾路線是正確的，所以我是積極參加了反「江西羅明路線」鬥爭的，我一次、兩次、三次地要他們作檢討，其實，他們並沒有真正承認「錯誤」。

江西省委擴大會議開完後，我回到瑞金向中央局匯報，中央局批准我寫一篇文章：《為黨的路線而鬥爭》，公開批評鄧小平、毛澤覃、謝維俊、古柏，說他們是派別活動。我寫這篇文章是完全錯誤的。這是我一生中犯的一個大錯誤。反「羅明路線」，無論在福建還是在江西，矛頭都是指向毛澤東的正確路線的。然而，我當時並沒有認識到這是錯誤的。㉘

李維漢還談了他後來的看法：

「在『文化大革命』期間，我曾仔細思考過這個問題：為什麼當時王明他們要反對毛澤東呢？為此我還寫了一篇筆記。我認為毛澤東在井岡山和中央蘇區威信很高，而王明路線的領導人上臺後沒有毛主席那麼高的威信，所以他們就調兵遣將，『欽差大臣』滿天飛，派很多人到中央蘇區。他們先把毛澤東的黨權奪去，再把毛澤東的軍權奪去……毛澤東在黨、軍隊、政府裡的威信是很高的，在群眾中的威信也是很高的。那麼大的中央蘇區，是他領導下搞起來的……他們反『羅明路線』，就是要使毛澤東在地方上、黨裡和紅軍裡的威信掃地。」㉙

李維漢從歷史的角度反思，說出了那些「洋房子先生」們反「羅明路線」、「江西羅明路線」的實質。

經過反「鄧、毛、謝、古」，四人都被撤銷了領導職務，派往縣區基層擔任巡視員和突擊隊（即工作隊）員工作。

紅軍長征時，毛澤覃被留了下來。一九三五年四月廿五日，毛澤覃帶領游擊隊在瑞金黃膳口一座名叫紅林的大山中，被敵人包圍。在突圍時，毛澤覃中彈犧牲。後來，敵人從他遺體衣袋裡找出一張染著鮮血的毛澤東照片，照片背面有毛澤東題贈他的字，才知死者是毛澤東胞弟。毛澤覃犧牲時，年不過三十歲。

謝維俊隨紅軍長征到達陝北。一九三五年底，在進軍保安途中作戰陣亡，終年二十八歲。

古柏在紅軍長征時，留下來擔任閩粵贛紅軍游擊縱隊司令。一九三五年三月五日，由於叛徒的出賣，他和兩個戰友在廣東龍川鴛鴦坑被一百多名敵兵包圍，從清晨堅持到中午，最後彈盡，三人全部戰死。古柏終年二十九歲。

一九三七年秋，毛澤東接到古柏二兄古梅的信，為古柏揮毫題詞：「吾友古柏，英俊奮發，為國捐軀，殊堪悲悼。願古氏同胞，繼其志，共達自由解放之目的。」

一九四三年，林伯渠在陝北作詩，追懷往事，感慨萬分：

「偶憶往事便心驚，謝古鄧毛剩小平，

割裁無情讀八股，江西路線有羅明。」

毛澤東被架空了

博古來到中央蘇區，在放了第一把火——批「羅明路線」，放了第二把火——批「鄧、毛、謝、古」後，緊接著，便下第一步棋——架空毛澤東。

中央蘇區黨、政、軍三權，黨權已在博古手中，軍權由周恩來掌握，但政權仍在毛澤東手中，他畢竟是中央政府主席兼人民委員會主席，博古指派張聞天「分管」政府工作，後來安排張聞天出任「總理」，亦即中央人民委員會主席。這樣，毛澤東只是徒有虛名的政府首腦。

用博古的話來說，毛澤東成了「加里寧」！因為加里寧雖然多年擔任蘇聯中央執行委員會主席，是蘇聯國家元首，但實權全然操縱在史達林手中……

毛澤東確實被架空了。只是他仍做著力所能及的工作。

毛澤東在汀州福音醫院休養了三個多月，回到了瑞金葉坪。

一九三三年二月十日，博古代表中共臨時中央，責成毛澤東負責領導「查田運動」。毛澤東只得服從，從此把主要精力花在「查田運動」上去。

所謂「查田運動」，是認為中央蘇區農村有些地方劃錯了階級，導致土地分配不合理。於是，要在農村開展「清查階級、清查土地」運動，亦即「查田運動」。

於是，一九三三年三月毛澤東在瑞金葉坪進行「查田」試點。然後，在中央蘇區推開「查田運動」。

五月，毛澤東忙於率中央政府代表團去武陽召開「春耕生產運動贈旗大會」。

六月，毛澤東接連在《紅色中華》上發表關於「查田運動」的三篇文章：《查田運動是廣大區域內的中心重大任務》，《查田運動的第一步——組織上的大規模動員》，《依據農村中階級鬥爭的發展狀態的差別去開展查田運動》。

六月十七日至廿一日，毛澤東在瑞金葉坪主持召開了「八縣查田運動大會」。

到了八月，毛澤東發表《查田運動的初步總結》。

毛澤東，原本是中央蘇區最高首長，集黨政軍大權於一身：黨——中共蘇區中央局代理書記，政——中央政府主席兼「總理」，軍——紅一方面軍總政委。如今，卻只能分管「查田」——這項工作，本來只需「土地人民委員」（即土地部部長）去做就可以了。

就在毛澤東「查田」的那些日子裡，反「羅明路線」、反「江西羅明路線」甚囂塵上。

就在毛澤東「查田」的那些日子裡，第四次反「圍剿」戰鬥正烈。

前線，司令部裡見不到毛澤東高而瘦的身影。繁忙的司令部裡，朱德作為總司令、周恩來作為總政委、劉伯承作為總參謀長在指揮戰鬥。

如彭德懷所言：「這時，軍團內的行政管理、黨委領導、政治工作制度等，王明路線還未完

全統治得了，大體還是照舊。」㉚

「照舊」，也就是照毛澤東的一套。周恩來、朱德、劉伯承仍按著毛澤東的策略指揮作戰。從一九三三年二月中旬起至三月二十日，紅軍接連在黃陂戰役、東陂戰役中大勝蔣介石軍隊，粉碎了蔣介石的第四次「圍剿」。

五月八日，根據中共臨時中央的意見，中華蘇維埃共和國臨時中央政府人民委員會第四十一次常委會決定，任命朱德為中國工農紅軍總司令兼第一方面軍總司令，周恩來為中國工農紅軍總政委兼第一方面軍總政委；決議增補項英、博古為中央革命軍事委員會委員，並由項英任中革軍委代理主席。

毛澤東呢？他在領導「查田運動」告一段落之後，八月十六日，根據中華蘇維埃共和國臨時中央政府人民委員會第四十八次常會決定，毛澤東出任蘇維埃大學校長，沙可夫為副校長。毛澤東在那裡給學員講《鄉蘇維埃怎樣進行工作》……

注釋

①康克清，《萬安農軍上井岡山前後》，《井岡山革命根據地》下冊，中共黨史資料出版社一九八七年版。

②郭化若，《回憶第一次反「圍剿」期間的有關史實》，載《回憶中央蘇區》，江西人民出版社一九八六年版。

③也有人認為對毛澤東的排斥不是始於贛南會議，而是始於寧都會議。見淩步機，《「贛南會議」新探》，

《江西黨史研究》一九八八年一期。

④《蘇區中央局關於蘇區肅反工作決議案》，中國人民解放軍國防大學黨史黨建政工教研室編，《中共黨史教學參考資料》第十五冊。

⑤《蘇區中央局關於蘇區肅反工作決議案》，中國人民解放軍國防大學黨史黨建政工教研室編，《中共黨史教學參考資料》第十五冊。

⑥《黨的文獻》一九九一年三期第七頁。

⑦《黨的文獻》一九九一年三期第七頁。

⑧《「伍豪事件」的前前後後》，《中共黨史資料》第五輯，中共黨史資料出版社一九八三年版。

⑨《「伍豪事件」的前前後後》，《中共黨史資料》第五輯，中共黨史資料出版社一九八三年版。

⑩《彭德懷自述》，一七三頁，人民出版社一九八一年版。

⑪《聶榮臻回憶錄》上冊，一四〇頁，戰士出版社一九八三年版。

⑫《張聞天文集》第一卷，二七〇頁，中共黨史資料出版社一九九〇年版。

⑬許多中共黨史著作稱代理書記為項英。中共中央文獻研究室編、金冲及主編的《周恩來傳》稱代理書記為任弼時。實際上，由於毛澤東「隨軍行動」，後方的政府工作由項英主持。項英也參與後方中共蘇區中央局領導工作。

⑭朱仲麗，《黎明與晚霞》，解放軍出版社一九八六年版。

⑮《關於寧都會議的幾個史實初考》，《江西黨史研究》一九八九年第三期。

⑯周恩來一九七二年五月二十一日在中央批林整風滙報會上的講話記錄稿。筆者摘自瑞金革命博物館檔

案室。

⑰引自《蘇區中央局寧都會議經過簡報》。

⑱引自《蘇區中央局寧都會議經過簡報》。

⑲引自《蘇區中央局寧都會議經過簡報》。

⑳朱仲麗，《黎明與晚霞》，解放軍出版社一九八六年版。筆者於一九九一年七月八日，在北京採訪了王稼祥夫人朱仲麗，她也轉述了王稼祥生前的回憶。

㉑朱仲麗，《黎明與晚霞》，解放軍出版社一九八六年版。筆者於一九九一年七月八日，在北京採訪了王稼祥夫人朱仲麗，她也轉述了王稼祥生前的回憶。

㉒朱仲麗，《黎明與晚霞》，解放軍出版社一九八六年版。筆者於一九九一年七月八日，在北京採訪了王稼祥夫人朱仲麗，她也轉述了王稼祥生前的回憶。

㉓奧托・布勞恩（即李德），《中國紀事》，現代史料編刊社一九八〇年版。

㉔《彭德懷自述》，一七六頁，人民出版社一九八一年版。

㉕高軍，《偉大的戰士任弼時》，中國青年出版社一九八〇年版。

㉖《張聞天文集》第一卷，三三五頁，中共黨史資料出版社一九九〇年版。

㉗《中共黨史教學參考資料》第十五冊。

㉘李維漢，《回憶與研究》上冊，三三七頁，中共黨史資料出版社一九八六年版。

㉙同上，三三八至三三九頁。

㉚《彭德懷自述》，一七七頁，人民出版社一九八一年版。

第五章　艱難歲月

蔣介石坐鎮廬山

夏日的廬山，一片清涼世界，乳白色的霧像一團團潔淨的棉絮在拭擦著嵐影波光。向來在炎暑時節，在南昌如同火爐一般的日子裡，廬山遊人如蟻，爭著在這裡透一口涼氣。一九三三年酷夏的廬山，遊人卻望而卻步。那裡戒備森嚴，成了軍人們的一統天下。

五老峰下，廬山諸水匯集之處，所謂「百川歸海」，那裡叫做海會鄉。明朝萬曆年間，在那裡傍山築了一寺，稱「海會寺」。

康有為曾寫過一首《夜宿海會寺贈至善上人》：

「開土誅茅五老峰，手植匡山百萬松。蕩雲盡吸明湖水，招月來聽會海鐘。初地雨花馴白牯，陽崖石氣鬱蒼龍。讀書無處歸來晚，桂樹幽幽煙霧重。」

這兒本是讀書的好地方，眼下陣陣喊「殺」之聲撼天動地。一九三三年七月十八日，由蔣介石親自主持的「廬山軍官訓練團」第一期開學典禮，便在海會寺前舉行。那裡新修了一批房子，作為軍官們的住所。

那天，軍官們齊刷刷地筆挺站立，蔣介石在陳誠的陪同下，對第一期學員進行訓話。以下是蔣介石講話的原文：

> 陳團長！各位教官！各位學員！
>
> 今天在廬山召集我們剿匪各軍各師的官長開始訓練，我們要從此奠定一個新的偉大的基礎，來完成剿匪的工作，並盡到大家革命的責任。我們以後能不能剿清赤匪，與整個革命的成敗，黨國的存亡，以至各個人的生死，統統都看這次訓練能不能發生效力。所以我們希望各位教官和學員認清這次訓練的重大意義，曉得這一次訓練，不是通常所辦的什麼訓練班或軍官團，而實在是我們自己個人的生死關頭，也是我們的黨和國家以及整個民族的生死關頭，因此我們大家格外要奮發努力為我們國家、我們民族和我們總理（引者注：指孫中山）的三民主義而奮鬥！由剿清赤匪而建立一個三民主義的新國家起來！因為這次召集大家來訓練有如此重大的意義，所以今天開學的時候，我特親自來參加……①

「青天白日滿地紅」之旗在廬山上飄揚，蔣介石的聲音在廬山上迴蕩，四次「圍剿」的失敗，使蔣介石痛下決心，非在第五次「圍剿」時「剿滅赤匪」不可。連蔣介石也驚呼共產黨「星火燎原」了！他曾這樣形容形勢：

「中共『在瑞金成立「蘇維埃臨時中央政府」，並且開闢了鄂豫皖區、鄂中區、鄂西區與鄂南區，包圍武漢。其擾亂範圍，遍及於湘、贛、浙、閩、鄂、豫、皖七省，總計面積二十萬平方公里以上，社會騷動，人民驚惶，燎原之火，有不可收拾之勢。』」②

面對這「燎原之勢」，蔣介石部署第五次「圍剿」。這一回不同既往，他從訓練軍官入手。當過黃埔軍校校長的他，深知訓練的重要，於是在廬山舉辦軍官訓練團，一期接一期地辦下去。

由「中正手製」的《剿匪手本》，成了廬山軍官訓練團的課本。此書分「緒言」、「救民」、「氣節」、「紀律」、「智勇」、「勤勞」、「戰機」等章。此書的附錄《赤匪的戰術》，倒是十分形象地勾畫出毛澤東用兵的特點。

一、遇敵不輕交戰，多用疑兵，眩敵耳目，集結主力，堅守靜待，察破敵人弱點，變更陣勢，冒險衝進。

二、取大包圍，兼程猛進，速而且匀。

三、不輕試鋒，必待敵找我，而我不先找敵，以逸待勞，鎮靜堅守。

四、行走飄忽，瞬息百里，從山僻險要，人跡罕到之處，晝伏夜行，旋磨打圈。

五、圍城不宜離城太近，免敵人潛出，難於防範，奸細混入，難以稽查。以後圍城，應離敵遠，巡查嚴密，乃可因地制宜，出奇制勝也。③

蔣介石跟毛澤東交手多回，對於毛澤東戰略戰術，說得八九不離十。

《剿匪手本》中形容紅軍的戰術特點是「射擊命中，偵探敏靈，行動輕捷，伏兵要擊」，所擅長的是「隘路戰，山地戰，夜間戰」。

蔣介石在海會寺「官邸」，案頭所備的是《曾文正公全集》，當年曾國藩「進剿」太平天國的「太平軍」的經驗，成了蔣介石最好的借鑑。他的《剿匪手本》，不時引用「曾文正公」。

蔣介石坐鎮廬山。軍官訓練團以半個月為一期，學員為上校以下、少尉以上的中下級軍官，也有少數高級軍官參加受訓。一九三三年夏日，他在廬山辦了三期軍官訓練團，受訓軍官為七千五百九十八人。這些軍官，成了第五次「圍剿」的骨幹。

蔣介石還提出了「七分政治、三分軍事」的方針，實行政治、經濟、軍事、文化、思想的「總體戰」。八月起，他又開辦「黨政人員訓練所」，訓練軍隊的黨政人員，以求加強對紅軍的「政治攻勢」。

當蔣介石在廬山上訓話時，他的身後總是站著一矮一高兩個人物。這兩人是蔣介石進行第五次「圍剿」所倚重的左右手。

那個子矮小的，便是蔣介石在軍官訓練團開學典禮上訓話時一開頭就提到的「陳團長」。此「團長」非一般的團長，而是指廬山軍官訓練團團長，名喚陳誠。

陳誠，蔣介石最忠誠的門生。一九二〇年，陳誠畢業於保定軍校第八期炮兵科，先在浙軍第二師當少尉排長，後於一九二二年南下任粵軍第一師第三團上尉連長。當時，鄧演達任該團團長。一九二四年，鄧演達調任黃埔軍校訓練部副主任，陳誠隨他來到黃埔軍校，擔任上尉軍事教官。一天，校長蔣介石在子夜之際，巡視宿舍，唯見一扇窗口洩露出燈光。蔣介石步入室內，見一學生在燈下看書，如癡如醉，竟不知校長駕到。蔣介石對那本書掃了一眼，一望而知是孫中山的《三民主義》。蔣介石不聲不響地走出去了。

翌日，校長蔣介石在訓話時，宣布把那個學生破格提升為少校炮兵隊隊長。

那個學生便是陳誠。從此，陳誠成為蔣介石的得意門生。兩年後，北伐開始，陳誠擔任總司令部參謀，由團長、副師長升為師長。一九二八年，陳誠升任南京警備司令。這時，陳誠不過三十歲。一九三〇年，宋美齡有意把「乾女兒」、譚延闓的次女譚祥嫁給年輕有為的陳誠。於是，陳誠回老家浙江青田，跟髮妻吳氏辦理離婚手續，旋即赴滬與譚祥成親。如此這般，陳誠更成了蔣介石的親信。

第四次「圍剿」時，蔣介石任命陳誠為中路軍總指揮。雖然陳誠出了大力，仍成為敗軍之將，大哭一場，在南昌躲起來，羞見蔣介石。蔣介石沒有怪罪陳誠，仍起用他，任命陳誠為廬山軍官訓練團副團長，又一次使陳誠感激涕零。

陳誠跟紅軍交過手，領教過此滋味，所以他宣稱：「彼等雖屬烏合之眾，不堪一擊，但星星之火，可以燎原！」④

為了打勝第五次「圍剿」之戰，陳誠提出了十六字方針：「封鎖圍進，配合迫進，逐步穩進，乘虛突進。」

站在蔣介石背後的高個子，一頭銀髮，碧眼高鼻，舉止傲慢。此人是蔣介石請來的德國軍事顧問賽克特——蔣介石仿照曾國藩當年「借洋兵助剿」，只是把「洋兵」換成了「洋顧問」。

蔣介石十分看重德國，以為在「洋人」之中，德國的軍事經驗最值得借鑑。他的眼光是不錯的。後來，希特勒納粹德國崛起，果真幾乎踏平歐洲。

從一九二八年末起，南京三元巷總司令部東面的禮堂裡，每逢星期五晚上，常有德國軍事顧問講課。總司令蔣介石帶頭前往聽課。他手下的將領也就跟隨其後，步入禮堂聽講。

一個由四、五十名軍官組成的德國軍事顧問團，駐紮在南京。首任總顧問是德軍鮑威爾中將，第二任總顧問為德軍佛采爾上將。眼下，站在蔣介石身後的，則是德軍派出的第三任總顧問賽克特。

比起前兩任總顧問來，六十七歲的賽克特要顯赫得多：在第一次世界大戰時，他就出任德軍駐土耳其最高統帥部參謀長、德國陸軍總參謀長；戰後任巴黎和會德國代表團軍事代表，一九二○年至一九二六年，擔任德國國防軍總司令。他於一九二六年退休，退休前晉升為一級上將（也有的說是元帥）。在德國軍界，他堪稱德高望重。

蔣介石請來了賽克特，待其為上賓。

賽克特引用希特勒的「名言」，給蔣介石以啟示：「我們的鬥爭只有兩種結局：不是敵人踏著我們的屍體過去，就是我們踩著敵人的屍體過去！」

賽克特隨蔣介石從南京來到廬山，目的是為第五次「圍剿」出謀劃策。賽克特的最大「貢獻」，在於為蔣介石制定了「堡壘政策」。賽克特主張用密集的碉堡群，對中央蘇區進行包圍，然後緩緩推進。一邊推進，一邊築碉堡。賽克特指著江西地圖說：「共產黨的統治區不過五萬平方公里，只要保持每天前進二里的速度，不出一年，就可以全部吃掉！」

蔣介石深以為然。他引用曾國藩的話作為佐證：「扼要立營，加高加深，應戰應守，皆能有備。」他說：「前幾次失敗，敗在『長驅直入』！」

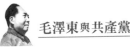

在賽克特的「顧問」之下，蔣介石制定了第五次「圍剿」的新策略：「戰術上要取守勢即以守為攻，戰略上要取攻勢即以攻為守。」「軍行所至，立建碉堡，逐步推進，穩紮穩打，三里五里一進，十里八里一推。」「進得一步，即守一步。逐漸前進，縮小匪區。」

蔣介石在廬山上摩拳擦掌，大聲疾呼：「如吾軍上下，果能以誠信相孚，以禮義相尚，而以廉恥相勉，專心一志，實行主義，則精誠所至，金石為開，何患匪寇之不滅哉？諸將士其將以吾言為剿匪操勝之左券乎？」

博古也請來了德國「高參」

就在蔣介石請來了德國顧問賽克特的時候，博古也請來了德國「高參」……

一九三三年九月，瑞金熱得像蒸籠，終日端坐著的報務員更是汗流浹背。忽地，從中共上海局傳來的一份密電，報告了重要消息。正在機要科擔任譯電工作的項英妻子張亮譯畢電文，迅即交通訊員把電報送到博古手中。

博古一看電報，馬上召來國家政治保衛局局長鄧發，告訴他有一重要人物由上海前來中央蘇區，務必做好接護工作，做到萬無一失！

來者一男一女。男的是共產國際派出的軍事顧問、德國人李德，女的是博古夫人何群先。博古從上海來瑞金時，何群先正懷孕，無法同行。此時，何群先在上海已生了孩子。她把孩子寄養在無錫老家，便陪同李德一起動身，一路上既可照料李德，也可以當他的翻譯（李德和她都會講俄語）。鄧發知道來者非同尋常，豈敢怠慢，當即著手嚴密地布置保衛工作……

鄧發手下有一位能幹的「小鬼」，名叫卓雄，奉命帶領一支精悍的隊伍，前去接護從上海來的要員。

頗費周折，筆者在北京高幹住宅區裡尋訪到卓雄。如今年近八旬的他，看上去如同一尊彌勒佛，當年卻是以機靈能幹出名的「小偵察」。

卓雄原名趙才廉。由於表叔思想激進，他十二歲就被表叔帶出去參加革命。一九二七年，十五歲的他加入中共。中共贛西南特委書記劉士奇（即賀怡前夫）把他改名「卓雄」。

小小年紀，他當上團長，在湖南文家市戰鬥中立了功，人稱「小將」。可是，肅「ＡＢ團」時，居然肅到他頭上！幸虧毛澤覃、黃公略保了他。

王稼祥說：「笑話！這麼個小鬼，也是『ＡＢ團』？」這一句話，就「解放」了他。於是，他調到國家政治保衛局。局長鄧發手下有個執行部，部長是李一氓，就叫他當執行科長。

來來回回地在秘密交通線上接護從上海來的首長，便是執行科長的任務。

卓雄這科長，帶著十幾個十七八歲的小紅軍，一色挎雙槍（一支盒子槍，一支小手槍），出沒在閩西的山區裡。林伯渠、陳雲、博古等進入中央蘇區，都是卓雄去接的。

從上海到江西中央蘇區曾有好幾條秘密交通線，後來只剩下一條「奉星社」秘密交通線保持暢通。「奉星社」是沿途地下交通站的組織。

這條秘密交通線是從一九二八年逐步建立起來的。大體上的路線是從上海坐船到廣東汕頭，從那裡乘車到潮州，坐小船沿韓江北上，到達粵北大埔。由那裡進入閩西，經永定縣、上杭縣來到汀州，轉往瑞金。沿途有「奉星社」的一個個秘密交通站。

聶榮臻由這條秘密交通線進入瑞金時，他記得：「我們和秘密交通站接上頭以後，一切行動都聽嚮導的，不該問的，什麼都不能問，你問他，他也不會告訴你。靠近城鎮地區，你只是遠遠地跟在嚮導後邊走就是了。他說白天走就白天走，他說晚上走就晚上走。」⑤項英是這樣進來的，周恩來也是這樣進來的。

「奉星社」秘密交通線的那一頭，由中央特科在上海安排。這一頭，由國家政治保衛局護送。在卓雄去接博古、陳雲的那一次，差一點出了大事：卓雄已經護送他們來到閩西永定縣境內，夜裡，他安排博古和陳雲住在一個小煤窯裡，不知怎的，消息走漏了出去，一千多敵軍包圍過來，而卓雄手下只有十幾個小青年。幸虧卓雄急中生智，帶著兩名隊員繞到西山上打了幾槍，一下子把敵軍吸引過去了。趁著夜色如黛，另一批隊員帶著博古、陳雲突圍，總算化險為夷。

這一回，卓雄帶著小分隊正在福建汀州，忽然接到上級命令，要他帶著隊伍到汀州東南的河田鎮去。卓雄來到河田「奉星社」，國家政治保衛局的機要處長來了，交給他一張鄧發親筆寫的條子，知道有緊急任務。機要處長具體交代了任務：「有一個重要的東西來了，這東西不能抬，也不能背，你要把它安全地搞回來，深入蘇區後有大部隊來接你們。」這近乎「黑話」的話，出於保密，只能說到這等地步。

於是，卓雄帶著小分隊在夜裡緊急出發。每人腰間都捆了一袋鹽，因為當時被國民黨封鎖，食鹽成了奇貨。他們晝伏夜行，專揀山野上荒僻的「野雞路」行軍。好在全是十七八歲的小青年，跳跳蹦蹦就過去了。他們經閩西的才溪、上杭、永定，朝廣東大埔進發。

他們路過「奉星社」的每一個交通站時，都不住在站內，而是住在野外。「奉星社」的人，給他們送來吃的。只有卓雄知道「奉星社」的交通站在哪裡，誰是交通員。站與站之間、交通員與交通員之間沒有橫的聯繫。這是一條極端機密的交通線。不是重要人物，不走這條線……

在上海，中共特科派出的護送人員，據卓雄回憶，名叫陳泮年，胖胖的。半夜時分，李德帶著幾百美元、一隻手提箱，和陳泮年、何群先一起，上了一艘英國海輪。一路順風，李德裝扮成考古學家，據說要前往廣東考古。何群先則裝成他的妻子。

在汕頭下了船，如李德在《中國紀事》中所回憶的那樣：

「我們一起乘車向內地行駛，到了附近的縣城潮安，潮安的那一邊就是『禁區』了。我們步行離開城市，向韓江河畔走去，還沒到達河畔，突然被一個國民黨哨兵截住。一名軍官檢查我的護照，檢查了好久，最後還是讓我們走了。王（引者注——汕頭的地下聯絡員）對軍官說，我是考古學家，想參觀附近的一座古代寺廟。以後沒有再遇到其他意外情況，我們到達了韓江。另一個聯絡員已經在那裡等著我們……」

李德接著描述了他的艱難的旅行：

「王匆匆與我告別，我的新同伴把我引到一隻船上，船繫在岸邊，有倒垂的灌木覆蓋。我爬進狹窄的船艙，在這裡我平躺了幾乎二天二夜，不敢出聲。將近傍晚，船終於開動了。晚上，這隻小船同其他許多小船一起由一隻輪船拖著，向上游駛去。沿途停了多次，在我的上面是人的腳步聲，有幾次，顯然是在盤查，混雜著粗魯的問話和命令，我的下面是流水聲。第三天我才走上了小船的船板，船夫們拖著小船，在韓江的源流上緩緩前進。天黑以後，我們在一個村莊旁邊偷偷地上了岸，潛入了一間偏僻的房子。在那裡迎接我們的是幾個帶著毛瑟槍的人，這就是我第一次見到的中國紅軍戰士……」

那「幾個帶著毛瑟槍」的紅軍戰士的領隊，便是卓雄。他們會面的地方，是廣東大埔，那裡離閩西不遠了，但仍是國民黨統治區。

李德穿上紫紅色長袍，胸前掛起十字章。劉群先也換上長袍，用黑圍巾包著頭。他們裝扮成神父和修女。沿途，遇上盤查，就說「到汀州天主堂傳教」。

帶著這麼個「不能抬，也不能背」的東西前進，卓雄夠吃力的。走的是「野雞路」。翻山越嶺時，用綁腳的帶子紮在李德腰間，小青年們上拉下推，這才把他推上去。夜裡行軍，白天則躲在「馬架子」下。所謂「馬架子」，就是「人」字形的木棚、竹棚，上面用樹枝偽裝，擠在裡面睡覺。「奉星社」的交通站，供應紅米、山芋、南瓜、苦菜。一連走了六七個夜晚，才算把「神父」帶到才溪，那裡已是蘇區了。

鄧發和譚震林帶了一個機幹團，專程前來迎接李德。這個機幹團，由支部書記以上的幹部組成。李德騎上了馬。在機幹團的護送下，李德經汀州朝瑞金進發……

「獨立房子」的主人

李德的到來，使博古大大地忙碌了一番。

在博古看來，李德不僅是紅都瑞金的第一位外賓，而且是上級機關——共產國際派來的

「要員」。為了給李德安排住所，博古花費了一番工夫。

那時，由於特務告密，葉坪遭到國民黨飛機的猛烈轟炸，五百公斤以至一千公斤的炸彈從天而下，原先設在那裡的中央政府機關、中革軍委機關和中共蘇區中央局於一九三三年四月遷往中共臨時中央所在地沙洲壩。於是，沙洲壩成了中央蘇區黨、政、軍首腦機關群集之處，雖說這裡只是幾個小村莊罷了——下肖（又稱「夏肖」）、元太屋、老茶亭、白屋子。黨團機關在下肖，政府機關在元太屋，軍隊機關在白屋子，而在老茶亭正興建中央政府大禮堂。

博古為李德選「賓館」時，看了許多房子都不中意，最後選中一片稻田中央的一座廟⑥，這座廟用當地話來說，屬「四線三間」建築，「四線」指房子四周四根線，「三間」是指中為客堂，左、右兩耳房。

博古看中這座廟有兩個原因：一是這房子孤零零地坐落在稻田中央，外人莫入，容易警衛；二是這房子正好在下肖、元太屋、白屋子三村中央，幾乎等距離，不過二三百米，跟黨、政、軍機關聯繫都方便。這座孤屋，後來被人們稱為「獨立房子」。

雖說是一座廟，經過大掃除，刷上石灰水，在客堂間正中掛上軍事地圖，倒還算像樣。

博古為李德配備了兩名翻譯，一位叫伍修權，一位叫王智濤。他們與李德同住。

二十五歲的伍修權，是湖北武漢人。一九二二年，十四歲的他在武昌高等師範學校附屬小學上五年級時，級任（即今日的班主任）便是中共「一大」代表陳潭秋。翌年，經陳潭秋的介紹，他加入了中國社會主義青年團。

一九二五年十月，伍修權被選送蘇聯學習，帶隊的便是楊明齋。在莫斯科，伍修權先在莫斯科中山大學學習，後來又到步兵學校學習。這樣，他既懂俄語，又懂軍事知識，所以博古選中他當李德的翻譯。伍修權在一九三一年回國，帶著幾塊白手絹進入中央蘇區。那白手絹用秘密藥水顯影之後，上面出現字跡——那就是他的介紹信。

王智濤比伍修權年長兩歲。他是河北人。一九二五年，十九歲的他去蘇聯留學，在基輔「卡米聶夫」混成軍事幹部學校學習。一九二七年，到莫斯科高級步兵學校學習，同時在莫斯科中山大學兼授軍事課，又去高級步兵學校、列寧學校擔任軍事教學工作六年。

王智濤在蘇聯前後八年，俄語流利，又懂軍事科學。一九三一年他在蘇聯加入中共。一九三三年春天，他從蘇聯奧德薩出發，在海上漂流了四十多天，到達上海，與上海中共黨組織接上關係。不久，就由地下交通員護送到瑞金，受到紅軍總參謀長劉伯承的接見。這時，他被派去當李德的翻譯，自然也是非常恰當的人選。

另外，博古還給李德配備了炊事員、警衛員。

李德進入瑞金，成了「獨立房子」的主人。雖說瑞金的條件遠不如上海，不過，他對博古的周到的安排還是深感滿意的。特別是他一到那裡，居然馬上喝到咖啡。自然，那咖啡是從國民黨部隊那裡繳獲的。

他也為能夠抽到「金鼠牌」、「哈德門」、「三炮臺」香煙感到愜意。之前最使他苦惱的是，一路上吃山芋，肚子一直咕嚕咕嚕怪叫。現在「獨立房子」的炊事員雖說從未做過麵包，但居然也能用麵粉、肉醬做成烤肉餅，使他飽餐了一頓紅都「土麵包」。

脫去紫紅色的長袍，穿上套頭的列寧裝，穿上馬褲，李德變得十分瀟灑。只是連續多日爬山，腳發炎了，腫得厲害。好在博古關照他初來乍到，儘量讓他躲在「獨立房子」裡，以免個子如此高大、藍眼金髮的「洋人」在這見識甚少的瑞金鄉下突然出現而引起轟動。

就在李德到達瑞金的當天晚上，博古和張聞天便來和他作了長談。由於博古、張聞天都能操熟練的俄語，張聞天還會講英語，因此跟李德交談不用翻譯。博古、張聞天在上海時，就跟李德常常見面，老朋友重逢，自然格外興奮。

博古說李德的到來是「及時雨」。因為蔣介石請來了德國顧問賽克特，正在揮師南下，進行第五次「圍剿」，而李德的到來，給博古撐了腰——博古不懂軍事，正需要這樣一位來自德國的紅色顧問，跟賽克特對抗。

其實，在博古的心目中，李德豈只是顧問，而是要他成為紅軍的主帥！雖說，博古也很清楚，共產國際對於李德的職權作過明確的指示。共產國際派往中國的軍事總顧問是曼弗雷德·施特恩將軍，李德只是總顧問領導下的一位軍事顧問。施特恩將軍因故不能前往中央蘇區，便把李德派來了。如李德在《中國紀事》中所記述的那樣：

「博古和洛甫動身前，要求尤爾特同志（引者注：即亞瑟·尤爾特，共產國際駐中共中央的代表）將我也派到蘇區去，尤爾特問我對此有何意見……我表示同意去蘇區，但提出一個條件，請共產國際執行委員會發出一個相應的指示。尤爾特和博古因此向莫斯科發出了幾封電報。一九三三年春天，他們得到了肯定的答覆，大意是：我作為沒有指示權力的顧問，受支配於中國共產黨中央委員會。其他的命令和指示我沒有得到。由於技術上的原因，我的行期推遲到秋天……」

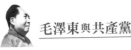

這就是說，李德是一位「沒有指示權力的顧問」，而且要接受中共臨時中央的領導。可是，李德剛到瑞金，博古、張聞天跟他的長談，便把共產國際的指示撂在了一邊。李德在《中國紀事》中如此回憶：「當天晚上我們還規劃了一下我的工作範圍，我們一致同意，由我主管軍事戰略、戰役戰術領導、訓練以及部隊和後勤的組織等問題。」

李德，一下子就要「主管軍事戰略、戰役戰術領導」！這個「沒有指示權力的顧問」的權力，猛然間大大膨脹起來……

李德是個化名，「姓李的德國人」的意思。他還有一個化名，叫「華夫」，「中國的男子漢」的意思。據說，他一九〇〇年九月廿八日出生於德國慕尼黑附近的伊斯曼尼格鎮，父親是會計，母親是教師。父親早逝，母親無力撫養五個孩子，就把他送進了孤兒院。不過，他跟伍修權卻曾說起自己是奧地利人。他的本名，據說叫奧托•布勞恩，他在德國用過「瓦格爾」的化名。

跟賽克特相比，李德在軍事上的資歷要淺薄得多。一九一四年，第一次世界大戰爆發時，十四歲的李德應徵入伍，成為奧匈帝國軍隊中一名小兵，而當時的賽克特已是德國陸軍總參謀長。兩年後，李德在作戰中被俄國軍隊俘虜，送往西伯利亞。

不久，「十月革命」爆發，李德加入了蘇俄紅軍，開始他革命的生涯。在鏖戰中，李德作戰勇敢，成為騎兵團的參謀長，參加過街壘戰。一九一九年，李德成為德國共產黨黨員，在慕尼黑進行過街壘戰。他曾兩度被捕。一九二四年，他在德國共產黨中央委員會從事情報工作。就在這一年，他成了新郎，跟奧爾加•貝納里奧結婚。

一九二六年九月二十日，他和妻子雙雙被捕。其妻三個月後獲釋，而李德被摩托囚車送入莫阿比特監獄之後，受到了嚴密的監視。那是一幢五角星狀的大樓，四周用五米高的圍牆團團圍住，崗哨密布。每天，在昏暗的燈光下，他做著用鋼絲穿珠子的單調的工作，而他卻還能利用空餘時間學會了俄語和英語。如此度過十八個月，他居然成功地越獄。德國警察到處張貼懸賞五千馬克緝拿李德的布告，但他已秘密地逃往蘇聯。

一九二九年春，李德進入蘇聯伏龍芝軍事學院學習。三年後——一九三二年春，他畢業了。就在這時，他接到共產國際執行委員會的通知，把他派往中國，在軍事總顧問施特恩手下擔任一名顧問。於是，他帶了一份奧地利護照，登上火車橫穿西伯利亞，經東北來到上海，住進外灘外白渡橋北堍的禮查飯店（今浦江飯店）……

李德被選中派往中國，大抵有三個原因：一是他有過街壘戰的經驗，而當時中共王明路線正在搞「奪取中心城市」，很需要「街壘戰專家」的指導；二是他會講英語、俄語，便於在中國工作；三是他有過地下工作的經驗。

就這樣，這位日耳曼人，成了瑞金沙洲壩那「獨立房子」的主人……

公審蕭勁光引起的爭執

李德的到來，使「獨立房子」變得熱鬧起來。這座「三居室」的「獨立房子」正中的客堂間，成了會議室。李德到來不久，博古便通知中央革命軍事委員會委員們，在「獨立房子」開會，跟李德見面。

接到通知後，項英、劉伯承從偏東方向烏石壟的中央革命軍事委員會機關沿田埂走過來，毛澤東從東北方向元太屋的中央政府機關走出來，博古、張聞天、凱豐則從正南方向下肖的中共臨時中央機關走過來。不到五分鐘，他們就都到了「獨立房子」。

博古和張聞天事先提醒過李德，跟毛澤東見面時，如果有誰提及「羅明路線」，要儘量回避，據告「毛澤東對這個問題反應很敏感」，因為他同羅明「執行的是同一條路線」。於是，李德便「把博古的勸告牢牢記在心上」。

李德在《中國紀事》中這樣記述：

「過了幾天，在我住處召開了革命軍事委員會第一次會議。出席會議的有博古、洛甫、毛澤東、項英、劉伯承和另外二、三個同志，他們的名字我記不起來，其中有青年團書記。三個有名的委員沒有出席，朱德和周恩來在前線，王稼祥在一九三二年被彈片打成重傷（引者注：應為一九三三年春），住在野戰醫院……」

會議由項英主持。中央革命軍事委員會從一九三三年五月十一日移駐瑞金沙洲壩，規定「當中革軍委主席朱德同志在前方時，其主席職務，由項英同志代理」⑦。

據李德回憶，「博古把我介紹給大家，毛澤東以生硬的形式向我表示歡迎」。

就這樣，李德跟毛澤東結識了。毛澤東不懂外語，由博古充當翻譯。在場的人當中，除了毛澤東和項英之外，其餘的人差不多都能用俄語跟李德交談。

李德後來在《中國紀事》中這樣記述他對毛澤東的印象：

「給我印象最深的當然是毛澤東。他是一個身材修長的，幾乎可以說是很瘦削的四十來歲的中年人。他給我最初印象，與其說是一個政治家和軍人，不如說是一個思想家和詩人。在很少的幾個慶祝會上，我們見面時很隨便。在這種場合，他總是保持一種威嚴而又謹慎的態度，總是鼓勵別人喝酒、說話和唱歌，他自己則在談話中插進一些格言，這些格言聽起來好像是無關緊要的，但總有一定的含義，有時還含有一種惡意的暗示。

「很長時間我都吃不慣味道很厚的菜，像油炸辣椒，這種菜在中國南方，尤其在毛澤東的故鄉湖南是很普遍的。這就引起了毛澤東的譏諷，他說，『真正革命者的食糧是紅辣椒』和『誰不吃紅辣椒，誰就不能戰鬥』。當有人第一次提出，我們的主力是否應突破敵人對中央蘇區的封鎖這個問題時，他用一句毫不相干的話（我想可能是老子的話）回答說：『良庖歲更刀，割也；族庖月更刀，折也。今臣之刀十九年矣，所解數千牛矣，而刀刃若新發於硎。』

「總之，他喜歡引用民間的形象比喻，引用中國歷史上哲學家、軍事家和政治家的格言。有人告訴我，歷來很著名的紅軍八項政治原則和四項策略原則中的一部分，也是毛澤東從歷史中，也就是從十九世紀後半葉太平天國起義的口號中吸收過來的。

「他根據中國古代軍事著作《孫子兵法》提出了『不打無把握之仗』的原則，但在長征路上他又引用孫子的另一句話『投入亡地然後存，陷之死地然後生，夫眾陷於害，然後能為勝敗……』毛澤東不僅在私人談話中或小範圍裡運用這些格言和比喻，而且還把它們引用到他的講話中，並以革命的激情從中引出令人銘記的口號。我自己就經常看到，他是怎樣用這種辦法深深地影響了聽他講話的農民和士兵……」

李德也從博古他們那裡得知毛澤東在中央蘇區的威信：「他們知道，毛澤東在中央蘇區有著廣泛的群眾基礎，我們有時開玩笑說，他的影響是利用了『民眾的激情』，其實倒不如說是基於長期共同進行武裝鬥爭的傳統。這種傳統使毛澤東同農民的關係非常密切……」

李德同樣也從博古他們那裡知道毛澤東受到了排擠：「第四次中央全會以後，毛澤東在中央蘇區的統治地位受到嚴重損害。一九三一年中央局的建立，一九三二年在寧都召開的擴大會議，以及最後一九三三年政治局和中央書記處遷至瑞金，所有這些對他來說都是警報信號。他的影響明顯地減弱了……」

雖說初次見面時，李德跟毛澤東彼此客氣了一番，不過，由於李德完全站在博古一邊，他和毛澤東的衝突註定是不可避免的。

就在李德到來不久，果真，他跟毛澤東之間，發生了一場不大不小的爭執。

李德在《中國紀事》中說：「幾乎就在我到達的同一天，傳來了黎川失守的惡訊。」他和毛澤東的頭一回交鋒，就在這「黎川失守」事件上……

黎川，廣昌東北的一座縣城，靠近福建俊秀的武夷山。黎川是在一九三三年九月廿八日失守的。

黎川之戰，是第五次反「圍剿」的前哨戰。

從一九三三年七月十八日到九月十八日，兩個月間，蔣介石在廬山上辦了三期軍官訓練班，親自作了二十三次訓話和講課，此刻下山了！

南昌，從一九三三年五月起設立的「軍事委員會委員長行營」，此刻變得忙碌起來。蔣介石在賽克特的謀劃下，正忙於調集一百萬大軍、二百架飛機，部署第五次「圍剿」。內中五十萬大軍用於江西，以求剿滅中央蘇區。

此時，黎川成了中央蘇區的北部門戶。蔣介石的第一步棋，便是派出陳誠的三個師——第三路軍第八縱隊第五、六、七十九師，朝黎川縣城推進。紅軍主力在朱德、周恩來率領下，正在福建跟國民黨十九路軍作戰，駐守黎川的是蕭勁光部隊。

蕭勁光此人，後來成為中國人民解放軍海軍司令、國防部副部長。一九五五年，成為十位獲得大將軍銜的將領之一。他是湖南長沙人，毛澤東的老鄉。

一九二〇年秋，當上海霞飛路（今淮海中路）新漁陽里六號掛起「外國語學社」招牌時，他成了那裡的學生，跟任弼時、柯慶施有著同窗之誼。在那裡，他成了中國社會主義青年團最早的團員之一。翌年，他便赴蘇聯學習，瞿秋白成了他的老師。一九二二年，他加入中國共產黨。

一九二四年一月廿一日，當列寧去世時，他和任弼時等曾代表中國留學生為列寧守靈。回國後，他擔任國民革命軍第二軍六師黨代表，參加了北伐。一九二七年他再度赴蘇，在列寧格勒軍政學院學習了三年。此後他回國，進入中央蘇區。此刻，這位資歷頗深的蕭勁光，擔任閩贛軍區司令員兼第七軍團政委，司令部便設在黎川城裡。

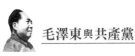

在面對蔣軍三個師的時候，蕭勁光手下卻只有七十個兵！

蕭勁光是這樣回憶的：「我的主力部隊已隨三軍團到福建去了，剩下一個獨立師，在敵人進攻前的一個星期又調往峭石，歸前總直接指揮。當時我手上只有一支七十人的教導隊和一些地方游擊隊守黎川。在敵人進攻的前幾天，中共又命令閩贛省委和省政府撤出黎川城。隨即，顧作霖（省委書記）、邵式平（省政府主席）兩同志率黨政機關撤出了。為不致引起群眾恐慌，只留一個合作社沒撤。」⑧

當蔣介石的三個師進攻黎川時，蕭勁光只得率教導隊撤出黎川縣城，退到城外六十里的溪口。蕭勁光有過多年戰鬥經驗，又兩度赴蘇學習，他知道在敵我兵力懸殊的情況下，唯一的選擇是撤退。

消息傳到瑞金，引起了博古和張聞天的憤懣。李德在《中國紀事》中寫道：「蕭勁光在黎川城不戰而棄，帶領他的獨立部隊倉惶撤退，而讓地方部隊聽任命運的擺布。博古和洛甫把這種情況稱之為過時了的游擊戰方法的回潮……」

於是，黎川失守馬上被扯到「羅明路線」上去，扯到毛澤東頭上去。

李德支持博古、張聞天的觀點，而毛澤東則支持蕭勁光，以為在敵強我弱的形勢下，蕭勁光應當撤退，放棄黎川，誘敵深入，在閩西建寧、泰寧一帶與敵周旋。

蕭勁光奉命「收復赤色黎川」。他組建了紅七軍團，任軍團長兼政委。一九三三年十一月十一日，當前總得知敵一個主力師要趕往滸灣，便命蕭勁光率部阻擊，以待彭德懷的三軍團趕到，向敵發起主攻。滸灣在黎川西北。蕭勁光在滸灣跟敵人打了一天一夜。翌日傍晚，彭德懷率三軍團趕到。這時，彭德懷患瘧疾，冷透骨髓，只得由彭雪楓指揮。第三天，敵人在十幾架飛機掩護下，出動了裝甲車，衝破了紅軍的防線，打通了去滸灣的道路。

滸灣失利，主要是三軍團沒有打好。彭德懷主動向前總說明了情況，申明「責任不在蕭勁光」。可是，譴責的拳頭仍落到了蕭勁光頭上。蕭勁光這樣說及當時的情景：「滸灣失利後，博古同志他們想整彭德懷同志，但不敢動他，就把戰鬥失利的罪名強加在我的頭上。他們下令撤了

我的職，調往前總審查。」

李德也力主對蕭勁光實行懲罰，下令審判蕭勁光。

於是，蕭勁光成了「軍內的『羅明路線』」的代表人物。前總主辦的《鐵拳》雜誌出了《反蕭勁光機會主義專號》，刊載顧作霖等批判蕭勁光的文章。

一九三四年一月六日上午，瑞金最高臨時軍事裁判庭召開公審大會，蕭勁光被押上法庭。法庭上一片緊張氣氛。

在書記宣讀對蕭勁光的控告書之後，蕭勁光據理爭辯：「我手上的兵都被調走了，敵人是一個軍三個師，我怎能守住黎川呢？再說，上級也沒有讓我死守黎川。我到差不多被敵人包圍的嚴重情況下，才帶領七十餘人的教導隊撤出，這有什麼錯呢？」

旁聽的人知道真相，也不再喊口號了。

可是，法庭根據李德的意見，仍堅持判處蕭勁光五年徒刑，開除黨籍、軍籍。

中央蘇區的報紙刊登報導，說蕭勁光「把赤色的黎川城，以及紅軍用血肉換來的一部分軍用品送給敵人，做了敵人的內應。」

蕭勁光被關起來的時候，賀子珍來看他。賀子珍向他轉告了毛澤東的話，使他在最困難的時候得到鼓舞。毛澤東說，你應該撤退，做得對！對你的處罰是完全錯誤的！

毛澤東的意見，得到了王稼祥的支持。雖說王稼祥受傷，正在病中，但他是中央革命軍事委員會副主席兼總政治部主任，最高臨時軍事裁判法庭的判決書要他審批。王稼祥拒絕簽字！

李德堅持要判處蕭勁光五年徒刑，找博古幫忙，以壓倒毛澤東和王稼祥。博古藉口工作忙，不再過問此事。李德無奈。審判蕭勁光之事不了了之。蕭勁光關了才一個月，就被調到紅軍大學去當教員。王稼祥原本跟王明、博古站在一起，自寧都會議以來，他跟毛澤東逐漸接近。他不僅幫助了蕭勁光，而且還幫助了鄧小平。

鄧小平被撤除了中共江西省委宣傳部長的職務之後，也被關了禁閉。美國記者索爾茲伯里曾作了這樣的描述：

「一天，在被衛兵押回禁閉室的路上，他遇上了陸定一的妻子唐義貞。『我餓壞了，』鄧小平對她說，『肚子根本吃不飽』。她可憐他，花一塊銀元買了兩隻雞。做好後，她給衛兵捎了個信，要他們把鄧小平帶到她的住所吃飯。鄧小平吃了一隻，把另外一隻拿回禁閉室。」⑨

唐義貞是湖北武昌人，一九〇九年七月出生在那裡的一個中醫之家。一九二六年六月加入中國共產主義青年團。據陸定一回憶：

「記得我們第一次在莫斯科見面時，她穿紫紅色的金絲絨旗袍，溫存、文雅，是一個典型的『東方女性』。後來，在共同的戰鬥中進一步瞭解她。她是一位勇敢、堅強的女布爾什維克。是共同的理想和信念，使我們心心相印，使我們由同志、戰友發展成夫妻……」

陸定一和唐義貞於一九二九年冬在蘇聯結為秦晉之好。在陸定一回國後，唐義貞在蘇聯學習醫務，一九三〇年秋回到上海。一九三一年四月，當顧順章叛變時，周恩來緊急轉移，就借住在上海陸定一、唐義貞家。一九三一年冬，何叔衡和唐義貞裝扮成父女倆，從上海經秘密交通線進入江西蘇區。唐義貞在瑞金擔任中央衛生部衛生材料廠廠長。她在鄧小平最困難的時刻送給他兩隻雞，鄧小平在幾十年後仍深深記得這件事。

索爾茲伯里還寫及：「正是在這個時刻，鄧的夫人阿金（金維映）和鄧離婚，改嫁給高大英俊、深思熟慮的羅邁。」⑩

據方志敏之弟方志純回憶：

那時，「她，約摸二十幾歲年紀，高挑挑的個子，清秀的臉龐，一對明眸閃爍著溫情的光芒……聽說她原來在上海，來到江西中央蘇區後，與廣大紅軍指戰員一樣，過著艱苦的生活，每天吃的是『包子飯』——用席草編成草包蒸的飯，幾分錢的菜金；冬天睡的是『金絲被』——用稻草當墊被；夏天要與『飛機』、『坦克』作戰——經受蚊子、臭蟲的叮咬……」

「她有文化，又有一張潑辣的嘴巴，無論開會作報告，還是個別促膝交談，她的一番入情入理、生動活潑的話語，特別能打動人們的心弦。」⑪

索爾茲伯里說「阿金是廣東人」，其實她是浙江省岱山縣人，生於一九〇四年，一九二六年加入中共，時年二十二歲。一九二七年二月，她成為中共定海縣三人領導小組成員，參加過領導定海、寧波的鹽民運動。一九三〇年，她在上海擔任上海絲織業黨團書記。一九三〇年她進入中央蘇區，擔任中共于都、勝利縣委書記，中共中央組織部組織科長。⑫

鄧小平從禁閉室獲釋後，被派往中央蘇區北部的樂安縣南村當「巡視員」。那裡是與白區交界之處。派遣者的本意，是因為那裡生活艱苦，「流放」鄧小平。不料，鄧小平去那裡才十天，就被急急調回來。起初，鄧小平不明白內中的原因，後來才聽說，因為那裡靠近白區，生怕鄧小平跑掉。

鄧小平回到瑞金，沒有人敢要他。倒是王稼祥敢於要他，對他說：「你到我這兒來吧！」王稼祥調鄧小平到紅軍總政治部任秘書長。當了兩三個月，上邊有人說：「怎麼能讓鄧小平當秘書長？」於是王稼祥把鄧小平安排在紅軍機關報《紅星報》當一名編輯……

福州南較場升起「反叛」之旗

蔣介石虎視眈眈，在奪得了黎川城之後，正欲發動第五次「圍剿」，一樁突然發生的事變，卻打亂了他的陣腳。

那是一九三三年十一月二十日，福州南較場的旗杆上，忽地升起一面新奇的旗幟——上紅下藍二橫條，正中嵌一顆五角黃星。頓時，鞭炮聲、鼓樂聲大作，上千人在南較場上發出熱烈的歡呼。一個新的政權「中華共和國」宣告成立。新奇的旗幟，出現在福州大街小巷，那便是「中華共和國」的國旗。

第一面「中華共和國」國旗，是在福州南較場上由蔡廷鍇親手升起的。蔡廷鍇是國民黨第十九路軍軍長兼副總指揮。他曾受過中共影響，參加過南昌起義，隨後率部離去。

一九三二年一月廿八日，當日軍發動「一•二八事變」，突然從上海日租界向閘北中國駐軍進攻時，蔣介石把十九路軍視為異己，調往福建，攻打紅軍。蔣介石的如意算盤是讓十九路軍和紅軍兩敗俱傷，坐收漁翁之利。

蔡廷鍇和蔣光鼐無奈，只得率部進攻紅軍，與朱德、周恩來交手。蔣介石部隊進攻黎川時，紅軍主力正在朱德、周恩來率領下跟十九路軍作戰。

前有紅軍，後是大海，十九路軍打不過紅軍，又後退無路。這支隊伍畢竟受過中共影響，又曾高舉抗日的旗幟，終於下定決心，舉行兵變，實行「聯共反蔣抗日」，著手成立「中華共和國」。

蔡廷鍇、蔣光鼐尋求與中共取得聯繫，希冀得到支持。他們物色到一個頗為恰當的人物，以設法打開中央蘇區之門。此人名叫陳公培。在《紅色的起點》一書中，曾寫及他：

「雖與陳公博只一字之差，兩人其實毫無瓜葛。他是湖南長沙人，原名善基，又名伯璋、壽康，曾用名吳明、無名。陳公培是一九一九年去北京留法勤工儉學預備學校學習的。在一九二〇年六月他經滬赴法。在上海，他與陳獨秀見面，贊同陳獨秀關於籌建中共的主張。七月，他前往法國……」

陳公培是旅法共產主義小組成員之一，最早的中共黨員之一。他回國後參加過北伐，擔任國民革命軍第四軍政治部主任。一九二七年他參加南昌起義。部隊在潮汕失敗後，他脫離了中共。但是陳公培在中共方面，有許多老朋友。於是，一九三三年九月廿二日，他攜帶蔣光鼐親筆所寫《十九路軍與紅軍聯絡證明》，進入中央蘇區，在延平的王台會見了彭德懷。彭德懷設宴款待陳公培，那豬肉、雞放在臉盆裡端上來。彭德懷曾回憶說，「我們就是用臉盆盛菜、盛飯，用臉盆洗腳，洗臉，一直沿襲到抗美援朝。」

彭德懷馬上電告瑞金。中共臨時中央起初回電，批評彭德懷「對此事還不夠重視，招待也不周」，大抵以為那「臉盆宴會」未免太寒酸了！可是，沒幾天，中共臨時中央又給彭德懷來電，稱「第三黨比國民黨還壞」。所謂「第三黨」，指的就是超於國、共兩黨之外的「生產人民黨」，又稱「生產大眾黨」。那是蔡廷鍇、蔣光鼐正在和李濟深、陳銘樞籌建中的一個政黨。彭德懷不由得搖頭，「覺得知識分子總是有他的歪道理」，所以朝令夕改，都能說出一番「歪道理」。

其實，中共臨時中央對於十九路軍問題，內部有著激烈的爭論。舉棋不定，導致朝令夕改。一種意見以為十九路軍的「反叛」，使紅軍多了一支友軍，中共多了一個盟友；另一種意見以為他們搞的是「社會民主黨」、「第三黨」，要堅決予以鬥爭、揭露。

內中，最令彭德懷困惑的是，項英於九月廿五日來電，要彭德懷對陳公培「耍一個滑頭」。電報原文如下：

朱周彭滕：

目前在我軍結束東戰線向北消滅蔣敵援閩部隊（軍委已另有命令來），對公培之事絕不能存大希望，可在我撤退與集中時便帶耍一個滑頭，向公培表示紅軍履行以前宣言，誠意與他們訂立反帝反蔣作戰協定，可首先撤退西芹一帶之兵，但須絕對注意不要暴露我軍之企圖，而實際來集中我之兵力，請你們酌情進行。

項英

這樣的「耍滑頭」的談判，難以取得真誠的成果。

於是，陳公培在回到福州之後，只得在十月下旬再來中央蘇區。這一回，他跟蔡廷鍇的秘書長徐名鴻一起來瑞金，徐名鴻作為十九路軍全權代表。

博古給毛澤東打來了電話（那時已安裝了軍用電話），告知這次談判是由政府出面的。毛澤東雖被架空，但畢竟還是政府首腦。於是，在瑞金，由毛澤東出面，接待了陳公培和徐名鴻。那天，毛澤東特地換上一身新衣。中共臨時中央指定周恩來、葉劍英負責談判工作，派出潘健行作為全權代表。

潘健行是何人？原來，他就是潘漢年！此人精明能幹，能文能武。他十八歲便加入創造社，主編《洪水》。十九歲時加入中共。一九三〇年，二十四歲的他代表中共主持中國左翼作家聯盟工作，跟魯迅共商文壇大事。不久，他又轉入秘密戰線，參加中共中央特科工作。

一九三三年五月十四日，國民黨特務在上海突然逮捕了他的堂兄、中共黨員潘梓年以及女作家丁玲，他面臨被捕的危險，中共中央上海局指示他急速離開上海，經秘密交通線進入中央蘇區。來到瑞金後，他化名潘健行。

他在瑞金擔任中共蘇區中央局宣傳部副部長、部長，又幹起「文」這一行。當周恩來物色跟十九路軍談判的全權代表時，點將點到他頭上。這不光因為他擅長交際，而且由於他在特科工作時，曾跟十九路軍中共秘密黨員有過密切聯繫，跟徐名鴻也有過交往。

潘漢年與徐名鴻在瑞金重逢，談判頗為順利。十月廿六日，雙方便簽署了《反日反蔣的初步協定》，共十一款。協定末，雙方如此署名：「中華蘇維埃共和國臨時中央政府及工農紅軍全權代表潘健行；福建省政府及十九路軍全權代表徐名鴻。」

協定指出，雙方「準備進行反日反蔣的軍事同盟」。

協定簽畢後，毛澤東以中華蘇維埃共和國中央執行委員會主席的身分，又一次接見了徐名鴻，並派出潘漢年作為常駐福州代表，黃一青（即黃火青）為秘書，隨徐名鴻一起返回福州。

有了這份協定，蔡廷鍇、蔣光鼐心定了，十一月二十日在福州南較場升起了中華共和國國旗，宣告與蔣介石決裂。廿二日，選舉李濟深為「中華共和國人民革命政府」主席，定一九三三年為中華共和國元年，首都設在福州。同日，「生產人民黨」⑬宣告正式成立，陳銘樞為總書記。

福州高舉起反蔣大旗，打亂了蔣介石的陣腳。蔣介石不得不把已經擺好的第五次「圍剿」的陣勢改變，急調十一個師入閩，「進剿」十九路軍。

這時，毛澤東提出了大膽的策略：

「紅軍主力無疑地應該突進到以浙江為中心的蘇浙皖贛地區去，縱橫馳騁於杭州、蘇州、南京、蕪湖、南昌、福州之間，將戰略防禦轉變為戰略進攻，威脅敵之根本重地，向廣大無堡壘地帶尋求作戰。用這種方法，就能迫使進攻江西南部福建西部地區之敵回援其根本重地，粉碎其向江西根據地的進攻，並援助福建人民政府，——這種方法是必能確定地援助它的。」⑭

彭德懷的見解與毛澤東相似：

他「寫了一個電報給總政委轉中央博古，建議：留五軍團保衛中央蘇區；集中一、三軍團和七、九兩個軍團，向閩浙贛邊區進軍，依方志敏、邵式平根據地威脅南京、上海、杭州，支援十九路軍的福建事變，推動抗日運動，破壞蔣介石的第五次『圍剿』計畫。博古批評這個建議，說是脫離中央蘇區根據地的冒險主義。此事是路經建寧總政委處轉告的。」⑮

坐失良機，良機坐失！

那年月，中共臨時中央「左」得厲害，把盟友推向了敵人一邊。

早在一九三二年三月，王明就針對當時十九路軍在淞滬抗戰一事，發表文章，認為：

「任何國民黨匪徒、上海的資產階級、十九路軍將領都不是上海抗戰的組織者，相反，他們事實上都是這次戰爭的敵人。」⑯

「福建事變」發生後半個月，以博古為首的中共臨時中央於十二月五日公開發表了《中共中央為福建事變告全國民眾書》，聲稱福建政府「不過是一些過去反革命的國民黨領袖們與政客們企圖利用新的方法來欺騙民眾的把戲，他們的目的不是為了要推翻帝國主義與中國地主資產階級的統治，而正是為了要維持這一統治，為了要阻止全中國民眾的革命化與他們向著蘇維埃道路的前進」！

博古在他的《為實現武裝民眾的民族革命戰爭中國共產黨做了什麼和將做些什麼》一文中，特別強調要「最嚴格的、無情的揭露福建派口號與政綱的反動性，及其領袖的動搖、妥協、投降、出賣……」

以博古為首的中共臨時中央坐失良機。那時，蔣介石最怕的便是十九路軍和紅軍的聯合。蔣介石的侍從室主任晏道剛，曾在回憶錄中極為生動地描述過蔣介石的恐慌之情：

「當時蔣介石進到撫州指揮，深恐紅軍與十九路軍聯合，神色異常緊張。好幾天我與他同坐汽車時，見他忽而自言自語，忽而揮拳舞掌。他坐在房子裡就不時拿出他自己所著的《剿匪手本》中的軍歌高聲歌唱。每逢他出現醜態時，宣鐵吾（蔣的侍衛長）就找我去看，說他又在發神經了。宋美齡到撫州，發現蔣的床下隱藏著他的原配老婆帶給他的寧波小菜罐罈，都被宋掀出打破了，在痛苦中還夾著『吵架打罐』的小插曲，確實使蔣的日子不太好過。每天晚餐後，蔣就找我和林蔚去問是否有紅軍與十九路軍聯繫的情報，囑我們密切注意，並每日派飛機轟炸紅軍，偵察其行動方向。後來未發現紅軍與十九路軍聯繫的徵候，蔣才決定親自飛往建甌指揮進攻十九路軍的戰事。」⑰

十九路軍失去了紅軍的支持，成了一支孤軍。蔣介石五萬大軍入閩，十九路軍所轄五個軍中的四個軍倒戈，投向了蔣介石。

一九三四年一月十五日，「中華共和國」的首都福州易幟，升起了「青天白日滿地紅」旗。蔣光鼐、李濟深、陳銘樞、蔡廷鍇先後亡命香港，歷時兩個月的「福建事變」也就降下帷幕。

蔣介石消滅了異己十九路軍，鬆了一口氣，集中兵力再度向中央蘇區發動「圍剿」……

紅都瑞金在大興土木

就在「中華共和國」首都福州陷落的那一天，在中華蘇維埃共和國首都瑞金正召開重要會議——中共六屆五中全會。自從一九三一年一月七日花了一天時間在上海匆匆召開中共六屆四中全會以來，已經整整三年沒有開過中共中央全會了。

會議在瑞金沙洲壩老茶亭的「中央大禮堂」舉行。

那時的老茶亭，大興土木，坐落在那裡的「中央大禮堂」，簡直成了瑞金的「人民大會堂」。「中央大禮堂」是一九三三年八月動工修建的。據說，半邊由來自福建的紅軍建造，半邊由來自江西的紅軍建造，雙方開展勞動競賽，你追我趕，才三個多月工夫就落成了。這座大禮堂係土木結構，八角形，看上去像頂紅軍八角帽，頗為別致。禮堂裡開了好多窗，裝上玻璃，相當明亮，在山溝溝裡算是很不錯的「現代化」建築了。禮堂分兩層，一排排長條木凳，可以坐千把人，堪稱「大」禮堂。

那時，瑞金葉坪也在大興土木，那裡的一大片空地，原是「提燈遊行」後舉行聯歡會的地方，如今修整成了一個廣場——瑞金的「天安門廣場」！

一九三三年冬，廣場上一片熱鬧景象，一群新的建築物正在施工。

廣場上最為忙碌的人物是錢壯飛。錢壯飛跟潘漢年一樣，也是一位充滿神秘色彩而又精明強幹的中共地下工作者。他是浙江吳興縣人。一九一四年，十九歲的他入北京醫學專門學校學習。一九二六年，當他加入中國共產黨，醫生職業便成了他從事地下工作的很好的掩護。

一九二九年，他根據上級的指示，跟李克農一起打入國民黨中央組織部黨務調查科（中統局的前身），他居然成為中統特務頭目徐恩曾的機要秘書，為中共提供了大量的重要情報。

一九三一年四月，當顧順章被捕、叛變之際，從武漢發給南京徐恩曾的絕密電報落在錢壯飛手中。他跳上駛往上海的列車，通知周恩來、瞿秋白立即轉移，而他自己也通過秘密交通線，安然無恙地進入中央蘇區。在瑞金，他擔任中央革命軍事委員會第二局局長。⑱

此時，這位醫學學校的畢業生，居然改操新業，變成了一名建築設計師。葉坪廣場上的一群新建築物的藍圖，全都出自這位設計師之手，而工程指揮則為梁柏台。

最為引人注目的，是矗立在廣場上高達十三米的「紅軍烈士紀念塔」，相當於後來北京天安門廣場的人民英雄紀念碑。紅軍烈士紀念塔的造型頗為別致，塔座呈五角星形，塔身卻是炮彈形，遠遠望去，像一枚正在射向藍天的火箭：正面，刻著「紅軍烈士紀念塔」七個大字。構思的巧妙，不亞於梁啟超之子、著名建築師梁思成設計的人民英雄紀念碑。

此外，廣場上還建起了磚木結構的紅軍檢閱台，紅軍烈士紀念亭、公略亭、博生堡。公略亭紀念的是一九三一年九月十五日沙場捐軀的名將黃公略。博生堡呈碉堡形，紀念的是寧都起義領袖趙博生，他於一九三三年一月八日戰死於江西南城黃獅渡。

在戰火紛飛的歲月，在紅都瑞金如此大興土木，其實透露了中共臨時中央的意圖：要在瑞金長期「紮」下去！

在沙洲壩嶄新的「中央大禮堂」舉行的中共六屆五中全會，除了中共中央委員、中央候補委員之外，還有各省委的代表。會議聽取了三個報告：博古的《目前的形勢與黨的任務》，張聞天的《中華蘇維埃運動與它的任務》，陳雲的《國民黨區城中的工人經濟鬥爭與工會工作》。

中共六屆五中全會是王明「左」傾路線達到頂峰的會議。會議全面肯定了中共六屆四中全會以來的王明「左」傾路線，強調：「只有進行一個堅決的鬥爭，反對主要危險的右傾機會主義，和反對對右傾機會主義的調和態度，黨才能夠發展布爾什維克的路線。」所謂「反對右傾機會主義」的潛臺詞，便是反對毛澤東。

會議重新選舉了中共中央政治局委員十三人，毛澤東居末位。當時的排名次序為博古、王明、張聞天、周恩來、項英、陳雲、王稼祥、張國燾、朱德、任弼時、顧作霖、康生、毛澤東。

中共中央政治局候補委員四人，即劉少奇、關向應、鄧發、凱豐。

中共中央設立了中央書記處，博古、張聞天、周恩來、項英為書記，博古為總負責。⑲

中共中央書記處的四位書記，即政治局常委。另外，會議還決定設立中央黨務委員會，董必武為書記。自中共六屆五中全會後，中共中央不再稱「中共臨時中央」。中共蘇區中央局至此亦正式撤銷。

李德作為列席代表出席了會議。他在會上作了關於實行「短促突擊」的軍事建議。

中共六屆五中全會在一九三四年一月十八日結束。

四天後——一月廿二日，那「中央大禮堂」裡人聲鼎沸，上千人蜂擁而人。那是「中華蘇維埃共和國第二次工農兵代表大會」（簡稱「二蘇大會」）在那裡開幕。出席會議的有正式代表六百九十三人，候補代表八十三人，還有眾多的人參加旁聽。

開幕那天清早六時，沙洲壩忽地響起幾聲沉悶的炮聲，居民們卻沒有一個人驚慌失措。因為早就貼了布告，說明那是為了慶賀「二蘇大會」而放的禮炮——雖說只是幾門土炮而已。

沙洲壩鵝公崠腳下的一片空地，成了臨時的閱兵場。臨時搭建的檢閱臺上，站著博古、周恩來、項英、朱德、毛澤東等。閱兵式上最神氣的是紅軍大學的學員，穿著嶄新的斜紋緊袖「列寧裝」和馬褲，八個人一排，在校長兼政委何長工的帶領下，齊刷刷地走過檢閱臺。

這時，何長工一聲嘹亮的「向右看」，學員們的頭全都向右扭去，目光投向檢閱臺上的首長們。直至此時，博古才發覺檢閱臺建造時選錯了地方，不應「向右看」，應該「向左看」才對！

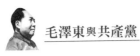

彭楊步兵學校的學員們也很威武，頭上戴著清一色的鋼盔，在晨光中閃閃發亮。那些鋼盔，全是從國民黨部隊那裡繳獲的。

閱兵式進行到吃早飯時就結束了，避開了國民黨飛機的「鐵蛋」。

「中央大禮堂」大門口正上方，貼上了一排黃色大字：「中華蘇維埃共和國臨時中央政府」。那字是黃亞光寫的。黃亞光是在臺灣讀書畢業後，來到廈門，在那裡加入中國共產黨。他寫得一手好字，為毛澤東刻印過文件。此時他在文書科工作，布置會場就由他負責。

大禮堂內掛起了十來盞汽燈，顯得頗有氣派。主席臺上貼著馬克思、列寧黑色石印像和鐮刀斧頭旗。臺上放了幾張小學生的課桌，算是講臺。

每位代表都領到兩本油印的小冊子，是用當地毛邊紙印的，封面上畫著五角星和鐮刀斧頭。那是毛澤東的新著《鄉蘇工作的模範（一）——長岡鄉》和《鄉蘇工作的模範（二）——才溪鄉》，是由文書科丁良相刻蠟紙，賀子珍也幫助刻印了一些。

所謂「鄉蘇」，即鄉蘇維埃。長岡鄉是江西省興國縣的一個鄉，才溪鄉是福建省上杭縣的一個鄉，毛澤東把這兩個鄉樹為「模範鄉」。毛澤東曾到這兩個鄉，擺開八仙桌，請來各色人等，一邊用粗飯碗喝茶水，一邊口問手記，作調查研究，寫出這兩份調查報告。

「二蘇大會」上，毛澤東先是作了中央執行委員會和人民委員會的報告。報告中關於經濟政策的部分，即現今收入《毛澤東選集》第一卷的《我們的經濟政策》一文。幾天後，毛澤東又在大會上作結論報告，即現今收入《毛澤東選集》第一卷的《關心群眾生活，注意工作方法》一文。

大會通過了中華蘇維埃共和國的國徽、國旗、軍旗的設計稿。那國徽呈地球形，上面交叉著鐮刀與鍾子，右為穀穗，左為麥穗。上書「中華蘇維埃共和國」，再上面則寫「全世界無產階級和被壓迫的民族聯合起來」。國旗則是紅色底子，加國徽於其上。

會議開了十多天，大會選舉毛澤東為中央執行委員會主席，而原先由毛澤東兼任的人民委員會主席，則由張聞天擔任。這樣，也就是以毛澤東為國家主席、張聞天為政府總理。博古讓張聞天擔任總理，使毛澤東真正成了「加里寧」！

在任命各人民委員（即部長）時，教育人民委員引起了眾人矚目。第一屆的教育人民委員便是瞿秋白，但是他一直在上海，沒有到任，由徐特立代理，這一次，又任命瞿秋白為教育人民委員，徐特立為副職。毛澤東告訴人民委員們：瞿秋白不日到達瑞金！

在宣布這一任命的兩天之後——一九三四年二月五日，臉色蒼白、憔悴的瞿秋白，穿了一身中式棉襖，出現在瑞金沙洲壩。他那般倦怠，不僅僅因為他在一九三四年一月七日奉命離開上海，經過漫長、艱辛的跋涉，才到達紅都，而且還因為他又一次蒙受了打擊，使他的心境愴然！

自從三年前的六屆四中全會離開中共中央領導地位之後，瞿秋白轉到了文化戰線，成為魯迅的摯友和知己。瞿秋白曾四度避難於魯迅家。瞿秋白以手中鋒利的筆，寫下了大量的新著。魯迅寫下「人生得一知己足矣，斯世當以同懷視之」的聯句，表達他對瞿秋白的深情。

瞿秋白蒙受新的沉重一擊，是在一九三三年九月廿二日。那天，中共臨時中央作出了《關於狄康同志的錯誤的決定》。狄康，亦即瞿秋白。

決定指出：「根據狄康同志最近在《鬥爭》上所發表的幾篇文章，中央認為狄康同志實犯了非常嚴重的有系統的機會主義的錯誤……」

決定指出：「在客觀上，他是成了階級敵人在黨內的應聲蟲。」

決定還指出：「中央認為各級黨部對於狄康同志的機會主義錯誤，應在組織中開展最無情的鬥爭……」⑳這表明，王明、博古仍然要對他進行「最無情的鬥爭」。

剛到瑞金，肺病就糾纏著這位憂鬱、苦悶的「才子型」紅色領袖。三天兩頭發著高燒，而他每天只能吃到一錢鹽！他正承受著政治和病魔的雙重折磨……

「崽賣爺田心不痛！」

江西的群山之中，只有在瀟瀟春雨澆灑之後，那紅土下才會驟然鑽出嫩嫩的筍尖。

一九三四年初，尚是寒風呼號的時節，江西卻冒出五千多座水泥鋼骨的「冬筍」。蔣介石採用賽克特的建議。實行堡壘政策，這五千多座碉堡把中央蘇區團團圍住。用陳誠的話來說，他們建碉堡是給池塘築壩，然後「抽乾塘裡的水，捉塘裡的魚」。

最早提出「碉堡政策」的是國民黨第十二師師長金漢鼎。

一九二九年，魯滌平向蔣介石傳達了金漢鼎的建議，未受蔣重視。後來，戴岳寫了《對於剿匪清鄉的一點貢獻》㉑，又一次提出「碉堡政策」。後來擔任南昌行營第一廳第六課課長的柳維垣也向蔣介石鼓吹「碉堡政策」。賽克特肯定了「碉堡政策」，蔣介石便下令實行。於是，碉樓、堡壘、橋頭堡、護路堡、墟寨等，一時在江西「遍地開花」。

蔣介石在消滅了十九路軍之後，在一九三四年二月調集四路大軍，一邊築碉堡，一邊徐徐緊縮包圍圈：

東路軍，蔣鼎文為總司令，由閩北向閩西推進。

北路軍，主力，顧祝同為總司令、陳誠為前敵總指揮，由北線向贛南推進，正面進攻中央蘇區。

西路軍，何鍵為總司令，由湖南向西推進。

南路軍，陳濟棠為總司令，由廣東朝北推進。

前方吃緊，瑞金沙洲壩那「獨立房子」，變得異常繁忙。此時的李德，已經獨攬紅軍指揮大權，由顧問而成為統帥。

他的翻譯伍修權如此回憶當年情景：

「我們當時的工作程序是：不論白天黑夜，只要前方來了電報，都迅速送到『獨立房子』來。首先由我們翻譯成俄文，並根據電文對著地圖查證地理方位，繪成簡圖再送給李德。經他批閱提出相應的建議後，再由我們譯成中文送給軍委副主席周恩來同志，由他在軍委或政治局上將李德的建議提出討論並付諸實行……」

「博古當時是總書記，但他對軍事一竅不通，就把軍事指揮大權拱手讓給了李德。李德有了作為中央總書記博古的支持，博古又有來自共產國際的李德作軍事顧問，兩人相互支持。」

李德來到「獨立房子」不久，便博得一個「雅號」，曰「圖上指揮家」。他成天價圍著客堂間裡的大地圖轉來轉去，一邊抽著煙，一邊用紅藍鋼筆勾勾畫畫，然後用尺子量著距離，規定著部隊行軍的進度——他不管那裡是山是河，反正按距離計算行軍的進度。他甚至就連一挺機關槍該放在哪裡，一門迫擊炮應布置在什麼地方，都按照地圖作了規定。殊不知，他用的那些地圖，全是國民黨部隊「供應」的，好多地圖不準確！

據云，長汀福音醫院院長傅連暲，曾從國民黨一位團長那裡弄到一整箱軍用地圖，交給了郭化若，運到瑞金。

李德是一位「街壘專家」。他在莫斯科伏龍芝軍事學院所學的，是正規軍打陣地戰的戰術。據曾經擔任他的翻譯的王智濤（後來成為中國人民解放軍少將、軍事科學院副院長）告訴筆者，李德去瑞金的四所軍事大學講課，均由他翻譯。

這四所學校是紅軍大學、紅軍第一步兵學校（又名「彭楊步兵學校」，以彭湃、楊殷名字命名）、紅軍第二步兵學校（又名「公略步兵學校」，以黃公略名字命名）、特科學校。

王智濤的印象中，李德講軍事課程是內行的——當然所講的全是蘇聯軍事學院的正規課程。斯諾在《西行漫記》中也寫及：「李德無疑是個具有過人才能的軍事戰略家和戰術家……南京的將領們看到李德的一些分析他們戰術的著作時，頗為欽佩地承認，想不到李德準確地預計到了這次巨大攻勢的每一個步驟。」

李德的悲劇是，他在莫斯科並沒有學習過游擊戰術的課程，而他來到中國之後又對中國的國情、軍情、民情所知甚少。他用下「國際象棋」的經驗來下「中國象棋」，這不能不跌跤！

兩個日耳曼人——賽克特和李德，以中國的江西省為「棋盤」，對弈起來。

賽克特，從中世紀的神聖羅馬帝國——第一帝國、十九世紀俾斯麥的德意志帝國——第二帝國，並效命於希特勒的納粹德國——第三帝國。

李德，從馬克思的第一國際時代、恩格斯的第二國際時代，進入了列寧、史達林的共產國際——第三國際的時代。

一方「棋手」來自第三帝國，一方「棋手」來自第三國際。

雙方交戰，爭奪的焦點是廣昌。

廣昌在黎川之南，寧都之北，縣城坐落在群山之中、盱江左岸。廣昌是中央蘇區北部的大門。照毛澤東的以往的打法，那會放棄廣昌，甚至會放棄瑞金，誘敵深入而殲之。如今，軍權握在李德手裡，李德打的是陣地戰，在廣昌嚴陣以待，死守廣昌。一個非奪廣昌不可，一個非守廣昌不可，於是一場空前酷烈的戰爭不可避免地在廣昌爆發。

一九三四年四月廿一日，《中央、軍委、總政保衛廣昌之政治命令》下達了。

命令指出：「敵人已盡力採用一切方法企圖占領蘇維埃的廣昌。」

命令指出：「我們的戰鬥的任務，是在以全力保衛廣昌。」

命令高呼：「高舉光榮的紅旗向著偉大的勝利前進。勝利萬歲！」

文末的聯合署名是：

中國共產黨中央委員會　博古

軍委主席　朱德

代總政治部主任　顧作霖

廣昌城裡，刷著這樣的大字標語：「為著保衛赤色廣昌而戰，就是為著保衛中國革命而戰！」「要麼勝利，要麼死亡！」「拒敵於國門之外！」「決不放棄蘇區寸土！」

蔣介石和北路軍總指揮陳誠調集了十一個師，沿著盱江，一邊建碉堡，一邊緩緩向廣昌推進，實行「進得一步，即守一步」，「穩穩推進，步步為營」。

紅軍呢？「方面軍前方司令部撤回瑞金，另組臨時司令部。博古為政委，實際上李德為總司令，親上前線，指揮堅守廣昌。」㉒博古和李德調集了紅一、三、九軍團的九個師，死守廣昌。李德提出「以堡壘對堡壘」，紅軍在廣昌也建造堡壘，只是沒有水泥鋼筋，用的是木頭架子，壘上泥土，如此而已。

蔣介石任命陳誠為前敵總指揮，羅卓英為副總指揮，在廣昌前線設立司令部。德國顧問賽克特也不顧高齡，親臨前線司令部，坐鎮指揮。

賽克特，用的是德國軍隊的戰鬥條令；李德，用的是蘇聯紅軍的戰鬥條令。一場正規化的大戰，一觸即發。

毛澤東被遠遠甩在後方，無權過問軍事。彭德懷看這勢頭不對，「再三說廣昌是不能固守的，必須估計敵軍技術裝備」。「在自己沒有飛機大炮轟擊的情況下，就算是比較堅固的野戰工事，在今天敵軍的裝備下，是不起作用的。如果固守廣昌，少則兩天，多則三天，三軍團一萬二千人將全部毀滅，廣昌也就失守了。」㉓然而，彭德懷的話，博古和李德根本聽不進去。

蔣介石的部隊，採用的全然是新的戰術。三、四十架飛機先輪番轟炸，再用德國進口的普伏式山炮、野炮和一〇二口徑的重迫擊炮轟擊，然後步兵徐徐推進，每天只進一、兩公里，馬上開始構築工事。站穩腳跟之後，第二天重複著昨日的「操作程序」。

決戰從四月十日開始，清早，國民黨軍隊的炸彈、炮彈雨點般朝廣昌北大門甘竹傾瀉，一下子就炸死、炸傷幾百名紅軍。因為紅軍的「土堡壘」不經炸，所以死傷慘重。

一位戰士發牢騷道：「不知搗啥鬼呵！我們一夜不睡覺做了一個堡壘，人家一炮就打翻了；人家的堡壘，我們只有用牙齒去咬！我們沒有重武器，天天同人家比堡壘，搞什麼鬼呵！」

到了下午，看看炸得差不多了，國民黨軍隊以營方陣組成集團衝鋒隊形，黑壓壓地攻過來，紅軍大量減員，彈藥又不夠，打得非常艱難。

如此激烈地爭奪了五天，甘竹被國民黨軍隊占領。紅軍被迫退守廣昌城北的長生橋。那裡是一片不太寬的開闊地。雙方僵持了十天。紅軍終於守不住，只得朝廣昌縣城退去，廣昌縣城沒有城牆，難以堅守。

四月廿七日，是戰鬥慘烈的一天。

國民黨軍隊夾攻廣昌縣城。彭德懷這樣描述當時的激戰：

「從上午八時至九時開始至下午四時許，所謂永久工事被轟平了。激戰一天，我軍突擊幾次均未成功，傷亡近千人。在李德所謂永久工事裡擔任守備的營，全部壯烈犧牲，一個也未出來……」

「當日約八時以後，戰鬥停止時，博古來電話，說李德、博古約我和楊尚昆去談談，他們明天回瑞金去。」㉔

彭德懷去的時候，把一套舊軍裝放在包裡，作了一去不復返的準備。他預料可能他會被帶到瑞金去，受公審，開除黨籍，因為他有一肚子的氣，再也無法忍下去了。

三軍團的政委，本來一直是滕代遠，此時患病，由楊尚昆代政委。楊尚昆在一九二六年加入中共，同年赴蘇，在莫斯科中山大學學習。

一九三一年一月，他和張聞天結伴回國。他們經西伯利亞，回到上海。一九三三年二月楊尚昆來到中央蘇區，擔任中共中央局黨校副校長、紅軍第一方面軍政治部主任。此刻，他作為政委，跟彭德懷一起來到前方總司令部。

李德、博古找彭德懷、楊尚昆，本想安排他們明天走後的工作。沒談幾句，直性子的彭德懷便開始「放炮」！他歷數李德的指揮錯誤，斥責他是「主觀主義」、「圖上作業的戰術家」。伍修權把他的話一句句譯成俄語給李德聽，李德繃緊了臉。

彭德懷越講，火氣越大，他罵起李德來，用一句湖南的土話：「崽賣爺田心不痛！」

可是，李德竟沒有反應！彭德懷估計是伍修權沒有翻譯那句話（據伍修權說當時他聽不懂這句土話），就請在場的楊尚昆翻譯。楊尚昆照實譯了：「兒子賣掉父親的田心不痛！」

這下子李德火了，咆哮著說：「封建！封建！」

李德挖苦彭德懷，說中革軍委改選時，沒有繼續選他當副主席，他不滿意！

彭德懷反正豁出去了，他罵李德是「下流無恥」！李德進入中央蘇區以來，還是頭一回受到這樣的當面頂撞。他是個火爆脾氣的人。照理，他會像對待蕭勁光一樣對待彭德懷。但大抵由於他自己在廣昌吃了敗仗，不敢那麼傲慢神氣了；也可能是由於他考慮到彭德懷是舉足輕重的紅軍將領。他居然只是罵了一通彭德懷「右傾」了事。

在廣昌已經敗得一塌糊塗，博古和李德不得不同意彭德懷的意見，第二天撤出戰鬥。

就這樣，從四月十日至廿八日，廣昌戰役歷時十七天，紅軍傷亡五千五百多人，付出了沉重的代價，仍以廣昌失守告終。國民黨軍隊這次借助於碉堡，借助於飛機、大炮，傷亡大為減少，只死六百餘人、傷一千八百餘人，不及紅軍的一半。

廣昌之敗，紅軍上上下下對博古、李德怨聲載道。那時，流傳最廣的一句話說：「毛主席從來不是這麼打的！」有些紅軍戰士乾脆說：「毛大帥從來不是這麼打的！」他們懷念在「毛大帥」指揮下，第一、第二、第三次反「圍剿」那些「笑談凱歌還」的日子……

毛澤東「病休」在會昌

在廣昌炮火連天的那些日子裡，失去軍權的毛澤東，是在瑞金南面會昌縣的文武壩度過的。那時的文武壩，是粵贛省的省政府、省委所在地，是離縣城五六里遠的鎮子。

所謂「粵贛省」，是一九三三年八月建立的。雖說是一個「省」，其實只包括于都、會昌、西江、門嶺、尋鄔、安遠、信康七縣，只相當於今日的一個專區。這七個縣的總人口，當時不過五十五萬。那時的中共粵贛省委書記是劉曉。

據劉曉回憶：「當時，毛澤東同志受到王明路線的排擠，是以養病的名義來會昌的。」[25]

那是開了「二蘇全會」之後，雖說毛澤東已成了空架子的政府主席，但博古仍覺得他礙事，建議他去上海休養。李德則提議他去莫斯科休養。毛澤東當然明白博古和李德的用意，便說：「我不去，我不離開蘇區，不離開中國。我身體還可以，就到粵贛省去休息吧！」

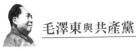

毛澤東願去粵贛省，除了跟劉曉挺講得來之外，那裡的軍區司令員兼政委何長工更是老朋友。毛澤東帶了三個巡視員，一起前往會昌文武壩。這三個巡視員是王首道、周月麟和朱開銓。就這樣，「毛大帥」來到小小的鎮子文武壩。博古支開了毛澤東，就與李德一起去廣昌前線。

當廣昌大敗的消息傳來，毛澤東曾大為震怒。可是，指揮大權握在博古和李德手中，他已奈何不得。他只能耐心地等待著時機。

七月廿三日清晨，毛澤東在粵贛省的幾位幹部的陪同之下，登上會昌城西北的高峰會昌山（又名嵐山嶺）。毛澤東望著逶迤的山巒，觸發了詩興，寫下《清平樂・會昌》一首。

他曾為這首詞寫下一段自注：「一九三四年，形勢危急，準備長征，心情又是鬱悶的。這一首《清平樂》，如前面那首《菩薩蠻》一樣，表露了同一的心境。」

毛澤東所提及的《菩薩蠻》，即《菩薩蠻・大柏地》，是他一九三三年夏過大柏地時寫的。

毛澤東的《清平樂・會昌》如下：

東方欲曉，莫道君行早。踏遍青山人未老，風景這邊獨好。
會昌城外高峰，顛連直接東溟。戰士指看南粵，更加鬱鬱蔥蔥。

心情鬱悶的毛澤東在寫罷這首詞之後，背起紅紙雨傘，走向文武壩渡口。因為他接到來自瑞金的急信，要他趕回紅都。他望著田野，深情地說：「好快啊！來的時候早稻才有一尺來高，轉眼已經抽穗，再過些天就要割禾了！」

他告別了會昌，在酷暑中，先是坐了一段小船，然後步行。七八十里的路程，走得他衣衫盡濕。

毛澤東到了瑞金，才知在他登上會昌山那天，中共中央書記處和中革軍委已作出了重要決定，即發布《給六軍團及湘贛軍區的訓令》。

這一訓令要任弼時、蕭克、王震率紅六軍團向湖南西南方向突圍西征。

為什麼忽地派出三千多人的紅六軍團西征？那是因為在廣昌大敗之後，蔣介石軍隊步步進逼，博古、李德要紅軍節節抵抗。三個月來，蔣介石的包圍圈越收越小，「池塘」裡的水漸漸被抽乾。看樣子，中央蘇區已經保不住。這樣，博古、李德決定派紅六軍團西征，以求和賀龍、關向應的紅三軍會合。如果此舉成功，紅軍主力在無法守住中央蘇區時，可以西征……

沙洲壩突然遭到國民黨飛機的猛烈轟炸。有一顆巨大的炸彈的腦袋鑽進土裡，尾巴高翹著，居然沒有爆炸。紅軍趕緊在炸彈四周插了一排竹子，拴上稻草繩，樹起「不許靠近」的木牌。

沙洲壩目標的暴露，是因為蔣介石得到了準確的情報……

紅十六軍的軍長孔荷寵，兼任湘鄂贛軍區司令員。一九三四年春，他被調往瑞金紅軍大學學習。這本是要提高他的理論修養和文化水準，他卻因此大為不滿。他暗中勾畫了沙洲壩的黨、政、軍首腦機關的分布圖，然後藉口到興國前線瞭解情況，偷偷投奔國民黨部隊。當蔣介石獲知紅軍軍長前來投誠，大喜，立即發去電報，要把孔荷寵押來南昌。

孔荷寵向蔣介石當面獻上那草圖。蔣介石正為空軍找不到中共「心臟」而罵他們草包，得到此圖，乃是意外的收穫。

於是，國民黨空軍緊急出動，接連三天對沙洲壩狂轟濫炸。

這次空中突襲，本來是可以取得「輝煌戰果」的，因為紅軍的那些防空壕、防空洞，怎經得起重磅炸彈的猛烈氣浪？只是國民黨空軍太不中用，炸來炸去，竟然只把那新建的中央大禮堂炸去一角，此外無一命中目標。

經過這番狂轟濫炸，中央蘇區黨政軍機關不得不第三次搬遷。這一回，由沙洲壩遷往瑞金城西十九公里的雲石山。

至於那個孔荷寵，解放後被捕，飲彈而斃。

張聞天跟毛澤東在大樟樹下傾心而談

雲石山是座小山，高不足百米。小山掩映在茂密的綠樹叢中。沿著石階而上，如登高樓，兩三分鐘便可到山頂。

頂部平坦，建著一座青瓦黃牆古寺。寺門口有一對聯：「雲山日永常如畫，古寺林深不老春。」取這對聯開頭四字。橫匾上寫著「雲山古寺」。這座雲山古寺，建於一八五七年，占地三百多平方米。

中共中央、中革軍委及中央政府各部機關，分別駐紮在雲石山下的村莊裡，以求交通方便。這山頂古寺，分配給政府主席毛澤東和「總理」張聞天居住。

當毛澤東和賀子珍帶著「小毛」遷進雲山古寺時，張聞天正在「閩贛省」巡視。古寺裡，正住著一位法號為「樂能」的和尚和兩個小和尚。考慮到毛澤東的安全，警衛人員要和尚搬走。毛澤東知道了，連忙制止道：「他們是主人，我們是客人，豈有反客為主之理？」於是，他留下了和尚們同住。

毛澤東搬進了左廂房，和尚們住在右廂房，彼此相安而居。中堂為會議室，有一副對聯：「雲擁如來此地無殊天竺地，石磨直性幾人直步賣花人。」開頭兩字合起來即「雲石」。

毛澤東跟「樂能」和尚聊天，知道他本名「駱能和」。此寺聞名於方圓數十里，只是山溝溝裡農民赤貧，寺裡的香火不盛，和尚們過著清貧的生活。他們見毛澤東這樣的「大官」住進寺裡，伙食竟跟他們相差無幾，不由得感嘆萬分。

古寺幽雅，芳草滿院。寺後，有一棵大樟樹，樹粗葉茂，樹下有兩隻青石圓凳。毛澤東常坐在青石凳上讀書。有時，賀子珍帶著三歲的小毛跟他在樹下對坐。

八月下旬，張聞天結束了在閩贛省的巡視工作，搬入雲山古寺，獨自住在側屋。空閒時，那大樟樹下的兩隻青石圓凳，成了毛澤東和張聞天對坐之處。這樣極其偶然的機會，使毛澤東和張聞天朝夕相處，彼此間的堅冰消融，日益親近起來。

毛澤東和張聞天，一個出自山溝溝，一個曾留日、留美、留蘇，閱歷、文化結構多有不同，雖說一個是政府主席，一個是「總理」，卻沒有多少共同語言。尤其是張聞天作為王明、博古的「堅定的戰友」，曾幾度批判過毛澤東，批判過「羅明路線」，批判過鄧、毛、謝、古，何況讓他當「總理」，就是為了從毛澤東手中奪得政府實權。兩人本是兩股道上跑的車，此時卻奇妙地走在一條道上。

那是張聞天向毛澤東靠攏。最初，他倆只是談政府工作。漸漸地，談起了兩人都喜愛的文學。毛澤東對文學有著濃厚興趣，張聞天則在二十四歲就發表了長篇小說《旅途》：

「四周圍靜悄悄的，和風吹在街道兩旁列樹的樹葉上，發出沙沙的嘆息。這時正是下午兩點鐘光景，天氣非常和暖，淡藍的天空中航著朱紅的太陽，遠在北方的山頂上，我們可以看見幾片白雲，懶懶躺著……」㉖

《旅途》列入文學研究會叢書，是與葉聖陶、冰心、王統照、落華生、老舍、顧一樵的小說並列的。

張聞天跟毛澤東談論文學，話就多了。談著，談著，這位平索沉默寡言的張聞天，終於向毛澤東傾訴了內心的苦悶，傾訴了對博古的不滿。

張聞天跟博古，原是「鐵哥們」。可是，他繼王稼祥之後，跟博古之間也產生裂痕，這裂痕越來越大，越來越深。張聞天本人是這樣敘述的：

會議上，我同博古同志的公開衝突，是在關於廣昌戰鬥的一次討論。我批評廣昌戰鬥同敵人死拼，遭受不應有的損失，是不對的。他批評我，說這是普列哈諾夫反對一九〇五年俄國工人武裝暴動的機會主義思想。我當時批駁了他的這種污衊，堅持了我的意見，結果大家不歡而散。其他到會同志，沒有一個表示意見。

從此時起，我同博古的矛盾加深了，他有一次似乎是傳達李德的意見，說：「這裡的事情還是依靠於莫斯科回來的同志。」意思似乎說，我們內部不應該鬧摩擦。當時，

> 我沒有重視這句話，現在想起來，倒是很有意思的。
>
> 由於這些矛盾的發展，博古開始排擠我。（六屆）五中全會後，我被派往中央政府工作，就是把我從中央排擠出去的具體步驟。（引者注：張聞天又曾說：「這是『一箭雙鵰』的妙計。一方面可以把我從中央排擠出去，另一方面又可以把毛澤東同志從中央政府排擠出去。」）後來又把我派到閩贛做巡視工作（項英從閩贛巡視才回來後），實際上要把我從中央政府再排擠出去，而把中央政府的領導交給別人。在我不在中央政府時期，博古等公開批評中央政府的文牘主義，在背後攻擊我。直到快要出發長征以前，我才從閩贛回來。
>
> 當時關於長征前一切準備工作，均由以李德、博古、周恩來三人所主持的最高「三人團」決定，我只是依照最高「三人團」的通知行事……
>
> 我當時感覺到我已經處於無權的地位，我心裡很不滿意。㉗

張聞天面對著毛澤東，「把這些不滿意完全向他坦白了」。

大抵張聞天跟博古相知相處很久的緣故，他最知博古的特點。他這樣談及博古的「左」：「他的拿手好戲，就是把你的反對『左』，曲解為右而加以打擊。我平時就怕他這一點，怕他找到我『右』打擊我。所以我的反『左』，常常是膽怯的，在反右傾中附帶說及的，或者反一下『左』，趕快轉過來說要反右。」㉘

怪不得博古動不動就給毛澤東扣上「右傾」的帽子！其中的奧秘，原來如此——是博古的

「拿手好戲」！那小山上的古寺，那大樟樹下的兩隻青石凳，為毛澤東和張聞天的「交心」提供了良機。博古把張聞天派到政府中去，原是想「一箭雙鵰」，不料這「雙鵰」卻聯合起來，共同反「左」。

張聞天是中共中央常委兼宣傳部長又兼政府「總理」，他從「左」的營壘中分化出來，倒向毛澤東，對於博古不啻是沉重的一擊……

「紅色華佗」星夜兼程為毛澤東急診

一九三四年九月廿六日出版的中華蘇維埃共和國臨時中央政府機關報《紅色中華》，刊載了張聞天在雲石山上寫成的社論《一切為了保衛蘇維埃》。

這是一篇非同尋常的社論。

一九三五年秋，陳雲在化名「廉臣」所寫的《隨軍西行見聞錄》中，提及此文：

「九月間在《紅色中華》報（紅色區域中央政府機關報）登載張聞天（中央政府之人民委員會主席）之文章，微露紅軍有拋棄江西而到紅軍區域以外之『圍剿』軍事力量空虛地區活動之可能。果然，十月中，全部隊伍，均行西走矣。」㉙

一九三六年，董必武在回憶長征的文章中，稱此文是「紅軍戰略的社論」。聶榮臻在回憶錄中，則稱此文是當時部隊「進行公開動員公開準備總的根據」。

張聞天寫的社論，這樣「微露」了「轉移」的意圖：

「由於敵人布下了層層封鎖線，我們便突破封鎖線，轉移地區，保持紅軍主力的有生力量，以便在新的有利條件之下，繼續粉碎五次『圍剿』。」㉚

張聞天一反往日「積極進攻路線」，在社論中寫及了「退卻」：

「國內戰爭的戰線是延長在全中國。在各個戰線上，我們依照當時的具體環境而決定採取進攻、反攻、防禦以至退卻的鬥爭方式……」㉛

博古和李德的「誓死保衛每一寸國土」的口號，已被蔣介石的「步步為營」戰略所粉碎。「池塘」日見乾涸。情知無法再固守中央蘇區，中共中央極端秘密地決定突圍，進行「轉移」和「退卻」。

派出任弼時、蕭克、王震率紅六軍團西征，便是為了給紅軍主力的「轉移」、「退卻」探路。在此之前，七月七日，還曾派出尋維洲、樂少華、粟裕、劉英（引者注：此劉英（男）非後來成為張聞天夫人的那個劉英）率紅七軍團東征，朝閩浙贛方向東征、北上。

西征軍為的是探明前往湘鄂川黔交界處賀龍、關向應部隊的路線。東征軍為的是探明前往贛東北方志敏部隊的路線。

主力紅軍準備「轉移」、「退卻」，這一切只有少數中共高層決策人物知曉。在廣昌戰役失敗後，博古和李德已經意識到敗局已定，雖然嘴上還在高喊「寸土必爭」、「誓死保衛中央蘇區」……張聞天的文章，唯一「微露」紅軍重要戰略意圖的信息，以便紅軍上上下下「公開動員公開準備」。

已經無權過問最高決策的毛澤東，在九月中旬離開了瑞金雲石山，朝西進發。他帶著文書、衛生員、警衛員、伙夫、馬夫，向著于都前進。賀子珍和小毛，留住在雲石山古寺。這時的賀子珍又懷孕了。

毛澤東為什麼在這關鍵的時刻離開紅都去于都？這是一個謎。毛澤東不是去于都休養，而這時的他，身體恰恰不適，瘧疾開始復發。他幹嘛要步行兩天去于都呢？雖說給他配備了一匹馬，但他卻很少騎，跟隨一群步行者而騎著馬也夠累的。他去于都，也沒有什麼要緊的公務，無非是「指導那裡的縣蘇維埃的工作」，如此而已。

有人猜測，毛澤東不知道「三人團」的決策，不知道紅軍即將開始轉移、西征。這僅僅是猜測，沒有依據。毛澤東跟張聞天住在一起，而張聞天是知道要進行「轉移」的，這樣，他才可能在社論中「微露」天機。因此張聞天已和毛澤東接近，他會把這樣重要的動向告訴毛澤東的。

索爾茲伯里寫及伍修權的一段回憶，倒是說出了一些內情：

「當時擔任翻譯因而瞭解內情的伍修權將軍認為，有些人可不想讓毛參加長征。『毛是被人有意排斥在外的，』伍說，『去于都調查，這只不過是不讓他參加的一個藉口罷了。』」㉜

不論怎麼說，在那樣重要的時候，毛澤東離開黨政軍首腦雲集的雲石山，抱病前往于都，充分表明他完全被排除在中共高層決策圈之外！

于都，位於瑞金和贛州之間中點的一座縣城，傍水而築。毛澤東一行，來到縣城北門一條小巷深處一座灰色的磚房，人稱「何屋」。那兒是贛南省蘇維埃政府辦公地，一共三間屋，騰出左廂房讓毛澤東住。贛南省是一九三四年七月才設立的，包括于都、登賢、贛縣、楊殷四個縣及兩個游擊區，人口不過四十萬。

毛澤東到達于都的日期，大抵在九月二十日之前，因為他在九月二十日有一份「急密譯」電報，從于都發給瑞金「周副主席」，亦即中革軍委副主席周恩來。

毛澤東到了于都，在他的住處召集過兩個座談會，一個是工人（鐵匠、木匠、縫紉匠、篾匠）和貧雇農座談會，一個是區、鄉、村幹部座談會。他確實在做「指導省蘇維埃政府的工作」。

就在這時，正在瑞金雲石山的張聞天，從軍用電話裡聽見從于都傳來的急促的聲音：「毛主席病了！發高燒！趕緊派醫生來！」

電話是贛南省軍區政治部主任劉伯堅打來的。這一回，毛澤東真的病了，病得很重，發高燒到四十攝氏度！他的十七歲的衛生員鍾福昌慌了手腳。

張聞天馬上通知瑞金中央紅色醫院，院長傅連暲一聽毛澤東病重，心急如火燎。

這位汀州福音醫院的院長，受毛澤東的影響，投奔了紅軍。他以罕見的方式加入紅軍——坐在轎子裡，從汀州抬往瑞金，轎後跟著一群挑夫，抬著八口大箱！

這位「大知識分子」不會走遠路，又不會騎馬，所以只得坐轎子。至於那八口大箱，裡面裝的是藥品、醫療器械、顯微鏡、X光機。

他在瑞金辦起了中央紅色醫院，當上了院長。

這一回，他要從瑞金趕往于都，臨時叫不到轎子，只得騎騾子。他從未騎過騾子，警衛員扶他上騾，然後騎馬在側，隨時照料他。他在騾背上緊張極了，出了一身汗。慢慢地走了兩三個鐘頭，他這才算是習慣了，學會了「駕騾術」。

傅連暲連夜趕路。第二天又趕了一天。直到傍晚時分，終於趕到于都城。傅連暲顧不上路途勞累，直奔毛澤東床前，一摸前額，滾燙！量一下體溫，四十一攝氏度！

「已經三天不吃東西，只喝一點米湯。」警衛員吳吉清告訴傅大夫。

傅連暲斷定是惡性瘧疾復發，給毛澤東服了加倍劑量的奎寧。

「傅醫生，我限你三天治好！」毛澤東雖然病重，但仍不失幽默。

傅連暲日夜守候在床側。第二天，體溫降為四十攝氏度。毛澤東在沉睡中度過。

第三天，一量體溫，三十七攝氏度，正常了！

「傅醫生，你是『紅色華佗』，果真三天把我治好！」毛澤東坐了起來，大口地吃飯，他總算又一次度過了危機。

就在毛澤東離開紅都瑞金的那些日子裡，就在毛澤東生病的那些日子裡，博古和李德作出了關於紅軍和中央蘇區命運的重大決策……

注釋

①廬山軍官訓練團編印《廬山訓練實紀》（江西省檔案館藏書）。

②蔣介石，《蘇俄在中國》。

③《剿匪手本》（江西省檔案館藏）。

④陳誠，《剿匪戰史》第五卷（江西省檔案館藏）。

⑤《聶榮臻回憶錄》上冊，戰士出版社一九八三年版。

⑥許多著作上都說專門為李德建了「獨立房子」，經本書作者實地踏勘、採訪，並非如此。
⑦《關於中革軍委移駐瑞金的通令》（一九三三年五月十七日）。
⑧李澤才、張煌，《黎川事件的真相—訪蕭勁光同志》，《中共黨史資料》第五輯。
⑨索爾茲伯里，《長征——前所未聞的故事》，一六五頁，解放軍出版社一九八六年版。
⑩索爾茲伯里，《長征——前所未聞的故事》，一六五頁，解放軍出版社一九八六年版。
⑪方志純，《憶阿金》，《江西黨史研究》一九八九年第一期。
⑫後來金維映參加了長征，一九三八年春去蘇聯學習、養病，一九四一年底病逝於莫斯科。
⑬又稱「生產大眾黨」。
⑭《中國革命戰爭的戰略問題》，《毛澤東選集》第一卷。
⑮《彭德懷自述》，一八四頁，人民出版社一九八一年版。
⑯王明，《中國革命危機的加深和中國共產黨的任務》，一九三三年三月三十一日，聯共（布）《布爾什維克》雜誌，一九三三年第五—六期。
⑰晏道剛，《蔣介石追堵長征紅軍的部署及其失敗》，《紅軍長征在貴州史料選輯》，貴州社會科學叢書一九八三年。
⑱錢壯飛在一九三五年三月長征途經貴州息烽時戰死。
⑲筆者向遵義會議紀念館副館長費侃如請教，據告，項英是不是中央書記處書記尚待進一步查證。李雲龍在一九八七年五期《中央檔案館叢刊》上發表的《中共中央書記處何時設立的》一文，指出只有博、張、周在中共「七大」所填的簡歷表寫有六屆五中全會上選為中央書記處書記。

⑳《中共黨史教學參考資料》第十五冊。
㉑戴岳，《我對蔣介石建議碉堡政策的經過》，《文史資料選輯》十六卷四十五輯。
㉒《彭德懷自述》，一八九頁，人民出版社一九八一年版。
㉓《彭德懷自述》，一八九頁，人民出版社一九八一年版。
㉔《彭德懷自述》，一九〇頁，人民出版社一九八一年版。
㉕劉曉，《給會昌縣革命歷史紀念館的回信》，載《回憶中央蘇區》，四六六頁，江西人民出版社一九八一年版。
㉖張聞天，《旅途》，商務印書館一九二五年初版。
㉗張聞天在延安整風時寫的筆記（一九四三年十二月十六日）。
㉘張聞天在延安整風時寫的筆記（一九四三年十二月十六日）。
㉙《紅旗》雜誌一九八五年第一期。
㉚《張聞天選集》，五一七頁，中共黨史資料出版社一九九〇年版。
㉛同上，五二〇頁。
㉜索爾茲伯里，《長征——前所未聞的故事》，八頁，解放軍出版社一九八六版。

第六章　長征途中

「三人團」決策西征

鴨子一隻一隻消失了。

那是專為李德飼養的鴨子，整天在他住房附近的水稻田裡嬉戲著。

當最後的一隻鴨子由李德新娶的中國妻子蕭月華做成香酥鴨，成為李德餐桌上的美肴時，這已是一九三四年十月十日。

這是載入史冊的日子：

在這天，中革軍委發出第五號命令，各路紅軍從第一集中點開始移動；

在這天，中國工農紅軍發布《北上抗日第二先遣隊出發宣言》。

在這天，中國工農紅軍總政治部代主任李富春發布《關於目前進攻戰鬥的政治工作訓令》。

所謂「北上抗日第二先遣隊」，是一種障眼法。因為七月七日派出的尋維洲、粟裕所率的紅七軍團，是以「中國工農紅軍北上抗日先遣隊」名義出發東征、北上的。這一回，用了「北上抗日第二先遣隊」的名義。其實，這次出發的不是「先遣隊」，而是主力紅軍；不是東征、北上，卻是西征！

這一天，被史學家認為是中國工農紅軍進行二萬五千里長征起始之日。

長征，畢竟不像運動員賽跑。賽跑可以用發令槍發出「啪」的一響作為起步時間，而一個大兵團不可能在同一剎那起步。於是，關於長征的起始之日，也就引起一番爭論。「十月十日」之說，是其中的一種說法，是比較流行、得到較多人認可的說法。

此外，還有五種說法，即「十二日」、「十六日」、「十八日」、「廿一日」、「廿二日」之說。

主張「十二日」之說，是因為中革軍委主席朱德於這一天發出《關於野戰軍全部行動日程推遲一天執行的通知》：

「林聶，彭楊、董朱、周黃、羅蔡、羅鄧①：因三軍團集中到第二集中地須十五日早始能到達，因此，各軍團及中央縱隊（即軍委第二縱隊）接到軍委十號之行動計畫日程路線，應將該表現定野戰軍全部行動日程按日推遲一天執行，但中央縱隊仍於今十二號晚行動。」

中央縱隊仍是中共中央、中央政府、中革軍委所在的部隊，既然於「十二號晚行動」，應當視為長征起始之日。

「十六日」之說，是因為擔任前衛的紅一軍團於這一天開始行動。主張此說者，認為長征應以前衛行動之日起算。

「十八日」之說，主張此說者以毛澤東的行動為長征的標誌——毛澤東於這天下午六時從于都北門出發，走過東門浮橋。此說最盛於「文革」期間。

「廿一日」之說，以紅軍對國民黨軍隊的第一道封鎖線發起總攻為標誌。因為中革軍委主席朱德於二十日上午十時，下達了《關於對敵總攻擊改在廿一日夜進行並各軍加強偵察等工作的指示》。

「廿二日」之說，則是紅軍於此日突破國民黨軍隊第一道封鎖線。

以上六種關於紅軍長征起始之日的爭論，所爭論的不是史實本身，而是以什麼作為長征起始的標準。當然，採用「模糊數學」的手法，稱之「十月中旬」甚至「十月」，也就回避了爭論。眼下許多史著，往往用這樣籠統的時間。

「長征」是後來才有的名詞。在紅軍開始踏上征途時，並不知道未來的「轉移」之路有多長，誰都未曾想過這一走竟走了二萬五千里！那時對外公開的說法，是「北上抗日」；內部的說法，叫做「西征」。至於國民黨，則用貶義之詞稱之為「共匪西竄」，後來，貴陽的羽高書店便曾出版過胡羽高著，以國民黨的視角記述紅軍長征的書，書名就叫做《共匪西竄記》。

此時此際，李德成了大忙人，因為關於西征的計畫，是他草擬的。如他在《中國紀事》中所寫及的：「政治局委託我草擬一個八月至十月的新季度計畫。這個計畫像第一個季度計畫一樣，由周恩來重新加工以後，在政治局常委會中討論通過，並把它的大概內容通過上海向共產國際執行委員會作了匯報……」從他的這一段自述中，可以看出他已成為參與中共決策的重要人物——因為他已是「三人團」中的一個。

此時的「三人團」，已不是任弼時、王稼祥、顧作霖那個「三人團」了。那是在一九三四年夏天，為了準備「轉移」，和把權力高度集中，經中共中央書記處決定，由博古、李德、周恩來組成「最高三人團」，博古負責政治，李德負責軍事，周恩來負責監督軍事計畫的實行。這麼一來，李德就名正言順地成為紅軍最高統帥，成為了中共最高領導「三駕馬車」之一。

自廣昌敗北之後，紅軍節節敗退，失去中央蘇區已成定局。不過，在紅軍主力西征之際，中共中央決定。在江西另設中共中央分局、中華蘇維埃共和國政府中央辦事處和中央革命根據地軍區。誰留，誰走，凡高級幹部，由「三人團」定；中級幹部，由各部門提出名單，交「三人團」批准。政府的留守中級幹部，便是由張聞天提出名單，呈報「三人團」。

隨主力西征，固然也艱險重重，但是留下來顯然要冒更大風險，甚至於生死難卜。因為主力轉移之後，幾十萬國民黨大軍便要猛撲過來，而留守的部隊只有一萬六千餘人（內中大部分是地方部隊），還有一萬多受傷病員。

「三人團」的目光，掃過中共高級幹部名單，思索著該把誰留下來。第一個被提名留下的是項英（項英後來犧牲於一九四一年的皖南事變）。項英是中共中央政治局常委、中央政府副主席、中革軍委副主席，具有黨、政、軍全面工作經驗，委任他為留守首腦，顯然是最恰當的人選。當項英得知這一任命時，表示堅決服從。項英又一次表現了他的高度的組織紀律性。他在危難之際接受重任，就這一點來說，項英是好樣的。

第二個被列入留守名單的是江西軍區司令員陳毅。陳毅八月底在興國前線受傷，坐骨碎裂，正躺在醫院的病房裡。當時，醫療器械已經裝箱。十月九日，陳毅在醫院裡給周恩來寫信，希望能夠給他動手術。周恩來立即囑令衛生部長賀誠去紅軍醫院，把已經裝箱的醫療器械取出，派兩名醫生給陳毅動了手術。術後翌日，周恩來前往醫院探望陳毅，並將「三人團」決定把他留下的消息告訴了他。

當瞿秋白被列入留守名單時，周恩來希望博古再鄭重考慮一下，但博古堅持留下瞿秋白。雖說留下瞿秋白的理由，是因為他正患肺病，不宜長途行軍。其實，一年前中共臨時中央作出的《關於狄康同志的錯誤的決定》，不言而喻，是把病弱的瞿秋白留下的真正的原因。張聞天也曾回憶：「瞿秋白同志曾向我要求同走，我表示同情，曾向博古提出，博古反對。」②

至於是否要把毛澤東列入留守名單，曾有小說詳細寫及「三人團」中博古、李德堅持留下毛而周恩來堅決反對的情節，但現存的史料中似乎並無這樣的記載。小說家顯然是揣摩了博古、李德、周恩來這「三駕馬車」對毛澤東的不同態度後寫出來的。

「三人團」最後決定的名單是：

「留下的中央局，有項英、秋白、陳毅、(陳)潭秋、賀昌五個人。」③

他們的分工是：項英任中央分局書記、軍區司令員兼政委，陳毅為中央辦事處主任，賀昌為軍區政治部主任。

臨行之前，李德和項英作了徹夜長談。李德在《中國紀事》中寫道：

「十月十六日晚上，當中央縱隊從瑞金附近的禁區出發時，項英約我進行一次個人談話。因此我同護送我的人員就落在後面了，第二天才趕上了縱隊。中央縱隊像所有的長征隊伍一樣，也只是在夜裡、在黑暗的籠罩之下行軍。同項英的談話幾乎進行了一整夜，伍修權擔任我們的翻譯；留守部隊的指揮員陳毅沒有參加，除了我們三人以外沒有其他人在場……」

「顧及我們是通過翻譯進行交談，因此他在談話中選詞是十分謹慎的；他特別對瞿秋白重病臥床必須留下感到非常惋惜……」

他們談及了毛澤東，李德是這麼說及當時的情景：

「他警告說，不能忽視毛為反對黨的最高領導而進行的派別鬥爭，毛暫時克制不過是出自策略上的考慮。他說，毛可能依靠很有影響的，特別是軍隊中的領導幹部，抓住時機在他們的幫助下把軍隊和黨的領導權奪到自己手中。我同意項英的疑慮。可是，我在幾天以後向博古講述這次談話時，他顯得很有信心。他說，關於黨的政治總路線已不存在任何分歧了；至於以前在軍事問題上的不同的意見，由於各地的紅軍都轉入了運動戰、轉入了反攻，現在也都消除了。他還說，毛澤東同他談過，毛並不想人為地製造一場會把中央紅軍的命運推向危險境地的領導危機……」

這次徹夜長談，是李德代表「三人團」對項英的留守工作作的指示。李德不再只是僅有建議權的顧問，而是掌握著領導權、決定權的鐵腕人物。

除了項英留守，他的身懷六甲的妻子張亮也一起留下。董必武的妻子陳碧英因病留下，沒想到離別成了永別。

犯了「右傾機會主義錯誤」的何叔衡被留下。「鄧、毛、謝、古」中的毛、古被留下。劉伯承曾激烈地反對過李德的瞎指揮，被列入留守名單，經周恩來力爭，才算加入主力紅軍隊伍。

住在雲山古寺中的賀子珍，接到毛澤東警衛員送來的毛澤東的信，信中說要她收拾衣物，隨軍行動，他在于都出發，不再回瑞金了。但是三歲的小毛無法隨軍行動。賀子珍只得去找妹妹

賀怡和妹夫毛澤覃，把小毛交給他們，讓他寄住在小毛那位江西奶媽家中。誰知她這一走，竟與小毛永別了。後來，毛澤覃戰死，小毛下落不明……

賀子珍安頓好小毛之後，趕往「休養連」報到。這個連隊大都是老弱病殘和女紅軍。董必武是休養連的黨支部書記。謝覺哉、徐特立在這個連隊，周恩來夫人鄧穎超也在這個連隊。

鄧穎超是在一九三二年五月一日由上海到達福建汀州的，在那裡見到正在指揮作戰的周恩來。那時，她患肺病，被安排到瑞金工作，擔任中共蘇區中央局秘書長。在開始西征時，她仍不時發低燒，痰中帶血，她在異常艱難之中踏上漫漫征途。

「鴿子飛了！」

就在中央紅軍將行未行的日子裡，十月七日，會昌縣城南面的筠門嶺，兩頂四人抬的大轎在一個騎兵連的擁護下，從紅區進入白區。

那裡是粵軍陳濟棠部隊的前沿。轎子未到之前，粵軍前哨連長已接到上峰的通知，知道來者是陳總司令請來的客人。

於是，兩頂轎子順利通過前哨，被抬往離筠門嶺四十里尋鄔附近的一幢二層小洋房。從轎裡出來的兩名男子，都是一身西裝、一副墨鏡、一頂草編禮帽，闊少爺般的派頭，其實，他倆是剛剛脫掉灰布紅軍軍裝的潘漢年（此時他仍化名潘健行）和何長工。

粵軍派出的代表楊幼敏、宗盛兩人，早就恭候在屋前。見面之時，潘漢年遞給對方一封朱德親筆信（周恩來所擬），全文如下：

幼敏

宗盛兩先生大鑒：

茲應貴總司令電約，特派潘健行、何長工兩君為代表，與貴代表在尋鄔先行協商一切，希接洽為盼！

專此順頌

大安

朱德 手啓

十月五日

談判在這幢臨時趕修的二層小洋房裡秘密進行了三天三夜。

陳濟棠是廣東防城（今屬廣西）人，二十二歲那年從廣東陸軍速成學校步兵科畢業後，逐級上升。一九二五年，三十一歲的他成為國民革命軍第四軍第十一師師長。北伐時，他奉命留守廣東，勢力日漸膨脹，成為廣東一霸——「南霸天」。在一九二七年南昌起義之後，陳濟棠年年奉蔣介石之命參加「剿匪」。不過他畢竟並非蔣的嫡系，跟蔣介石時有摩擦。他不願為蔣介石賣命，一九三四年五月粵軍攻占筠門嶺之後，他便停打打，打打停停，「磨洋工」了。

陳濟棠聽說紅九軍團軍團長羅炳輝的舅舅在廣東做生意，想方設法托人找到，借他傳遞消息，跟中共拉上了關係。不久，陳濟棠派出一位姓徐的參謀長前往瑞金，此人原先認識周恩來，終於接上關係。於是，紅軍派出了正式代表潘漢年和何長工。三天三夜的秘密會談，達成五條協議，雙方議定「解除封鎖」、「取消敵對局面」、「可以互相借通」。

談判剛剛結束，潘漢年、何長工接到粵軍電臺轉來的一份周恩來電報：「你餵的鴿子飛了！」於是，他倆匆匆向粵軍辭行，返回會昌，轉往于都。

原來，「你餵的鴿子飛了」是一句暗語，意即紅軍開始轉移了——那一天，正是十月十日。潘漢年忙於奔走談判之際，未能顧及妻子許玉文。許玉文也被列入留守名單，主力紅軍撤離後，許玉文被國民黨軍隊捕獲，投入南昌監獄，後來她求助於潘漢年堂兄潘菽，終於獲釋，回到家鄉。

「鴿子飛了！」紅軍主力朝于都集結，于都河上，飛快地用船和門板搭起一座浮橋，「中央苦力運輸工會委員長」王中仁被任命為搭橋總指揮，負責在河上架起五座浮橋。

入夜，漫長的隊伍在秋風中走過于都浮橋。除了正規軍之外，石印機、兵工廠的機器以至造幣廠的機器，大量的紙張、大米、電話線等等，壓在五千名挑夫的肩膀上，搖搖晃晃過浮橋。這些挑夫是臨時雇用的，每天的工錢是一枚晶亮的銀元，彷彿整個中華蘇維埃共和國，都被搬上了征途！

毛澤東雖然在于都，卻沒有馬上過橋。十月十五日，他從于都北門何屋來到縣城謝家祠，那裡正在召開贛南省的省、縣、區三級幹部會議。毛澤東給到會的二百多名幹部作了報告。他說：

「敵人企圖斷水捉魚，全部消滅紅軍。我們主力紅軍要順水而出，衝破敵人封鎖線，打到敵人後方去！」

說這些話時，他的聲音洪亮，表明他已從瘧疾的困擾之中漸漸復原了。

在中央縱隊來到于都時，毛澤東才在十月十八日傍晚，走過于都浮橋，邁開了萬里長征的第一步。毛澤東加入了中央縱隊，和張聞天、王稼祥走在一起。張聞天曾回憶說：「在出發以前，最高『三人團』要把我們一律分散到各軍團去，後因毛澤東同志提議而未分散。」

毛澤東的這一提議，後來起了關鍵性的作用，這將在後文中敘及。

十月二十日，紅軍大隊全部渡過了于都河。

廿一日，夜幕降臨之後，于都南方的龍布、重石、版石、固陂一帶，槍聲打破了往日的沉寂。紅軍在射擊，粵軍也在射擊，只是槍口大半對著天空。

自從在尋鄔附近那幢二層洋房裡達成秘密協定之後，陳濟棠跟紅軍暗中媾和，正因為這樣，紅軍西征，選擇了南線陳濟棠部隊作為突破口。雙方象徵性地放了一陣子槍，為的是陳濟棠好向蔣介石「交帳」。陳濟棠部隊閃出一條路，實踐協議中「借道」的諾言。於是，紅軍沒費吹灰之力，便突破了第一道封鎖線，很快進入了粵北。

驚動了正在北平協和醫院休養的蔣介石

「百姓昭明，協和萬邦。」北平一所由外國人辦的名牌醫院，卻取了道地的中國名字：協和醫院。協和醫院具有悠久的歷史，最初由美、英合辦，後來由美國洛克菲勒基金會駐華醫社接辦。這家醫院從一九一四年起就開始保存病歷。日積月累，竟保存了二百多萬份病歷！

這裡保存著的蔣介石和宋美齡的病歷顯示，他們同時在一九三四年十月上旬住進北平協和醫院高等病房。④

蔣介石怎麼會和宋美齡同時患病、同時住院呢？

病歷顯示，蔣介石夫婦並無大病。他倆是在十月初下了廬山，前往北平。當時報載，蔣介石在北平視察，並接見原東北的軍政要人莫德惠、王樹常、馬占山等。

在蔣介石看來，第五次「圍剿」節節勝利，各軍正穩步向瑞金推進，紅軍失敗已成定局。於是，他得以寬心，也就飛到北平來了。由於他乃「黨國要人」，因此一到北平便陷入應酬的漩渦。一連幾年「剿共」，忙得他焦頭爛額，難得歇一口氣。於是「稱病」，和宋美齡一起躲進協和醫院高級病房，一邊全面檢查身體，一邊難得清靜一下。

病歷上記載，蔣氏夫婦是在一九三四年十月十六日雙雙匆匆出院。那是南昌行營發來急電，報告江西中央蘇區的異常動向，驚動了蔣介石。於是他和宋美齡登上專機，趕往南昌行營。

南昌行營一片譁然，蔣介石的部下們正在那裡對紅軍的動向你猜我測，眾說紛紜。

蔣介石在緊急會議上如此說：「不問共軍是南下或西行、北進，只要他們離開江西，就除去我的心腹之患。」⑤他又說：「紅軍不論走哪一條路，久困之師經不起長途消耗，只要我們追堵及時，將士用命，政治配合得好，消滅共軍的時機已到，大家好好策劃。」⑥

蔣介石在這裡用了一個新名詞「追堵」。從此，隨著紅軍主力的轉移，國民黨軍隊結束了

「圍剿」，改為「追堵」，即後追前堵。正因為這樣，那些國民黨將領後來所寫的回憶錄，差不多一色用《×××追堵紅軍記》這樣的標題。

隨著南線傳來的一陣陣槍聲，蔣介石明白了：紅軍在朝南突圍。

不過，紅軍究竟要向哪個方向前進，蔣介石仍心中無數。蔣介石任命何鍵為「追剿」總司令，薛岳為「追剿」前敵總指揮，陳誠為預備隊總指揮。

蔣介石坐鎮南昌，電令四路兵馬，從四面追堵紅軍：何鍵部為西路軍堵擊紅軍進入湖南；陳濟棠部為南路軍堵截紅軍進入廣東，李宗仁率桂系主力堵擊紅軍西進廣西；顧祝同部為北路軍堵截紅軍進入湖北。

隨著紅軍的轉移，蔣介石軍隊不再「步步為營」，而是長驅直入了。

歷史記錄了雙方在南方交錯的進程：

十月廿二日，紅軍在南線突破陳濟棠部隊防守的第一道封鎖線。

十月廿六日，國民黨部隊在北線占領紅區重鎮寧都。

十一月八日，紅軍在南線突破何鍵部隊防守的第二道封鎖線。

十一月十日，國民黨部隊在北線攻占紅都瑞金。

十一月十三至十五日，紅軍在南線突破何鍵和陳濟棠部隊共同防守的第三道封鎖線。

十一月十七日，國民黨部隊在北線攻占于都。

十一月廿三日，國民黨部隊在北線攻占會昌。

在最初的一個月中，紅軍在蔣介石摸不清動向的情況下，突然朝南突圍，又有陳濟棠暗中

「借道」，一下子順利地衝過三道封鎖線。蔣介石部隊則一下子幾乎占領了整個中央蘇區。

一九三四年十一月廿一日《中央日報》載：

「中央社二十日上海專電、南昌電：蔣委員長以寧都、石城、興國、瑞金、于都、會昌六縣匪化最深，決劃為特別區，諭政治局。贛省府遵令擬具施政綱要從教養衛著手實施。」

蔣介石對「匪化最深」的贛南的「整治」持續了多年，直至一九三九年三月十八日，「蔣太子」蔣經國三十大壽那天，被任命為江西第四區行政專員。蔣經國坐鎮贛南，進行深入的「整治」。

另外，一九三五年三月十四日《中央日報》報導：「斃偽中央軍區政治部主任賀昌一名，生擒偽贛南軍區政治部主任劉伯堅，及偽團長以下官兵四千六百餘名。」

劉伯堅在獄中不屈不撓，寫下壯烈詩篇《帶鐐行》，於《中央日報》報導登出的當日，倒在江西大庾刑場的血泊中。

陸定一之妻唐義貞則早於劉伯堅犧牲。唐義貞因懷孕臨產，不得不留下。這時，她在葉坪村所生的女兒葉萍已四歲，寄養到老鄉家中。她自己則隨毛澤覃、賀怡夫婦轉移到閩西汀州。十一月二十日，她在汀州圭田鄉范其標家中產下一子，取名「小定」，即「小陸定一」之意。產子後的第四日，她不得不把兒子留在范家，自己隨部隊轉移。

一九三五年一月廿八日她在戰鬥中被俘。

「三十一日清晨，唐義貞趁敵人給她鬆綁的瞬間，把藏在夾衣裡的一份秘密文件強咽入肚。不幸被狡猾的敵人發現。為了從她肚子裡取出文件，慘無人道的敵人立即把唐義貞等人反綁雙手，押往下賴村的三棵栗樹下，進行剖腹……」⑦

唐義貞終年僅二十二歲。後來，陸定一曾為她賦詩一首：

「結婚僅五年，分別卻四次，再見已無期，惟有心相知。」

中央蘇區落入蔣介石之手後，血流成河。據史料載，瑞金被殺達十二萬人，寧都被殺絕的有八千三百多戶，閩西遭殺絕的為四萬餘戶。蔣介石在其「剿匪報告」中亦寫道：「剿匪之地，百物蕩盡，一望荒涼；無不焚之居，無不伐之樹，無不殺之雞犬，無遺留之壯丁，閭閻不見炊煙，田野但聞鬼哭。」

項英、陳毅所率留守部隊，在蔣介石大軍壓境之下，損失慘重，最後被圍困在于都仁鳳山中，所剩只一千八百多人。

在一九三五年三月上旬衝出重圍過程中，賀昌、劉伯堅便是在突圍中被殺。陳毅依據井岡山的游擊經驗，和項英一起把部隊帶往粵贛邊境大庾嶺中的油山，依據深山老林，堅持游擊戰爭三年。至一九三七年十月十二日，被改編為「國民革命軍陸軍新編第四軍」，亦即新四軍。

蔣介石查明了「蕭克舊徑」

就在主力紅軍突破陳濟棠部隊防守的第一道封鎖線之後，發自貴州東部、與四川、湖南交界的印江縣木黃的一份密電，使博古和李德陷入興奮之中……

在那千里之外的大山叢中，在木黃之北、貴州沿河縣的楓香溪鎮附近，忽地冒出一支穿國民黨軍裝的隊伍，大約一百三、四十人的樣子，引起了鎮旁一座小山上的紅軍的警惕，紅軍當即進入戒備狀態。

小山上的紅軍，屬賀龍部隊。賀龍本名賀文常，湖南桑植縣人氏。小時候便喜歡學拳、舞棍。一九一六年，二十歲的他憑著兩把菜刀，帶著二十多個青年，襲擊了湘鄂邊界的芭茅溪鹽局，奪得了槍支，人稱「兩把菜刀鬧革命」。賀龍由此成為湖南省北部的桑植縣討袁（世凱）護國軍總指揮、湘西護國軍營長、靖國軍團長、四川陸軍混成旅旅長、建國川軍師長。

一九二六年，三十歲的他參加北伐，成為國民革命軍第二十軍軍長。一九二七年他參加南昌起義，任起義軍總指揮，但此時他仍不是中共黨員。一九二七年九月，他隨起義軍南下時加入中共。此後，他奉命到湘鄂西地區組織武裝鬥爭，遂與朱德、陳毅分手。

一九二八年七月，他擔任中國工農紅軍第四軍軍長，逐步建立以他故鄉桑植縣為中心的湘鄂邊根據地。一九三〇年秋，他率部去湖北南部洪湖地區，與那裡周逸群、段德昌所率的第六軍合併為紅軍第二軍團，任總指揮。那部「洪湖水，浪打浪」、「賀龍領導鬧革命」的歌劇影片《洪湖赤衛隊》，寫的便是賀龍這一時期的業績。此後，一九三二年秋，賀龍率紅二軍團退出洪湖地區，前往湘鄂邊界，暫避強敵。

一九三四年六月，紅二軍團且戰且退，轉移到地廣人稀、群山逶迤的貴州東部，建立黔東根據地。博古、李德得知賀龍在黔東立足，在廣昌戰敗、瑞金難保之際，便派出任弼時、蕭克、王震率紅六軍團由江西前往黔東，以探明一條退卻之路。由於已有「嗒、嗒、嗒」無線電臺，紅六軍團一路前進，一路向瑞金發報，報告前進的路線。

紅六軍團最初聽說賀龍部隊在湘西鳳凰縣一帶，便朝那裡「摸」去。歷經周折，十月十五日，紅六軍團先遣隊才在黔東沿河縣聽老百姓說，楓香溪附近有紅軍，就急急趕去。可是，紅六軍團穿的是從國民黨部隊那兒繳獲的軍裝，賀龍部隊誤以為國民黨部隊前來「進剿」，不由得緊張起來，嘩的一聲，推上了槍栓。

眼看一場誤會即將發生，幸虧先遣隊領隊、紅六軍團參謀長李達機智，當即下令先遣隊停止前進。

李達是一位著名人物，中共「一大」代表，馬列主義理論家。這位「書生」怎麼忽然成了參謀長？何況他已於一九二三年秋宣布脫離中共，此時正在上海埋頭於著述。

原來，有兩位同名同姓的李達。此李達非彼李達。這位李達原名李德三，陝西眉縣人，一九二六年入平涼第二軍官學校，一九三一年參加寧都起義，加入紅軍。翌年，加入中共。此李達是道地的軍人，後來擔任過中國人民志願軍參謀長、國防部副部長、中國人民解放軍副總參謀長，一九五五年被授予上將軍銜。

此李達和彼李達有過一次奇特的幸遇：那是一九五八年中共中央創辦《紅旗》雜誌時，彼李達成為編委。頭一回開編委會時，由於經辦者的誤會，把兩個李達都請來了。鄧小平只好朝這位李達上將笑道：「你來了，也好，就坐下來聽聽吧！」

此李達當時在楓香溪命令先遣隊停止前進後，迅即寫一箇箋致賀龍，大意是：「我們是六軍團，奉中央軍委命令，前來找二軍團會合。我是李達，率先遣支隊走在前頭，希望和賀老總會面。」寫罷，李達派一戰士送去。

才一會兒，從山上下來一夥穿灰布衣服的人。走在最前頭的，留著八字小鬍子，此人便是賀龍。他的後面，則是政委關向應。

先頭部隊趕緊向紅六軍團司令部報告喜訊。十月廿四日，紅六軍團主力終於與賀龍部隊會師。會師時，任弼時、蕭克由於過度勞累，不得不躺在擔架上跟賀龍握手。

無線電波從黔東印江縣的木黃傳來，博古、李德得知紅二、六軍團會師，便認定紅六軍團走過之路，應成為紅軍主力西征之路。西征的終點在湘西黔東，紅軍主力「大搬家」，搬到賀龍那裡！

半個多月後，蔣介石也弄清了博古、李德的意圖：十一月十日，蔣介石攻占紅都瑞金，從雲石山中共中央機關殘存的文件中，查明紅軍此次突圍，不是南進，而是西征。蔣介石以手加額：「哦，原來如此！」在此之前，蔣介石為摸清紅軍的戰略意圖，煞費苦心。

最初是這樣分析「共軍動向」的：

一、由贛南信豐入廣東——蔣介石認為，共軍利在乘虛，但如果進入粵境，逼得粵軍不得不拼命抵抗，形成前後夾擊，會使共軍難於立足。

二、從贛南經粵湘邊境人湘南，重建蘇區——蔣介石認為，那裡是政治上薄弱區，應加以重視。

三、進入湖南後出鄂皖蘇區再北進——蔣介石認為，這是當年太平天國北進的路線，政治上威脅較大。

四、經湘西入黔、川再北進，內中還可能渡金沙江入川西——蔣介石認為，「這是石達開走的死路！」

摸不清紅軍動向，蔣介石難以布置「追堵」。眼下知道紅軍是「西征」，目的是與賀龍部隊會合，蔣介石心中有底了！

一九三四年十一月十七日蔣介石發出了重要的命令：「剿匪計畫大綱」。

蔣介石的電文中指出：「查贛匪傾巢西竄，我大軍正分頭追堵。期於湘水以東地區，將匪撲滅。」蔣介石的電文透露，他已完全清楚紅軍的戰略意圖，指明他的部下們「應以不使該匪能長驅入黔，會合川匪，及蔓延湘西，與賀、蕭合股之目的」。

何謂「賀、蕭」？賀龍、蕭克也！這就是說，蔣介石對紅軍主力的西征意圖已瞭若指掌，達到「知彼」的程度了，他一查看地圖，心中更加明白。紅軍主力前進的路線，不過是「取蕭克舊徑」！

確確實實，紅軍主力西征，正是沿著蕭克部隊走過的「舊徑」前進！

連走什麼路線、朝哪裡走都已明白無誤，「急急如律令」，蔣介石坐鎮南昌行營，預備軍總司令陳誠侍立在側，發出一道又一道命令，在湘江兩岸撒下了羅網……

往日，總是毛澤東利用兩山夾一谷的地形布下「口袋」，等著國民黨軍隊去鑽；這一回，顛倒過來了，蔣介石借助於湘江天險，布下「口袋」，等著博古、李德帶領主力紅軍去鑽。

鮮血染紅了碧綠的湘江

廣西的東北部，高山林立的所在，人稱「桂東北山地」。「甲天下」的桂林山水，就坐落在那裡。大山叢中，一江碧水奔騰著，朝東北方向進入湖南，仍保持東北走向，貫穿湖南全境，注入湘東北的洞庭湖。

這條大江便是湘江。零陵、衡陽、株州、湘潭、長沙，像一長串的明珠，串連在綠色的綢帶湘江上。主力紅軍欲與紅二、六軍團會師，非越湘江天險不可。

西征的紅軍，像一支負重的「象隊」，在山林中緩緩向前。全軍的總人數，多達八萬六千多人，其中一、三、五、八、九這五個軍團為七萬多人，其餘為軍委縱隊和中央縱隊。軍委縱隊為軍委總司令部各局和總政各機關，四千七百人，葉劍英為司令員。

中央縱隊又稱「羅邁縱隊」，因為司令員是李維漢（羅邁），包括黨、政機關和軍委總供給部、總衛生部，九千八百多人。在行軍時，光是「羅邁縱隊」，便長達十多里！

按照李德的「設計」，作「甬道式」前進：左翼為一軍團，其後為九軍團；右翼為三軍團，其後為八軍團；中間為軍委縱隊、中央縱隊；後衛為五軍團。倘若將軍委縱隊、中央縱隊比作坐轎者，那五個軍團便是前後左右呼擁著的轎夫們。

如此前呼後擁的隊伍，加上五千名挑夫挑著沉重的擔子，而為了躲避敵軍，只能走贛粵、湘桂交界那些荒僻的山道，往往一個小時走不出半里路，一夜只能翻一個山坳。如此馱著全部「家當」的「象隊」，行軍的步履比老頭、老太婆散步還慢！

前三道封鎖線，沒有遇上激烈的抵抗，慢吞吞地行軍，還不覺得什麼。可是，當蔣介石明白了紅軍西征的意圖和路線，就搶在那沉重，遲緩的步履前，倚仗湘江天險，築起了第四道封鎖線。

蔣介石顯示了他的精明，他發出電報：「派何鍵為追剿總司令。所有北路入湘第六路總指揮薛岳所部及周渾元所部，統歸指揮。」

論資歷，何鍵是夠不上「追剿總司令」這頭銜的。蔣介石不任用陳誠，而任用何鍵，是因為主力紅軍西征，正是從何鍵的地盤——湖南經過。而且給一頂「追剿總司令」空頭官銜，會大大調動何鍵的積極性，為「追剿」紅軍賣全力，何樂而不為？

除了發電報之外，蔣介石還派出飛機，給何鍵空投了一封親筆信：

芸樵兄勳鑒：

今委兄以大任，勿負黨國之重托，黨國命運在此一役，望全力督剿。

並錄古詩一首相勉：

昨夜秋風入漢關，朔雲邊月滿西山。

更催飛將追驕虜，莫遣沙場匹馬還。

蔣委員長如此看重何鍵，使他受寵若驚。

果真，這一著棋很靈。何鍵在一九三四年十一月十二日「奉委員長蔣電」，在十一月十四日就跑到衡陽「軍次敬謹就職」，發表「就職通電」，聲稱「共匪棄巢南犯，折而西竄，鍵負西路重責」。

何鍵這一「就職通電」發出後，原先跟他「腳碰腳」的粵軍陳濟棠、桂軍白崇禧、黔軍王家烈，不得不致電「恭賀」，白崇禧的賀電稱何鍵「帥五省之師，繫萬民之政，聲威所布，匪膽已寒」，這當然使何鍵興高采烈。

其實粵軍、桂軍、黔軍三軍，都是地方軍閥，各有各的一套「拳經」。他們對紅軍實行「送客式的追擊，敲梆式的防堵」。真正為蔣介石賣力的，是何鍵和蔣介石嫡系薛岳部隊。

蔣介石在南昌行營裡，函電交馳，調集各路兵馬。他總共調了大約一百個團四十萬人，迎戰紅軍主力。蔣介石把這些部隊部署在湘江東岸，廣西東北部的全州、灌陽、興安三縣，構成一個三角「口袋」，等候那緩緩而來的「象隊」。

一九三四年十一月廿五日，這支「象隊」在湖南道縣一帶渡過了瀟水，便朝廣西東北部進發，面對著全州、灌陽、興安那個三角「口袋」。

當時在南昌行營擔任侍從室主任的晏道剛，在其回憶錄中如此描述蔣介石：

「當此戰役最緊張的時刻，蔣介石在南昌心神焦急，隨時查詢部隊到達位置，計算紅軍實力。」

「陳誠自調預備軍總指揮後，基本上是待在蔣介石身邊，贊助策劃。」

「在戰役過程中，戰報雪片飛來，我閱後凡屬重要的，即交給蔣的機要秘書汪日章摘要轉給蔣看。」

「蔣認為紅軍已經是『流徙千里，四面受制，下山猛虎，不難就擒』，乃以在湘江以東『圍殲』紅軍為指導方針，令何鍵、薛岳在衡陽開軍事會議。」⑧

蔣介石布置了五路大軍，在湘江追堵紅軍。蔣介石命令各軍：「力求全殲，毋容匪寇再度生根。」

隨著紅軍逼近湘江，一時間，坐落在湘江之側的全州成了戰略要地。全州地處廣西、湖南交界之處，是一座四周有城牆的古城，扼守著湘江。全州是在廣西地盤之內，原由桂軍駐守。桂軍，亦即「第四集團軍」，總司令為李宗仁，副總司令為白崇禧，李、白與蔣介石矛盾深重，跟何鍵也矛盾重重。白崇禧素有「小諸葛」之稱。

在紅軍臨近時，李、白下令桂軍從全州撤退，調往恭城、平樂一帶，以保自己的要地桂林。桂軍的撤防，本來給紅軍帶來了絕好的機會。無奈，李德指揮失誤，在過了瀟水之後，忽地命令紅軍改變隊形向湘江前進。

所謂改變隊形，即把左翼換成右翼，右翼換成左翼。這一換，延誤了行軍時間，加上前進的速度本來就慢，當紅軍前鋒偵察部隊到達全州城下時，發覺城門緊閉，湘軍已搶先一步入城！

搶占全州的，是由湘軍參謀長劉建緒所率的主力部隊。這是何鍵得知桂軍撤防，便派劉建緒部隊急行軍，搶占全州城。何鍵致電蔣介石，大罵桂軍，「全州以上，無兵守河」！

紅軍晚了一步，陷入被動。原本因蔣桂矛盾而曾鬆動的「鐵三角」，被湘軍補上了。

桂軍呢，在十一月廿八日接到蔣介石電報，罵他們「縱匪西竄」，嚴令「速以大軍壓迫」，於是不得不調五個主力師回防，跟紅軍作戰。

紅軍在全州覺山跟湘軍劉建緒部隊打了兩天，無法取勝，只得選擇全州以南的界首鎮渡湘江。界首，一個只有四百多戶的小鎮，東臨湘江，西靠大山，一時間成為紅軍臨時司令部所在地，博古、李德坐鎮指揮，周恩來則在對岸組織渡江。朱德雖是紅軍總司令，但他被排斥在「三人團」之外，只能遵照「三人團」的指令行事。還好，湘江這時水正淺，有些地方可以蹚水而過，雖說水冷刺骨。只是那些輜重令紅軍傷腦筋，不得不借助於木船。

十一月廿七日夜，一軍團、三軍團已經大部分過了湘江，而大部隊則積聚在湘江東岸待渡。就在這一條湘江把紅軍切成兩半的時候，蔣介石下令發動總攻擊——兵書上所謂的「半渡而擊」，是最厲害的一招。

「鐵三角」猛烈地收緊：由北向南推進的是欲立「大功」的何鍵湘軍，由南向北推進的是奉命回師的桂軍，由東向西衝過來的是尾追紅軍的「中央軍」。

十一月廿八日，空前酷烈的湘江之戰開始了！

蔣介石給部將們下達的命令中，引用戰國兵家尉繚的話：「眾已聚不虛散，兵已出不待歸；求敵若求亡子，擊敵若擊溺人。」蔣介石要求部下，依托有利地形，發揮優勢兵力，上下同心，追得上，堵得住，打一個殲滅戰！由四十萬大軍組成的「鐵三角」，要把「流徙」的紅軍全殲於此！

湛藍的天空，朵朵纖雲，忽地冒出黑壓壓的機群，輪番轟炸著靜靜流淌的湘江。紅軍沒有高射炮，連高射機槍都沒有，那些飛機在大模大樣地俯衝，有時甚至貼著樹梢飛行，機翼上的青天白日標誌清晰在目。大炮也在轟鳴著。炮彈落在渡口，落在湘江，在人堆中開花。每一聲爆炸，都濺起一灘鮮血！

碧玉般的湘江水，被紅軍的鮮血染紅了！一方在搶渡、在強渡，一方在狂轟、在濫炸。雪花般的傳單從天而降。傳單上印著「蔣委員長勸降令」，聲稱「不投降就要葬身湘江」！

「鐵三角」在不斷收緊，槍聲在沒完沒了地響著。

湘江上用木船搭成的浮橋，一到天亮，便給炸得稀爛。到了傍晚再度重建，翌晨又被炸成碎木片！江面上，漂著一具具戴八角帽、穿列寧式制服的紅軍屍體、馬匹屍體，漂著斗笠，漂著散亂的文件、書頁，漂著「蔣委員長勸降令」……

十一月三十日、十二月一日，戰鬥達到了白熱化程度。湘江西岸戰鬥也極端激烈，林彪、聶榮臻所率一軍團抗擊著從全州撲來的劉建緒湘軍。如聶榮臻所憶，「在二十多里地的戰場上，炮聲隆隆，殺聲震天。在茂密的松林間，展開了生死存亡的拼殺戰」。

湘江之戰，成為紅軍有史以來最慘重的敗仗！

據統計⑨：

主力紅軍過第一道封鎖線時損失三千七百餘人；

過第二道封鎖線時損失九千七百餘人；

過第三道封鎖線時損失八千六百餘人；

過第四道封鎖線（即湘江）時損失三萬零五百餘人！

這時的主力紅軍，從出發時的八萬六千多人銳減到不足四萬，傷亡折損過半！

在諸軍之中，打得最苦、最慘的，莫過於紅三十四師。這個師隸屬於紅五軍團。紅五軍團是

全軍的後衛，這個師又是紅五軍團的後衛，乃「後衛的後衛」，一路抵擋著國民黨的追兵。

當大部隊渡湘江時，紅三十四師在後面跟十幾倍於己的國民黨軍隊作戰。

十二月一日中午，當紅軍主力已渡過湘江，紅三十四師且戰且退來到界首，那裡已被國民黨部隊占領。

師長陳樹湘只得率全師一千多人在當天下午到另一渡口鳳凰嘴，那裡也已落入敵手。翌日，紅三十四師企圖在鳳凰嘴強渡湘江——那裡水淺，可以涉水過江，但遭到敵軍重創，師政委程翠林、政治部主任蔡中陣亡。

陳樹湘師長率餘部七百多人退回江東，沿途不斷遭國民黨部隊襲擊，每日都有一批戰士倒下。十二月十日陳樹湘在戰鬥中，因腹部中彈而被俘，他把自己的手伸進腹部傷口，忍痛絞斷腸子，死於押往敵軍指揮部途中！紅三十四師全師只剩九十四人，在一名姓楊的團長帶領下，躲入深山打游擊，大部死於深山之中。

陳樹湘是湘南長沙小吳門人，死後其首級被高懸在家鄉的石柱上！《大公報》登出《陳樹香（湘）之首級解省懸掛示眾》的報導……

毛澤東說：「要討論失敗的原因！」

大敗仗在紅軍中激起大震盪，大不滿。博古、李德受到全軍上上下下的指責。從廣昌失敗引起的怒火，此時在紅軍中熾烈地燃燒著。一江鮮血，使博古、李德在紅軍中的根基完全動搖了。

面對慘敗，面對數萬同志的死傷，博古的良心受到震撼。他再也沒有開始西征時披著俄式斜紋呢大衣、腰別勃朗寧手槍、騎在棗紅馬上的那般瀟灑。聶榮臻目擊了這麼一幕：

「博古同志感到責任重大，可是又一籌莫展，痛心疾首，在行軍路上，他拿著一支手槍朝自己瞎比劃。我說，冷靜一點，別開玩笑，防止走火。這不是瞎鬧著玩的！越在困難的時候，作為領導人越要冷靜，要敢於負責……」

「這次過湘江，進一步暴露了教條宗派集團在政治上和軍事指揮上的逃跑主義錯誤，促使人們從根本上考慮黨的路線問題、領導問題。」⑩

如果說博古還是有良心的話，李德則是「崽賣爺田心不痛」！紅軍戰士們投來的憤憤的目光，使他心煩意亂。他竟遷怒於人，為了發洩心中的怒火，把周子昆大罵一通。

那是在行軍途中，李德見到周子昆正在和妻子曾玉說什麼，他便指著周子昆罵道：「你帶的是什麼兵？整個部隊都被你帶垮了，老婆倒帶著！」

周子昆被罵得莫名其妙。

李德罵了一通，周子昆才明白，因為李德說了一句：「紅三十四師全師覆沒，你這個師長倒逍遙自在！」

原來，李德弄錯了！周子昆在一九三三年三月至一九三四年二月，擔任紅三十四師首任師長。李德剛進入中央蘇區時，周子昆正擔任紅三十四師師長，所以他有這個印象。

可是，在一九三四年二月，彭紹輝接替他任紅三十四師師長。一個多月後，又由陳樹湘接任師長。至於他的妻子曾玉，原是留在蘇區的，是她自己拼著命跟著部隊走，千辛萬苦才追上來，

找到了丈夫。

李德罵周子昆是「蕭勁光第二」，要警衛班把他綁起來，送交軍事法庭審判。據伍修權回憶：「可是警衛班的同志就是不肯動手，李德大為惱火。當時博古和毛澤東同志正好在場，博古對此默不作聲，還是毛澤東同志出來解了圍，說把周子昆交給他去處理，這才使李德下了臺階。」

毛澤東揮揮手，讓周子昆⑪走了。

這時的毛澤東，已經日趨活躍，開始出頭露面了。

西征開始的時候，尚未從惡性瘧疾中完全康復的毛澤東，是躺在中央縱隊的擔架上過來的。他這個「加里寧」，本來就是個空頭政府首腦，離開了中央蘇區，連政府也徒有虛名。行軍之事，「三人團」主宰著，容不得他過問。不過，這麼一來，他倒有時間跟躺在擔架上的王稼祥，以及在同一隊伍中的張聞天經常交換意見。

毛澤東一直關注著中央紅軍的命運。在發生「福建事變」時，他曾向中共臨時中央建議，紅軍主力突進到以浙江為中心的蘇、浙、皖、贛地區去，遭到拒絕，一九三四年十月中旬，即將西征之際，毛澤東給中央軍委去信，建議紅軍主力出擊湖南中部，「調動江西敵人至湖南而消滅之」。他的建議，又遭拒絕。

在衝破國民黨部隊的第二道封鎖線時，毛澤東曾對李德的指揮錯誤提出批評。毛澤東指出，由於李德指揮失誤，部隊失掉了差不多一星期的時間。李德也不得不承認，「這段時間裡，兵力強大的粵軍和國民黨中央軍，開始在後面緊緊追趕，使得第五、九軍團好幾天都陷入損失巨大的後衛戰鬥中」，但李德辯解說，這個錯誤是由於「沒有地圖可循」、「情報偵察的不準確」造成的。

李德注意起毛澤東的一舉一動，李德十分惱怒毛澤東「不顧行軍的紀律」，因為毛澤東「一會兒待在這個軍團，一會兒待在那個軍團，目的無非是勸誘軍團和師的指揮員和政委接受他的思想」。⑫

湘江大敗之後，毛澤東馬上尖銳地提出：「要討論失敗的原因！」

毛澤東再也不能容忍李德的瞎指揮，再也無法容忍他「崽賣爺田」了！

過了湘江之後，紅軍的指揮權雖然仍在「三人團」手中，但「實際上已由周恩來擔當起來」。⑬周恩來贊同毛澤東的意見，只是湘江慘敗之後，損兵折將，雖然過了湘江，蔣介石軍隊尾追甚急，無暇顧得上開會。周恩來答應稍微安定時召集會議，加以討論。

甩掉尾追之兵的唯一辦法，只有鑽進大山之中。所幸廣西東北部有的是高山，何況那些沉重的印刷機、造幣機之類，早已被扔在湘江東岸，紅軍的步履反而變得輕捷起來，就連那位唯一獲准坐著轎子參加長征的「大知識分子」傅連暲也不得不把轎子扔在湘江彼岸，怯生生地爬上了馬背。

進了山，路變得又窄又陡。傅連暲回憶道：

「一天下午，部隊走在一條狹窄的山路上，這條路只有二尺寬，一邊靠山，一邊臨河；山是一座高山，河又是一條大河，河面很寬，水流也很急，老遠就聽到河水嘩嘩地流……我騎著馬走在這條路上，眼睛往河裡一看，就好像站在高樓頂上往下看了一眼一樣，不禁有些頭昏眼花，連人帶馬跌下河去……」⑭

幸虧，傅連暲掉在河邊，水淺，被戰士們救起。那匹馬連同馬背上的被子，全被激流沖得無影無蹤。

從此，這位「大知識分子」學會了步行行軍。毛澤東把自己的被子讓給了傅連暲，因為這位「紅色華佗」曾是他的救命恩人。毛澤東裹著一床薄薄的毛毯，度過了那些艱難歲月。

紅軍進入了高高的「老山界」（地圖上叫越城嶺），這才算把尾隨著的國民黨軍隊甩掉了。陸定一寫了散文《老山界》，如今被收入中國初中語文課本第一冊。

夜裡爬山，「向上看，火把在頭頂上一點點排到天空；向下看，簡直是絕壁，火把照著人的臉，就在腳底下」。最陡處，「幾乎是九十度垂直的石梯，只有一尺多寬，旁邊就是懸崖」。

如此懸崖峭壁，擔架無法通行，不論是患肺病的鄧穎超、挺著大肚子的賀子珍，還是上了年紀的徐特立、董必武、謝覺哉，都是一步一步爬上去的……唯有身健力壯的康克清，在回憶長征時，說就像散步一樣走了過來！

毛澤東在「飛行會議」中重新崛起

紅軍在桂東北高山密林中鑽行，每個人的帽子上、背包上都插著樹枝，以躲避不時在山上盤旋的國民黨飛機。

就在這些日子裡，蔣介石在南昌行營忙得不可開交。他剛剛贏了湘江這一局，就趕緊「洗牌」，布好新的陣線。他在十二月二日，就已接到何鍵的電報，稱紅軍「仍取蕭克舊徑，向西急竄」。

蔣介石調兵遣將，布置新的「口袋」。因為紅軍「仍取蕭克舊徑」，以與賀、蕭會師為目的，他便令何鍵在湘西紅軍必經之路上，趕修了四道堡壘防線。不過幾天工夫，湘西一下子冒出了二百多座嶄新的碉堡！

蔣介石重新組織兵力，把原先分散的五路兵馬編為兩個兵團。他任命劉建緒為第一兵團總指揮，薛岳為第二兵團總指揮，集結了十五個師二十萬兵力，以碉堡群為依托，擺好陣勢，橫刀立馬，在等待著從大山中鑽出來的紅軍！

第二個「湘江之役」在等待著紅軍。如果紅軍這一回進入蔣介石的新的「口袋」，命運便是全軍覆沒！蔣介石在南昌，諦聽著從桂東北偵察機上發來的信息。

毛澤東畢竟是毛澤東，雖說他正在大山中鑽行，他沒有半架偵察機，卻猜透了坐鎮南昌行營的蔣委員長的心思。毛澤東歷來是布好「口袋」讓蔣介石部隊去鑽的，他當然也就很容易判斷蔣介石會在「蕭克舊徑」上布下「口袋」——蔣介石畢竟是「口袋專家」了！毛澤東主張紅軍必須放棄與賀、蕭會合的計畫。

毛澤東在擔架隊裡，把自己的見解講給兩位吃過洋麵包的人物——張聞天和王稼祥聽，馬上得到他倆的支持。

歷史真是富有趣味，在必然中存在著偶然，在偶然中存在著必然：張聞天在廣昌之役後與博古產生矛盾，倒向毛澤東成了必然，卻又那麼偶然地在瑞金雲石山與毛澤東同住一座古寺，而且那古寺中只住毛和張，促使了他倆的迅速接近！

王稼祥在寧都會議上便已為毛澤東辯護，倒向毛澤東也成了必然，偏偏又負傷躺在擔架上，毛澤東也因病躺在擔架上，擔架隊裡朝夕相處促使了他倆的迅速接近！

王稼祥受傷，是在第四次反「圍剿」的時候。他正在江西樂安縣一個四面環山的谷岡村的廟裡召開戰前政治工作會議，周恩來、彭德懷、譚政、蕭華等出席會議。正在開會，空中響起飛機轟鳴聲，起初大家不在意，會議仍在進行。

到了上午九時多，敵機又來了。這一回，響起炸彈爆炸聲。王稼祥一看勢頭不對，對與會者說：「快跟我到外面隱蔽！」

王稼祥第一個走出大門，仰起頭來查看空中的飛機，就在這時，又一顆炸彈落下來，身後的周恩來大叫：「稼祥，臥倒！」但已經來不及，王稼祥在炸彈爆炸聲中倒下，炸彈片飛插進他的右腹部，傷勢十分嚴重。他被抬到瑞金醫院，一位名字也叫彭真的大夫給他做了檢查。限於當時條件，無法動大手術，只能採取保守療法。不久，腹部化膿，成了慢性病。正因為這樣，長征開始時，他只能坐擔架……

不過，那時的擔架，只是兩根長長的竹竿，中間綁著一個用草繩編織成的網而已，下雨時，則蓋上一層油紙。在晃晃悠悠的擔架上，王稼祥有長足的時間跟毛澤東交談。他開始真正地瞭解毛澤東，日漸成為毛澤東的支持者。

每當入夜，燃起了篝火。火光映紅毛澤東、張聞天、王稼祥的臉，他們越談越興奮。特別是毛澤東，夜間的精神特別好，白天則常在擔架上睡得迷迷糊糊。

李德不時關注著毛澤東，很快就發現擔架隊裡那三顆常常挨在一起的腦袋，稱他們是「三人核心」。

紅軍終於從大山中鑽出。十二月十二日，蔣介石便接到第四集團軍行營的電報：「據報，昨晨長安營之匪，轉向通道……」

通道，湖南西南端的一個縣，地處桂、湘、黔三省交界之處，那裡確實是一條「通道」：向北可進軍湖南，向西則可進入貴州，往南退則縮回廣西群山之中。

蔣介石接到的情報是準確的。紅軍一軍團二師五團確實是在十二月十一日攻占了通道縣城。翌日，在匆匆的征途中，一次「飛行會議」在通道縣舉行。

「飛行會議」即「飛行集會」。那時，在國民黨統治區的街頭，「左」派青年學生們常常組織「飛行集會」：一群人突然冒了出來，在街頭發表慷慨激昂的演講。當國民黨警察聞訊趕來，集會早已結束。那「飛行」是指集會的迅速、短暫。

在通道舉行的會議，由於迅速、短暫，因此李德稱之為「飛行會議」——紅軍在通道縣只逗留了一天，便急急趕路而去了。

這次「飛行會議」，是中央軍事委員會的擴大會議，史稱「通道會議」。

據鄧穎超回憶，會議是在城外一個村莊裡農民的廂房舉行的，當時這家農民正在舉行婚禮。「三人團」，加上朱德，還有那「三人核心」。此外還有誰參加，不得而知。會議沒有留下片紙隻字的記錄。

不過，李德的回憶錄《中國紀事》中倒是詳細寫及這次會議。不管怎麼說，他是當事人之一，他的回憶還是有一定的參考價值：

「我們舉行了一次飛行會議，會上討論了以後的作戰方案。在談到原來的計畫時，我提請大家考慮：是否可以讓那些在平行路線上追擊我們的或向西面戰略要地急趕的周部（引者注：指薛岳所轄周渾元第八縱隊）和其他敵軍超過我們，我們自己在他們背後轉向北方，與二軍團建立聯繫。我們依靠二軍團的根據地，再加上賀龍和蕭克的部隊，就可以在廣闊的區域向敵人進攻，並在湘黔川三省交界的三角地帶創建一大片蘇區。」

李德把自己的意見說得很清楚，那就是堅持早在瑞金時定下的路線，與賀龍、蕭克部隊會師，依靠「二軍團的根據地」即賀龍根據地，新創湘黔川蘇區。

李德的意圖正是蔣介石所洞悉的。蔣介石正布好「口袋」，等待李德率紅軍鑽進去，再來一次「湘江之役」。如果照李德的意見去辦，等待紅軍的將是覆滅的命運。

毛澤東打破了自寧都會議以來的沉默，兩年多以來頭一回參與軍事決策，堅決反對李德的意見。毛澤東要求改變紅軍前進的路線，放棄與賀、蕭部隊會師的原計畫，改為進軍貴州。毛澤東還是用他的「擇弱軍打」的戰略，因為貴州軍閥王家烈的部隊號稱「雙槍兵」（另一「槍」是煙槍，即鴉片槍），是不經打的「豆腐兵」。

在李德的《中國紀事》中，這樣寫及：

「毛澤東又粗暴地拒絕了這個建議（引者注：指上文中李德的建議），堅持繼續向西進軍，進入貴州內地。這次他不僅得到洛甫和王稼祥的支持，而且還得到了當時就準備轉向『中央三人小組』一邊的周恩來的支持。因此毛的建議被通過了。他乘此機會以談話的方式第一次表達了他的想法，即應該放棄在長江以南同二軍團一起建立蘇區的意圖……」

毛澤東「第一次表達了他的想法」，馬上得到了多數的支持——內中特別是「三人團」之一的周恩來的支持。毛澤東第一次戰勝了李德——他的建議「被通過了」，而李德的建議遭到否定。毛澤東和李德看來要互相換位，毛澤東的威信在劇升，李德的威信在劇降，轉捩點便是湘江之戰。

以中共的「上級」自居的李德，在自己的建議遭到否定之後，滿肚子的氣惱。他對毛澤東表達自己想法的談話，露出不屑的神態：「我很費勁地聽了這個談話，好像過早地走開了。」

會後，李德向周恩來和博古打聽他離席後的會議情況。李德十分驚訝，周恩來明確贊同毛澤東的意見；博古則說先入貴州再北上，求得和二、六軍團會師。

李德的《中國紀事》中是這麼寫的：

「我請周恩來給我講一講詳細情況，他顯得有些激動，雖然他往常總是很鎮定自若的。他說，中央紅軍需要休整，很可能在貴州進行，因為那裡敵人的兵力比較薄弱。博古認為，從貴州出發可以一直向北，在那裡才真正有可能遇到很小的抵抗。」

李德已經顯得孤立，「三人團」已經產生明顯的分歧。

關於毛澤東在通道會議上的發言，除了李德在回憶錄中提及的幾筆之外，另一個間接的佐證，則是羅明的回憶。

羅明曾因所謂「羅明路線」，一時成了中央蘇區的「名人」。在受到「徹底批判」之後，參加長征，在葉劍英為司令員的軍委縱隊的政治部當一名宣傳員兼聯絡員。所謂「聯絡員」，也就

是聯絡、收容掉隊的戰士。從一位省委書記降至「聯絡員」，正是「大批判」的後果。

羅明到達通道縣時，曾去看望毛澤東，並順便想從傅連暲那裡拿點急用的藥品。羅明記得，毛澤東住的地方，像學校，也像教堂，不像住家房舍。他來到那裡，正巧，傅連暲給毛澤東打完針藥。毛澤東見到老朋友羅明，很高興要跟他聊聊。

不過，這時張聞天正在毛澤東那裡談工作，毛澤東要羅明稍等。於是，羅明和傅連暲坐到大廳外的石板上，毛澤東跟張聞天在大廳裡的談話，羅明聽得見。

後來，據羅明回憶，毛澤東當時對張聞天說：

「我們突破敵人的第四道封鎖線，受到了嚴重的損失，無論如何不能照原計畫去湘西與二、六軍團會合了，因為敵人已調集了三、四十萬兵力，部署在我們前進的道路上企圖消滅我們。我主張現在應堅決向敵人兵力比較薄弱的貴州前進，才能挽救危機，爭取主動，開闢北上抗日的道路……」⑮

在歷史的長河中，通道「飛行會議」一閃而逝。然而，這次「飛行會議」是毛澤東重新崛起的標誌，如今成了歷史學家們細細追尋的所在，只是雪泥鴻爪，往事如煙，考證工作頗為艱難……

黎平政治局會議支持毛澤東

「天無三日晴，地無三尺平，人無三分銀。」這三句流傳甚廣的話，是當年貴州的形象寫照。

貴州，全省處於海拔一千米左右的高原，山巒疊起，峭壁嶙峋，自從通道「飛行會議」通過了毛澤東的建議，紅軍便從通道縣西行。才一天工夫，就進入貴州地界。

「紅軍先生，給個錢兒，我們是乾人兒！」路邊，出現了衣衫襤褸的山民，向紅軍討乞。「乾人兒」，也就是窮人之意。

於是，紅軍也就貼出了「貴州化」的標語：「紅軍是幫助乾人的軍隊，當紅軍去！」「紅軍保護乾人分田地！」「紳糧壓迫乾人，辛苦沒有飯吃，打倒剝削乾人的紳糧！」「紳糧」，即地主、富人之意。

一首新民謠開始流行：「紅軍到，乾人笑，紳糧叫。白軍到，乾人叫，紳糧笑。要使乾人天天笑，白軍不到紅軍到。要使紳糧天天叫，白軍弟兄拖槍炮。拖了槍炮回頭跑，打倒軍閥，妙！妙！妙！」

剛進貴州，毛澤東便失去了身上的一件毛線衣。那是一位六十多歲的老婦人帶著小孫子，外出討飯，餓倒在路邊，渾身冷得發抖。毛澤東二話沒說，脫下身上的毛線衣，送給老婦人，還叫警衛員解下兩袋乾糧相贈。老婦人向他跪謝，他用剛學會的貴州話答謝：「紅軍是乾人的隊伍！」

輕輕鬆鬆，紅軍一進貴州，就在十二月十四日攻占了一座頗為繁華的縣城：黔東的黎平。

當時黎平縣縣長王仲甫在「呈報」中寫道：「朱毛大股傾巢竄至，十二月十四日匪由錦屏屬之平茶進竄，分道環攻，駐軍失利，縣城遂陷。」⑯

縣城裡，高聳的德國路德式教堂，成了中革軍委總部的所在地。教堂右邊，一排白牆青瓦、前低後高、外磚內木的平房，成為周恩來的住所。這裡本是商人胡序維的店舖（後來成了黎平縣醬菜廠的廠址）。這座平房，如今被載入史冊——因為十二月十八日，中共中央政治局會議在這裡召開，史稱「黎平會議」。

通道的「飛行會議」畢竟太匆忙。這一回紅軍進黎平縣城，休整了三天，成為西征以來難得的喘息機會。

走進那所平房，出席中共中央政治局會議的人物，有政治局委員博古、周恩來、毛澤東、張聞天、朱德、陳雲，政治局候補委員王稼祥，還有總政治部代主任李富春。

「三人團」之一的李德，顯眼地缺席。據他在回憶錄《中國紀事》中自稱，「我因為發高燒沒有出席」。

事情頗有戲劇性：當毛澤東失意時，那肺病、惡性瘧疾便來糾纏著他。眼下，顛倒過來了，毛澤東的病日漸見好，以至可以送掉被子、送掉毛線衣，而李德這個向來壯健的日耳曼人，卻「染上了嚴重的熱帶瘧疾」，以至發起高燒來。

周恩來雖說在通道已經表示過對李德的異議，但向來富有組織紀律性的他，在這次會議之前，還是鄭重其事地徵詢李德的意見，李德依然重複著他在通道已經說過的那些話。

毛澤東的意見，歸納起來共三條：

一、放棄北進與賀龍、蕭克部隊會合及在湘西建立根據地的原計畫。

二、西進貴州，攻取貴州第二大城遵義，以遵義為中心建立新的根據地。

三、在適當的時候召開政治局擴大會議，全面總結第五次反「圍剿」以來的教訓（即他一開始就提出來的「要討論失敗的原因」）。

這時的毛澤東，在政治局中已舉足輕重。他的意見，當即得到政治局多數的支持，唯有博古表示反對。博古仍堅持他和李德擬定的原計畫。

在會上，毛澤東取得一個很大的勝利，那就是在周恩來的支持下，政治局同意通過一項書面的決議，表達中共中央戰略意圖的重大改變。這樣，毛澤東的意見，得到政治局的正式認可，這便是《中共中央政治局關於在川黔邊建立新根據地的決議》，又稱《黎平會議決議》。這項決議當時以電文發出，電文原始的標題是《戰略方針決定經你們傳達至師及梯隊首長為止》。決議的部分原文如下：

各軍團及軍委縱隊首長：

茲將電告中央政治局本月十八日關於戰略方針之決定。此決定經你們傳達至師及梯隊首長為止，在部署中關於本決定之解釋，總政治部另有訓令。

中央書記處中央政治局決定：

一、鑒於目前所形成的情況，政治局認為：

過去在湘西創立新的蘇維埃根據地的決定，在目前已經是不可能並且是不適宜的。

二、根據於：

甲，使我野戰軍於今後能取得與四方面軍及二、六軍團之密切的協同動作。

乙，在政治的經濟的及居民群眾的各種條件上求得有利於徹底的粉碎第五次「圍剿」及今後蘇維埃運動及紅軍的發展，政治局認為新的根據地區應該是川黔邊地區，在最初應以遵義為中心之地區……

決議通過後，出於對李德的尊重，周恩來在當天夜裡拿給李德過目。不料，李德看了譯文後，大為不悅，跟周恩來吵了起來。向來溫文爾雅的周恩來，也忍無可忍，頂撞了這位「顧問」。當時在場的周恩來的警衛員范金標，在一九七八年九月廿五日作了回憶談話，只是他已習慣地稱周恩來為「總理」了：

「吵得很厲害，總理批評了李德。總理把桌子一拍，擱在桌子上的馬燈都跳起來，燈都熄了，我們又馬上把燈點上。」⑰

連周恩來都跟李德拍桌子，向來做岸固執、目空一切的李德也不得不嘆道：「兵敗言微！」「無可奈何花落去。」李德已經無法再主宰紅軍。儘管他吵、他鬧，中共中央政治局的決議照樣以電報發往各軍團及軍委縱隊首長們手中。

翌日，十二月十九日下午六時，中革軍委發出關於貫徹黎平政治局會議決議的決議。同日，總政治部代主任李富春簽署了總政治部關於執行決議的訓令。

中共中央政治局的決議、中革軍委的決議和總政治部訓令這三個文件的發布、下達，表明毛澤東得到了黨和紅軍的支持，完全占了上風。

李德終於「靠邊站」了

順理成章，在三個文件發布之後，李德喪失了軍權。用周恩來的話來說，那就是「排除了李德，不讓李德指揮作戰」⑱。當然，體面的理由，則是李德「生病」了。

一位原先受李德「排除」的人物，重新參與指揮作戰。此人便是李德的校友劉伯承！

劉伯承，紅軍的一員名將。他是四川開縣人，出身於貧苦農家，比毛澤東還年長一歲。他二十多歲就參加護國、護法戰爭。一九一四年他在《出益州》一詩中便寫道：「手執青鋒衛共和。」

一九一六年，他在討袁戰爭的四川豐都之役中，衝鋒陷陣，頭部連中兩彈，失去了右眼，從此以「獨目將軍」著稱，在他戎馬一生中，負傷多達九處。

一九二六年，三十四歲的他加入中共。翌年，任國民革命軍暫編第十五軍軍長，參與領導南昌起義。這年冬天，他赴蘇聯莫斯科高級步兵學校學習，後入伏龍芝軍事學院深造，成為李德的校友。

在中共「六大」，劉伯承曾在大會上作《對軍事問題的補充報告》。

一九三〇年夏回國，擔任中共中央軍委委員。他在一九三一年進入中央蘇區，擔任紅軍學校校長兼政委。

一九三二年十月，劉伯承成為中央軍委總參謀長。

李德剛來時，劉伯承對這位老校友曾十分熱絡。但是劉伯承很快就發覺，李德在那裡瞎指揮。畢竟李德是共產國際派來的軍事顧問，向來穩重的劉伯承看在眼裡，急在心裡，卻沒有輕易說出口。在廣昌大敗之後，紅軍步步被動，根據地日漸縮小，劉伯承忍無可忍，建議李德一定要改變硬打死拼戰術，不然會「變成千古罪人」！

李德聞言勃然大怒，訓斥劉伯承道：「你白進過伏龍芝軍事學院，戰術水準還不如一個參謀，還當什麼參謀長?!」

劉伯承面對老校友如此無理訓斥，針鋒相對地與他爭論。

此事傳進博古的耳朵，便以「觸犯軍事顧問」為名，撤掉了劉伯承的總參謀長職務。長征開始後，劉伯承被調往最為艱巨的殿後的五軍團擔任參謀長。

直至此時，李德「靠邊站」，劉伯承復職，重新擔任了總參謀長。毛澤東向來十分尊重劉伯承，當年，中共中央要朱毛離開紅軍時，毛澤東便曾提議中央派惲代英、劉伯承前來主持紅軍。

看到毛澤東得到了擁護，看到劉伯承復職，受到周恩來的「頂撞」，「靠邊站」遭冷遇的李德心中窩著一把火。博古深知李德心中的不快，便把蕭月華從休養連裡調來，安慰這位處境狼狽的顧問。

本來，按照紅軍的行軍紀律，女戰士集中在休養連，在行軍途中不能與丈夫生活在一起的。李德一肚子的氣，正無處發洩。蕭月華的到來，成了他的「出氣筒」。在黎平短暫的三天休整，狂怒的李德無端把蕭月華揍了一頓……

蕭月華這名字，在李德的回憶錄《中國紀事》中是見不到的。他只寫及他在延安時的一段婚姻：

「一九三八年，有一天我去找陳雲，有一段時間他是主管中央組織部的中央書記，我請他把我轉為中國共產黨正式黨員，以便能參加黨的生活，並請他同意我同一位名叫李麗蓮的歌唱演員結婚，她是一九三七年底同演員江青一起從上海到延安的。這兩項請求他都同意了，我就同李麗蓮到延安辦事處登記結婚。」

其實，李德跟李麗蓮的婚姻，比與蕭月華的要短暫，只是他不願再提蕭月華罷了。

李德在來華前結過婚，他的妻子便是奧爾加・貝納里奧，兩人曾一起被關入莫阿比監獄。一九三二年春，他來到中國。翌年春，他曾化名奧托・斯特恩從上海前往北平，跟美國記者斯諾見面。

斯諾的妻子海倫・斯諾，在一九八二年接受美國記者索爾茲伯里的採訪時，仍未忘當年對李德的極度反感：「在她眼裡李德是個好色之徒（不少中國人有同感）。」⑲

來到瑞金之後，離李德的「獨立房子」不遠處，是中共中央機關。李德對那裡一位領導人的妻子獻殷勤，不時給她送禮物。如此敏感的事，馬上傳到博古耳朵裡。博古生怕這位洋顧問在紅都惹出桃色新聞來，便決定通過組織，給他找一位中國姑娘作為妻子。

博古把這一「特殊任務」，交給了在中央婦委工作的李堅貞。

李堅貞在婦女工作中，還是頭一回遇上這樣的為「洋大人」擇妻的「任務」，左思右想，她的眼前閃過一位熟悉的廣東姑娘，她憨厚、文化粗淺、不算漂亮，但是身體健壯，而且組織紀律性強。這位姑娘便是蕭月華。

蕭月華比李德小九歲，一九一〇年八月出生於廣東大埔縣侯北山村的貧苦農民家中，小名阿香、阿華。在兄弟姐妹九人之中，她排行第六。

她成了一朵苦菜花。小時候，父母迫於子女太多，負擔不起，把她送給楊家當童養媳。十三歲那年，她成為廣東海豐縣南豐布廠織襪車間童工。在那裡，她結識了彭湃夫人蔡素萍，受到了革命影響[20]，一九二六年，十六歲的她加入了中國共產主義青年團，不久加入中共。此後，她成為她的家鄉大埔縣的婦女部長。

李堅貞是在一九三〇年認識她的，那時，蕭月華擔任廣東饒和埔少共中心縣巡視員。翌年，二十一歲的蕭月華進入閩西，成為少共閩粵贛特委負責人。她差一點被作為「社會民主黨」處死！

一九三二年八月，蕭月華被調到瑞金，在少共中央文書科擔任文書。一年之後，李德來到瑞金，住進離少共中央只有一箭之遙的「獨立房子」。

李堅貞找蕭月華談話。這樣的「特殊任務」使蕭月華難以接受，但這是組織上交給的「政治任務」，蕭月華不得不去「完成」。

這樣，蕭月華只得在夜裡遵命前往「獨立房子」，而白天照樣做她本來的工作。李德的特殊的伙食，「外賓」的待遇，與她無緣。

後來，調她去照料李德的生活。不懂一句外語的她，好不容易才學會怎樣烤麵包。李德卻常常懷疑她偷吃他的食品，動不動便是打罵。

紅軍開始長征，使蕭月華如釋重負，從此她可以在休養連裡跟女紅軍們高高興興生活在一起，再也用不著為那惱人的「涉外婚姻」而痛苦。可是，在黎平的逗留，李德的打罵又在她的皮肉上留下青紫塊。

李德的脾氣本來就乖戾暴躁，此刻沒有蕭勁光、周子昆、劉伯承可以訓斥，只有蕭月華這「無罪的羔羊」不得不受苦受難。她找博古訴苦，要求離婚，博古只能以「服從組織」來要求她忍氣吞聲㉑……

幸好在黎平的逗留是短暫的。因為戰事急，十二月二十日，中央紅軍離開黎平，分兩路西進。新任總參謀長的劉伯承，被任命為先遣司令，一路斬關奪隘，成為全軍開路先鋒。出了黎平，紅軍便直撲烏江，進軍遵義了……

心慌意亂的王家烈

紅軍入黔的消息，如同一顆原子彈在貴州省會貴陽市爆炸。

首當其衝的是身材魁梧、四十一歲的貴州軍閥王家烈。他集貴州國民黨省黨部指導委員會主任、貴州省主席、國民革命軍第二十五軍軍長於一身，握黨、政、軍大權於一手。

貴州這地方，「山高皇帝遠」。自從一九一二年唐繼堯入黔、督黔以來，軍閥割據，自成一統。此後，雖然貴州軍閥內鬥頗烈，派系傾軋，但是總保持自己的獨立性。

一九三二年四月，王家烈在用武力征服了前任軍閥毛光翔之後，成為「黔霸天」。

王家烈乃貴州桐梓人氏，家貧，背鹽出身，人稱「王家烈背鹽巴，氣力大」。背鹽巴是很苦的氣力活，背著沉重的鹽巴，拄著木棍走遠路，據云青石鋪的路上常有一個個凹坑，便是苦力們半途拄棍休息，久而久之，棍子在青石上鑿出凹坑來的。

二十一歲那年，王家烈入貴州陸軍步兵團，從一名小兵逐步提升為班長、排長、連長、營長、團長、旅長，至一九二六年，三十三歲的他，成為國民革命軍二十五軍二師師長。三年後成為副軍長。

王家烈總是一身戎裝，繫寬皮帶，掛手槍。吃飯愛吃碗中米飯冒尖的「冒兒頭」，愛吃麻辣豆腐。

王家烈能夠成為貴州之主，得力於他的內助萬氏夫人，萬氏名淑芬，貴州銅仁人，名門之女。相傳萬宅門口，刻一副對聯：「一門貳令尹，三代五公侯。」萬淑芬自幼飽讀詩書，雖是女流，卻愛讀兵書。王家烈駐銅仁時，不過是連長，托人向萬家求婚。

一九二六年，他終於與二十三歲的萬淑芬結為伉儷。從此，萬淑芬成為他的「軍師」，屢屢給他設計妙策。

萬淑芬不僅寫得一手好字，還寫得一手好文章。許多以王家烈名義發表的文告、文章，皆出於萬氏之手。萬淑芬還有著外交夫人的美譽，善言辭，擅交際，常代表王家烈赴南京、去上海，拜謁蔣介石、宋美齡，八面玲瓏，富有外交手腕，為王家烈上上下下打點。每當王家烈行軍作戰，萬氏夫人總是乘轎隨行，在軍中為王家烈出謀劃策。這時，她把頭髮高束，戴上帽子，穿一身西裝，但不結領帶，外人不知，會以為是一位男士。其實，她是一位小腳女人，平素穿著寬大而塞了棉絮的皮鞋。

王家烈常說，西南六省之中，川、滇、湘、粵、桂五省構成一朵蓮花，黔在中心，乃是蓮花之蕊。言外之意，弦外之音，他要成為西南群龍之首。

蔣介石對於貴州軍閥，是不給一文軍餉的。但貴州軍閥自有財源——鴉片稅。

貴州軍閥主張，「有土必種，無煙不富」，「只准吸煙，不准嫖賭」。那年月，鴉片遍布貴州，甚至鴉片成了通用的貨幣！紅軍進貴州，買東西時，要麼付銀元，要麼付鴉片！深咖啡色，像山東阿膠模樣的鴉片塊，成了銀元、金條的代用品。

種鴉片要付「種植稅」，運鴉片過關卡要收「通關稅」，吸鴉片要收「煙燈稅」，開煙館每燈收稅三枚銀元，在家吸鴉片每燈收稅一枚銀元……貴州兵以「雙槍」出名，個個面黃肌瘦，如同張貞那「戰無不敗的豆腐兵」。

得知紅軍入黔，王家烈心慌意亂，不僅手下的「雙槍兵」不經打，而且還分為四派：第二十五軍副軍長侯之擔是一派，割據赤水、仁懷、習水、綏陽等縣；副軍長猶國才盤踞盤江八屬；副軍長蔣在珍割據正安沿河一帶。雖說三位副軍長口頭上都稱服從軍長，實際上王家烈能直接調動的，只有他的嫡系何知重、柏輝章兩個師。

蔣介石發來電報，要王家烈「嚴防贛匪入黔」，「黔軍除鞏固原防外……先擇重要城鎮，構築碉堡，以防匪之突竄」。

王家烈只得帶著夫人萬氏，驅車到貴陽東面平越縣的馬場坪，舉行軍事會議。

王家烈手下的兩員大將何知重、柏輝章，事先經萬淑芬授計，對於委員長的命令反應冷淡。何知重冷笑道：「我還差士兵們一年多的軍餉。如果蔣委員長給錢，我就打！」

柏輝章則來軟的，他說：「紅軍早已聲言北上抗日，此次不過路過貴州而已，並沒有直取貴

陽的意思，何必跟他們硬拼？保住貴陽即可。」

副軍長侯之擔的一席話，使滿座皆驚。他說：「軍人以服從命令為天職。這次紅軍由江西、湖南入黔，委員長早有明令，要我們阻擊狠打，配合中央軍消滅紅軍於黔中。我侯之擔有四個旅共八團人，定當扼守黔北，決不許紅軍越過烏江、進入烏江以北一步！我願立下軍令狀，與諸公共存亡！」㉒

既然侯之擔如此表示效忠蔣委員長，王家烈也就順水推舟，讓侯之擔去烏江抵擋紅軍。

烏江，貴州最大的河流，又稱黔江，流急浪高，一瀉千里，比湘江要險峻得多，江寬約二百五十米，流速達每秒一米八，冰涼的水溫在攝氏十度以下，兩岸絕壁懸崖，侯之擔聲言：「烏江素稱天險，紅軍遠征，長途跋涉，疲憊之師，必難飛渡。紅軍或不至於冒險來攻烏江，可能另走其他路線。」㉓

飛渡天險烏江

不料，紅軍行動神速，入黔之後勢如破竹，連取劍河、黃平、台拱、餘慶等十多座縣城。一九三四年歲末之日，已到達烏江不遠的甕安縣小鎮猴場。猴場林木繁茂，乃猴子出沒之地，故名猴場。

在猴場，毛澤東被安排在一座漂亮的房子裡，有一個很大的院子和三間朝南的屋子。這是長征以來從未有過的。這似乎在表明，毛澤東的地位已經明顯上升，雖說他的職務依舊，未曾調整。當中央縱隊抵達猴場時，先頭部隊在團長耿飈和政委楊成武的帶領下，已經急行軍前往烏江江邊，著手搶渡烏江天險。

就在這節骨眼上，又發生新的風波：博古、李德對湘江之敗，猶心有餘悸。聽說烏江比湘江險峻得多，主張不過烏江，再度提出與二、六軍團會合。

為了解決這番新的波動，一九三五年元旦，中共中央政治局在猴場開會，史稱「猴場會議」。這一回，不費太多氣力，就駁回了博古、李德的意見。會議通過了重要決定，重申了黎平會議的精神──《中央政治局關於渡江後新的行動方針的決定》（以下簡稱《決定》）。

《決定》一開頭，就寫得很明確：「由於我野戰軍即將通過烏江，垮進我們十二月十八日政治局會議所預定的新蘇區根據地的遵義地帶，開始徹底粉碎敵人五次『圍剿』的最後階段。因此，政治局關於在通過烏江以後的行動方針，特有以下新的決定……」

新的決定共七條。內中有一條：「關於作戰方針，以及作戰時間與地點的選擇，軍委必須在政治局會議上作報告。」這一條，實際上就是宣告了「三人團」壟斷軍事指揮權的結束。毛澤東是政治局委員，「軍委必須在政治局會議上作報告」，這就使毛澤東有了過問軍事的機會和權力，雖說這時的軍權尚未完全掌握在他手中。不過，紅軍已經在按照毛澤東的戰略意圖行動：渡烏江，取遵義，建立以遵義為中心的新根據地。

紅軍前鋒一到烏江邊，就傳來敵情報告：在三個渡口，即江界河渡口、袁家渡、孫家渡，都有侯之擔部隊駐守，而且還築了碉堡。前兩個渡口各有兩團兵馬，孫家渡則駐了一個團和一個機炮營。看來，侯之擔擺開陣勢，確實要跟紅軍幹一仗！

那時，渡烏江要靠「蜈蚣筏」。那是用竹木編成的長筏，在湍急的江水中似蜈蚣般游動，得了「蜈蚣筏」之名。「侯家軍」早已把「蜈蚣筏」全都拴在北岸。

侯之擔十分得意，以為「官兵勤勞不懈，扼險固守，可保無虞」。

紅軍抵達江邊，總參謀長劉伯承親自布置紅軍上山砍竹，又向老鄉借門板、木頭，自己動手紮「蜈蚣筏」。

元旦凌晨四點，十八名紅軍戰士在江邊喝下燒酒，躍入江中。這時，「侯家軍」尚在睡夢之中。紅軍戰士如水中蛟龍，只用了十多分鐘，便泅過涼入骨髓的烏江，攀上對岸的峭壁。

泅渡成功之後，「蜈蚣筏」開始強渡。「侯家軍」發覺了，江面上響起噠噠的機槍聲。

這時，泅渡過江的十八名戰士發起了攻勢。紅軍的迫擊炮又隔江而轟。「蜈蚣筏」載著一連戰士，順利過了江。

「雙槍兵」實在不經打，才一個多小時，便留下幾十具屍體，潰逃了！

紅軍利用「蜈蚣筏」渡江，渡過了一團人，在對岸站穩了腳跟。

劉伯承急調工兵營來到江邊，下達了架浮橋的命令。因為沒有浮橋，大軍難以迅速過江。

「架橋的全部器材只有黃竹、門板、木材、繩索。我們用三層疊起的竹排做橋腳，每對橋腳中間鋪上兩根枕木。枕木上連接三四個橋桁，橋桁上鋪門板，門板上又繫橫木，組成一節一節的門橋。」[24]就用這樣的土辦法，花費三十六個小時，浩浩烏江上便架起一座嶄新的浮橋。天險烏江，被踩在紅軍腳下。

蔣介石接到王家烈的電報，知道紅軍已經突破烏江，大罵侯之擔「剿共不力」，命他「戴罪立功」！蔣介石也深為自己白白布置了「口袋」，紅軍不來鑽，感到惋惜。不過，蔣介石畢竟詭計多端，他命令薛岳率中央軍星夜兼程，奔赴貴陽——其理由是為了「保衛貴陽」，實際上想借此一舉奪取貴陽，端掉王家烈的老巢！

這時，「小諸葛」白崇禧也不甘落後，同樣覬覦貴陽，藉口「追剿」紅軍，命桂軍入黔，直奔貴陽。蔣介石急了，發了電報給白崇禧，「制止桂軍前進」！於是，薛岳的中央軍加速了前進步伐，沿貴龍大道直取貴陽。

薛岳部隊在道旁張貼大字標語：「不問匪竄方向如何，本軍總以入貴陽為目的！」也就是說，不論紅軍朝什麼地方打，中央軍「總以入貴陽為目的」！

王家烈「啞巴吃黃連——有苦說不出」，眼睜睜看著中央軍開進了貴陽城，做了貴州的「太主席」。王家烈變得頗為狼狽：

「中央軍反客為主，我出城進城均受他們盤查，處境異常難堪……」㉕

注釋

①指一軍團林彪、聶榮臻，三軍團彭德懷、楊尚昆，五軍團董振堂、朱瑞，八軍團周昆、黃甦，九軍團羅炳輝、蔡樹藩，中央縱隊羅邁（李維漢）、鄧發。這也就是長征開始時紅軍隊伍的陣營。

②張聞天《延安整風筆記》（一九四三年十二月十六日）。

③周恩來：《在延安中央政治局會議上的發言》（一九四三年十二月一日）。

④這一史實從未對外披露，是筆者一九九〇年六月十四日從北京協和醫院病史室的檔案中查出。

⑤晏道剛，《蔣介石追堵長征紅軍的部署及其失敗》，《紅軍長征在貴州史料選輯》，貴州社會科學叢書一九八三年版。

⑥晏道剛，《蔣介石追堵長征紅軍的部署及其失敗》，《紅軍長征在貴州史料選輯》，貴州社會科學叢書一九八三年版。

⑦何新華、凌偉中，《陸定一尋女憶忠魂》，《江西黨史研究》一九八八年第六期。

⑧晏道剛，《蔣介石追堵長征紅軍的部署及其失敗》，《紅軍長征在貴州史料選輯》，貴州社會科學叢書一九八三年版。

⑨龍大雲，《突破敵人四道封鎖綫中央紅軍人員損失概況》，載《紅軍長征大事文集》，陝西省黨史學會一九八八年自印。

⑩《聶榮臻回憶錄》上冊，二三三頁，戰士出版社一九八三年版。

⑪周子昆後來在延安任中央軍委第一局局長，一九三八年一月任新四軍副參謀長，一九四一年犧牲於皖南事變。

⑫李德，《中國紀事》一一九頁，現代史料編刊社一九八〇年版。

⑬金冲及主編，《周恩來傳》，上卷，二八一頁，人民出版社一九八九年版。

⑭傅連暲，《長征中的雪裏送炭》，一九七五年十一月五日《解放軍報》。

⑮羅明《關於通過轉兵一些情況的回憶》，《中共黨史資料》第九輯。羅明後來在一九三五年二月婁山關戰鬥中負重傷，不得不與妻子留在貴州，再逃往廣東梅縣，由那裏去新加坡和馬來西亞當教員。解

放後，羅明擔任華南大學校長、廣東省政協副主席。

⑯《紅軍轉戰貴州——舊政權檔案史料選編》，貴州人民出版社一九八四年版。

⑰黎平縣「紅軍長征在黎平」調查組的調查報告，載《紅軍長征在貴州史料選輯》，一三五頁，貴州社會科學叢書，一九八三年版。

⑱周恩來，《黨的歷史教訓》（一九七二年六月十日），《紀念遵義會議五十周年》，貴州人民出版社一九八六年版。

⑲索爾茲伯里，《長征——前所未聞的故事》，四十二頁，解放軍出版社一九八六年版。

⑳據廣東大埔縣委黨史研究室、湖南省軍區政治部何展瓊、余敏、朱光梅的調查《忍辱負重一生革命的女紅軍蕭月華》。

㉑到延安後，蕭月華終於和李德離婚。解放後，她被授予大校軍銜，正師長級待遇。一九八三年十一月一日因癌症病逝於廣州。

㉒王同星，《我所知道的王家烈》，《遵義文史資料》第十四輯。

㉓侯漢佑，《侯之擔部防守烏江的潰敗》，《文史資料選輯》第六十二輯。

㉔黃朝天，《烏江架橋》，載《偉大的轉折》，貴州人民出版社一九八四年版。

㉕王家烈，《阻截中央紅軍長征過黔的回憶》，《文史資料選輯》二十一卷六十二輯。一九三五年四月六日，王家烈被迫下台，從此貴州落入蔣介石之手，結束了貴州軍閥統治時代。

第七章　遵義曙光

詐開城門智取遵義

按照毛澤東的戰略部署，在突破烏江天險之後，下一步就是直取遵義了。

一月四日，當紅一軍團第二師第六團的團長朱水秋、代理政委王集成剛剛率全團渡過水急浪高的烏江時，總參謀長劉伯承便命令他們作為前鋒，向遵義急行軍。

經過一天一夜急行軍，紅六團就推進到團溪鎮。這個鎮，離遵義只有九十里路。一月五日夜，紅六團在團溪鎮宿營。

六日清早，紅六團在一片黧黑中起床。就在這時，劉伯承一夜騎馬躦行，趕抵紅六團團部。劉伯承作了戰前動員。他說：「我們的日子是比較艱難的，要求仗打得好，還要傷亡少，又要節省子彈，這就需要多用點智慧。」他的這番話，開導了紅六團指揮員們的腦筋，在「智取」上下工夫。

在紅六團中，擔任前鋒的是第一營。營長曾保堂和團參謀長唐振旁走在最前頭。他們的身邊，走著一位小夥子。這個小夥子家住團溪鎮。昨夜，唐振旁在鎮上找老百姓打聽情況，找到了這位小夥子。小夥子原先在「侯家軍」裡當過兵，知道沿途情形。他說，離遵義城三十里路有個山口，「九響團」駐守在那裡，只有過了這一關，才能進遵義。

什麼是「九響團」呢？原來，侯之擔的這個團，上上下下都有一支能夠一梭九發的「九連珠」毛瑟槍，號稱那山口「連鳥也飛不過去」！唐振旁請小夥子當嚮導，小夥子猶豫再三，總算答應了。

貴州果真「天無三日晴」，一路走，一路下起冷雨來了。紅六團在泥濘的山道上疾行。下午三時光景，來到那「連鳥也飛不過去」的山口。一看，兩面的山頭各蹲著一座碉堡，形勢的確險惡。

紅六團悄然包圍了「九響團」。「九響團」還以為紅軍遠在烏江呢！一陣槍響，慌作一團，三下五除二，就被紅軍解除了武裝。除了死的以外，二百多名俘虜畏縮在寒風細雨之中。

第一營換上了「侯家軍」的軍裝，帶著十幾個願加入紅軍的俘虜，準備去遵義詐取城門。這時，劉伯承又冒雨騎馬趕到。劉伯承對第一營作了戰前講話：「遵義城裡有敵人一個師，聽說我們過了烏江，軍心在動搖。你們以一個營打敵人一個師，力量懸殊。但敵人是驚弓之鳥，一轟就跑。你們一定要有勝利的信心！同時，要多動腦筋，多用一點智慧，」①

雨，越下越大。生怕打「九響團」時的槍聲會走漏消息，紅六團第一營馬不停蹄，直奔遵義南門。

雨夜，比往日更加昏黑。遠遠地望見一星燈光，知是南門已近在眼前。在南門附近布好掩護的機槍，曾保堂、唐振旁便帶著穿了「九響團」的服裝的一部分戰士和俘虜，來到南門城牆之下。俘虜們用貴州土話喊開門。

「哪一部分的？」城門上傳來問話。

「九響團的！」被俘的「九響團」營長按照曾保堂的吩咐答道。

「九響團不去守山口，來幹什麼？」

「共軍打過來啦！」

「共軍？共軍不是還在烏江嗎？」城門上傳來驚訝的聲音。那哨兵叫來了他的上司馬排長。馬排長擰開明亮的手電筒往下照，見一群水濕的穿「九響團」服裝，挎「九連珠」的士兵，盤問了一通，那位被俘的營長，答得滴水不漏。於是，馬排長下令打開城門。

城門開了，紅軍一擁而入。

開門的士兵問：「共軍來了？」

紅軍用「九連珠」指著他的胸口：「遠在天邊，近在眼前！」

就這樣，不費吹灰之力，紅軍攻進了遵義城，一下子抓了幾百名「侯家軍」。

紅軍衝進了「侯家軍」的軍部，不見侯之擔。一問，才知道侯之擔在一月四日夜裡，帶著家眷往老家桐梓逃了。連「城防司令」侯漢佑，也從北門逃掉了。

眼看著紅六團已經占領了遵義，忽地又響起槍聲。原來，遵義分新城和老城。紅六團所占領的只是新城，槍聲從老城響起。老城還駐守著一個團的「侯家軍」。

再接再厲，紅六團攻入老城，依然如入無人之境。「侯家軍」不經打，舉手投降了。

這樣，在一九三五年一月七日凌晨，遵義全城都落入紅軍之手，侯之擔先失烏江，又丟遵義，幾天之內把黔北都丟了。一萬多「侯家軍」，損失了五六千人。

蔣介石發電報，痛斥侯之擔。原先想效忠於蔣委員長的他，此刻呼天天不應，喊地地不靈。在百般無奈之中，他只能丟下「侯家軍」，隻身逃往重慶。

一月十八日，蔣介石命令參謀團主任賀國光在重慶將侯之擔「先行看管，聽候查辦」！

王家烈既為侯之擔的崩潰感到慶幸，從此貴州境內少一異己，但也未免兔死狐悲，震懾於侯之擔前車之鑒。侯之擔在重慶被拘當日，王家烈給黔軍發出如下通電：

「奉電前因，查侯副軍長，前此貽誤戎機，經委座電令申斥，勉以戴罪立功，殊值匪患方殷之日，不圖奮勉，竟自私赴渝城，乖方失職，看管允宜。務望我袍澤，因之惕勵，奮勇努力，以復我黔軍過去之光榮聲譽，勿稍瞻誤，致蹈覆轍為要。」②

國民黨得到「毛澤東當主席」的情報

一夜之間，遵義變成了紅色。

遵義，貴州的第二大城，黔北的中心。當年的遵義不過三四萬人，在窮鄉僻壤的貴州已算是很繁華的了。

進遵義時，毛澤東笑謂「進夜郎國」了！「夜郎國」以成語「夜郎自大」而為人所知。相傳在漢朝時派使者來到夜郎，夜郎侯問：「漢同夜郎比，誰大？」這位夜郎侯居然不知漢有多大，後人遂以「夜郎自大」嘲諷妄自尊大者。

其實，漢代時便有夜郎郡，不是指遵義，而是指王家烈、侯之擔的老家——桐梓。桐梓在遵義之北，過了婁山關便是。相傳大詩人李白被流放到「夜郎縣」，即桐梓縣，只是他走到半途遇上大赦，未曾真正到達夜郎縣。

遵義是座古城，唐朝時設遵義縣，明朝時設遵義府，那時屬四川。直至清朝才屬貴州。遵義有城牆、城門，用紅砂石砌成的，城牆不高，倒是幾座城門樓飛牙出簷，看上去有點氣派。

遵義也有條湘江，只是此湘江跟湘江之戰的湘江無關。這條湘江發源於婁山山脈的主峰金頂山，經遵義流入烏江。遵義城原本在湘江西岸，清朝咸豐年間在東岸另建新街，新街組成新城。於是，老街、老城與新街、新城隔江相對。新城也建城牆、城門。紅六團最先攻下的是遵義新城。待到老城響起槍聲，才知湘江西岸還有遵義老城！

紅軍進遵義城的那天夜裡，發生一樁趣事：

城裡原有一名更夫，夜夜敲鑼沿街巡邏。那天夜裡，上半夜他邊敲鑼邊喊：「城防司令命令，死守遵義城！」到了下半夜，他改口了，邊敲鑼邊喊：「大家大開四門，歡迎紅軍進城！」

紅軍剛進城，便有一個二十七歲的男青年，書生氣質，操四川口音，前來握手，聲稱自己是此地中共地下組織負責人。國家政治保衛局局長鄧發接待了他。經查問，此人本名周司和，到遵義後化名周鰍群。

那是一九三四年春，遵義忽地來了個賣煤的人。按照遵義的習慣，賣了煤，順便要把買主家的煤渣挑走。當他來到李築三家賣了煤，進灶間鏟煤渣時，見到桌上放著美國作家辛克萊的小說《屠場》，便向李築三的女兒李小俠說道：「密斯，你能把書借給我看一夜嗎？」

李小俠把書借給了他，卻好生奇怪，一個穿得破破爛爛、幹力氣活的人，怎麼會講英語，會對外國小說感興趣呢？趁還書時跟他交談，才知他是四川來的「落難人」，原本是讀書人。

李築三叫他寫幾個字看看，果真，此人寫得一手好字。李築三是老城衙門口的代訴（土律師），正需要人抄寫訴狀，因此就把此人留了下來。

此人就是周司和，四川大足縣人（著名的大足石刻就在該縣），一九二八年加入中國共產黨。因有人叛變，無法在當地立足，所以逃來遵義。

周司和落腳李築三家，在遵義發展了中共地下組織。紅軍尚未來到遵義，周司和就組織了「紅軍之友協會」。這時，跟鄧發取得了聯繫，按照鄧發的意見改名「紅軍之友社」，在城裡掛起牌子，公開組織歡迎紅軍的活動。有了周司和這樣的「內應」，紅軍在遵義城裡開展工作方便多了。

紅軍逐批進入遵義。遵義是紅軍長征以來頭一次打下的比較大的城市。一月八日，總政治部代主任李富春發布了《進遵義城八項注意》：

（一）整齊武裝服裝。（二）不掉隊落伍。（三）不脫離部隊不自由行動。（四）到宿營地後出外要請假。（五）私人不准向群眾借東西。（六）不亂買東西吃。（七）無事不要進群眾家裡去。（八）注意衛生，不亂屙屎尿。

一月九日下午，在「紅軍之友社」的組織、鼓動下，遵義城裡許多青年學生、老百姓湧出新城南門關，站在豐樂橋頭夾道歡迎中央縱隊進城。

豐樂橋是進入南門關後的第一座橫跨在湘江之上的石砌拱橋，建於清朝咸豐五年，橋頭有「接官亭」，向來是迎送貴賓之處。如今橋頭響起了鑼鼓聲、鞭炮聲。周司和領呼口號：「歡迎紅軍！」「歡迎共產黨！」「歡迎毛主席！」「歡迎朱總司令！」

毛澤東、朱德、周恩來、張聞天一起走過來，不斷跟歡迎的群眾握手。毛澤東的臉上掛著笑容。這是他兩年零三個月以來，第一次舒心地笑了！在「接官亭」前，毛澤東向歡迎的人群發表了簡短的演講。

就在這一天，紅軍總司令部移駐遵義。

就在這一天，劉伯承被任命為遵義警備司令，陳雲為政委。

大抵是毛澤東在豐樂橋頭公開露面，大抵是「歡迎毛主席」的口號聲，驚動了夾雜在人群中的密探。

兩天之後——一月十一日，黔軍總指揮蔣在珍在遵義之北的正安所發出關於遵義動態的電報中，便冒出了一句「毛澤東當主席」：「遵義設匪軍總機關，毛澤東當主席。天主堂設銀行，濫發紙幣，強迫人民使用……」③

雖說蔣在珍用詞不準確，因為毛澤東從一九三一年十一月起就是中華蘇維埃共和國臨時中央政府主席，並非進遵義才「當主席」，但蔣在珍的電報是「毛澤東當領袖」之意，因為「毛澤東是政府主席」，這在國民黨報紙上早已披露過的，蔣在珍也早已知道。

蔣在珍的電報中表明，進入遵義之後，毛澤東已是紅軍「總機關」的「主席」。連國民黨的密探都已得到這樣的情報了！

「毛、張、王」同住古寺巷

湘江東岸，過了遵義新城最繁華的丁字口，有一條僻靜的用青石板鋪成的小巷，名叫古寺巷。小巷深處，一堵青磚砌的高圍牆，一座頗有氣派的門樓，一扇寬大的門。推門進去，草坪、花壇簇擁著一幢兩層洋樓。這幢樓用特製的大塊青磚砌成，四周有寬大的迴廊。樓內，紅漆地板，彩色玻璃窗，寬大的樓梯，黃銅架子大床。這樣的洋樓，在當年的遵義，是數一數二的豪宅。

屋主是「川南邊防軍」第一旅旅長易少全（亦作「易少荃」），他風聞紅軍欲取遵義，早已攜眷逃之夭夭。

國家政治保衛局局長鄧發向來負責安排首長的住處。每到一地，他總是先把可供住宿的地方作一番巡視，然後按首長地位的高低，相應的分配房子。長征以來，宿營地最好的房子向來安排給李德，而毛澤東總是住很差的房子。到了黎平，周恩來被安排住入最好的房子，毛澤東的住房也不錯。在猴場，毛澤東住的房子最有氣派。

這一回，鄧發領著毛澤東來到古寺巷，讓他睡那張黃銅大床。顯而易見，這是最好的住宿待遇。毛澤東素來愛乾淨，一路長征，他不睡老百姓家的床，每到一地，他要警衛員借門板，他要睡在門板上。這一回破例，他沒有任何猶豫，就睡在那張富麗堂皇的黃銅大床上了。

毛澤東未進遵義，就已關照鄧發，在遵義他要跟張聞天、王稼祥住在一起。鄧發遵命，把張、王都安排在易宅樓上④，而樓下則住著他們三人的隨行人員——秘書、警衛員、衛生員、炊事員。長征開始之後，李德就發覺毛澤東、張聞天、王稼祥常在一起，先是稱他們「三人核心」，後來乾脆攻擊他們是「新的三人團」以至「地下三人團」。

此時，毛澤東完全不必置理李德的風言風語，跟張、王同住一樓，以便於共商大事——在遵義召開中共中央政治局擴大會議，清算博古、李德的「左」傾軍事路線。這次政治局擴大會議，史稱「遵義會議」，是中共黨史上最重要、最著名的會議之一，是一九二一年中共「一大」以來最為重要的會議。

關於遵義會議的由來，周恩來在一九四三年是這麼說的：

「過了湘江後，毛主席提出討論失敗問題，從老山界一直爭論到黎平……」⑤

遵義會議的主題，也就是毛澤東最初提出的「討論失敗問題」。

在陳雲的一九三五年二月（或三月）的一份手稿中，說得也很明白：

「錯誤的軍事上的指揮，是經過了一個很長時期的，在這一時期中，黨內軍委內部不是沒有爭論的，毛張王曾經提出過許多意見……」⑥

陳雲這份手稿寫於遵義會議結束後不久的時候，清楚地提及了「毛、張、王」，把毛澤東、張聞天、王稼祥相提並論。

「毛、張、王」又是怎樣醞釀召開遵義會議的呢？

王稼祥的夫人朱仲麗，寫及長征時王稼祥和毛澤東同在擔架隊裡的情形：

「當時稼祥同志曾為作戰指揮上的問題，和李德發生過多次爭執，他憂慮地對主席說，這樣下去紅軍就不行了！後來，他乾脆地表示，要把博古、李德他們『轟』下臺，毛主席聽了稼祥同志的話，十分贊同，但根據當時的實際情況，有些擔心，回說：『能行嗎？我們人少。』稼祥同志又說：『到了遵義要開會，要把他們「轟」下來。』主席高興地說：『好啊，我很贊成，那要活動活動。』稼祥同志答應了。

「長征的路上，條件是極其惡劣的，稼祥同志不顧自己的傷情，先找到了張聞天同志，向他談了自己對一些問題的看法。稼祥同志說，到遵義城需要開一個會，總結一個黨的軍事路線。正巧，聞天同志也考慮了這個問題，他表示同意。當然，周恩來同志也同意了。接著，稼祥同志還找了其他一些負責同志。」⑦

伍修權也如此說：「促成遵義會議的召開，起第一位作用的是王稼祥同志……王稼祥同志第一個促成了會議的召開，張聞天同志也起了重要的作用，會議從醞釀準備到組織領導，李德就已經被排除在外了。」⑧

在「毛、張、王」之中，王稼祥談及和毛澤東同在擔架隊的情形：

「一路上，毛澤東同志同我談論了一些國家和黨的問題，以馬列主義的普遍真理和中國革命實踐相結合的道理來教導我，從而促使我能夠向毛澤東同志商談召開遵義會議的意見，也更加堅定了我擁護毛澤東同志的決心。」⑨

「毛、張、王」中的張聞天，在憶及瑞金雲山古寺那次與毛澤東的長談後，說道：

「從此，我同澤東同志接近起來。他要我同他和王稼祥同志住在一起——這樣就形成了以毛澤東同志為首的反對李德、博古領導的『中央隊』三人集團，給遵義會議的偉大勝利奠定了物質基礎。」⑩

就在「毛、張、王」住進易宅的當天，西門子電話機就安裝在毛澤東寬大的寫字桌上。屋裡生了炭火盆。

樓上共三間房，毛澤東住在東邊的一間前房，後房住著他的警衛員陳昌奉和衛生員。張聞天、王稼祥住在西邊一間的前房、後房。中間是客廳，放著一張長方桌子和幾把太師椅，那裡成為「毛、張、王」一起進餐之處，也成為一起商談、籌備遵義會議的所在。

至於賀子珍，預產期日近，正隨休養連住在遵義第三中學裡。

「柏天順」醬園的小樓成了紀念地

除了「毛、張、王」三人住在湘江東岸的新城之外，其他的中共和紅軍首腦們差不多都集中住在湘江之西的老城中心區。

貫穿老城的一條南北大街，叫子尹路（曾名枇杷橋），是以遵義名人鄭子尹的名字命名的。鄭子尹是清朝道光年間舉人，集學者、詩人、書法家於一身。他名鄭珍、字子尹，晚號柴翁，著有《說文逸字》、《巢經巢集》等。

子尹路兩側，大都是木板平房，只是路東八十七號內，卻有著一幢比古寺巷易宅更加豪華的洋樓，是當年遵義城裡首屈一指的漂亮住宅，後來成了紅軍總司令部的所在地，遵義會議就是在這幢樓裡召開的。一九六一年三月，這幢房子被中國國務院列為第一批全國重點文物保護單位之一。如今，這幢房子氣勢雄偉的門樓，當年是三爿門面店鋪。今日門樓上高懸毛澤東一九六四年手書「遵義會議會址」六個金色大字之處，當年是「柏天順」金字招牌懸掛的地方。

「柏天順」，名聞遵義的醬園。遠近的百姓要買醬油，總買柏家的。「柏天順」這字號，取「天天順利」之意。⑪柏家原在遵義城外，跟人打官司，輸了地，進城做醬、醋生意，佃了此處冉家的房子開鋪。

醬園的生意尚可。不過，柏家能夠花大錢造那麼豪華的私邸，卻是因為「醬」門出了「虎」子——柏輝章。

柏輝章之父柏傑生，生七子二女，柏輝章為次子。一九二一年，父親為了避免抽壯丁，把二十歲的柏輝章送往貴陽，進入貴州講武堂騎兵科。此後，柏輝章從班長逐級升至師長，成為王家烈手下的嫡系。

柏輝章個子中等，壯實，口才不錯，佩兩顆星中將肩章。當了師長，弄到了「外快」。一九三〇年，他托人帶錢給長兄柏繼陶，供家中造新屋之用。

柏輝章多年在外，見識頗廣，他關照長兄，房子的設計要別出心裁。長兄柏繼陶曾在上海讀書，也見過上海種種洋房。這一回，他專門去上海，參觀各種西式洋房，帶回各種圖紙，請人設計了中西合璧的「柏公館」。

柏公館頗為考究，寬敞的迴廊，轉角樓梯，青磚廊柱，雕花門窗，窗上裝飾著國民黨黨徽，就連天花板上的燈，都是從一隻鳥或一朵花的雕塑中伸出來。耗資三萬多銀元，柏公館終於落成。易少全見了頗為羨慕，於是照此風格，在古寺巷另建一幢。

知道紅軍過了烏江，進取遵義，於是柏輝章發來急電。柏家老小雇了幾頂轎子，帶著細軟，悄悄溜往貴陽。紅軍進遵義時，柏家只有一兩個夥計看門，考慮到此屋地處鬧市中心，交通方便，就選作紅軍總司令部駐紮之地。周恩來和鄧穎超、朱德和康克清住在樓上，中央軍委總部、總參謀部在樓下辦公。劉伯承、彭雪楓、張雲逸都住在樓下。

柏公館樓上，周恩來和朱德住房旁邊，有一寬敞的客廳。那裡，就是遵義會議的會場。站在柏公館的迴廊上，抬頭可以望見不遠處楊柳街天主教堂屋頂的十字架。天主教堂成了紅軍召開幹部大會、群眾大會的場所。

新中國成立後，當中共上海市委著手尋覓當年中共「一大」會址時，中共遵義地委、市委則開始尋覓遵義會議會址，一九五一年一月，為了迎接即將到來的中共建黨三十周年紀念日，遵義成立了「遵義會議紀念建設籌備委員會」。

雖說柏公館在遵義是很顯眼的，可是，最初竟把「遵義會議紀念館」的牌子掛到了天主教堂去。其實這不足為奇，因為遵義會議是在秘密狀態下召開的，除了與會者，很少有人知道在哪裡召開。天主教堂那時常常開會，就以為遵義會議在那裡召開。

那塊「遵義會議紀念館」牌子在一九五四年從天主教堂收了下來。因為這年一月，北京的中國革命博物館籌備處給中共遵義市委寄來一函：「在某個文件上查出，一九三五年中央政治局擴大會議是在遵義舊城一個軍閥柏輝章的公館內召開的。」

哦，柏公館！中共遵義市委一下子就找到那幢醬園裡的二層樓房，拍了許多照片寄往北京。

一九五四年八月，當時擔任中共中央辦公廳主任的楊尚昆打電話通知中共貴州省委：「遵義會議是在黔軍閥柏輝章的屋子裡召開的。」

楊尚昆是遵義會議的出席者，他的電話使遵義會議會址水落石出。

李德的住處跟柏公館很近，是一家地主的四合院。博古住的也是一個四合院，離柏公館也不遠，在子尹路西側一條小巷裡，背靠著玉屏山——坐落在老城的一座小山。比起「毛、張、王」，比起周恩來、朱德的住處，這裡自然要「遜色」得多，這似乎已經預示著他們的地位的衰落。

總政治部離柏公館不過百把公尺，代主任李富春住在那裡。鄧小平也住在那裡。只有「毛、張、王」下榻的易宅離柏公館遠，從新城走過來，大約要走一刻鐘左右，才能到達柏公館。

逐步查清歷史的「黑角」

歷史記錄了紅軍長征的時刻表。自從一九三四年十二月十二日，在湖南通道縣毛澤東的戰略意圖第一次戰勝了博古、李德之後，紅軍如同長了「飛毛腿」，前進的速度是驚人的：

十二月十五日，攻占黎平。

十二月三十日，進入烏江南岸猴場。

一月三日，飛渡烏江。

一月七日凌晨，攻下遵義。

這下子，把蔣介石的幾十萬「追剿」部隊，遠遠地甩在烏江以南、以東。唯一進展較快的薛岳的中央軍，忙著搶占貴陽去了。駐守黔北的黔軍，不是紅軍的對手，一觸即潰，聞風喪膽。

這樣，紅軍進入遵義之後，終於有了喘一口氣的機會。

本來，在黎平會議上，就已經決定「相機召開中央政治局擴大會議」，這個機會終於到來了。在遵義，有了半個多月相對安定的日子，這為召開中央政治局擴大會議提供了機會。

遵義會議是中共黨史上極為重要的會議，然而遵義會議卻「被史家稱作『黑角』」。⑫

遵義會議成為歷史研究中的「黑角」，是因為有著許多難解之謎。這些謎的產生，是由於會議所留下的原始文獻太少了。慢慢地、細細地考證，這一「黑角」才終於日漸變得清晰起來。

遵義會議召開的日期，便曾是一個令歷史學家困惑頗久的謎。

在一九八〇年以前出版的種種史著上，均稱「遵義會議從一九三五年一月六日至八日，開了三天」。李德的《中國紀事》中也說，遵義會議於「一九三五年一月七日至八日」舉行。

隨著研究的深入，這一日期成了問號。因為不論從紅軍司令部的多封電報，還是國民黨部隊的多封電報中，都可查明遵義是在一九三五年一月七日凌晨被紅軍攻克的，那麼，遵義會議怎麼可能於一月六日至八日在遵義召開呢？

於是，歷史學家倒過來追究「一月六日至八日召開」的依據。

原來，遵義會議在當時唯一傳世的文獻，是會議通過的決議，即《中共中央關於反對敵人五次「圍剿」的總結決議》。這份決議收入中國人民大學一九五七年出版的《中國革命史參考資料》第三卷。決議上標明「一九三五年一月八日政治局會議通過」。通過之日，亦即會議結束之日，與會者記得開三天，也就是「一月六日至八日」。李德記得開兩天，也就成了「一月七日至八日」。

再查下去，那本《中國革命史參考資料》所依據的，是一九四八年中共晉冀魯豫中央局編印出版的《毛澤東選集》上冊，內中全文收入了遵義會議決議。

再查下去，查到遵義會議決議油印本，上面蓋著「抗日軍政大學第三分校」字樣印章。油印本上有一行字：「一九三五年一月八日政治局會議通過」。抗日軍政大學第三分校是一九三七年創辦的。這個油印本的出版時間，離遵義會議作出決議的時間不久，是很珍貴的歷史檔案。

再往下查，查不下去了——因為查不到遵義會議決議的手稿。

歷史學家只能得出這樣的結論，由於刻印蠟紙者的小小的筆誤，給歷史學家們開了不小的玩笑，造成一九八〇年前對於遵義會議召開日期的錯誤推定！

那麼，遵義會議究竟是什麼時候召開的呢？

中央檔案館保存的一份署名「恩來」的電報手稿，一下子解開了這個歷史之謎：

卓然、少奇：

十五日開政治局會議，你們應於明十四日趕來遵義城。

恩來　廿四時

「卓然、少奇」，即李卓然、劉少奇。文末「廿四時」，據電文內容可推定為「一月十三日廿四時」。這一份簡短的電報，表明遵義會議是一月十五日召開的！

真是「好記性不如爛筆頭」，尤其是人們對於日期之類數字的記憶最易模糊。儘管遵義會議的出席者還有多人健在，但誰都記不清確切的日期。誠如中共「一大」的召開日期，多年來一直定為「一九二一年七月一日」，經過反覆考證才確定為「一九二一年七月廿三日」。周恩來電報的發現，定下了遵義會議的準確的時間座標。

至於油印本上為什麼寫作「一月八日」，有人作出解釋：一定是起草者的字跡太潦草，而且是用阿拉伯數字簽署日期，「17」寫成像漢字中的「八」字，造成了蠟紙刻印者的筆誤。

當然，這種解釋只是解釋而已。反正那油印本上的日期，肯定是印錯了！

遵義會議的會址一度弄錯，終於查清；召開日期也曾陷入謎霧，也終於弄明。然而，還有許多問題，處於歷史的「黑角」之中：

哪些人出席了遵義會議？出席者在當時的身分是什麼？

會議開了幾天？會議是按什麼程序開的？出席者的發言內容是什麼？

決議是怎樣產生的？誰執筆？是在遵義會議上當場通過的嗎？為什麼決議收入一九四九年版《毛澤東選集》？起草者會不會是毛澤東？

歷史學家在探索著，一次次走訪健在的遵義會議的出席者。出席者們的回憶，固然為解開歷史之謎提供了許多線索；但是，原始文獻的發掘，依然是歷史學家所十分關注的。

令人遺憾的是，那麼多年，關於遵義會議的原始文獻，只找到一份決議油印本。

一次重大的進展，發生在一九八二年——距遵義會議四十七年之後。

那是位於北京遠郊的中央檔案館，有一批五〇年代從蘇聯運回的檔案，內中有一份重要手稿。這份手稿是用藍黑墨水在「拍紙簿」上寫成的，豎行，共八頁。

手稿開頭的一行字，引人注目：「（乙）遵義政治局擴大會議」。這表明，這是關於遵義會議的一份原始文獻。可是，只有「（乙）」，卻沒有「（甲）」！手稿的右側下方，寫著的阿拉伯數字頁碼，倒是從「1」開始，末頁為「8」。

這份手稿，透露了許多前所未聞的重要史實。雖然早在五〇年代，中央檔案館已經注意到這份手稿，但由於手稿無署名，有「（乙）」無「（甲）」不完整，未敢公布這一手稿。⑬

這是誰寫的？是一份什麼樣的文件？中央檔案館在一九八二年決定送遵義會議健在的出席者們審看。鄧小平看了，楊尚昆看了，認不出是誰的筆跡。

伍修權作為李德的翻譯，出席了遵義會議，他的記性不錯，那份手稿送到他手中，伍修權看了，也認不出是誰的字。

陳雲也是遵義會議的出席者，當時他正在杭州。手稿被送往杭州。

接到這一手稿的是陳雲秘書朱佳木。本書作者採訪了朱佳木，他回憶道：

我把手稿原件，交給了陳雲同志。

過了一個多小時，他叫我。我進了他的辦公室。他說：「這是我寫的！」

他的話，使我又驚又喜。

他的夫人于若木同志看了手稿，也說這是陳雲同志寫的字。據陳雲同志說，這是遵義會議結束不久，他向部隊傳達遵義會議時寫的傳達提綱……⑭

由於陳雲確認這份手稿是他寫的，這份關於遵義會議的重要原始文獻的來歷便得以查清。胡喬木對這份手稿進行考證，認為這份手稿形成於遵義會議後不久從威信到瀘定橋的行軍途中，因此寫作時間為一九三五年二月十一日至三月十一日這一段時間內。陳雲看了胡喬木就這一問題寫給他的信說：「具體時間我記不清了，但我同意你們考證的時間。」

陳雲手稿提及許多前所未知的關鍵性史實。這份手稿的確認，使有關遵義會議的研究，向前推進了一步。

陳雲手稿先在內部發行的《中共黨史資料》第六輯上發表，接著，又在一九八五年一月十七日《人民日報》公開發表——那一天，正值遵義會議五十周年紀念日。

陳雲手稿中指出：遵義會議「指定洛甫同志起草決議，委託常委審查後，發到支部中去討論」。這表明決議的起草者是張聞天，而且決議不是在會上通過的，卻是在會後起草，由政治局常委審查通過。

此後，一九八三年，殷子賢和史紀辛在中央檔案館發現遵義會議決議的最早的油印本，上面寫著「一九三五年二月八日政治局會議通過」，⑮「二月十六日印」，這表明，最初發現的那個油印本，是後來在陝北的翻印本，把「二月」誤寫成「一月」——少了一横（也可能是那一横刻得太輕，沒有印下來），給歷史學家們帶來多大的誤會和麻煩！那種關於把「17」誤寫成「八」的解釋，也就「告吹」了！

陳雲的手稿中寫及：遵義會議「經過三天，完成了自己的決議」。既然依據周恩來的電報，確定會議在一九三五年一月十五日，「經過三天」，也就在一月十七日結束。這樣，遵義會議的日期，也就查得清清楚楚。

對於遵義會議二十位出席者的考證

遵義會議的出席者名單，歷史學家排了好多遍，一直未能弄清楚。

按照慣例，出席者的名單，在會議記錄上可以查到。

遵義會議是有會議記錄的，周恩來回憶說是鄧小平作記錄。

可惜，遵義會議的記錄，迄今未曾見到。從會議記錄上，不僅可以查到出席者名單，而且可以查到出席者的發言。會議記錄是最為重要的原始文獻。

其實，遵義會議的記錄不止一份！除了鄧小平所記的那一份會議的正式記錄之外，好幾位會議的出席者在自己的筆記本上也隨手記錄。

內中，博古便是一個，因為博古平時開會有著在自己的筆記本上做記錄的習慣，何況在遵義會議上他受到尖銳的批判，也就隨手記下了別人的發言。筆者在採訪博古親屬時，他們說及博古的筆記本曾保存在親屬手中。

在「文革」中，他們作為博古親屬受到猛烈的衝擊，就把筆記本燒掉了。從此，已經保存了三十多年的珍貴的博古所記遵義會議記錄，化為灰燼，失去了一份關於遵義會議的極為珍貴的原始文獻！

所幸，陳雲的手稿得以保存，內中的一句話，解開了關於出席者的歷史之謎：

「參加這個會議的同志除政治局正式及候補委員以外，一，三軍團的軍團長與政治委員林、聶、彭、楊及五軍團的政治委員李卓然、李總政主任及劉參謀長都參加了。」

根據這一句話，就可以準確地考證出遵義會議出席者的名單。

中共六屆五中全會選出的政治局委員共十二人，其中王明、項英、張國燾、任弼時、康生五人不在遵義；顧作霖已於一九三四年五月廿八日因心臟劇痛、吐血不止，病逝於瑞金，終年僅二十六歲，剩下的六人，是遵義會議的出席者，即（以姓氏筆畫為序）：

毛澤東　中華蘇維埃共和國中央政府主席

朱　德　中國工農紅軍革命軍事委員會主席、紅軍總司令

陳　雲　全國總工會黨團書記，長征開始時為五軍團中央代表、軍委縱隊政治委員、遵義警備司令部政治委員

周恩來　中國工農紅軍革命軍事委員會副主席、紅軍總政治委員，長征開始時為「三人團」成員

張聞天（洛甫）　中華蘇維埃共和國中央政府人民委員會主席

秦邦憲（博古）　中共中央總負責，長征開始時為「三人團」成員

中共六屆五中全會選出的政治局候補委員共五人，其中關向應不在遵義，因此出席遵義會議的是四人，即（以姓氏筆畫為序）：

王稼祥　中國工農紅軍革命軍事委員會副主席、紅軍總政治部主任

鄧　發　國家政治保衛局局長

劉少奇　全國總工會委員長、中共福建省委書記，長征時為八軍團中央代表

何克全（凱豐）　共青團中央書記，長征開始時為九軍團中央代表

陳雲手稿中提及的「林、聶、彭、楊」，即：

林　彪　一軍團軍團長

聶榮臻　一軍團政治委員

彭德懷　中共中央候補委員、三軍團軍團長

楊尚昆　中共中央候補委員、三軍團政治委員

陳雲手稿中還提及「李卓然，李總政主任及劉參謀長」，即：

李卓然　五軍團政治委員
李富春　中共中央候補委員、紅軍總政治部副主任、代主任
劉伯承　紅軍總參謀長、軍委縱隊司令員、遵義警備司令員

以上共十七人。

此外，還有兩人列席會議：

李　德　共產國際駐中國軍事顧問，長征開始時為「三人團」成員
伍修權　翻譯

這樣，遵義會議出席者的名單增至十九人。

在這十九人之外，還有一位出席者，即鄧小平。

本書作者在遵義及貴陽，查找有關鄧小平出席遵義會議的資料。最早見諸報刊的，是一九五八年十一月十三日的《貴州日報》，第三版以頭條地位刊載了蕭明的通訊《鄧小平同志在遵義》，一開頭就寫道：

本月三日（引者注：即一九五八年十一月三日），遵義會議紀念館裡非比尋常。遵義會議紀念館裡的工作人員，很久以來就盼望著能接待一次參加過遵義會議的客人。今天這

個願望實現了，鄧小平、李井泉、楊尚昆等同志來參觀紀念館。

遵義會議的參加者鄧小平和楊尚昆同志，對這座闊別二十多年，有偉大歷史意義的樓房，記憶猶新。一走進紀念館的大門，楊尚昆同志興奮地說：「就是這裡，這個地點找對了。」

走進陳列室，楊尚昆同志告訴紀念館的負責人孔（憲）全同志：「這裡是當時的作戰室。」

穿過陳列室，踏上窄樓梯，走進開會的房間，鄧小平同志看到房間依舊是當年的擺設樣子，使他立刻想到了當年開會時的情景，他肯定地說：

「會議就在這裡開的，」他指著靠裡邊的一角說，「我就坐在那裡。」

在狹窄的走廊上，鄧小平同志說：「這個地方原來好像很寬，有次就在這裡擺一張地圖，幾個人研究怎樣往四川走。」……

此文後來又稍作補充，刊載於貴州一九五八年第十二期《山花》文學月刊，內容差不多。此後不久，周恩來證實鄧小平出席過遵義會議，並在會上擔任記錄。

關於周恩來的回憶，是楊尚昆談及的。那是一九八四年十月廿六日晚，楊尚昆在北京飯店宴請美國記者索爾茲伯里時，中國革命軍事博物館副研究員閻景堂在側作陪。閻景堂問及鄧小平出席遵義會議的情況，楊尚昆作了答覆。閻景堂如此記述：

楊尚昆同志說：「五〇年代末六〇年代初，我到遵義，遵義的同志問都是哪些人參加了遵義會議，我一一作了回答。他們又問小平同志是否參加了？我說好像不記得他參加了。回到北京，我問周總理，總理說小平同志參加了。當時擔任會議記錄，他是黨中央秘書長。」

楊尚昆同志接著說：「總理這麼一講，我也想起來了，還記得他當時坐的位置。小平同志是以黨的中央秘書長的身分參加的，這是肯定的。」⑯

陳雲的手稿中沒有提及鄧小平，可能和沒有提及伍修權一樣，一個是會議的記錄，一個是會議的翻譯。

鄧小平出席遵義會議時的身分，最初定為「《紅星報》主編」。《紅星報》是紅軍軍事委員會機關報，由總政治部出版。鄧小平作為「鄧、毛、謝、古」之一，在挨批判後，被總政治部主任王稼祥調去編《紅星報》。在中央蘇區，《紅星報》石印，每期印一萬七千多份。長征途中改為油印，每期印七八百份。

伍修權在一九八二年第一期《星火燎原》上的《生死攸關的歷史轉折》一文中寫及：「鄧小平同志先以《紅星報》主編身分列席會議，會議中被選為黨中央秘書長，正式參加會議。」

對於鄧小平來說，這是他第二次擔任此職。他在一九二七年底，擔任過中共中央秘書長。長征途中，再次擔任此職——這時，他的前任是鄧穎超，因肺病加重，由他接替。

一九八四年，當中共中央文獻研究室為美國《簡明不列顛百科全書》寫「鄧小平」條目時，涉及他第二次出任中共中央秘書長的時間。⑰這麼一來，他不是伍修權所說「會議中被選為黨中央秘書長」，而是會議前已擔任此職。據中共中央文獻研究室分析，鄧小平出任中共中央秘書長，在黎平會議或黎平會議後，在猴場會議之前。他的前任鄧穎超和繼任者劉英都證明他擔任過中共中央秘書長。

由於陳雲手稿中沒有提及鄧小平，所以關於鄧小平出席遵義會議及其當時職務的考證，就比前十九人需要多花費一些筆墨。然而，經過考證，鄧小平終於可以列上遵義會議的第二十位出席者：

鄧小平　　中共中央秘書長。

早年曾一度把董振堂列入遵義會議出席者的名單，其原因是出於這樣的推理：一、三軍團的軍團長及政委林彪、聶榮臻、彭德懷、楊尚昆以及五軍團的政委李卓然都出席了會議，那麼作為五軍團軍團長的董振堂勢必也出席會議。

然而，陳雲手稿中只提到「五軍團的政治委員李卓然」出席會議，沒有提到軍團長董振堂——倘若他出席會議的話，陳雲手稿中是絕不會遺漏的。

另外，否定董振堂出席會議還有以下重要依據：

第一，周恩來的電報只發給「卓然、少奇」，沒有發給董振堂。

第二，遵義會議期間，中央軍委發給五軍團的多次電報，都指名給董振堂，表明他會議期間在前線。

第三，陳雲對此作出解釋，「遵義會議是黨中央政治局的擴大會議，董振堂同志雖然是五軍團的軍團長，但在黨內沒有擔負負責的職務」。⑱這樣，董振堂沒有出席遵義會議，得以確證。

另外，九軍團軍團長羅炳輝、政委蔡樹藩因部隊尚在烏江，未能出席會議。

這樣，遵義會議的出席者名單，得以查清。在查證之中，陳雲的手稿起了關鍵性的作用，因為根據陳雲手稿便可確切地定下十八位出席者的名單——除了明確提及的十七位之外，手稿中有一句寫及李德在會上「完全堅決的不同意對於他的批評」，證明李德出席了會議。

經過反反覆覆的考證，依據原始文獻，依據會議出席者們一次次的回憶，遵義會議終於走出歷史的「黑角」，我們可以用比較準確的線條勾勒這個被稱為中共歷史轉捩點的會議的輪廓了……

正報告·副報告·反報告

太陽的餘暉漸漸掩沒在玉屏山後，遵義的街頭變得冷清起來。

寒風吹拂著徐徐而流的湘江。從新城的古寺巷深處，抬出一副擔架，上面躺著王稼祥。

頎長的毛澤東和戴近視眼鏡的張聞天隨著擔架，在警衛們的護送下，走過店舖簇擁的丁字口，走過湘江上的石橋，子尹路就在眼前了。

柏公館樓上，跟周恩來的臥室只一牆之隔的客廳，已經生好炭火盆。客廳正中是一張長兩米、寬一米的長方桌子（柏家的餐桌）。用土漆漆成板栗色，四周是近十幾把藤心木把椅子，還有好多隻木凳。另外，還特地放了一張抽腳藤躺椅（即藤躺椅下方有一張可伸可縮擱腳用的竹凳），那是處事甚細的周恩來囑人找來、為王稼祥預備的「專座」。

一盞帶白色荷葉邊燈罩的美孚煤油燈已經點亮，掛在天花板正中，射出黃暈的光芒。桌上放著煙灰缸和茶杯，沒有熱水瓶，只有一把銅壺正放在灶間的煤爐上。

從前線趕回的林、聶住在附近，彭、楊住在柏公館樓下。只是李卓然、劉少奇尚在途中。吃過晚飯後，人們陸陸續續來到客廳。當毛、張、王從新城抵達這裡時，與會者差不多到齊了。這時，牆上掛鐘發出噹、噹七聲響，會議也就開始了。

毛澤東和張聞天緊挨著那張藤躺椅而坐。籐椅在掛鐘的下方。李德遠遠地離群而坐，坐在門口那兒，伍修權緊挨著他而坐。

博古和周恩來坐在會場中心。會議由博古主持。其他的出席者，隨便找個椅子、凳子坐。正中牆壁上，掛著一張馬克思的像。

博古的自我感覺似乎不錯。他在宣布開會之後，就拿出一疊紙，開始作報告。因為事先定下會議的議題是對第五次反「圍剿」和長征的第一階段（即從江西出發至攻下遵義）進行總結，博古的報告圍繞著議題，以中共中央負責人的身分，一五一十地進行總結。

博古在談及第五次反「圍剿」失敗的原因時，強調了國民黨軍事力量的強大，強調了全國革命力量的薄弱，卻不去檢討「三人團」軍事指揮上的錯誤。

博古的報告大約持續了一個小時。他的報告被稱為「正報告」，又稱「主報告」。

博古的報告結束之後，作為「三人團」成員的周恩來作「副報告」。周恩來是中央軍委負責人，著重談軍事問題，他檢討了「三人團」指揮上的重大失誤，並主動承擔了自己的責任。

博古和周恩來報告的不同傾向，連李德也聽出來了（伍修權在他的一側給他現場翻譯）。他在《中國紀事》中寫道：「博古把重點放在客觀因素上，周恩來則放在主觀因素上……」

李德的這句話，倒是頗為準確地概括了「正報告」和「副報告」之間的不同。

周恩來的「副報告」，講了半個多小時。

接著，博古希望與會者對正、副報告加以討論——直到這時，博古仍在按照他事先預想的會議程序在進行著。

博古的話音剛落，張聞天馬上開始發言。張聞天從衣袋裡掏出一大疊紙頭，清楚表明他事先做了充分準備，寫好了發言提綱。如楊尚昆所憶：

「他作報告時手裡有一個提綱，基本上是照著提綱講的。這個提綱實際上是毛澤東、張聞天、王稼祥三同志的集體創作而以毛澤東同志的思想為主導的。」⑲

毛澤東在長征開始時提議毛、張、王在一起行軍，入遵義後三人又同住古寺巷，長時間切磋，其結果便是張聞天手中的這份發言提綱。

寫過長篇小說的張聞天，思路清晰，擅長表達，他的發言一下子就震動了會議。他的發言，大體上也就是後來由他起草的遵義會議決議。

張聞天的第一句話，就使博古和李德吃了一驚。他說：「聽了博古同志關於第五次反『圍剿』總結報告和周恩來同志的副報告之後，我們認為博古同志的報告基本上是不正確的！」

張聞天的報告，打亂了博古的會議程序。他一口氣也講了一個來小時，完全持與博古相反的觀點，人稱「反報告」。

張聞天指出：「博古同志在他的報告中過分估計了客觀的困難，把第五次『圍剿』不能在中央蘇區粉碎的原因歸之於帝國主義、國民黨反動力量的強大，同時對於目前的革命形勢卻又估計不足，這必然會得出客觀上第五次『圍剿』根本不能粉碎的機會主義的結論。」

張聞天把博古的正報告稱為「機會主義」，把博古一下子鎮住了。

李德大口大口地抽煙。

張聞天照著提綱發言，指名道姓地批判博古、批判李德。以下的這些非常尖銳的話，均摘自後來由張聞天寫成的遵義會議決議之中：

「由於對堡壘主義的恐懼所產生的單純防禦路線與華夫同志（引者注：即李德）的『短促突擊』的理論，卻使我們從運動戰轉變到陣地戰，而這種陣地戰的方式僅對於敵人有利，而對於現時工農紅軍是極端不利的。」

「我們突圍的行動，在華夫同志等的心目中，基本上不是堅決的與戰鬥的，而是一種驚慌失措的逃跑的以及搬家式的行動。」

「博古同志特別是華夫同志的領導方式是極端的惡劣，軍委的一切工作為華夫同志個人所包辦，把軍委的集體領導完全取消，懲辦主義有了極大的發展，自我批評絲毫沒有，時軍事上一切不同意見不但完全忽視，而且採取各種壓制的方法……」

「特別指出博古同志在這方面的嚴重錯誤，他代表中央領導軍委工作，他對於華夫同志在作戰指揮上所犯的路線上的錯誤以及軍委內部不正常現象，不但沒有及時的去糾正，而且積極的擁護了助長了這種錯誤的發展。博古同志在這方面應負主要的責任……」

張聞天的一席「反報告」，使會場群情激憤。積壓多日的對於博古、李德錯誤領導的怒火迸發了。幸虧進了遵義，香煙有了充足的供應，使李德可以一根接一根地抽著。

李德板著面孔，硬著頭皮聽著張聞天的當面尖銳批判。博古則埋頭記筆記，張聞天的「反報告」，完全超出他的意料。雖說他想同志們可能會對他的報告提出一些意見，但他絕未想到是這樣徹底地否定他的報告……

「正報告」、「副報告」、「反報告」，這三個報告構成了遵義會議不尋常的旋律。

毛澤東發射重磅炮彈

毛澤東也在大口大口地抽煙。平日，他在各種會議上，如同他指揮作戰一樣，喜歡「後發制人」，總是等大家都講得差不多了才發言。這一回，卻一反常態。當張聞天剛剛結束了「反報告」，毛澤東就開腔了。

毛澤東手裡也拿著幾張紙。不過，那不是發言提綱。他的意見早已爛熟於胸，用不著寫發言提綱。那紙上的字，是博古作「正報告」時，他隨手寫下的一些需要加以批駁的博古觀點。

在與會者的印象中，毛澤東的發言時間最長，大約持續了一個半小時。他的發言，要比張聞天幽默、辛辣，不時使會場爆發揶揄的笑聲——唯有博古和李德不笑。

很遺憾，迄今未曾查找到毛澤東發言的原始記錄，不過，周恩來回憶，毛澤東的發言用了三個「主義」概括了博古、李德的錯誤，即「先是冒險主義，繼而是保守主義，然後是逃跑主義」。⑳毛澤東概括的這三個「主義」，頗為深刻：「先是冒險主義」——指的是打贛州，「奪取中心城市，爭取一省或數省首先勝利」；「繼而是保守主義」——指的是廣昌之役，陣地戰，堡壘對堡壘；「然後是逃跑主義」——倉促突圍，實行逃跑。

周恩來回憶，毛澤東說這次著重解決軍事路線問題，「其他問題暫時不爭論」，「很多人一下子就接受了。」㉑

陳雲則回憶：「毛主席講得很有道理。內容就是《中國革命戰爭的戰略問題》。」㉒《中國革命戰爭的戰略問題》一文，收入《毛澤東選集》第一卷。他的話，形象而又生動：

「『拼消耗』的主張，對於中國紅軍來說是不適時宜的。『比寶』不是龍王向龍王比，而是乞丐向龍王比，未免滑稽。」

「睡眠和休息喪失了時間，卻取得了明天工作的精力。如果有什麼蠢人，不知此理，拒絕睡覺，他明天就沒有精神了，這是蝕本生意。我們在敵人第五次『圍剿』時期的蝕本正因為這一點。」

「誰人不知，兩個拳師放對，聰明的拳師往往退讓一步，而蠢人則其勢洶洶，劈頭就使出全副本領，結果卻往往被退讓者打倒。」

毛澤東用了這樣一段話回顧第五次反「圍剿」的失敗：

「起勁地反對『游擊主義』的同志們說：誘敵深入是不對的。放棄了許多地方。過去雖然打過勝仗，然而現在不是已經和過去不同了嗎？……現在我們的國家已經成立了，我們的紅軍已正規化了。我們和蔣介石作戰是國家和國家作戰，大軍和大軍作戰。歷史不應重複，『游擊主義』的東西是應該全部拋棄的了。新的原則是『完全馬克思主義』的，過去的東西是游擊隊在山裡產生的，而山裡是沒有馬克思主義的。新原則和這相反，『以一當十，以十當百，勇猛果敢，乘勝直追』，『全線出擊』，『奪取中心城市』，『兩個拳頭打人』。

「敵人進攻時，對付的辦法是『禦敵於國門之外』，『先發制人』，『不打爛罈罈罐罐』，『不喪失寸土』，『六路分兵』，是『革命道路和殖民地道路的決戰』；是短促突擊，是堡壘戰，是消耗戰，是『持久戰』；是大後方主義，是絕對的集中指揮；最後，則是大規模搬家。並且誰不承認這些，就給以懲辦，加之以機會主義的頭銜，如此等等。」

「無疑地，這全部的理論和實際都是錯了的。這是主觀主義。這是環境順利時小資產階級的革命狂熱和革命急性病的表現；環境困難時，則依照情況的變化依次變為拼命主義、保守主義和逃跑主義。這是魯莽家和門外漢的理論和實際，是絲毫也沒有馬克思主義氣味的東西，是反馬克思主義的東西。……」

毛澤東的一席宏論，層層剖析，把博古和李德推上了被告席。實際上，他的長篇講話，才是遵義會議的真正的「正報告」、「主報告」。

在毛澤東講畢之後，王稼祥從躺椅上欠起，站了起來，激動地發言。周恩來勸他坐下，他就坐著講。

遵義會議是王稼祥提議召開的。前些天，有人勸他：「你正生病，會議不必參加了。」他答道：「這是頭等大事，比我的病更重要，我要坐擔架去開會！」

王稼祥的發言很乾脆，直截了當地講了三點意見：

第一，完全贊同張聞天、毛澤東的發言。

第二，紅軍應該由毛澤東這樣富有實際經驗的人來指揮。

第三，取消李德、博古的軍事指揮權，解散「三人團」。

王稼祥的發言，是對毛澤東的有力支持。後來，直至在「文革」中，毛澤東提及王稼祥時，仍說他在遵義會議上投了「關鍵的一票」。

毛、張、王接連放了三炮，使博古和李德自通道會議、黎平會議、猴場會議已經動搖了的地位，徹底動搖了。就連李德在他的回憶錄《中國紀事》中也寫及，毛澤東的報告在會上得到「以掌聲和歡呼聲」所表達的支持。

然而，在這「掌聲和歡呼聲」中，忽地冒出冷冷的反問聲。這聲音是在王稼祥提議紅軍應由毛澤東指揮時發出的：「老毛懂個啥？他懂馬列主義？他懂軍事？他只會看看《孫子兵法》，翻翻《水滸傳》、《三國演義》！」

說這話的，是共青團中央書記凱豐，他強烈地支持著博古和李德。

見到這支突然射出的冷箭，毛澤東倒是很機警，反問道：「請問凱豐同志，你讀過《孫子兵法》嗎？你知道《孫子兵法》一共有多少篇？」

凱豐頓時語塞，作為「廿八個布爾什維克」之一，他熟讀的是俄文版的馬克思、列寧的著作，哪會去翻那中國的老古董《孫子兵法》呢？

毛澤東徐徐而道：「《孫子兵法》是中國古代軍事名著，我看，借用古人的智慧，用於紅軍作戰，這有什麼不可以呢？我們常說的『知己知彼，百戰不殆』，就是《孫子兵法》上的話。」

凱豐沒有再談《孫子兵法》，因為他實在無法就《孫子兵法》跟毛澤東較量，凱豐談起了馬克思主義，他開始不斷地引用馬克思的話、列寧的話，以證明博古、李德是完完全全的布爾什維克。

毛澤東反駁了凱豐，指出馬克思主義只有和中國革命的實踐相結合，才能取得勝利。博古、李德、凱豐為一方，毛澤東、張聞天、王稼祥為一方，三比三。

夜已深。博古宣告「暫停」。第一次會議結束。

警衛們提著馬燈，護送毛、張、王回新城。雖說驟然走出那炭火頗旺的會議室，朔風迎面撲來，是夠冷的，但是毛、張、王心中卻一片火熱，因為從今天會場上的反應看來勝券在握……

博古和李德陷入四面楚歌

會上白熱化，會下也很熱鬧。

聶榮臻回憶凱豐在會下向他遊說的情景：

「教條宗派主義者也想爭取主動，積極向人們做工作。會前和會議中，凱豐——即何克全，當時的政治局候補委員、共青團書記——三番兩次找我談話，一談就是半天，要我在會上支持博古，我堅決不同意。我後來聽說，凱豐向博古匯報說，聶榮臻這個人真頑固！」㉓

凱豐之所以前來遊說聶榮臻，是因為他發覺，聶榮臻倒向毛澤東。聶榮臻在湘江之戰以後，腳化膿，因此也坐擔架，在擔架隊跟毛、張、王一起，經常交談。聶榮臻贊同毛、張、王的見解，難怪凱豐向他遊說不悅而歸。

一月十六日，劉少奇和李卓然從桐梓過婁山關，趕到了遵義。他們也住進了柏公館樓下，隔壁的一間屋子便是彭德懷、楊尚昆住。這時，彭德懷才第一次結識劉少奇。

李卓然這人，平日不顯山露水，其實他能武能文。

一九三四年，中央蘇區舉行文藝演出時，他居然寫出了劇本《廬山之雪》，劇中寫紅軍大敗坐鎮廬山的蔣介石。那蔣介石由羅瑞卿扮演，紅軍將領則由林彪扮演。

最初，戲順利地演著，林彪照著李卓然寫的臺詞表演。最後一幕是林彪審問蔣介石，林彪問了兩句之後，自由「發揮」起來。幸虧羅瑞卿機靈，總算臨時編詞，把林彪對付過去——

林彪：「你是蔣介石嗎？」

蔣介石：「是！」

林彪：「怎麼叫我們抓住了？」

蔣介石：「我的飛機壞了。」

林彪（從這一句開始，林彪「離譜」了）：「你怎麼長得那麼瘦？」

蔣介石：「我成天算計著怎麼坑害人民，怎麼賣國求榮，消耗太大。」

林彪：「怎麼不吃補藥？」

蔣介石：「吃了也沒用，心肝壞了，肚腸壞了，我吃紅肉拉白屎，一肚子膿水！」

臺下的觀眾笑得前仰後合，李卓然也笑出了眼淚。

從那以後，林彪和羅瑞卿作為「演員」的名聲大振，李卓然這位「編劇」也廣為人知。李卓然在新中國成立後，被調去當中共中央宣傳部副部長，跟他當年「編劇」也有點瓜葛。

李卓然和劉少奇到了遵義，就趕往新城，去看望毛澤東。

毛澤東頭天夜裡，從炭火盆旁走上冷風颼颼的大街，受了風寒，感冒了。李卓然在一九八四年曾回憶：

> 我記得很清楚，他當時正患感冒，頭上裹著一條毛巾，儘管在病中，但他仍然專注地傾聽我的匯報。當我談到部隊已經怨聲栽道時，他笑笑說：「怨聲載道，對領導不滿意啦？」
>
> 我說：「是的。」
>
> 他又說：「那你在會議上講一講，好不好？」
>
> 毛澤東同志肯定了我反映的情況很重要，並要我在會議上發個言。㉔

由於大部分與會者軍務在身，白天忙於處理軍務，會議總在夜間舉行。十六日、十七日又接連開了兩個晚上的會，彭德懷和楊尚昆在出席了十六日晚的會議之後，未等會議結束，就匆匆趕赴前線——那是因為柏公館的那位柏輝章率師在遵義以南的刀靶水進攻紅三軍團第六師，戰事緊迫，彭、楊出征。第二、第三個晚上的會議，仍然在柏公館樓上客廳裡舉行。

據伍修權回憶：「在我印象中比較深的是李富春和聶榮臻同志。他們對李德那一套很不滿，對『左』傾軍事路線的批判很厲害。彭德懷同志的發言也很激烈，他們都積極支持毛澤東同志的正確意見。」㉕

作為李德的「老校友」，劉伯承被李德撤過職，他指出：中國的國情和蘇聯不同，把蘇聯軍事院校那一套正規戰、陣地戰的打法搬到中央蘇區來，勢必會慘敗。

劉伯承說：「沒有本錢打什麼『洋仗』？毛主席是有什麼本錢打什麼仗！」

李卓然作了發言，說部隊對博古、李德那一套打法「怨聲載道」。

陳雲、劉少奇在發言中，明確地表示支持毛澤東。

向來穩健的朱德總司令，當面譴責了李德：「弄得丟了根據地，犧牲了多少人命！」朱德說了一句分量很重的話：「如果繼續這樣的領導，我們就不能再跟著走下去！」

周恩來舉足輕重，在博古、李德受到批判時，他實際上是黨內、軍內最高領導人。他是遵義會議的組織者，正因為這樣，給李卓然、劉少奇的電報是以「恩來」署名發出的。

周恩來在通道會議上已經支持毛澤東，黎平會議時更與李德當面「頂撞」，此時他在發言中說「全力推舉由毛澤東來領導紅軍的今後行動」。㉖

其實，周恩來的支持，才是遵義會議上「關鍵的一票」！

至於林彪、聶榮臻和伍修權回憶說他「一言不發」。但是，李德在《中國紀事》中則回憶說林彪「竭力操著粗暴聲調」批判他。儘管不同人的回憶有著不同的印象，不過，有兩件史實，可以很生動勾畫林彪的形象：

一九三四年春末，李德在紅一軍團視察時，曾與林彪作了一次深談，建議他寫一篇論述「短促突擊」戰術的文章。林彪果真在這年六月十七日發表《論短促突擊》一文，贊同李德的戰略戰術。可是，在遵義會議之後，被削去軍權的李德「下放」到林彪的紅一軍團。

據李德回憶，「林彪以一種不耐煩的態度接待了我」，「我以後在他的司令部度過了幾星期，在這期間他對我也幾乎毫不過問」。

與會者一個個發言，支持毛澤東，毛澤東贏得了明顯的多數。會議的形勢，如陳雲在手稿中所描述的：「擴大會議中恩來同志及其他同志完全同意洛甫及毛、王的提綱和意見，博古同志沒有完全徹底的承認自己的錯誤，凱豐同志不同意毛、張、王的意見，A同志（引者注：即李德）完全堅決的不同意對於他的批評。」

博古和李德已陷入了四面楚歌的境地。除了凱豐那一票表示支持博古和李德之外，二十位出席者中的十六位支持毛澤東。

陳雲的手稿中寫及：「擴大會議指出軍事上領導錯誤的是A、博、周三同志，而A、博二同志是要負主要責任的。」

這樣，既批評了「三人團」，又把「三人團」中的李德、博古和周恩來區別開來，指出李德、博古「要負主要責任」。

張聞天接替博古成為中共總負責

會議進入第三個晚上，局面已經完全明朗化了。於是，著手進行最後的議題，即作出四項決定。這四項決定，並未見諸張聞天起草的會議的決議。直至陳雲手稿於一九八五年公開發表，這四項決定才正式公布：

（一）毛澤東同志選為常委。

（二）指定洛甫同志起草決議，委託常委審查後，發到支部中去討論。

（三）常委中再進行適當的分工。

（四）取消「三人團」，仍由最高軍事首長朱周為軍事指揮者，而恩來同志是黨內委託的對於指揮軍事上下最後決心的負責者。

這四項決定，是遵義會議的重要成果。

其中第一條，「毛澤東同志選為常委」，是指毛澤東從中共中央政治局委員，進一步選為政治局常委。常委與非常委的區別在哪裡呢？當時正處於戰爭環境，尤其是長征途中政治局委員們分散在各部隊之中，不能經常開政治局會議，重大的事務由政治局常委決定。進入常委，意即進入中共領導核心。

當時，究竟哪些人是政治局常委？無原始常委名單檔案可查。不過，以陳雲手稿為依據，可以巧妙而準確地「推算」出常委名單來：

一、「毛澤東同志選為常委」，表明毛澤東是新任常委。

二、「擴大會議畢後中常委即分工，以澤東同志為恩來同志的軍事指揮上的幫助者」，表明周恩來是常委。

三、「決議發出以後常委各同志——毛、張、陳——均到各軍團幹部會中傳布決議」，表明張聞天、陳雲也是常委。

四、「在由遵義出發到威信的行軍中，常委分工上，決定以洛甫同志代替博古同志負總的責任」，表明博古是常委。

根據以上「推算」，常委共五人，即原常委博古、周恩來、張聞天、陳雲，加上新選的毛澤東。

遵義會議的第四條決定，是以組織決定形式的方式最終取消了「三人團」，並宣布剝奪了李德的軍事指揮權。

不過，遵義會議結束時，博古仍為中共中央總負責，只是他這總負責已很難開展工作了。

戰事匆急，遵義會議在一月十七日晚剛剛結束，柏輝章師已逼近遵義城了。趁著紅軍在遵義休整，蔣介石重新部署了追堵紅軍計畫，紅軍在一月十九日撤出了遵義。這時的紅軍，由周恩來、朱德指揮，周恩來「是黨內委託的對於指揮軍事上下最後決心的負責者」。

紅軍撤離遵義城之後，第一個回到柏公館的是柏輝章的表弟余大勳。他來到二樓客廳，據他回憶：「餐桌仍在原處，四周有木椅、木凳和一張藤睡椅。」這便是遵義會議後殘留的現場場景。

博古在遵義會議之後，下臺已成定局。終於，在一個「雞鳴三省」的地方，博古結束了他的中共中央總負責的職位。

周恩來曾十分清楚地說及博古「交權」的過程：

「當時博古再繼續領導是困難的，再領導沒有人服了。本來理所當然歸毛主席領導，沒有問題。洛甫那個時候提出要變換領導，他說博古不行。我記得很清楚，毛主席把我找去，洛甫現在要變換領導。我們當時說，當然是毛主席，聽毛主席的話。毛主席說，不對，應該讓洛甫做一個時期。毛主席硬是讓洛甫做一做看。人總要幫嘛。說服了大家，當時就讓洛甫做了……」㉗

周恩來說及博古「交權」的地點：

「我們趕快轉到四川、貴州，雲南交界地方，有個莊子名字很特別，叫『雞鳴三省』，雞一叫三省都聽到。就在那個地方，洛甫才做了書記，換下了博古。」㉘

據考證，那個「一雞長鳴，三省皆聞」的村子，是雲南省威信縣水田寨鄉的一個村子。

博古交權的時間，是一九三五年二月五日，即遵義會議結束半個多月後。

在博古準備「交權」時，凱豐一再向他說：「不能把中央的權交出去！」

「博古沒有聽他的，還跟凱豐說，應該服從集體的決定，這樣他把象徵『權』的幾副裝有中央重要文件、記錄、印章的挑子交給了張聞天。」㉙

這樣，博古結束了自一九三二年九月下旬起的三年零四個月的中共領袖地位，由張聞天接替。從此，張聞天成了中共中央總負責。

在「雞鳴三省」的那個村子裡，只要毛澤東點一下頭，他完全可以出任中共中央總負責。當時，周恩來、張聞天都力推毛澤東接替博古。但是毛澤東畢竟看得深遠，鑒於種種因素，推舉了張聞天：中國共產黨是共產國際的一個支部。中共要更換領導人，需經共產國際批准。毛澤東出自「山溝溝」，從未去過蘇聯，因此共產國際缺乏對他的直接瞭解。張聞天是「二十八個布爾什維克」之一，原是王明、博古的密友，共產國際信得過。

張聞天又具有很好的馬列主義理論修養。自從他從「左」傾營壘中殺出來之後，便跟毛澤東緊密合作。在遵義會議上，張聞天站出來作「反報告」，立了頭功。再則，如毛澤東曾說過的那樣，「洛甫這個同志是不爭權的」。㉚容易與毛澤東共事，也能團結別的同志一起共事。

毛澤東的眼力不錯。此後，張聞天擔任中共中央總負責長達八年之久，與毛澤東一直保持著良好的共事關係。

走筆至此，不能不追溯到半個世紀前在上海發生的一幕，竟在無意之中給毛澤東幫了大忙，為中國共產黨在遵義會議上第一次獨立自主地解決黨內問題提供了機會……

一九三四年的上海，中央地下組織面臨著最為嚴峻的「圍剿」。

自從中共臨時中央在一九三三年初遷入中央蘇區之後，上海設立中共中央上海局。共產國際通過中共中央上海局，與在中央蘇區的中共臨時中央取得聯繫。盧福坦被指定為中共中央上海局負責人，他於一九三三年四月被捕，後來叛變。於是，康生被指定為中共中央上海局負責人。由於形勢日益嚴重，康生和妻子曹軼歐一起於一九三三年七月中旬離滬前往莫斯科，出任中共駐共產國際代表團副團長。

康生離去後，李竹聲任中共中央上海局書記。

差不多與蔣介石對中央蘇區的第五次「圍剿」同步進行，中統特務加緊了對中共中央上海局的偵察、搜捕。一九三四年六月下旬，中共中央上海局被偵破，書記李竹聲落入中統特務手中。李竹聲叛變，又使一批中共地下黨員落網。

盛忠亮成為李竹聲的繼任者。一九三四年八月，這位上任才兩個月的中共中央上海局書記也被逮捕。起初，盛忠亮受審時一言不發。中統特務知道他與秦曼英感情很好，而秦曼英已與李竹聲同案被捕。他們勸降了秦曼英，讓秦曼英跟盛忠亮見面，這促使了盛忠亮叛變。

中統特務知道了盛忠亮家的「警號」。所謂「警號」，便是窗臺上的一盆花、窗口掛著的一件雨衣之類，一旦取掉，表示出事。中統特務「保護」了盛家的「警號」。中共秘密電臺臺長武子明見到「警號」依在，進入屋裡，當即落入中統特務手中。

武子明的被捕，使中共中央上海局的電臺遭到破壞。從此，中共中央上海局與瑞金失去了無線電聯繫。於是，在瑞金的中共臨時中央，也就失去了與共產國際之間的無線電聯繫。本來，王明通過無線電報「遙控」瑞金，這下子鞭長莫及了！

李德對此事極為遺憾，他在回憶錄《中國紀事》中寫道：

「同共產國際執行委員會就這個問題（引者注：指與粵軍陳濟棠進行秘密談判）的無線電往來，是一年半中最後的一次，中央委員會上海局連同電臺都被國民黨秘密警察查獲了。這樣，我們同共產國際代表團以及共產國際執行委員會的聯繫完全中斷了。由此而來的中央同外界的完全隔絕，對以後事態的發展產生了無法估量的影響……」

李德所說的「共產國際代表團」，即中共駐共產國際代表團——團長王明，副團長康生。從此，王明無法再對中共中央發號施令，只能在莫斯科乾著急。

從此，博古、李德無法用共產國際（實際上是王明）這張王牌來壓服毛澤東。
從此，中國共產黨在「同外界完全隔絕」的情況下，獨立自主地處理黨內事務。
從此，通道會議、黎平會議、猴場會議，這一系列的會議在沒有外來干涉的情況下舉行。
從此，遵義會議得以順利地批判博古、李德，得以把共產國際軍事顧問李德削除軍權。
從此，中國共產黨可以不經共產國際的批准，獨立自主地選擇自己的領袖——張聞天接替了博古。

張聞天從「雞鳴三省」的那個小村子起，實際的職務是中共中央總書記，但並沒有這樣的稱謂。這是因為自向忠發被捕後，中共中央便不設總書記。博古的實際職務也是中共中央總書記，但是只稱「中共中央總負責」。張聞天接替他，因此也只稱「中共中央總負責」。這在當時陳雲的手稿中，就已寫得很明白：「在由遵義出發到威信的行軍中，常委分工上，決定以洛甫同志代替博古同志負總的責任。」

此後，張聞天還曾公開發表啟事，否認他的「中共中央總書記」之稱。

那是一九三八年四月十二日武漢《新華日報》在第一版所載《張聞天（洛甫）啟事》：

廣州《救亡日報》三月廿七日載有署名洛基者所寫的所謂「張聞天論抗戰諸問題」。洛基君指此稿為他在二月十二日與「中共中央總書記張聞天先生之談話」，本人特鄭重聲明：

（一）該談話發表未經本人允許，記錄內容未經本人看過，因此，本人對該談話不負任何責任。

（二）中共中央設有由數同志組成之書記處，但並無所謂總書記。

也就在那個「雞鳴三省」的小村子裡，在進行常委分工時，開始授予毛澤東以軍權。陳雲手稿中寫及：「以毛澤東同志為恩來同志的軍事指揮上的幫助者。」這表明毛澤東可以著手過問軍事，雖說還只是周恩來的幫助者。

博古呢？他在失去中共中央總負責之職後，仍擔任中共中央政治局常委、中央軍委委員職務。自一九三五年二月七日起，他擔任紅軍總政治部代主任。

冒雨傾聽傳達遵義會議決議

張聞天走馬上任中共中央總負責之後，做的第一件事，便是通過由他起草的遵義會議決議。中共中央政治局的常委們二月五日在那個「雞鳴三省」的小村子裡剛開過常委會，翌日行軍至扎西鎮，又接著召開中共中央政治局會議，從二月六日開至二月八日。會議由張聞天主持。史稱「扎西會議」。

扎西是雲南省東北部、赤水河上游的一個鎮。從一九三六年起，那裡設立威信縣，縣政府設在扎西鎮。威信縣地處雲南、貴州、四川交界處，可謂「雞鳴三省」之縣。

二月八日，遵義會議的決議，在扎西會議上通過。正因為這樣，決議的標題之下，醒目地標著「一九三五年二月八日政治局會議通過」。只是由於最初找到的那個油印本，上面少了一橫，印成「一九三五年一月八日政治局會議通過」，造成莫大的歷史的誤會，使歷史學家們徒費了許多腦筋。

扎西會議通過了遵義會議決議，至此，遵義會議才算最後完成。作為遵義會議精髓，是遵義會議決議。研究這份決議的三種不同的「歸宿」，是頗為耐人尋味的：

它被收入《六大以來》一書（人民出版社一九八一年版），那是理所當然的，因為它是中國共產黨重要的歷史文獻。

它被收入一九四八年晉冀魯豫中央局編印的《毛澤東選集》，成了毛澤東著作，那也是說得過去的，因為它的核心思想是毛澤東的。

它又被收入一九九〇年中共黨史資料出版社出版的《張聞天文集》，成了張聞天著作，這也還是說得過去的，因為它是由張聞天執筆寫成的。

這三種不同的「歸宿」，綜合起來，倒是說出了一個意思：遵義會議決議，是根據毛澤東的思想和觀點、由張聞天執筆寫成的中國共產黨重要的歷史文獻。如果要說得更準確些，就是以毛澤東的思想、觀點為主，內中也包括張聞天、王稼祥、周恩來、陳雲、劉伯承等遵義會議出席者的貢獻。

遵義會議決議共分十四節，長達一萬三千餘字，是在張聞天的「反報告」提綱的基礎上寫成的。由於遵義會議決議太長，不便於以電報發往各處，於是又由張聞天加以壓縮，寫成提綱式的《中央政治局擴大會議總結粉碎五次「圍剿」戰爭中經驗教訓決議大綱》，以「中央書記處」

的名義於一九三五年二月八日發出。這一大綱與遵義會議決議內容完全一致，也表明遵義會議決議是在一九三五年二月八日通過的。

毛澤東很懂得策略，在遵義會議決議中，特地寫上「一年半反對『圍剿』的困苦鬥爭，證明了黨中央的政治路線無疑是正確的」，即中共六屆四中全會以來的「政治路線無疑是正確的」。這樣，大大減少了遵義會議的阻力。

因為在一次政治局的擴大會議上，去否定一次中共中央全會的政治路線，顯然是艱難的，組織手續上也不完備，所以毛澤東聰明地只限於軍事路線的討論，而且批判了博古、李德在軍事指揮上的錯誤，把他們「轟下臺」，同樣達到了否定王明路線的目的。

遵義會議決議剛一通過，就開始向基層傳達。不過，傳達時很注意對李德、博古點名的範圍。如陳雲手稿中所寫：「決定決議到支部討論時，指出華夫同志的名字。在團以上幹部會中才能宣布博古同志的名字。」

也就是說，對李德的點名範圍廣，在全黨範圍內；而對博古的點名只限於「團以上幹部」，因為博古畢竟還是中共中央政治局常委。

二月十日，首次向團以上幹部傳達遵義會議決議，是在扎西會館門前的操場上進行的。那時，剛剛過了春節（正月初一是二月四日），陰冷的天下著濛濛細雨，可是幹部們在雨中聽得聚精會神，忘了冷也忘了雨。

作傳達報告的是張聞天。像李維漢這樣重要的中共高級幹部，也是直至此時，才知道遵義會議的情況。如他所回憶：「聽完傳達後，我才知道遵義會議揭發和批評了第五次反『圍剿』和長征以來中央在軍事領導上的單純防禦路線的錯誤，批評了博古為第五次反『圍剿』失敗進行辯解的錯誤，肯定了毛澤東的積極防禦的軍事路線，通過了關於反對敵人五次『圍剿』的總結決議。毛澤東被選為政治局常委……」

「我一聽完傳達，首先起來發言，表示完全擁護遵義會議的決議，同時不點名地批評了凱豐對遵義會議的錯誤態度。我發言後，凱豐自己站起來說，『誰正確，誰錯誤，走著瞧！』……」㉛

這時，坐在院子裡的潘漢年，搗了搗坐在他一旁的劉英。消息靈通的潘漢年，知道劉英正與張聞天熱戀。劉英頗為爽快，走上了臺，指名道姓批評了凱豐。凱豐曾是她的上級。她批評了凱豐在共青團中央「總是宣傳博古為首的中央領導第五次反『圍剿』如何如何正確」，並「強調客觀困難，總是說第五次『圍剿』是蔣介石親自指揮，又有德國顧問，又有一百萬大軍，好像反『圍剿』失敗不是戰略方向和軍事指揮的錯誤」。

劉英回憶道：「我批評之後，凱豐接著上臺講話，說：『劉英同志批評正確，我接受。我用那樣的思想去影響同志，是不對的。』態度很誠懇。」㉜

這樣的傳達進行了好多次。不光是張聞天進行傳達，毛澤東、周恩來、陳雲也作傳達報告，這使遵義會議決議貫徹到全黨、全軍，歷經烽火彈雨而被保存下來的紅軍日記，成了珍貴的原始文獻。

當時任少共國際師師長的彭紹輝，在一九三五年二月十八日的日記中記道：

晚上軍團直屬隊開排以上幹部會，由毛主席報告中央擴大會議的決定（引者注：即遵義會議決議）。毛主席指出，第五次反「圍剿」單純防禦路線，短促突擊，分兵把口，不讓敵人進占蘇區一寸土地等，都是錯誤的。而「反攻」以來（引者注：指長征以來）這個錯誤還在發展，變成了退卻逃跑，叫做「叫化子打狗——邊打邊跑」，也是錯誤的。我聽了這個報告非常高興，許多過去有懷疑、不清楚的問題，得到了明確的答案。㉝

蕭鋒在他的一九三五年二月二十日的日記中，則寫道：

「聽完傳達後，分組討論了兩天，廣大幹部對機會主義者錯誤指揮造成的損失很不滿，有的氣得直冒火。上級指出，主要是總結經驗，不要過多責備個人。我們貫徹遵義會議精神，就是要在黨中央、毛主席的領導下，高舉蘇維埃的紅旗，克服困難，搞好創建黔滇川邊蘇區的工作，執行北上抗日方針。」㉞

紅軍又成了「朱毛紅軍」

行文至此，需要對扎西會議決定毛澤東作為「恩來同志的軍事指揮上的幫助者」，作一鮮為人知的「註釋」。

照理，毛澤東在遵義會議上大勝博古、李德，呼聲甚高，在常委分工時決不至於只成為周恩來的「幫助者」。

其實，在遵義會議之後，毛澤東便立即成為紅軍的實際指揮者，只是世上沒有百戰百勝的常勝將軍，而毛澤東恰恰在他「復出」後的第一仗中指揮失誤，使得對他甚高的呼聲頓時跌落下來，以致在常委分工時落了個周恩來的「幫助者」！

遵義會議結束後，毛澤東騎著一匹大白馬行軍。被壓抑了兩年零三個月的激情，此刻爆發了。他期望著打一個漂亮的大勝仗。

一半是由於求勝心切，一半是由於情報錯誤，因此毛澤東首戰失利。

一月下旬，毛澤東坐鎮離土城不遠處的青杠陂村指揮。他的兩側，站著周恩來和朱德。

土城是貴州西北部與四川交界的小鎮。據偵察，駐守那裡的是「雙槍」黔軍，不過兩千多人。誰知一交手，對方的火力甚強，人馬眾多。毛澤東這時才得知準確的情報：對方是川軍，是總指揮潘文華麾下的一萬兵馬！

土城一戰，紅軍到底死傷多少，未見於紅軍文獻。不過，從川軍總指揮潘文華一月廿八日至廿九日三份電報中，可以略知一些戰況，只是照國民黨當時的慣例總把紅軍稱為「匪」，而且往往對死傷數字加以誇大：

「繳獲步槍二千餘支」，「俘匪參謀長一員」，「斃匪團長歐陽君一員」（廿八日電）。

「往復衝鋒數十次，匪我傷亡甚大」，「激戰至晚，匪受創頗巨」（廿九日電）。

「追擊至土城河，匪隔河向我發射，並將浮橋拆毀。現仍相持中。此役計斃匪二千餘，當奪獲山炮一門，追擊炮二門，步槍無算。」（廿九日電）

事隔二十一年後，毛澤東對土城之敗，仍記憶猶新。一九五六年九月，他在中共「八大」預備會議第二次全體會議上歷數他的「真錯」時，提及「長征時候的土城戰役是我指揮的」。㉟

當時，毛澤東曾試圖打入四川，與張國燾的第四方面軍會合。土城戰役，使毛澤東嘗到川軍的「辣味」，於是改為向西進入雲南扎西，舉行扎西會議，首戰失敗，影響了毛澤東在軍隊內的威信，因此他只成了「恩來同志的軍事指揮上的幫助者」。

不過，毛澤東畢竟是高明的戰略家。他在扎西會議上提出了「回兵黔北」的方針，認為還是黔軍易打，黔北空虛，這一意見為大家所接受。再則，雖然「朱周為軍事指揮者」，朱德是毛澤東的「老搭檔」，周恩來對毛澤東向來尊重，因此居於「幫助者」地位的毛澤東，實際上仍是主帥。

「吃一塹，長一智。」毛澤東指揮紅軍「回兵黔北」，於二月十八日、十九日二渡赤水，在婁山關和板橋之間一下子殲滅黔軍王家烈的八個團，乘勝再次攻占遵義城。接著，又痛擊敵吳奇偉增援部隊。這一仗，總共殲敵二十個團，成為長征以來的最大勝仗。

遵義戰役的大勝利，驅散了土城戰役失利的陰影。毛澤東在軍內的威信迅速「回升」。蔣介石深為震驚。於三月二日由南昌飛往重慶「督剿」，大罵王家烈無能。

遵義大勝，使毛澤東改變了原來「幫助者」的地位，正兒八經地得到重要的軍職。那是三月四日，經張聞天、周恩來提議，中革軍委決定設立「前敵司令部」統一指揮，任命朱德為司令員，毛澤東為政治委員。電報原文如下：

（火急）林聶彭楊董李羅蔡：

為加強和統一作戰起見，茲於此次戰役特設前敵司令部，委託朱德同志為前敵司令員，毛澤東同志為前敵政治委員，特令遵照。

朱　周　王
四日十八時

電報抬頭所寫的是各軍團長及政委，即林彪、聶榮臻、彭德懷、楊尚昆、董振堂、李卓然、羅炳輝、蔡樹藩。

末尾的「朱、周、王」，即朱德、周恩來、王稼祥，

這個電報，正式恢復了寧都會議所撤銷的毛澤東的軍職，表明了毛澤東從此重掌軍權。紅軍，再度成了「朱毛紅軍」。

翌日，前敵司令部報務員們發電報時，末尾署「朱毛」或「司令員朱德、政治委員毛澤東」。

新的「三人團」——毛澤東、周恩來、王稼祥

幾天之後，從前敵司令部發出的電報，末尾忽地只署「朱」，沒有「毛」了！

這是怎麼回事？毛澤東不是剛剛被任命為前敵司令部政委嗎？

幾乎令人難以置信，毛澤東「摜紗帽」了！事情發生在毛澤東任前敵司令部政委後的第六日——三月十日。導火線是來自一軍團的一份電報。

三月十日凌晨一點，一軍團給在貴州苟壩的前敵司令部發來電報，抬頭寫著「（萬急）朱主

席」，末尾署「林聶」。那時，朱德發給各軍團的命令，總是寫軍團長和政委兩人名字，因此各軍團給朱德的電報也總署軍團長、政委的名字。「林聶」，即林彪、聶榮臻。那份電報，主要是林彪的意思。

林彪在淩晨一點給朱德發來「萬急」的電報，是因為他提出重要的新建議：「關於目前行動，建議野戰軍應向打鼓新場、三重堰前進，消滅西安寨、新場、三重堰之敵……」林彪在電報中提出進攻打鼓新場的五個行動方案。

打鼓新場，簡稱「新場」，今日貴州金沙縣的縣城，當年是一個大鎮。

進攻打鼓新場，是一個重大的軍事行動。因此朱德把電報交給張聞天、周恩來、毛澤東、王稼祥等傳看，召開緊急會議加以討論。

屋子裡坐了近二十個人，討論林彪的電報。自從遵義會議上批判了李德「獨斷專橫」之後，張聞天很注意「發揚民主」，事事要找一堆人開會討論，依據多數意見行事。

這一回開會討論，大家都覺得林彪的電報可行，贊成他的建議，唯獨毛澤東一人反對。

毛澤東陳述了自己的理由：打鼓新場附近「不僅有周渾元、吳奇偉兩個縱隊，而且還有孫渡的四個旅，如果紅軍對駐守打鼓新場的黔軍實施攻擊，那麼面臨的敵軍將不只是黔軍，而是蔣介石在黔的全部兵力，進攻一開始就將有迅速被敵人圍困的危險」。㊱

儘管毛澤東再三闡述自己的見解，無奈眾人未被說服。於是，張聞天依據「少數服從多數」的原則，決定採用林彪的建議——張聞天曾再三講自己不懂軍事，他只能按多數意見去辦。

毛澤東深知打鼓新場不可打。他急了，拋出了「殺手鐧」：「你們如果堅持進攻打鼓新場，我這前敵司令部政委不幹了！」

張聞天一見毛澤東撂挑子，也急了，說道：「你不幹，就不幹吧！」

「好，我不幹！」毛澤東氣呼呼地走了。

毛澤東原以為他一走，眾人會改變主意。不料，這一走，反而鬧得更僵，眾人竟通過了撤銷毛澤東前敵司令部政委的決定。另外，擬出了給林彪的電報，同意他的方案。

周恩來是當事人，曾很詳盡地描述了後來的故事：

「但毛主席回去一想，還是不放心，覺得這樣不對，半夜裡提馬燈又到我那裡來，叫我把命令暫時晚一點發，還是想一想。我接受了毛主席的意見，一早再開會議把大家說服了……」[37]

周恩來又一次起了關鍵性的作用。因為遵義會議決議，「恩來同志是黨內委託的對於指揮軍事上下最後決心的負責者」，所以由他最後拍板。周恩來「接受了毛主席的意見」，也就扭轉了乾坤！

既然周恩來在三月十一日一早的會議上「把大家說服了」，攻打打鼓新場的計畫取消了，毛澤東也就復職了——從他「摜紗帽」到重新擔任前敵司令部政委，未超過二十四小時！

「打鼓新場風波」引起毛澤東的思索。他向周恩來、張聞天提出，「不能像過去那麼多人集體指揮」，軍事指揮不能處處搞「少數服從多數」，不能老是二十來人討論來討論去。毛澤東以為，批判李德、博古，不能把「三人團」也否定掉。「三人團」這種組織形式還是需要的。過去的毛病在於李德、博古的軍事路線錯誤，不是「三人團」這種組織形式錯了。指揮作戰，權力必須高度集中。

張聞天也覺得毛澤東的意見有理，因為這些天把他折騰得夠嗆。他不懂軍事，可是卻要不斷地主持會議，討論來，討論去，最後按多數人意見去辦。天天要打仗，天天這麼討論，怎麼行呢？於是，在三月十一日，先是以朱德的名義下達了不攻打打鼓新場的命令：

「據昨前兩天情報，猶旅（引者注：指黔軍猶國材旅）已由西安寨退泮水，如見我大部則續退新場。滇軍魯旅（引者注：指魯道源旅）已到黔西，十二號可到新場，安龔兩旅（引者注：指安恩溥、龔順璧兩旅）則跟進。依此，我主力進攻新場已失時機。因為我軍十二日才能到新場，不但將為黔滇兩敵所吸引，且周川兩敵（引者注：指周渾元的第二縱隊及川軍）亦將出我側背，如此轉移更難……」

朱德的電報，申明了毛澤東所闡述的不可進攻打鼓新場的理由，而且事實很快證明了毛澤東的軍事預見是正確的。

發出了朱德的電報之後，下一個議題就是討論毛澤東提出的重組「三人團」的建議。討論時，張聞天、周恩來、毛澤東、陳雲、博古五常委均在場。

雖然不過事隔一天，情況卻截然不同，毛澤東的建議得到了一致通過！

三月十二日，新的「三人團」在貴州苟壩宣告成立，即毛澤東、周恩來、王稼祥。

新的「三人團」，是受中共中央委託的指揮紅軍的最高權力機構。

從此，毛澤東成為紅軍最高首長。雖然朱德是紅軍總司令、中革軍委主席，但朱德受新的「三人團」領導。

歷史學家為了區別於原「三人團」，把新成立的「三人團」稱為「新三人團」。

在長征時期，打仗就是一切，軍事壓倒一切，毛澤東做為紅軍最高首長兼中共中央政治局常委，也就成為五常委之首，在黨內、軍內居領袖地位——雖說黨的總負責是張聞天。

因此，毛澤東在紅軍、在中共的領袖地位的確立的日子，應該是一九三五年三月十二日。

遵義會議和毛澤東的名字緊緊相連

不過，人們通常把毛澤東領袖地位的確立，說成是遵義會議。其實，這裡所說的遵義會議是廣義的，即前有發展過程，後有完善過程：

遵義會議前的發展過程是通道會議、黎平會議、猴場會議。

遵義會議後的完善過程是「雞鳴三省」常委會、扎西會議直至苟壩成立「新三人團」。

遵義會議，是隨著時間的推移，隨著歷史的進展，日益受到注目——因為它是確立毛澤東領袖地位的起點，隨著毛澤東的聲望的不斷提高，人們這才逐漸意識到這一起點的重要性，這一歷史的選擇的重要性。尤其是毛澤東從遵義會議起，直至一九七六年去世，這漫長的四十一年間，他一直是中共最高領袖，深刻地影響了中國的歷史進程，影響了世界的歷史進程，這一起點也就益發顯示了它的重大的歷史意義。

誠如一九二一年七月廿三日晚，那十三位來自天南地北的人物聚首上海望志路李公館所舉行的中共「一大」，成為中國歷史上紅色的起點，也是隨著中共的日漸壯大以至成為中華人民共和國的執政黨，益發顯示了它的重大的歷史意義。

從以下權威性的著作中，可以大致看出對於遵義會議的認識的演變過程——

一九三六年夏，當美國記者斯諾採訪毛澤東時，毛澤東沒有提到遵義會議。斯諾在《西行漫記》中，只提到這麼一句話：「紅軍攻占了王家烈省主席的司令部，占領了他在遵義的洋房」。實際上，他把柏輝章誤以為王家烈了。毛澤東提到了「遵義的洋房」——柏公館，沒有提到在那「洋房」裡開的會議。

一九三六年十二月，毛澤東在《中國革命戰爭的戰略問題》中，這麼提及遵義會議：

「反『游擊主義』的空氣，統治了整整的三個年頭。其第一階段是軍事冒險主義，第二階段轉到軍事保守主義，最後，第三階段，變成了逃跑主義。直到黨中央一九三五年一月在貴州的遵義召開擴大的政治局會議的時候，才宣告這個錯誤路線的破產，重新承認過去路線的正確性。這是費了何等大的代價才得來的呵！」

博古，作為遵義會議上受批判的對象，他在一九四三年十一月十三日，這樣評價遵義會議：

「長征過程中毛主席起來反對錯誤領導，從湘南爭論到遵義會議。長征軍事計畫全錯的（引者注：指博古、李德制定的長征軍事計畫），使軍隊有被消滅的危險，所以能保存下來進行二萬五千里長征，因有遵義會議，毛主席挽救了黨，挽救了軍隊。教條宗派統治開始完結，基本上解決問題，組織上也做了結論。」[38]

作為接替博古擔任中共中央總負責的張聞天，他在一九四三年十二月十六日，以一位理論家姿態，對遵義會議作出四點評價：

「遵義會議在我黨歷史上有決定轉變的意義。沒有遵義會議，紅軍在李德、博古領導下會被

打散，黨中央的領導及大批幹部會遭受嚴重的損失。

「遵義會議在緊急關頭挽救了黨，挽救了紅軍，這是一。

「第二，遵義會議改變了領導，實際上開始了以毛澤東同志為領導中心的中央的建立。

「第三，遵義會議克服了左傾機會主義，首先在革命戰爭的領導上。

「第四，教條宗派開始了政治上組織上的分裂。這個會議的功績，當然屬於毛澤東同志，我個人不過是一個配角而已。」㊴

作為黨的正式文件，一九四五年四月二十日由中共六屆七中全會通過的《關於若干歷史問題的決議》，以嚴謹的筆調評論遵義會議——此時離遵義會議已有十個年頭：

「一九三五年一月，在毛澤東同志所領導的在貴州省遵義城召開的擴大的中央政治局會議上，得以勝利地結束了『左』傾路線在黨中央的統治，在危急的關頭挽救了黨。」

「遵義會議集中全力糾正了當時具有決定意義的軍事上和組織上的錯誤，是完全正確的。這次會議開始了以毛澤東同志為首的中央的新的領導，是中國黨內最有歷史意義的轉變。也正是由於這一轉變，我們黨才能夠勝利地結束了長征……」

在遵義會議後的第四十六個年頭——一九八一年六月廿七日中共十一屆六中全會通過的《關於建國以來黨的若干歷史問題的決議》，根據陳雲的建議，也概略地論及中共建國前的中共歷史。對於遵義會議，是這樣高度評價的：

「一九三五年一月黨中央政治局在長征途中舉行的遵義會議，確定了毛澤東同志在紅軍和黨中央的領導地位，使紅軍和黨中央得以在極其危急的情況下保存下來，並且在這以後能夠戰勝張國燾的分裂主義，勝利地完成長征，打開中國革命勝利的新局面。這在黨的歷史上是一個生死攸關的轉捩點。」

在遵義會議後的第五十六個年頭——一九九一年七月一日，江澤民《在慶祝中國共產黨成立七十周年大會上的講話》，又一次高度評價遵義會議：

「在革命力量不斷壯大的時候，敵人的瘋狂『圍剿』，加上王明『左』傾冒險主義的錯誤，使革命陷於極端困難的境地。國內外敵人曾斷定我們黨要徹底失敗，在這個關鍵時刻，黨的遵義會議確立了毛澤東同志在紅軍和黨中央的領導地位，撥正了革命的航船。黨及其領導下的紅軍勝利地完成了兩萬五千里長征，奇蹟般地打開了革命新局面。」

以上所引述的從毛澤東到江澤民的對於遵義會議的評價，語調都是極為嚴肅的，都是字斟句酌的。

在這裡，不妨引用美國記者索爾茲伯里在一九八六年所寫下的一段很坦率、很生動卻又不失準確的一段話：

「遵義會議之後，一切都變了。這是分水嶺——毛澤東牢牢地掌握了領導權，而且中國共產主義運動宣布獨立於莫斯科的指揮棒。在以後的二十五年裡，世界並沒有意識到這種獨立性，但史達林卻早已把這種獨立性同毛澤東的名字連在一起了。」

「遵義會議還標誌著毛澤東和周恩來的政治大聯合，從此以後，他們一輩子保持了這種夥伴關係，至少一直保持到他們去世前的一、兩年。」㊵

可以說，中共「一大」是中國共產黨崛起的起點，遵義會議是毛澤東作為中共領袖的起點。

遵義會議和毛澤東的名字緊緊相連。從一九三五年到一九七六年，漫長的四十一個春秋，毛澤東深刻地影響了中國的歷史進程，成為二十世紀中國最富有影響的人物。

注釋

①曾保堂，《智取遵義城》，《貴州文史叢刊》一九八二年第三期。
②《紅軍長征在貴州史料選輯》，「貴州社會科學叢書」一九八三年版。
③《紅軍長征在貴州史料選輯》，「貴州社會科學叢書」一九八三年版。
④如今易宅已闢為紀念館，張聞天的住宅佈置在樓下。據該館工作人員告知，張當時是與毛、王一起住在樓上。他們講了一個極有說服力的理由，即毛、張、王三人倘有一人住樓下，則勢必是王，因為王腹傷未癒，進出要坐擔架，住樓下更方便。然而，史料表明，王住樓上，張亦住樓上。
⑤周恩來，一九四三年十一月二十七日在中共中央政治局會議上的發言。
⑥陳雲，《遵義政治局擴大會議傳達提綱》（一九三五年二月或三月）。
⑦朱仲麗，《「關鍵一票」的由來》，《革命史資料》一九八〇年第一期。
⑧伍修權，《我的歷程》，八十一頁，解放軍出版社一九八四年版。
⑨王稼祥，《回憶毛澤東同志與王明機會主義路綫的鬥爭》，《人民日報》一九七九年十二月二十七日。
⑩張聞天，《從福建事變到遵義會議》，一九四三年十二月十六日。
⑪本書作者在遵義採訪了柏輝章胞弟柏錦章（一九九一年五月二十五日）。

⑫鍾美，《遵義會議考》，香港《中報月刊》一九八六年一期。
⑬本書作者在遵義會議紀念館檔案室查到中共中央檔案部一九五九年五月二十八日致該館的信，內中已引用這份手稿中的一些內容。
⑭本書作者一九九一年七月九日在北京採訪朱佳木。
⑮這一天，中共中央政治局在雲南威信縣（扎西）開會，通過了遵義會議決議。
⑯《陸友山、閻景堂同志在「遵義會議問題」專題座談會上的發言紀要》，《紀念遵義會議五十周年》，貴州人民出版社一九八六年版。
⑰見《簡明不列顛百科全書》中文版第二卷五三八頁「鄧小平」條：「一九三四年十月參加長征，年底擔任中共中央秘書長。」這一條目先是在《文獻和研究》一九八四年第五期發表，又在《黨史通訊》一九八四年第九期刊載。條目經鄧小平本人審定。
⑱《陳雲同志對〈關於遵義政治局擴大會議若干情況的調查報告〉的批覆》，《中共黨史資料》第六輯。
⑲楊尚昆，《堅持真理　竭忠盡智—緬懷張聞天同志》，《人民日報》一九八五年八月九日。
⑳周恩來，《在批林整風滙報會議上的講話》，一九七二年六月十日。
㉑周恩來，《在批林整風滙報會議上的講話》，一九七二年六月十日。
㉒陳雲，一九七七年八月二十三日接見遵義會議紀念館同志的講話。據遵義會議紀念館資料。
㉓《聶榮臻回憶錄》上冊，二四六—二四七頁，戰士出版社一九八三年版。
㉔李卓然，《難忘的遵義會議》，載《遵義會議的光芒》，解放軍出版社一九八四年版。
㉕《伍修權的回憶》，《遵義會議資料選編》，貴州大學編印，一九八五年。

㉖金冲及主編，《周恩來傳》上卷，二八三頁，人民出版社一九八九年版。

㉗周恩來在中共中央一次會議上的講話，一九七二年六月十日。

㉘周恩來在中共中央一次會議上的講話，一九七二年六月十日。

㉙劉英：《長征瑣憶》。

㉚王震在《傑出的馬克思主義理論家和革命家——憶聞天同志》中轉述在延安時毛澤東同他的一次談話，載《回憶張聞天》一書。

㉛李維漢，《回憶與研究》上冊，三五三—三五四頁，中共黨史資料出版社一九八六年版。

㉜劉英，《難忘的三百六十九天》，《瞭望》雜誌一九八六年四十一期。

㉝彭紹輝，《長征日記》，《遵義會議紀念館館刊》一九八七年二期。

㉞蕭鋒，《長征日記》，四十八頁，上海人民出版社一九七九年版。

㉟《黨的文獻》，一九九一年三期。

㊱費侃如，《三人軍事指揮小組探源》，《黨史通訊》一九八四年第五期。

㊲周恩來，在中共中央一次會議上的講話，一九七二年六月十日。

㊳秦邦憲，《在中央政治局會議上的發言》。《黨史通訊》，一九八五年第一期。

㊴張聞天，《從福建事變到遵義會議》。《黨史通訊》，一九八五年第一期。

㊵索爾茲伯里，《長征——前所未聞的故事》，一五〇頁，解放軍出版社一九八六年版。

第八章　黨的領袖

陳雲赴蘇爭得共產國際承認遵義會議

作為毛澤東的政敵，李德對遵義會議充滿敵意，這是容易理解的。不過，他的《中國紀事》中，有一句話倒是說得頗為準確：

「在遵義會議之後的最初幾年裡，他的權位相對來說還不夠穩固。」

李德所說的「他」，當然指的是毛澤東。

確實，在遵義會議之後，毛澤東的領袖地位曾經受到嚴峻的考驗和嚴重的挑戰……

遵義會議之後，首先要做的是向共產國際匯報。因為當時中共畢竟是受共產國際領導，是共產國際之下的中國支部，如此重大的決定——改換領袖、改變路線，需要得到共產國際的認可。尤其是這次會議矛頭所向，正是共產國際派來的軍事顧問李德，他勢必會向共產國際「告狀」。儘管由於上海的秘密電臺遭到破壞，使得中共和共產國際失去聯繫，但作為中共新領導，不能不考慮通過其他途徑設法向共產國際匯報。

就在這個時候，任弼時給中共中央來電，告知獲悉中共中央上海局在一九三四年八月遭到破壞。於是，張聞天和毛澤東考慮，需要派人前往上海，一則恢復白區地下工作，二則在上海設法與共產國際取得聯繫，匯報遵義會議的情況。

派誰去呢？

一九三五年二月廿八日，就在紅軍第二次打下遵義的時候，潘漢年重入遵義，在街頭忽然接到通知，說是洛甫有要事找他。潘漢年趕緊到張聞天那裡，才知中央決定派他去上海，去尋找上海地下黨，尋找共產國際在上海的代表。

潘漢年，理所當然是最合適的人選。跟十九路軍談判，跟粵軍陳濟棠談判，點將都點到他頭上。他靈活機警，富有地下工作的經驗。

當然，潘漢年沒有出席遵義會議，還需要另派一位職務更高的人物前往上海，最好是一位政治局常委。在毛、張、周、陳、博五常委之中，毛、張、周無法離開紅軍，博則不合適，唯有陳雲是去上海最恰當的人選。

於是，中央決定潘漢年先行一步，然後陳雲再去上海，恢復並主持白區工作。

也真巧，就在紅軍第二次打下遵義的時候，一個名叫林青的人前來接洽關係，由中共中央組織部部長兼總政地方工作部部長李維漢接待，知道對方是中共貴州地下黨員。李維漢隨林青來到遵義北門外一個秘密聯絡點，接上了這組織的關係。

當張聞天聽了李維漢的匯報，馬上讓潘漢年化名楊濤，利用中共貴州地下組織的關係，化裝成商販，順利到達貴陽。在那裡，潘漢年找到中共貴州工委秦天真，沿秘密交通線，到達廣州，轉往香港，乘船來到上海。

西裝革履，「小開」模樣，潘漢年出現在上海灘，全然是另一種派頭。他找到他的表妹呂鑒瑩，跟表妹夫潘企之（即潘渭年）接頭。潘企之馬上把潘漢年到來這一重要訊息轉告中共中央臨時上海局宣傳部長董維健，促成臨時上海局負責人浦化人與潘漢年見面。

潘漢年這才得知，中共中央上海局遭到國民黨中統特務的嚴重破壞，直至不久前才成立了中共中央臨時上海局。另外，共產國際遠東情報局負責人華爾敦（即勞倫斯）也遭逮捕，在上海已經無法跟共產國際取得聯繫。

線斷了！潘漢年知道無法在上海完成中央交給的特殊使命，於是暫去香港隱蔽。

莫斯科也關注著中共的命運。一個剛從莫斯科列寧學校畢業的美國青年史蒂夫·納爾遜，忽地被校領導卡爾羅夫召見，交給他一項特殊使命。談話開始後幾分鐘，一個中國人和一個俄國人來到卡爾羅夫辦公室。

那中國人就是王明，俄國人則是共產國際的彼得洛夫。納爾遜接受了特殊使命：帶著五萬美金，前去上海，設法跟那裡的共產國際代表取得聯繫。

納爾遜繞道法國巴黎，再從威尼斯坐船，來到上海，他按照暗號，跟一個名叫漢斯的德國人和一個名叫埃伯特的俄國人見了面，交給他們一封密封的信和五萬美金。

納爾遜完成了任務之後，由上海返回美國。事隔半個世紀，美國出版的《史蒂夫·納爾遜，美國激進主義者》（Steve Nelson,American Radical）一書，才透露了這位共產國際秘密特使來滬的若干情節。至於那封密封的信究竟是什麼內容，那個德國人和那個俄國人是什麼身分，不得而知。這件事只是表明，莫斯科方面也很著急，希望把斷了的線接上。

在潘漢年走後幾個月，陳雲動身了。臨行前，他把有關文件裝在一個箱子裡交給組織。他的那份手稿，可能在此時放入箱內。一位名叫席懋昭的中共地下黨員護送陳雲①。席懋昭曾在四川天全縣當過小學校長。經過重慶，陳雲於一九三五年七月間到達上海。

陳雲秘密與潘漢年的表妹夫潘企之接頭，見到了浦化人。浦化人通知在香港的潘漢年來滬，決定前往蘇聯，向共產國際匯報。陳雲得到了孫中山夫人宋慶齡的幫助，宋慶齡安排他搭乘一艘蘇聯貨船去海參崴。同行的有中共「一大」代表陳潭秋，瞿秋白夫人楊之華，還有何叔衡的孩子何實楚，由潘企之護送，他們於八月五日離滬。

八月下旬，潘漢年也乘船前往蘇聯。陳雲和潘漢年到達莫斯科之際，正值共產國際第七次代表大會剛剛結束。共產國際「七大」舉行時，雖然還不知道中共召開了遵義會議，但毛澤東和王明、張國燾、朱德均被選為共產國際執行委員，王明被選入主席團，季米特洛夫受命直接負責處理中國問題。王明、康生、王榮（吳玉章）、梁朴（饒漱石）分別在大會上發言。

就在共產國際「七大」期間，出於對斷了線的中共的關注，共產國際派出一位重要的密使前往中國，尋覓中共中央。此人是資深的中共黨員，作為中共駐共產國際代表團成員在莫斯科已生活了近三年，在莫斯科時他名叫「李復之」，受命去中國時臨時取了個化名「張浩」。

到了中國後，在中共內部，他又使用「林育英」這名字。然而，在他赴蘇之前，國民黨曾以高額賞金懸賞緝捕此人，而懸賞布告上卻寫著他的化名「林仲丹」——其實，他的本名叫林育英，字祚培。他是林彪的同鄉、堂兄——湖北黃岡人，林彪本名林育蓉。由於他的母親姓張，因此取名張浩。

林育英的名字如今鮮為人知，可是當他作為共產國際特使回國之際，曾起過重大作用，此是後話。

就在林育英剛剛啟程，離開莫斯科②，陳雲和潘漢年便到達莫斯科。共產國際正急切地想知道中共的近況，陳雲和潘漢年的到來，可謂「及時雨」。

楊雲若、楊奎松著《共產國際和中國革命》一書，寫及了陳雲、潘漢年匯報遵義會議的情況：

> 陳雲、潘漢年等一行人從上海輾轉來到莫斯科，帶來了中共中央《關於反對敵人五次「圍剿」的總結決議》（引者注：亦即遵義會議決議），說明了中共中央和中國紅軍領導機構的變動情況，並且介紹了中央紅軍長征至四川一段的作戰和損失情況。
>
> 陳雲等人的匯報，使共產國際執委會和中共代表團自紅軍長征後第一次瞭解到中國革命真相。
>
> 共產國際肯定了遵義會議的決定，對確立毛澤東的領導地位表示讚賞，但對主力紅軍人數的銳減頗感震驚。季米特洛夫等人敏感地意識到，共產國際對於中國革命形勢和條件的估計，同實際情況是有一定距離的……③

共產國際肯定了遵義會議的決定，肯定了毛澤東的領導地位，這對於毛澤東來說，是極為重要的勝利。

李德在《中國紀事》中曾寫及：「博古指望，或遲或早會同共產國際執行委員會（王明是中共在共產國際的代表）恢復聯繫，並『糾正』現時的政治路線。他所希望的，正是毛所疑懼的。」連李德也承認，陳雲成功地完成了毛澤東交給的使命，向共產國際陳述了遵義會議的決議，爭取到共產國際的支持。

另外，毛澤東所採取的策略，此時也發揮了重要作用，使遵義會議能夠被共產國際所接受：第一，決議肯定中共六屆四中全會王明上臺以來「政治路線無疑是正確的」；第二，以張聞天代替博古為中共中央總負責，博古仍為中共中央常委；第三，決議把博古的錯誤定為「右傾機會主義」，而實際上是「左」傾機會主義。這樣，也就大大減少了王明的「阻力」。這三點策略，顯示了毛澤東的智謀。

陳雲和潘漢年圓滿的蘇聯之行，使博古的希望落空，也使李德失去了「告狀」的勇氣。

張國燾發起了嚴重挑戰

就在陳雲、潘漢年在莫斯科匯報之際，消瘦的林育英正在蒙古的沙漠中艱難地跋涉。作為共產國際的特使，林育英肩負重任。他的使命原本是向中共傳達共產國際「七大」精神，恢復中共和共產國際的聯繫。為此，他在臨行前把共產國際「七大」文件背得滾瓜爛熟，並「印」在腦海中。然後，雙手空空，不帶片紙隻字，萬里征程，朝中國進發。

怕坐海輪到上海轉赴內地太費時，而乘火車經西伯利亞大鐵道進入東北又很危險，因為東北已被日軍占領，於是他竟從蒙古縱穿沙漠，直奔陝西，尋找中共中央。

林育英的到來，對於中共中央來說，也是一場「及時雨」：這位小商人打扮的神秘人物，於一九三五年十二月到達陝北定邊，馬上就趕往瓦窯堡，向中共中央原原本本地倒出了「印」在腦海中的共產國際「七大」文件，這就使一年多失去跟共產國際聯繫的中共中央得知了來自共產國際的最新指示。

恰恰在這個時候，中共中央正面臨著分裂的嚴重危機，毛澤東正面臨著張國燾的嚴重挑戰，林育英支持了毛澤東，這為解決這場危機作出了可貴的貢獻……

毛澤東在遵義會議上戰勝了博古、李德之後，張國燾對毛澤東的領袖地位首先發起了挑戰。

張國燾此人，既有頗強的組織能力、活動能力，又有很強的領袖欲。這一點，早在中共「一大」時，就充分顯示出來。

那時，他只是北京大學的學生，陳獨秀、李大釗的門徒，來滬之後很快發覺中共「一大」的組織者、上海共產主義小組負責人李達跟共產國際代表馬林之間有所齟齬，當即乘隙而入，反客為主，成為中共「一大」的主持人。後來中共「一大」選出陳獨秀為書記，張國燾為組織主任，李達為宣傳主任——張國燾成為中共最早的三位領袖人物中的一個。

雖說張國燾在中共「一大」之後的地位時浮時沉，不過，在一九三一年一月十日，中共六屆四中全會產生的政治局推選三人為常委，張國燾仍是三常委（向忠發、周恩來、張國燾）之一。

此後不久，決定張國燾赴鄂豫皖根據地，周恩來赴江西中央蘇區。

張國燾和陳昌浩一起於一九三一年四月下旬由顧順章護送前往鄂豫皖根據地。不久，張國燾擔任鄂豫皖中共中央分局書記兼軍委主席。從此，他一直是那裡的首腦，鄂豫皖根據地是當時僅次於江西中央蘇區的紅色區域。

正因為這樣，一九三一年十一月七日，當中華蘇維埃共和國宣告成立時，張國燾是中央政府副主席兼「副總理」，地位僅次於毛澤東。

後來，由於蔣介石一次次「圍剿」，張國燾的鄂豫皖根據地不斷西移，一九三二年底移至川陝邊區，改稱川陝根據地。當朱毛紅軍整編為紅軍第一方面軍時，張國燾所率紅軍整編為紅軍第四方面軍，成為紅軍三大主力之一——紅軍第二方面軍由賀龍為總指揮，任弼時為政委（無第三方面軍）。紅四方面軍以徐向前為總指揮，陳昌浩為政委，而張國燾為軍委主席。

紅一方面軍在湘江之役後，損失過半，兵力只有三萬多人，而紅四方面軍因在川陝根據地未動，所以擁有五個軍八萬多人，超過紅一方面軍一倍多！

一九三五年三月，紅四方面軍也開始長征，進入四川。六月十六日，紅一方面軍和紅四方面軍會師於四川懋功。

張國燾在一九六六年發表於香港《明報月刊》的《我的回憶》中這麼寫及：

「毛澤東率領著中共中央政治局委員們和一些高級軍政幹部四五十人，立在路旁迎接我們。我一看見，立即下馬，跑過去，和他們擁抱握手。久經患難，至此重逢，情緒之歡欣是難以形容的。毛澤東站到預先布置好的一張桌子上，向我致歡迎詞，接著我致答詞，向中央致敬，並對紅一方面軍的艱苦奮鬥，表示深切的慰問。」

兩大主力會師後，決定由中革軍委統一指揮。遵義會議後，雖成立了新的毛、周、王「三人團」，但中革軍委未動，仍以朱德為主席，周恩來、王稼祥為副主席。此時，增加張國燾為副主席。然而，在「擁抱握手」之後，張國燾自恃兵多勢強，便要與毛澤東相對抗。

張國燾先是提出「向南攻打成都」，毛澤東主張「北上抗日」。

六月廿六日，在四川兩河口的中共中央政治局會議上，毛澤東的意見得以通過，否定了張國燾的意見。

七月十八日，張國燾策動陳昌浩致電朱德，毫不掩飾地提出：

「職堅決主張集中軍事領導，不然無法順利滅敵，職意仍請燾任軍委主席，朱德任總前敵指揮，周副主席兼參謀長，中政局（引者注：指中共中央政治局）決大方針後，給軍委獨斷決行。」④

這就是說，要以張國燾為中央軍委主席，由他「獨斷決行」！

張國燾向毛澤東發起了挑戰。鬥爭越來越激烈。

一九三五年十月五日，張國燾率紅四方面軍及原紅一方面軍建制的五軍團南下，在四川北部的卓木碉（今瑪爾康縣東南），自行成立「中共中央」、「中央政府」和「中央軍委」，自封「主席」。他還以他那個「中共中央政治局」的名義，通過了《決議》，宣布撤銷毛澤東、周恩來、博古、張聞天的工作，開除中央委員及其黨籍！

這時，毛澤東所率紅一方面軍堅持北上，於十月十九日到達陝北吳起鎮，與陝北紅軍會師。這樣，終於結束了歷時一年、經歷十一個省、長驅二萬五千里的長征。

十一月十二日，中共中央致電張國燾：

「不得冒用中央名義，只有一個中央。」

十二月五日，張國燾致電中共中央，宣稱：

「甲，此間已用黨中央、少共中央、中央政府、中央軍委、總司令等名義對外發表文件，並和你們發生關係；

乙，你們應以黨北方局、陝甘政府和北路軍名義，不得再冒用黨中央名義；

丙，一、四方面軍名義已取消；

丁，你們應將北方局、北路軍和政權組織狀況報告前來，以便批准。」

張國燾的口氣是如此咄咄逼人。

中共面臨著大分裂！紅軍面臨著大分裂！

毛澤東面臨著嚴酷的局面！

以毛澤東為首的中共中央，當然不可能接受張國燾那個「黨中央」的「領導」；以張國燾為首的那個「黨中央」，也不會服從於毛澤東為首的中共中央。於是兩路兵馬，背道而馳。

林育英鼎力支持毛澤東

就在這個節骨眼上，林育英出現在陝北。他出席了一九三五年十二月在陝北瓦窯堡舉行的中共中央政治局擴大會議。林育英除了傳達共產國際「七大」精神之外，明確表示支持毛澤東。

林育英既是毛澤東的老朋友，又跟張國燾有著患難之交，而這時他是共產國際特使。中共中央決定，由林育英出面，以共產國際派員的身分，對張國燾進行說服工作——張國燾不服從中共中央，對共產國際總應服從了吧。

林育英在中共黨內，具有很深的資歷。曾任中國共青團書記的林育南，就是他的胞弟。林育南還是中國蘇維埃中央準備委員會秘書長，在中共六屆四中全會後的那次突遭國民黨特務大搜捕時，林育南在上海東方旅社被捕。

一九三一年二月七日，林育南死於上海龍華刑場。林育英早在一九二二年二月加入中共，跟惲代英、陳潭秋過從甚密。

一九二四年秋，他和李求實一起到莫斯科共產主義大學學習。翌年回國，化名林春山，先在上海工作、不久出任中共漢口市委書記。當毛澤東上井岡山時，他是中共湖南省委成員，兩人結下友誼。此後，他又在上海、東北從事秘密工作，出席過中共六屆三中全會。

一九三〇年十二月，他在撫順的火車上遭捕。寒天臘月，他被泡在冰水中受刑，仍堅不吐實。在獄中十三個月，遭受百般折磨，以多病之身獲釋，他被中共送往莫斯科，一邊治病，一邊擔任駐共產國際代表團成員……此時，他擔當起說服張國燾，防止中共大分裂的重任。他以共產國際特派員的身分，不斷給張國燾發電報，進行說服工作。

張國燾在《我的回憶》中，這樣記敘：

林育英到達陝北後，立即致電給我，大意是：他和王明等曾參加一九三五年七月間共產國際第七次大會，大會對中國問題的討論，有抗日民族統一戰線新策略的決定。他奉命攜帶密碼，經蒙古來尋找紅軍，已於某日到達陝北，完成了第一步使命。

他擬由陝北繼續到川康地區來，與我和其他同志會晤，但因交通阻隔，尚不知能否如願等語，我接到這個電報，一時喜出望外，立即回電表示欣慰，並請他暫留陝北，以免途中遭受襲擊的危險，彼此可用電訊商談各項問題。

林育英同志係湖北籍的知識青年，林彪的叔父（引者注：應為林彪的堂兄），他和他的弟弟林育南曾與我共過患難。他於一九二二年參加中共後，即隨我從事職工運動，也曾在漢口一間工廠裡做工。

一九三三年他代表中國工會到莫斯科，參加赤色職工國際工作，成為中共中央駐莫斯科代表團的一員。他回陝北後，為了保密的理由，他用「張浩」的名字出現。

接著，林育英的電報源源而來，主要是告訴我們共產國際改採新政策的經過，並提出黨內團結的步驟……

林育英那「源源而來」的電報，迄今仍可從檔案中查到。如其中的一份，全文如下：

請轉電四方面軍國燾同志：

共產國際派我來解決一、四方面軍的問題，我已會著毛澤東同志，詢問一、四方面軍通電甚（少），國際甚望與一、三軍團建立直接的關係，我已帶有密碼與國際通電，兄如有電交國際弟可代轉，再者我經過世界七次大會（指共產國際「七大」——引者注）對中國問題有詳細新的意見，準備將我所知道的向兄傳達。

林育英
十六日九時

據考證，這「十六日」應為一九三五年十二月十六日。從電報中可以看出，林育英是以「共產國際派我來解決一、四方面軍的問題」出面的，而且他「帶有密碼」，可以在陝北與共產國際直接通電報。密電碼是劉長勝帶回來的，他稍晚於林育英從莫斯科到達陝北，從此陝北與莫斯科有了電報聯繫。

這樣，張國燾也就致電林育英，稱「黨中央表示一切服從共產國際的指示」。雖然張國燾仍堅持他那個「中央」是「黨中央」，但已願「一切服從共產國際的指示」。

經過電報一次次切磋，林育英告訴張國燾：「共產國際完全同意於中國黨中央（引者注：指以毛澤東為首的中共中央）的政治路線」，「兄處可即成立西南局直屬代表團（引者注：指共產國際代表團）」。這麼一來，張國燾不得不取消他那個「中央」。

如他在回憶錄中所寫：

「他們（引者注：指以毛澤東為首的中共中央）既與共產國際聯絡上了。我們也就不必舊事重提，斤斤於誰是誰非，大家團結要緊。」

這樣，中共避免了大分裂，紅軍避免了大分裂。

一九三六年六月，賀龍、任弼時所率紅二、六軍團改編為紅二方面軍，與張國燾的紅四方面軍會師於西康甘孜。接著，一九三六年十月，紅二、四方面軍到達甘肅會寧，與前來接應的紅一方面軍會師——紅軍的三大主力終於大會師，變成一支統一的軍隊。

一九三六年十二月二日，張國燾終於率紅四方面軍來到陝北保安。張國燾在《我的回憶》中寫道：

「保安的紅軍學校校長林彪率領學生隊伍到郊外歡迎我們，毛澤東等中共中央要人也和在懋功初會時一樣，站在學生們行列的前面迎候。在一個預先布置好的講臺上，我們都發表演說，互致祝賀。我的演詞是強調時外抗日對內團結。那時我們所談論的，不是那些過去了的事，而是策劃未來。」

會師之後，十二月七日，中革軍委調整、擴大為二十三人，成為紅軍最高指揮部，毛澤東任主席，周恩來、張國燾為副主席。又任命朱德為紅軍總司令，張國燾為紅軍總政治委員。

一九三七年三月廿七日至三十日，中共中央在延安召開政治局擴大會議，張國燾作了檢查，承認自己「是路線的錯誤，是退卻逃跑的錯誤，是反黨反中央的錯誤」。會議作出了《關於張國燾同志錯誤的決定》。

這樣，毛澤東完全戰勝了張國燾。張國燾的錯誤被定為「右傾分裂主義」。此後，張國燾擔任陝甘寧邊區政府副主席。他雖口口聲聲承認錯誤，但實際上卻耿耿於懷。終於，在一九三八年四月四日，他乘去祭黃陵之際，投奔國民黨。他隨身只帶警衛員張海一人。

當張海發覺張國燾反叛中共時，不願跟他走。張國燾後來成為國民黨的特務，晚景淒涼，一九七九年十二月三日凍死於加拿大多倫多城養老院醫院。

林育英則於一九四二年三月六日病故於延安，毛澤東、朱德親自為他執紼。毛澤東親筆為他的墓碑寫了「張浩同志之墓」六個大字。

「神仙」王明從天而降

在戰勝了張國燾之後，毛澤東又面臨著一次嚴重的挑戰。

一九三七年十一月廿九日，延安機場戒備森嚴，人們不時仰視著黃土地之上的那頂藍天。希冀找到飛機的影子。毛澤東，張聞天、周恩來、朱德、博古、張國燾等延安黨政軍要人，都在機場上佇立靜候。不言而喻，將有大人物自天而降。

終於，一個黑點在天際出現，隆隆機聲響起來了。哦，一架蘇製軍用運輸機由遠而近，降落在機場上，引起了一片歡呼。

飛機來自莫斯科。只是由於續航力有限，不得不中途在新疆迪化（今烏魯木齊）、甘肅蘭州降落、加油。根據蘇聯政府和國民黨蔣介石政府簽訂的協定，開闢西北航線，從蘇聯運輸軍用物資，幫助中國抗日。這架軍用運輸機是秘密地由蘭州飛來延安的。

從機艙裡走出一位個子矮小的人物，那雙高統、發亮的黑皮靴顯得格外醒目。他擺著一副領袖的架勢，在機艙門口站了片刻，頻頻向歡迎的人們招手，留下充分的時間給攝影記者拍照。

此人便是王明（陳紹禹）。

自從一九三一年十月十八日和妻子孟慶樹在上海頓上赴蘇海輪起，已匆匆六個春秋。離去時，上海一片白色恐怖；眼下，陝北不僅擁有南北長九百里、東西寬八百里的紅色區域，有十幾萬人的紅軍，而且紅都延安居然有飛機場，雖說這機場那般簡陋，不過是一片山間平地罷了。

和王明同機歸來的，還有陳雲和康生。

當時在場的張國燾，用「握手擁抱，一堂歡敘」形容王明和毛澤東見面時的情景。

在機場上，舉行了熱烈的歡迎儀式。毛澤東以《飲水思源》為題，發表熱情洋溢的歡迎詞：「歡迎從崑崙山下來的『神仙』，歡迎我們敬愛的國際朋友（引者注：指蘇聯機組人員），歡迎從蘇聯回來的同志們。你們回到延安來是一件大喜事，這就叫『喜從天降』。」

王明呢？當然也欣喜萬分。這位「從崑崙山下來的『神仙』」，是來摘「桃子」的。

在蘇聯的六年，使他躲掉了上海中統特務的盯梢，使他躲掉了蔣介石「圍剿」的炮火，使他躲掉了二萬五千里長征的千難萬險，眼下正是回來坐「帥椅」的時候。

雖說毛澤東已經是中共的領袖，然而，王明卻是共產國際的執行委員會委員、主席團委員、政治書記處書記，明擺著是毛澤東的上級。

初來乍到，王明儼然欽差大臣，在延安作長篇報告，毛澤東等「洗耳恭聽」。就連張國燾，也有點看不下去。他在《我的回憶》中寫道：

王明當時儼然是捧著上（尚）方寶劍的莫斯科的「天使」，說話的態度，彷彿是傳達「聖旨」似的，可是他仍是一個無經驗的小夥子，顯得志大才疏，愛放言高論，不考察實際情況，也缺乏貫徹其主張的能力與方法。他最初幾天的表演就造成了首腦們一些不安的情緒……

王明回國之初，毛澤東曾對他謙讓。只要稍微注意一下那一段時間裡中共中央首腦們的合影，就會看到居中的總是王明，而毛澤東總是站在最旁邊的位子。偶然有一兩張是王、毛並列站在正中的照片，王明的腦袋只及毛澤東的肩胛。

王明回國不久，他和陳雲、康生一起被增補為中共中央書記處書記。一九三七年十二月十五日，中共中央成立了籌備中共「七大」的委員會，以毛澤東為主席，以王明為書記。

三天之後，王明和妻子孟慶樹同周恩來夫婦及博古一起去武漢，同國民黨代表陳立夫進行國共合作秘密談判。從此，王明任中共中央長江局書記。

王明和毛澤東之間的分歧和鬥爭，日益表面化。

那時，日軍大舉侵略中國。大敵當前，中共表示願和國民黨結成統一戰線，共同抗日。王明提出了「一切經過統一戰線」、「一切服從統一戰線」的口號，而毛澤東則堅決主張中共在統一戰線中必須保持獨立自主。

毛、王之間，不光是政見不同，而且王明明顯地表現出對毛澤東領袖地位的覬覦。他擅自擬定了中共中央委員名單。

他在武漢時，經常以中共中央名義，擅自對外發布宣言，甚至以毛澤東名義發表談話。他還提出要求，把中共中央機關刊物《解放》從延安遷往武漢……

由於他的政見與毛澤東不同，因此由他在武漢擅自發表的中共中央宣言，與延安毛澤東的主張不同，在外界造成惡劣的影響。

王明深知欲取毛澤東而代之，最為關鍵的一步棋，那就是共產國際的表態。

終於，王明走出了一步險棋：

一九三八年五月廿六日至六月三日，毛澤東在延安抗日戰爭研究會作了長篇演講《論持久戰》。毛澤東把這一重要著作派人送往武漢，交給《新華日報》發表。

《新華日報》是中共在國民黨統治區所辦的一份公開發行、很有影響的報紙，一九三八年一月十一日在武漢創刊。王明扣下了《論持久戰》，不同意在《新華日報》上發表，只同意印成小冊子。

就在這時，有一位蘇聯人要從武漢回莫斯科，王明暗中托他密告季米特洛夫和史達林，毛澤東的《論持久戰》存在原則性的錯誤……

王明期待著來自莫斯科的指示。

季米特洛夫警告過王明

一九三八年八月，又一架軍用運輸機從莫斯科飛往中國，上面也坐著一位重要人物，此人從莫斯科帶回共產國際的重要指示。

他，便是王稼祥。

王稼祥是在一九三六年底前往莫斯科的。他拖著病體，好不容易跨雪山，過草地，到達陝北。他被送往莫斯科治病。在蘇聯，王稼祥得到了精心的治療，身體日漸復元。

當王明決定回國時，他接替王明，出任中共駐共產國際代表團團長。

這一回，因為王稼祥決定回國，所以改由任弼時擔任中共駐共產國際代表團團長。任弼時是在一九三八年三月受中共中央派遣前往莫斯科的。

王稼祥從莫斯科帶來共產國際極為重要的指示——中共究竟應該以毛澤東為領袖，還是由王明出任中共中央總書記？

王稼祥還隨身帶著一隻皮箱，裡面裝著三十萬美元現鈔——共產國際支持中國革命的一筆經費。飛機降落在新疆迪化之後，不能再飛往蘭州。一支八路軍車隊前來接他以及他帶回的一批軍用物資。車隊取道蘭州赴延安。

車隊離開蘭州之後，在茫茫黃土地上前進。途中，突遭土匪攔劫。為首的土匪，絡腮黑鬍，雙目射出凶光。車上那三十萬元美金現鈔，頓時處於最危險的境地。

王稼祥在土匪頭子手槍的逼迫下，先是打開幾隻大木箱。打開一看，箱裡盡是一些俄文書籍和雜誌，土匪們毫無興趣。他們的目光，集中在一隻小皮箱上。王稼祥鎮定自若地打開那隻小皮箱，取出自己的衣物及一些國民黨銀行印行的紙幣，送給土匪們，又摘下手錶，送給土匪頭子。

他說明自己是八路軍，沒有錢財。土匪見他和車隊的人都一色灰布八路軍軍裝，就叫他們轉過身去。過了好久，背後沒有動靜。王稼祥回頭一看，土匪早已不見蹤影。幸虧王稼祥機智，在迪化把三十萬元美金轉移到大木箱裡，上面鋪了書籍，躲過了飛來橫禍。

自從受土匪驚擾之後，車隊加快車速，日夜兼程，不敢在路上逗留。司機極度疲憊。車近延安時，王稼祥乘坐的那輛卡車的司機打起瞌睡來，車子一下子翻進溝裡。眾人大吃一驚，趕緊停車，跳進山溝，把王稼祥從車內拉出。

王稼祥居然安然無恙，從地上拾起眼鏡，眼鏡也沒有摔碎！原來，那輛卡車翻下去時，正好有一棵大樹擋了一下……

王稼祥經過兩番「歷險記」⑤終於安抵延安。

中共中央決定召開六屆六中全會，因為自一九三四年一月在瑞金召開六屆五中全會以來，已經相隔四年多沒有開過中央全會，許多重大的事情需要討論解決，尤其是王稼祥帶來了共產國際的重要指示。

中央決定由王稼祥打電報給王明，要他來延安聽取共產國際的指示並出席中共六屆六中全會。畢竟王明在莫斯科多年，可能他已從其他途徑獲悉共產國際指示的精神，因而拒絕前來延安。他覆電王稼祥，要王稼祥到武漢向他個別傳達，甚至要中共六屆六中全會遷到武漢召開。

王稼祥把王明覆電交給毛澤東看，經毛澤東同意，又以王稼祥名義，給王明發去措辭強硬的電報：「請按時來延安參加六中全會，聽取傳達共產國際重要指示。你應該服從中央的決定，否則一切後果由你自己負責。」

到了這等地步，王明看了電報，不得不於九月十五日前來延安。

這樣，中共六屆六中全會從九月二十九日起在延安召開。會上，由王稼祥詳細傳達共產國際文件和季米特洛夫的口頭指示，毛澤東代表中共中央政治局作題為《論新階段》的報告。

王稼祥所傳達的季米特洛夫的指示，使王明頹然失色，從此失去他的「王牌」——來自莫斯科的「尚方寶劍」！

當時年已五十六歲的季米特洛夫，是國際共產主義運動的富有聲望的活動家。

他是保加利亞共產黨的領袖。一九三三年，由於希特勒製造「國會縱火案」，謊稱共產黨人縱火，因此正在德國的季米特洛夫被捕。

九月，季米特洛夫在萊比錫法庭上，當眾揭露法西斯陰謀，一時間成為全世界矚目的新聞人物。最後，法庭不得不宣布他無罪。

蘇聯派出專機到德國。季米特洛夫出了監獄，直接上了飛機，飛往莫斯科。不久，季米特洛夫出任共產國際總書記並主管中國事務。

季米特洛夫跟王明共事，很快就發覺王明和中國國內領導人關係緊張，而且王明誇誇其談，又沒有實際工作經驗。正因為這樣，當王明回國之際，季米特洛夫特地把王明和接替王明的王稼祥一起找來談話。

據王稼祥回憶：「季對王明說：你回中國去要與中國同志關係弄好，你與國內同志不熟悉，就是他們要推你當總書記，你也不要擔任。」

「對於中國黨的路線，我的印象沒有聽過（共產）國際說過路線不正確的話。」

「對於張國燾的問題，記得季米特洛夫說過張國燾在中央不是一個好傢伙。」⑥

據任弼時回憶，季米特洛夫曾跟他說起，在王明回國之前叮囑過：

「雖然你在（共產）國際工作了多年，而且是執委成員和書記處書記之一，但你回國去並不代表（共產）國際，而且你長期離開中國，脫離中國革命實際，所以回去以後，要以謙遜的態度，尊重黨的領導同志，中國黨的領袖是毛澤東，不是你，你不要自封領袖。」

儘管季米特洛夫在王明回國前，已給他打了「預防針」，可是王明回國後依然故我。

說實在的，王明在中共黨內的資歷，遠不如張國燾。他能夠趾高氣揚，是因為當初得力於共產國際米夫的支持。到了後來，米夫失勢，反而成了王明的部下！

一九三八年，米夫甚至被蘇聯專政機關處決，那時米夫不過三十六歲！

王明回國後，採取「惡人先告狀」，背地裡托回國的蘇聯人向季米特洛夫打小報告，告毛澤東，反而弄巧成拙。

季米特洛夫最初從陳雲匯報遵義會議情況時，知道毛澤東的經歷，支持了毛澤東。這一回，聽了王明托人轉告的「小報告」，趁任弼時從延安來莫斯科，又仔細了解中共黨內毛澤東和王明之間的鬥爭情況。雖說任弼時過去執行過王明路線，在中央蘇區時整過毛澤東，特別是主持寧都會議，撤過毛澤東的職。但是後來，在實際鬥爭中，他逐漸轉為擁護毛澤東。

此時，他向季米特洛夫匯報了毛澤東在中國的鬥爭情況和在共產黨內享有的威信。任弼時如實的匯報和對毛澤東的稱讚，使季米特洛夫更增加了對毛澤東的信任感——儘管在中共的領袖人物中，絕大部分曾在蘇聯學習，唯有毛澤東從未去過蘇聯。

連王明也高呼「學習毛澤東」

一個特殊、顯眼的信號從莫斯科發出：一九三八年七月六日，蘇共中央機關報《真理報》破天荒地刊登了毛澤東和朱德的照片，清楚表明了莫斯科對毛澤東的支持。

季米特洛夫接見了即將卸任回國的王稼祥及其繼任者任弼時，囑咐王稼祥向中共中央轉達他的意見：

「中共一年來建立了抗日統一戰線，尤其是朱德、毛澤東等領導了八路軍執行了黨的新政策，（共產）國際認為中共的政治路線是正確的，中共在複雜的環境及困難條件下，真正運用了馬克思主義。」

「在當前，中共中央領導機構要在毛澤東同志為首的領導下解決。中央領導機關中，要有親密團結的空氣。」⑦

王稼祥在中共六中全會上傳達了季米特洛夫的指示，還特別強調了季米特洛夫以下的話：

「要告訴全黨，你們應該支持毛澤東同志為中國共產黨的領導人，他是在中國革命實際鬥爭中鍛煉出來的領袖，王明等人不要再爭吵了。」⑧

這下子，王明像洩了氣的皮球——癟了！本來，他處處借共產國際這張「王牌」壓人。如今，他失去了「後臺」，再也神氣不了了。

毛澤東沒有在會上公開開展對王明的批判，因為王稼祥所傳達的季米特洛夫的意見，足以制服王明的挑戰。毛澤東只是在會上重申了黨的紀律，即：

（一）個人服從組織；

（二）少數服從多數；

（三）下級服從上級；

（四）全黨服從中央。

毛澤東提醒中央委員們，不要上「張國燾一類人」的當，不言而喻，「張國燾一類人」也就是王明的代名詞。

王明一看苗頭不對，趕緊在一九三八年十月二十日發表《目前抗戰形勢與如何堅持持久戰爭取得最後勝利》一文，表示要「如北辰而眾星拱之」那樣「統一團結在中央和毛同志的周圍」！這般的話，從王明的嘴裡講出來，何等的不容易！

到了一九四〇年五月三日，王明在延安「澤東青年幹部學校」作了題為《學習毛澤東》的講演，尤為「精彩」。王明操著大舌頭說：

「對於青幹學生學習問題，我只貢獻五個字：『學習毛澤東！』青年幹部學校既以毛澤東同志的光輝名字來命名，那就要名副其實，就要學習毛澤東同志的生平事業和理論。」

王明以他「富有邏輯性」的「理論家」的特長，概括了從五個方面「學習毛澤東」：

一、「學習毛澤東同志的始終一貫地忠於革命的精神」。從中共「一大」以來，「毛澤東同志便是我們黨的主要領導人」。在蔣介石發動「四．一二」政變後，「毛澤東同志刑如鶴立雞群一樣英勇堅決地繼續革命工作」，「領導黨和紅軍經歷了無數的痛苦，克服了各種的困難，在任何條件下，在任何艱難困苦環境中，能始終如一地忠於革命事業」。

二、「學習毛澤東勤於學習的精神」。毛澤東沒有進過馬列主義學校，「但毛澤東同志卻比我們黨內任何同志都學得多，比我們黨內任何同志都學得好，真正地學習了馬列主義，真正地善於把馬列主義靈活地應用到中國革命的實踐中。正由於毛澤東同志不斷地工作，不斷地學習，不斷地從工作中學習馬列主義，從馬列主義學習中處理工作，所以他才能把理論與實際聯繫起來，所以他才不僅成為中國革命的偉大政治家和戰略家，而且是偉大的理論家」。

三、「學習毛澤東同志勇於創造的精神」。「毛澤東同志在其理論和實踐中很多新的創造」，「如《游擊戰爭的戰略問題》、《論持久戰》等軍事著作，不僅是抗日民族解放戰爭的軍事指南，而且是馬列主義在軍事問題上的新發展」；「《新民主主義論》不僅是中國現階段國家問題的指南，而且是一切殖民地半殖民地關於建立革命政權問題的指標，同時也就是對馬列主義關於國家問題的新貢獻」。

四、「學習毛澤東同志長於工作的精神」。「他能做最下層的群眾工作，他也能做最上級的領導指揮工作，在農民工作中，他是一個有名的農民工作大王，在軍事工作中，他是偉大的戰略家，在政權工作中，他是天才的政治家，在黨的工作中，他是公認的領袖。不管什麼工作，只要放在他手裡，他都能做好，只要你向他請教，他都能告訴你經驗和方法。」

五、「學習毛澤東同志善於團結的精神」。「毛澤東同志現在不僅是共產黨中央和共產黨全黨團結的核心，不僅是八路軍和新四軍團結的中流砥柱，而且是全中國無產階級和人民大眾眾望所歸的團結中心。」

王明最後加以總結說：「我的總的意見，還不過是一點，就是澤東青年幹部學校學生以及全國的優秀青年，應該以毛澤東為模範，應該學習毛澤東。」

四天之後——一九四〇年五月七日，王明在《新中華報》全文發表了他的《學習毛澤東》。雖說是言不由衷，王明畢竟還是公開表示了對毛澤東的領袖地位的承認和擁戴。

《學習毛澤東》這樣的文章，竟出自毛澤東的政敵之手，這也從一個特殊的角度說明，在戰勝了張國燾和王明兩次嚴重挑戰之後，毛澤東的領袖地位已經非常穩固了。

張聞天辭去中共總負責

在中共六屆六中全會上，聽了王稼祥傳達的季米特洛夫的指示「中國黨的領袖是毛澤東」，張聞天當即向毛澤東提出，推舉毛澤東同志為中共中央總書記。

毛澤東沒有同意張聞天的意見，仍堅持由張聞天擔任中共中央總負責。

張聞天是個明白人。此後張聞天便逐漸交權，把總負責的工作移交給毛澤東。召開政治局會議的地點，也移往毛澤東住處。

一九三九年初，張聞天實際上已經不擔任中共中央總負責之職。在一九三九年七月至八月的中共中央政治局會議之後，張聞天實際上只分管宣傳、教育工作。

一九四二年二月一日，毛澤東在延安中央大禮堂作了著名的《整頓黨的作風》的演說，從此開始了「延安整風運動」。張聞天認為自己「過去沒有做實際工作，缺乏實際經驗，現在要補課」。於是他出任「延安農村工作調查團」的團長，帶隊到晉西北去進行農村調查，在那裡工作了一年多。這一年多，他離開了延安，在農村蹲點調查。

一九四三年三月三日，張聞天接到通知，趕回延安，出席政治局會議。三月二十日，中共中央政治局會議通過了《中央機構調整及精簡決定》。這一決定，「其目的，在於使中央機構更加簡便與靈活，使政權更加統一與集中，以達到更能增強中央的領導效能。」

《決定》指出，「政治局推定毛澤東同志為主席」，從而結束了張聞天中共中央總負責的職務。從此，毛澤東正式成為中共最高領袖——儘管此前毛澤東早已是中共最高領袖，但名義上的「總負責」仍是張聞天。

從遵義會議起，至此時，張聞天擔任中共中央總負責達八年之久。過去中共黨史幾乎不提這一史實，總是說「遵義會議確立了毛澤東的領袖地位」——話雖不錯，但是也就用這句話遮蓋了張聞天擔任中共中央總負責八年的史實。其中的原因不言自明，因為張聞天在一九五九年夏的廬山會議上蒙塵，也就抹去了他的歷史貢獻。

難怪王震在一九八五年六月廿二日得知中共中央有關部門著手編輯《張聞天選集》時，在所寫的批示中說道：

「許多同志似不知張聞天同志任中央書記多年這一歷史事實。歷史要真正實。」⑨

王震在這裡還只是說張聞天「任中央書記多年」，實際是「任中共中央總負責八年」。

一九四三年三月二十日的《決定》還指出：「書記處重新決定由毛澤東、劉少奇、任弼時三同志組成之，澤東同志為主席。」

《決定》中有一極為重要的規定：「主席有最後決定之權。」這樣，毛澤東成為中共中央政治局主席兼中央書記處主席。這是中共中央第一次設「主席」——在此之前，稱「中央局書記」、「中央執行委員會委員長」、「中共中央總書記」。這一回設「主席」，據云是因為人們對毛澤東已叫慣了「毛主席」——中華蘇維埃共和國中央政府主席。

《決定》中指出，「劉少奇同志參加軍委並為軍委副主席」，表明劉少奇此時在黨內地位大為提高，因為他同時又被提升為中央書記處三位書記中的一個。

從此，張聞天離開了中共中央領導崗位，只是擔任「中央組織委員會委員」。

就在中共中央政治局作出《中央機構調整及精簡決定》不久，張聞天參加了中共中央高級幹部的整風運動和關於黨內歷史上路線是非的學習討論。

張聞天是一個律己甚嚴的人，他對自己過去的「左」傾錯誤作了檢查，在一九四三年十二月寫下總結自己思想歷程的整風筆記。

張聞天在整風筆記中，有一段寫及自己取代博古成為中共中央總負責的客觀背景，寫得那麼富有自知之明，那樣深刻自我解剖，是很不容易的：

「對於我個人說來，遵義會議前後，我從毛澤東同志那裡第一次領受了關於領導中國革命戰爭的規律性的教育，這對於我有很大的益處。

「但因遵義會議沒有提出過去中央政治上的路線錯誤，而且反而肯定了它的正確，使我當時對於我自己過去的一套錯誤，還很少反省。這在毛澤東同志當時只能如此做，不然我們的聯合會成為不可能，因而遵義會議不能取得勝利。

「為了黨與革命的利益，而這個利益是高於一切的，毛澤東同志當時做了原則上的讓步，承認一個不正確的路線為正確，這在當時是完全必要，完全正確的。這個例子，可以作為黨內鬥爭一個示範來看。在遵義會議上，我不但未受打擊，而且我批評了李德、博古，我不但未受處罰，而且還被抬出來代替了博古的工作。這個特殊的順利環境，使我在長久時期內不能徹底瞭解到自己的嚴重錯誤。」

如此坦誠，如此冷靜，張聞天自以為是「被抬出來」的，也就主動地從「總負責」的地位上退了下來。

張聞天寫好整風筆記後，即送毛澤東過目。毛澤東看罷，到張聞天的窯洞裡來，對他說：「我一口氣把它讀完了，寫得很好。」⑩

凱豐制定宣傳毛澤東的計畫

就在毛澤東出任中共中央政治局主席兼中央書記處主席不久，共產國際執行委員會主席團提議解散共產國際。其原因是「為適應反法西斯戰爭的發展，並考慮各國鬥爭情況的複雜，需要各國共產黨獨立地處理面臨的問題」。

中共中央表示完全同意共產國際的提議，指出：「中國共產黨在革命鬥爭中曾經獲得共產國際許多幫助，但是，很久以來中國共產黨人即已能夠完全獨立的根據自己民族的具體情況和特殊條件決定自己的政治方針、政策和行動。」

由於共產國際所屬三十一個支部和組織均同意解散共產國際，主席團正式決議解散。

出於共產國際解散而更需要宣傳自己的領袖的原因，這時毛澤東已堅實地奠定領袖地位並已正式擔任中共主席，再過些日子便是毛澤東五十大壽——一九四三年十二月廿六日，於是，出於中共中央宣傳部本職工作的考慮，凱豐正在他的窯洞裡制訂宣傳毛澤東的計畫。

凱豐，在遵義會議上激烈地反對過毛澤東，這在陳雲手稿中有著明明白白的記載：「凱豐同志不同意毛、張、王的意見。」在扎西，當張聞天傳達了遵義會議決議，凱豐當眾宣稱：「誰正確，誰錯誤，走著瞧！」

不過，凱豐的可愛之處，也正在這裡——心裡怎麼想，嘴上就怎麼說。

據他自云，「頂牛頂了兩個月，就轉過彎來了」！他在《何克全（凱豐）自傳》中，曾這麼寫及：「因當時對過去中央蘇區所犯錯誤還不瞭解，在遵義會議上堅持了錯誤的方向。現在想起來是幼稚可笑。經過中央的批評，在很短的時期內就瞭解了自己的錯誤（大約二個月光景）。在威信的幹部會時，就實行了對自己錯誤的初步批評。」

在紅軍第二次回遵義時，黨中央派凱豐到九軍團工作。

不久，凱豐被任命為中共中央宣傳部副部長。在毛澤東和張國燾的鬥爭中，凱豐明確地站在毛澤東一邊。為此，凱豐的一篇文章，曾使張國燾大為光火。

張國燾在《我的回憶》中寫及：

午餐時，我的秘書長黃超將一份中共中央出版的《布爾什維克報》給我看。這份油印的刊物是中共中央到懋功後的第一次出版物，刊物上第一篇文章便是中共中央宣傳部長凱豐（引者注：應為副部長）所寫的《列寧論聯邦》一文。這篇文章的大意説，列寧曾反對「歐洲聯邦」，因此西北聯邦政府是違反列寧主義的；再則這個所謂西北聯邦政府，也違反了中共中央的蘇維埃路線，在此嚴重關頭，居然提出西北聯邦政府的名義，無異否定中華蘇維埃共和國。

我看了這篇文章，非常生氣，我知道中共中央一到懋功就趕著出版《布爾什維克報》，發表反對我的見解的文章，這決不是一件很平常的事。我推測一定是中共中央曾經開會慎重商討，決定「反對張國燾的機會主義」，才會由凱豐署名發表這篇文章……

在批判張國燾時，凱豐也是打頭陣的。一九三七年二月廿七日，他完成近三萬言的《黨中央與國燾路線分歧在哪裡》。他在延安作長篇報告，從十四個方面系統批判張國燾。

這樣，凱豐一九三七年八月在陝西洛川縣馮家村的中共中央政治局擴大會議（史稱「洛川會議」）上，當選為政治局委員（遵義會議時他還只是政治局候補委員）。

如今，在《毛澤東選集》第三卷《反對黨八股》一文中，可見到第一句話便是：「剛才凱豐同志講了今天開會的宗旨。」那是指毛澤東一九四二年二月八日在延安幹部會上作《反對黨八股》報告時，大會是由凱豐主持（順便提一筆，「黨八股」一詞是張聞天首創的）。

此時，凱豐著手制訂宣傳毛澤東、慶賀毛澤東五十大壽的計畫。

毛澤東見了凱豐的宣傳計畫，於一九四三年四月廿二日寫了一封信給凱豐：

「生日決定不做。做生日的太多了，會生出不良影響。目前是內外困難的時候，時機也不好。我的思想（馬列）自覺沒有成熟，還是學習時候，不是鼓吹的時候要鼓吹只宜以某些片斷去鼓吹（例如整風文件中的幾件），不宜作體系去鼓吹，因我的體系還沒有成熟。」⑪

毛澤東此信，表明他的頭腦是清醒的，一是不搞他的「五十大壽慶賀」；二是「自覺」他的思想「沒有成熟」。

王稼祥第一個提出「毛澤東思想」

毛澤東信中提及的「我的思想」、「我的體系」、「不是鼓吹的時候」，是因為已經有人在提「毛澤東同志的思想」、「毛澤東同志的思想體系」。

最早提出這一概念的是中共的一位理論工作者，名叫張如心。他在一九四一年三月出版的《共產黨人》雜誌上，發表《論布爾什維克的教育家》一文，提出黨的教育人才「應該是忠實於列寧、史達林的思想，忠實於毛澤東同志的思想。」

一九四二年二月十八日、十九日，張如心在延安《解放日報》上又發表《學習和掌握毛澤東的理論和策略》一文，提出毛澤東的理論是「中國馬克思列寧主義」：

「毛澤東同志的理論和策略正是馬列主義理論和策略在殖民地半殖民地封建社會中的運用和發展，毛澤東同志的理論就是中國馬克思列寧主義。」

不久，陳毅在為紀念中共建立二十一周年而寫的《偉大的二十一年》一文中，提及了毛澤東的「思想體系」：

「毛澤東同志領導的秋收暴動，輾轉游擊湘贛粵閩四省之間，進行蘇維埃的紅軍建設，進行實地的中國社會的調查，主張以科學頭腦、科學方法對待馬列主義中國化問題，主張世界革命的一般理論與中國革命的具體實踐相結合，有了更具體完整的創獲，正確的思想體系開始創立。」

也就在陳毅的文章發表的同時，一九四二年七月一日《晉察冀日報》頭版以醒目的標題刊出社論：《紀念七一，全黨學習掌握毛澤東主義》。

社論是由社長兼總編鄧拓親自撰寫的。社論說：

「中國共產黨所以能夠領導二十世紀中國民族解放與社會解放的偉大革命鬥爭，所以能夠成為政治上組織上思想上全面鞏固的廣大群眾性的堅強有力的布爾什維克黨，就因為有了毛澤東主義。」

社論指出，毛澤東「在其理論與實踐中，有著許多新的創造，給了馬克思、列寧、史達林的革命理論以更進一步的具體化與充實，使之更加適應於中國與一切殖民地和半殖民地的革命的新的歷史條件。」

社論還說，「毛澤東同志領導了反對一切機會主義的錯誤思想鬥爭，從陳獨秀的右傾機會主義一直到蘇維埃運動後期的『左』傾機會主義。在這些鬥爭中鞏固了黨和黨的正確路線，同時更加確立了毛澤東主義的科學思想方法」。

社論號召「深入學習掌握毛澤東主義，真正靈活地把毛澤東主義的理論與策略，應用到一時一地的每一個具體問題中去」。

一年之後，在中共二十二周年誕辰即將來臨之際，一九四三年六月下旬，王稼祥和妻子朱仲麗剛吃過晚飯，聽見警衛員前來報告：「毛主席來了！」

毛澤東住的窯洞與王稼祥住的窯洞離得很近，他和江青朝這邊走過來。王稼祥和朱仲麗趕緊迎上去。王稼祥的窯洞門口，有一張石桌四個石凳，四個人就在那裡坐了下來。

據朱仲麗回憶，那天四個人聊了幾句之後，毛澤東便說明來意：「建黨的二十二周年快要到了，抗戰六周年也快到了，你能不能寫一篇紀念文章？」王稼祥當即一口答應下來。於是，毛澤東跟王稼祥談了起來，談中國共產黨的歷史，談抗日戰爭，談了很久。

毛澤東和江青走後，王稼祥就開始忙起來。朱仲麗記得，王稼祥那幾天一直在思索，在寫寫勾勾。大約經過一個星期，王稼祥終於寫出一篇七千多字的文章，標題為《中國共產黨與中國民族解放的道路》。

王稼祥的文章，詳細回顧了中國共產黨二十二年的歷史，指出這「也是尋找、確定和充實中國民族解放正確道路的歷史」。論述中國共產黨的二十二年歷史，大致上就是毛澤東那天跟他一起研究的內容。

然而，王稼祥對這二十二年的中共黨史加以概括，明確地提出了「毛澤東思想」的概念——已不再是「毛澤東同志的思想」，也不是「毛澤東主義」。王稼祥把「毛澤東思想」作為一種理論體系，加以論述：

「中國民族解放整個過程中——過去現在與未來——的正確道路就是毛澤東同志的思想，

就是毛澤東同志在其著作中與實踐中所提出的道路。毛澤東思想就是中國的馬克思列寧主義，中國的布爾塞維克主義，中國的共產主義。」

「它是創造的馬克思列寧主義，它是馬克思列寧主義在中國的發展，它是中國的共產主義，中國布爾什維克主義。」

「以毛澤東思想為代表的中國共產主義，是以馬克思列寧主義的理論為基礎，研究了中國的現實，積蓄了中共二十二年的實際經驗，經過了黨內黨外曲折鬥爭而形成起來的。」

王稼祥寫畢，把手稿交給警衛員張志，讓他送到毛澤東那裡。

又是傍晚，毛澤東從他的窯洞來到王稼祥那裡。依然坐在石凳上，談及了對王稼祥文章的意見。

在兩個月前，毛澤東在給凱豐的信中，曾說過「我的思想（馬列）自覺沒有成熟」。此時，由於王稼祥的堅持，他還是同意了文中關於「毛澤東思想」的提法。

毛澤東說：「不能提『毛澤東主義』。我是馬克思、列寧的學生，怎麼可以跟他們並列？馬克思有馬克思主義，列寧有列寧主義，我不能提『毛澤東主義』。我沒有『主義』。我的主義，就是馬克思主義、列寧主義。你們一定要提，還是你提的『毛澤東思想』好。每一個人都有自己的思想嘛，不能隨便地提『主義』。不過，我仍然以為，作為一種思想體系，我還沒有成熟。這不是謙虛，事實如此。」⑫

朱仲麗見天色漸晚，便請毛澤東在他們家吃晚飯。毛澤東笑道：「可惜你們家的菜裡沒有辣椒！」

毛澤東在大笑聲中離去。

幾天之後，王稼祥的文章在七月八日延安《解放日報》中全文發表。這時，《解放日報》的社長兼總編是博古。

就在王稼祥的文章發表的前兩天——七月六日，劉少奇在《解放日報》上發表《清算黨內的孟什維主義（引者注：即孟什維克主義）思想》。劉少奇在文章中指出：

「一切幹部，一切黨員，應該用心研究二十二年來中國黨的歷史經驗，應該用心研究與學習毛澤東同志關於中國革命的及其他方面的學說，應該用毛澤東同志的思想來武裝自己，並以毛澤東同志的思想體系去算清黨內的孟什維主義思想。」

這裡，劉少奇提及的是「毛澤東同志的思想」以及「毛澤東同志的思想體系」。

這樣，「毛澤東思想」一詞的首創權，便屬於王稼祥——儘管在他之前，已有很多類似的提法。特別是鄧拓所寫的社論，是早年全面論述毛澤東思想的重要文章，只是他所提的「毛澤東主義」（其實也就是「毛澤東思想」）未被毛澤東所接受。

一九四八年，吳玉章也曾提出「毛澤東主義」，毛澤東未予以同意，在「文革」中，紅衛兵重新起用「毛澤東主義」一詞，毛澤東仍不予以同意。

毛澤東思想這一概念的提出，表明毛澤東作為中共領袖，已日漸進入成熟的階段，即形成一整套自己的思想體系，有了一整套自己的理論、策略、方針。

鄧拓編選第一部《毛澤東選集》

一年又一年的「七一」，對於毛澤東的宣傳在逐漸升溫：
一九四二年的「七一」，《晉察冀日報》發表號召「全黨學習掌握毛澤東主義」的社論。
一九四三年的「七一」，王稼祥首次提出「毛澤東思想」並加以論述。
一九四四年的「七一」，紅緞子封面上燙著五個金色大字的《毛澤東選集》出版了！

著作是思想的載體。在宣傳毛澤東思想、學習毛澤東思想呼聲日益強烈之際，毛澤東的著作也就日益受到人們注目。

最初，毛澤東的著作零零散散地發表在報紙、雜誌上，或者作為黨內文件印行，或者單篇印成小冊子。最為「豪華」的，要算是遵義會議之後，共產國際曾在莫斯科印行毛澤東的《湖南農民運動考察報告》單行本，用紅綢封面精印。

在延安，印行過毛澤東的《論持久戰》、《新民主主義論》、《在延安文藝座談會上的講話》等單行本。

毛澤東的最初的選集是延安印行的《毛澤東救國言論選》，當然那只是收入毛澤東一小部分著作。一九四二年出過《毛澤東言論選集》，也只是收入他的《論新階段》、《抗日游擊戰爭的戰略問題》等五篇著作。鄧拓自從一九四二年「七一」發表了那篇關於「毛澤東主義」的社論之後，就立下宏願，即為毛澤東編一本比較完整的選集。

一九四四年初，中共中央晉察冀分局書記聶榮臻和副書記程子華、劉瀾濤決定委託鄧拓編選，由《晉察冀日報》出版《毛澤東選集》。經向中共中央宣傳委員會（主任毛澤東、副主任王稼祥）請示，獲得了同意。這樣，鄧拓就著手編選中國第一部《毛澤東選集》。

挑起這一重任的鄧拓，那時三十二歲。他是福建福州人氏，本名鄧子健。一九二九年，他入上海光華大學政治法律系，翌年加入中國社會科學家聯盟，不久加入中共。他曾兩度被捕。

一九三七年春，鄧子健終於出獄。他在寫給友人的信中稱：「西方有巨人，吾將往從之。」於是他前往中國西部，尋覓「巨人」，進入了晉察冀紅色區域。從此，他將「開拓新的生活」，因此改名鄧拓。

鄧拓有著倚馬可待的文才。他進入紅區，負責主持《抗敵報》。此報在一九四〇年十一月七日（蘇聯「十月革命節」）改為《晉察冀日報》，鄧拓便成為社長兼總編（後來張春橋成為副總編）。報社社長駐河北阜平城南莊附近馬蘭村，後來鄧拓取諧音「馬南邨」為筆名，為《北京晚報》寫專欄文章《燕山夜話》。

鄧拓曾寫過一首詩《勵報社諸同志》，記述當年辦《晉察冀日報》的勃勃雄風：

筆陣開邊塞，長年鉤剪風。
啓明星在望，抗敵氣如虹。
發奮揮毛劍，奔騰起萬雄。
文旗隨戰鼓，浩蕩入關東。

鄧拓敬仰「巨人」毛澤東，悉心收集毛澤東散見於各報刊的著作。正因為這樣，當他受命編選《毛澤東選集》，很快就選出了毛澤東的二十九篇文章，約五十萬字，分成五卷：

第一卷五篇，關於國家與革命的論著；

第二卷十一篇，關於統一戰線的論著；

第三卷三篇，關於戰爭與軍事的論著；

第四卷三篇，關於財政經濟的論著；

第五卷七篇，關於黨的建設的論著。

在當時極為艱難的條件下，《晉察冀日報》印刷廠精心排印出了《毛澤東選集》。鄧拓親自擔任校對。

此書第一版印平裝本四千冊。另外，還印了一百冊精裝本，用紅緞或藍緞作封面，燙上金字，頗有氣派。《毛澤東選集》的首頁，用銅版精印毛澤東在延安的近照，下印一行字：「中國人民領袖毛澤東同志」。

鄧拓為《毛澤東選集》寫了《編者的話》：

「過去革命鬥爭的經驗教訓了我們：要保證中國革命的勝利，全黨同志必須徹底地團結在毛澤東思想指導之下。」

「一切幹部，一切黨員虛心和細心地學習毛澤東同志的學說，用毛澤東思想武裝自己……這是異常迫切的任務。」

《毛澤東選集》在一九四四年五月定稿付排，「七一」時就出書了。《毛澤東選集》第一版四千冊不脛而走，不斷重印。

一九四七年三月，中共晉察冀中央局主編新版《毛澤東選集》，共六卷，六十餘萬言，由新華書店晉察冀分店發行。前面曾提及的收入遵義會議決議的《毛澤東選集》，則是中共晉冀魯豫中央局在一九四八年出版的另一種版本。

《毛澤東選集》的出版，使人們對於毛澤東思想有了全面的系統的認識。這樣，對於毛澤東思想的宣傳又進了一步。此時，對毛澤東和毛澤東思想的最主要的宣傳者，不是王稼祥，不是鄧拓，而是劉少奇。

「在毛澤東的旗幟下勝利前進」的中共「七大」

一九四五年四月廿三日下午，延安楊家嶺的中央大禮堂，一片喜慶氣氛。

精心而特殊的會場布置，形象地顯示了毛澤東無可爭議的領袖地位：主席臺正中，以往懸掛馬克思像、列寧像的地方，如今高懸毛澤東和朱德的大幅畫像。主席臺上方，一行紅底黃字更為醒目：「在毛澤東的旗幟下勝利前進！」

畫像兩側插著二十四面紅旗，象徵著中國共產黨走過二十四年不平凡的歷程。兩側的牆上寫著「堅持真理」、「修正錯誤」八個在字。後牆上寫著「同心同德」四個大字。

中國共產黨第七次全國代表大會在這裡開幕。這時毛澤東已是中國共產黨眾望所歸的領袖。他三次在大會上講話：一是在開幕式上致題為《兩個中國之命運》的開幕詞；二是翌日作長篇政治報告《論聯合政府》；三是在六月十一日致題為《愚公移山》的閉幕詞。

中共「七大」離遵義會議已有十個年頭，離中共「六大」則已經整整十七年！眼下，在楊家嶺中央禮堂的長條木靠椅上，坐著七百多名代表，代表著一百二十一萬中共黨員——如此眾多的中共黨員，使中共成為僅次於蘇共的世界第二大的共產黨。

這時的紅色區域，稱為解放區，已擁有將近一億人口——九千五百五十萬。軍隊已不叫紅軍，而稱為「八路軍」、「新四軍」，共達九十一萬人。此外，還有民兵二百二十萬。今非昔比，跟十一年前的廣昌之敗、湘江慘敗，不可同日而語。

毛澤東贏得了全黨的擁護，是因為他領導中共走出了困境，走到了今日的勝利。

在中共「七大」之前，曾召開了中共六屆七中全會，為這次大會作準備。中共六屆七中全會是一次破紀錄的漫長的會議，從一九四四年五月廿一日開始，斷斷續續，竟開了十一個月之久，直至一九四五年四月二十日才結束。

中共六屆七中全會開得那麼長，是在於中央委員們對中共二十四年的歷史進行了仔細討論。由任弼時主持，起草了《關於若干歷史問題的決議》。

這一歷史文件經毛澤東精心修改，經由全會通過。這份決議，後來作為附錄被收入一九五三年出版的《毛澤東選集》第三卷中。

《關於若干歷史問題的決議》長達三萬餘言，對中共二十四年來錯綜複雜的黨內鬥爭作出了結論。用一句話來說，那就是批判了一右三「左」，肯定了毛澤東的路線。

所謂一右三「左」，就是陳獨秀的右傾機會主義，瞿秋白的「左」傾盲動錯誤，李立三的「左」傾冒險錯誤，王明、博古的「左」傾教條主義、宗派主義。這樣，就把遵義會議以前的中共黨史進行了概括。決議高度讚揚了「黨在奮鬥的過程中產生了自己的領袖毛澤東同志」，指出「到了今天，全黨已經空前一致地認識了毛澤東同志的路線的正確性，空前自覺地團結在毛澤東的旗幟下了」。

在《關於若干歷史問題的決議》中，還對劉少奇單獨進行了表揚：「劉少奇同志關於白區工作的目標與思想同樣是一個典範。」

正是分清了二十四年中共黨史上的是非曲直，中共「七大」得以順利舉行。毛澤東為中共「七大」定下了八家方針：「團結一致，爭取勝利。」

在中共「七大」上，劉少奇作《關於修改黨章的報告》。劉少奇以極為熱忱的語言，讚揚了毛澤東，讚揚了毛澤東思想。他的報告中，提到毛澤東的名字達一百零五次：

> 我們的黨，已經是一個有了自己偉大領袖的黨。這個領袖，就是我們黨和現代中國革命的組織者與領導者——毛澤東同志，
>
> 我們的毛澤東同志，是我國英勇的無產階級的傑出代表，是我們偉大民族的優秀傳統的傑出代表。他是天才的創造性的馬克思主義者，他將人類這一最高思想——馬克思主義的普遍真理與中國革命的具體實踐相結合……
>
> 我們的毛澤東同志，不僅是中國有史以來最偉大的革命家和政治家，而且是中國有

史以來最偉大的理論家和科學家，不但敢於率領全黨和全體人民進行翻天覆地的戰鬥，而且具有最高的理論上的修養和理論上的勇氣。

他在理論上敢於進行大膽的創造，拋棄馬克思主義理論中某些已經過時的、不適合於中國具體環境的個別原理和個別結論，而代之以適合於中國歷史環境的新原理和新結論，所以他能成功地進行馬克思主義中國化這件艱巨的事業。

劉少奇還強調道：

「現在的重要任務，就是動員全黨來學習毛澤東思想，宣傳毛澤東思想，用毛澤東思想來武裝我們的黨員和革命的人民，使毛澤東思想變為實際的不可抗禦的力量。」

中共「七大」修改了黨章，把「毛澤東思想」載入黨章：「中國共產黨，以馬克思列寧主義的理論與中國革命實踐之統一的思想——毛澤東思想，作為自己一切工作的指標，反對任何教條主義的或經驗主義的偏向。」

從此，毛澤東思想成為中共的指導思想。毛澤東在六月十九日召開的七屆一中全會上，當選為中央委員會主席。根據新黨章規定，「中央委員會主席即為中央政治局主席與中央書記處主席」。從此，毛澤東一直擔任中共中央委員會主席，直至他去世。

新選出的中共中央書記處，以毛澤東、朱德、劉少奇、周恩來、任弼時為書記。這五人成為中共新的領導核心。內中，任弼時因高血壓、動脈硬化、糖尿病嚴重，於一九五〇年十月廿七日病逝。

毛、朱、劉、周這四人核心，一直保持到「文革」前夕——只是後來變成毛、劉、周、朱。他們被稱為中共第一代成熟的領袖。領導核心的穩定，保持著黨的穩定。後來毛、劉分裂，導致「文革」大動亂。

「團結一致，爭取勝利」

在中共「七大」，毛澤東受到全黨的擁戴，還在於他善於團結同志，即便是犯了嚴重錯誤的人。毛澤東沒有對曾經反對過他的人實行「殘酷打擊，無情鬥爭」。

毛澤東曾這樣說過：「在一九四二年，我們曾經把解決人民內部矛盾的這種民主的方法，具體化為一個公式，叫做『團結——批評——團結』。講詳細一點，就是從團結的願望出發，經過批評或鬥爭使矛盾得到解決，從而在新的基礎上達到新的團結。按照我們的經驗，這是解決人民內部矛盾的一個正確的方法。」⑬

毛澤東在黨內實行「團結——批評——團結」，這樣就使中共「七大」開成一個團結的大會。寫在會場上的「堅持真理，修正錯誤，同心同德」十二個大字，正是體現了毛澤東的這一思想。

任弼時便是其中的一個。任弼時從反對毛澤東，經過自我批評，成為毛澤東的得力戰友。他不僅主持起草了《關於若干歷史問題的決議》這樣重要的文件，而且成為中共五人領導核心之一。

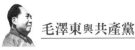

最為典型的要算是博古。毛澤東是取博古而代之，成為中共領袖的。但博古經過自我批評，心悅誠服地在中共「七大」上發言，擁護毛澤東。

以下是中央檔案館所保存的博古一九四五年五月三日大會發言的記錄。

博古如此說：

我個人在這個路線錯誤中的責任怎麼樣呢？在上海中央破壞（引者注：指向忠發被捕）以後，由老的中央政治局委員指定我做臨時中央負責人。

當指定我做這個工作的時期，我並沒有感到不能擔任領導整個黨這樣的事情。相反的，當時背了相當多的包袱，反對李立三的英雄是一個包袱，李立三把我處分了，四中全會取消了我的處分，這時又洋洋得意，再加上四中全會後我在青年團做了一個時期的工作，少共國際的決議上，說我們的工作有成績有進步，這又是一個包袱，說我領導團還行，難道就不能領導黨？

第二沒有兢兢業業之心，絲毫沒有對革命、對黨、對人民有很嚴重的責任感。做了臨時中央負責人以後，更發展自己品質的壞的方面，目空一切，看不起任何人，不請教任何人，覺得我比任何人都高明，要是有人有老子第一的想法，那我就是這樣的人，發展了剛愎自用，不願自我批評，不願意聽人家批評，對於一切錯誤採取文過飾非的態度。

也因為這樣，在臨時中央到了蘇區以後，這個時候我只是在形式上推一推，「請剮的同志擔負吧！」別的同志說：「還是你來吧。」我說：「好，就是我。」（笑聲）所以這個時期，我是中央的總負責人，我是這條路線所有一切錯誤發號施令的司令官，而且這條路線在這個時期所有的各方面的錯誤，我是贊成的。各種惡果我是最主要負責人，這裡沒有「之一」，而是最主要的負責人。

博古說及自己執行「左」傾路線：

「在這個時期，白區中反對職工運動中的機會主義，就是反對劉少奇同志的正確路線；蘇區中反對羅明路線，實際是反對毛主席在蘇區的正確路線和作風，這個鬥爭擴大到整個中央蘇區和周圍的各個蘇區，有福建的羅明路線，江西的羅明路線，閩贛的羅明路線，湘贛的羅明路線等等。這時的情形可以說是『教條有功，欽差彈冠相慶；正確有罪，右傾遍於國中。』」

博古很坦率地說及自己思想的轉變過程：

「遵義會議改變領導是正確的，必要的。我不但在遵義會議沒有承認這個錯誤，而且我繼續堅持這個錯誤，保持這個『左』傾機會主義的觀點、路線，一直到一九三五年底一九三六年初瓦窯堡會議。在這個會議上，我仍然用『左』傾的觀點、教條主義的方法，反對民族統一戰線。教條告訴我，資產階級是永遠反革命的，決沒有可能再來參加革命，參加抗戰，這是教條主義堅持到最後，也是我的『左』的錯誤最後一次。」

確實，從那以後，博古與「左」傾教條主義告別之後就堅決站到毛澤東一邊。正因為這樣，張國燾在反對毛澤東時，稱「毛、周、博、洛機會主義路線」。

在張國燾自立「黨中央」時，宣布開除毛澤東、周恩來、博古、洛甫（張聞天）的職務和黨籍。

在一九三六年，毛澤東派博古作為中共中央代表，和周恩來一起，參加和平解決西安事變的談判。

一九三七年，博古任中共中央組織部長。

一九三八年，任中共中央長江局和南方局組織部長。

一九四一年，創辦《解放日報》和新華通訊社，博古被任命為《解放日報》社社長和新華通訊社社長，充分發揮了他的寫作、宣傳特長。在中共「七大」，博古當選為中共中央委員。

一九四六年，博古作為「政協憲法草案審議委員會」中共代表前往重慶參加談判。四月八日，乘C-47式運輸飛機由重慶返回延安。飛機由美軍蘭奇上尉機組駕駛。途經山西興縣東南時，一片陰雨，飛機竟撞在海拔二千多米的黑茶山上！

與博古同時遇難的還有國共談判中共代表王若飛、新四軍軍長葉挺夫婦，以及出席世界職工大會的解放區職工代表鄧發。遇難之日為四月八日，從此稱「四八烈士」。遇難之際，博古年僅三十九歲。

王明在寫了那篇《學習毛澤東》之後，其實對毛澤東口服心不服。在延安整風運動中，王明於一九四二年二月廿七日致函周恩來，表示對「王明路線」想不通，因為那時他只「當選中委和政治局委員」，「不是這一時期的黨的主要負責人」。

在一九四五年四月二十日，當《關於若干歷史問題的決議》經中共六屆七中全會通過時，王明致函任弼時，表示贊同決議。

中共「七大」期間，王明稱病，沒有出席會議。經毛澤東親自提議，仍選舉王明為中共中央委員。

在中華人民共和國成立後，王明擔任政務院法制委員會副主任。一九五六年因病去蘇聯就醫，從此留居蘇聯。

一九七四年三月，王明病逝於莫斯科。

順便提一下那位李德，他在延安擔任軍事學校的教官。當中央革命軍事委員會成立軍事研究委員會時，他擔任委員。一九三九年秋，周恩來、鄧穎超赴蘇，通知他同坐一架飛機飛往莫斯科，從此他離開了中國。

到了蘇聯，李德受到共產國際的批評，不許他再過問中國事務。

於是李德棄武從文，在蘇聯外國文學出版社工作。後來，他回到德意志民主共和國定居，主持把《列寧文集》譯成德文。一九六一年，他當選為德意志民主共和國作家協會第一書記。

一九七三年，他寫出回憶錄《中國紀事》，其中有些內容有史料價值，但對毛澤東仍堅持反對立場。

一九七四年八月十五日李德病逝於東德。

凱豐出席了中共「七大」。不久，他擔任中共中央東北局宣傳部長。瀋陽解放後，擔任中共瀋陽市委書記。

一九五二年底，凱豐調任中共中央宣傳部副部長兼中央馬列學院院長。

一九五五年三月廿三日病逝於北京，鄧小平主持了凱豐的追悼大會。

張聞天在中共「七大」當選為政治局委員。

一九五〇年一月，張聞天被任命為中華人民共和國出席聯合國安理會首席代表。不久，改任駐蘇聯特命全權大使。

一九五五年一月回國，任外交部常務副部長。

一九五九年，他在廬山會議蒙塵，降為中國科學院哲學社會科學部經濟研究所特約研究員。晚年，張聞天寫下富有真知灼見的政治、經濟論稿。

一九七六年七月一日，張聞天在聽了關於中共五十五周年誕辰紀念的新聞廣播後，病逝於江蘇無錫。

在中共「七大」召開時，王稼祥因病未出席。在選舉中央委員時，作為上屆中共中央政治局委員的他，落選了！毛澤東得知後，特地在大會上為他講話。

毛澤東說，王稼祥在中共六屆四中全會前後確實犯過「左」傾路線錯誤，但是他後來改正了，他促成了遵義會議的召開，在中共六屆六中全會上傳達共產國際指示，起了很大作用。

由於中共中央委員的選舉已結束，毛澤東提議把王稼祥作為「候補中央委員的第一名候選人」。這樣，王稼祥當選為中共中央候補委員。在中共七屆二中全會上，他遞補為中共中央委員。

在中華人民共和國成立後，王稼祥是首任駐蘇聯特命全權大使，並任外交部副部長。從一九五一年二月起，長期擔任中共中央對外聯絡部部長。

他在一九五六年中共「八大」上當選中央委員、書記處書記。在「文革」中，被指責為提倡「三和一少」的「修正主義路線」。

一九七四年一月病逝於北京。

最出人意料的是，經毛澤東提議，李立三在中共「七大」被選為中央委員。

李立三幾乎成了被遺忘的人物，只是在歷數黨內的機會主義路線時才使人記起他的名字。

李立三犯了「立三路線」錯誤，被迫到蘇聯作「檢查」，一「查」就是十五年！內中，有一年零九個月甚至是在監獄中度過！

一九四五年，直至郭沫若訪蘇，才見到李立三。李立三思念故國，托他帶信給中共中央，毛澤東這才知道李立三在蘇聯的具體情況。

一九四五年歲末，李立三接到蘇共中央聯絡部的通知，才知自己在中共「七大」上仍被選為中共中央委員，並且獲准回國工作，頓時使李立三熱淚縱橫。

李立三回國後，出任中共首席代表，和國民黨方面談判東北問題。不久，擔任中共中央東北局工委書記。一九四九年三月，他擔任中華全國總工會黨組書記。此後，他長期從事全國總工會領導工作。「文革」之初，他被造反派指責為「裡通外國」（他的夫人李莎是蘇聯人），於一九六七年六月廿二日遭迫害而死。

至於另一位「左」傾機會主義的代表人物瞿秋白，在長征前夕被留在中央蘇區。正受肺病困擾的他，一九三五年四月廿三日在福建上杭遭捕，與他同行的何叔衡當場被斃。

六月十八日，瞿秋白在福建長汀刑場遭殺，年僅三十六歲。

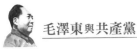

雖然瞿秋白無緣參加中共「七大」，但是毛澤東在一九五〇年十二月三十一日親筆為《瞿秋白文集》題詞，表達懷念之情：

瞿秋白同志死去十五年了。在他生前，許多人不瞭解他，或者反對他，但他為人民工作的勇氣並沒有挫下來。他在革命困難的年月裡堅持了英雄立場，寧願向劊子手的屠刀走去，不願屈服。他的這種為人民工作的精神，這種臨難不屈的意志和他在文字中保存下來的思想，將永遠活著，不會死去。

瞿秋白同志是肯用腦子想問題的，他是有思想的。他的遺集的出版，將有益於青年們，有益於人民的事業，特別是在文化事業方面。⑭

至於陳獨秀，雖說他犯了嚴重的右傾錯誤，而且組織黨內反對派，但在一九三七年十月，曾派代表羅漢要求前來延安，表示贊成中共抗日民族統一戰線的主張。

毛澤東曾主張團結陳獨秀，但受到王明堅決反對。

王明誣指陳獨秀是「每月拿三百元津貼的日本間諜」。毛澤東也就無法再跟羅漢談什麼了。但是，毛澤東仍拍電報給在西安的林伯渠，要他轉告到達那裡的羅漢：

「我們不拒絕與過去犯過錯誤而現在真心悔悟，願意抗日的人聯合，而且竭誠歡迎他們的轉變。」但是，要求陳獨秀公開承認錯誤。此事因陳獨秀不願公開承認錯誤而作罷。

毛澤東在一九四二年三月三十日同中共中央學習組作《如何研究中共黨史》講話時，仍指出：「陳獨秀是五四運動的總司令。現在還不是我們宣傳陳獨秀歷史的時候，將來我們修中國歷史，要講一講他的功勞。」

由於毛澤東正確地採取「團結——批評——團結」的方針，使中共「七大」達到他預期的「團結一致，爭取勝利」的目的，開成了一個「團結的大會，勝利的大會」，開創了「又有集中又有民主，又有紀律又有自由，又有統一意志又有個人心情舒暢、生動活潑那樣一種政治局面」。

毛澤東在中共「七大」團結了各「山頭」、各派別，算清了中共二十四年來一右三「左」的路線錯誤的賬，使中共以他為核心，「在毛澤東的旗幟下勝利前進」！

此後，僅僅花了四年時間，毛澤東就戰勝了蔣介石，贏得中國大陸的解放，登上天安門城樓大聲宣告：「中華人民共和國成立了！」

縱觀從一九二一年中共成立，到一九四九年中華人民共和國成立，這廿八年間，一九三五年的遵義會議恰恰是「中點」：前十四年，一右三「左」，一連換了陳獨秀、瞿秋白、李立三、向忠發、王明、博古六任領袖。自從遵義會議確立了毛澤東的領袖地位，後十四年，中國共產黨取得了天翻地覆的大勝利。

就這個意義上講，歷史選擇了毛澤東！

至於毛澤東在晚年所犯的嚴重錯誤，那用得著鄧小平所說的一句頗為深刻的話：

「毛澤東同志的錯誤在於違反了他自己正確的東西。」⑮

注釋

①據陳雲秘書朱佳木同志回憶，在中共十一屆三中全會後整理文件時，發現席懋昭自傳，內中寫及護送陳雲。

②林育英於一九三六年三月二十至二十一日在中共中央政治局會議上談及他來華前的情況。

③楊雲若、楊奎松，《共產國際和中國革命》，三三七頁，上海人民出版社一九八八年版。

④《中共黨史教學參考資料》，第十五冊。

⑤據王稼祥夫人朱仲麗一九九一年七月八日對本書作者口述。

⑥周國全、郭德宏、李明三，《王明評傳》，二九五頁，安徽人民出版社一九八九年版。

⑦朱仲麗，《黎明與晚霞》，二八九頁，解放軍出版社一九八六年版。

⑧朱仲麗，《黎明與晚霞》，二八九頁，解放軍出版社一九八六年版。

⑨《文獻與研究》一九八五年滙編本，二五一頁。

⑩程中原，《張聞天論稿》，三十九頁，河海大學出版社一九九〇年版。

⑪《致何凱豐》，《毛澤東書信選集》，二二二頁，人民出版社一九八三年版。

⑫朱仲麗一九九一年七月八日接受本書作者採訪時的回憶。

⑬毛澤東，《關於正確處理人民內部矛盾的問題》，《毛澤東選集》第五卷。

⑭《毛澤東題詞墨跡選》，檔案出版社一九八四年版。

⑮《鄧小平文選（一九七五—一九八二）》，二六二頁，人民出版社一九八三年版。

紅色三部曲之2

紅色的掙扎：毛澤東與共產黨

作者：葉永烈
發行人：陳曉林
出版所：風雲時代出版股份有限公司
地址：10576台北市民生東路五段178號7樓之3
電話：(02) 2756-0949
傳真：(02) 2765-3799
執行主編：朱墨菲
美術設計：許惠芳
業務總監：張瑋鳳
出版日期：2023年7月新版一刷
版權授權：葉永烈
ISBN ：978-626-7025-52-9
風雲書網：http://www.eastbooks.com.tw
官方部落格：http://eastbooks.pixnet.net/blog
Facebook：http://www.facebook.com/h7560949
E-mail：h7560949@ms15.hinet.net
劃撥帳號：12043291
戶名：風雲時代出版股份有限公司

風雲發行所：33373桃園市龜山區公西村2鄰復興街304巷96號
電話：(03) 318-1378
傳真：(03) 318-1378
法律顧問：永然法律事務所 李永然律師
北辰著作權事務所 蕭雄淋律師

行政院新聞局局版台業字第3595號 營利事業統一編號22759935

定價：480元

國家圖書館出版品預行編目資料

紅色的掙扎：毛澤東與共產黨 ／ 葉永烈 著. -- 初版. --
臺北市：風雲時代出版股份有限公司，2022.02
面；公分 （紅色三部曲；2）

ISBN 978-626-7025-52-9（平裝）

1.CST：毛澤東 2.CST：中國共產黨 3.CST：歷史
576.25 110022457